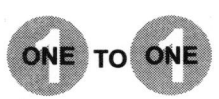 

Bilingual Dictionary

English-Danish
Danish-English
Dictionary

Compiled by
Rikke Wend Hartung

© Publishers

ISBN : 978 1 912826 03 2

All rights reserved with the Publishers. No part of this publication may be reproduced or transmitted in any form or by any means, electronic, mechanical, photocopying, recording or otherwise, without the prior written permission of the Publishers.

This Edition : 2025

Published by
STAR Foreign Language BOOKS
a unit of
Star Books
56, Langland Crescent
Stanmore HA7 1NG, U.K.
info@starbooksuk.com
www.bilingualbooks.co.uk

Printed in India at
Star Print-O-Bind, New Delhi-110 020

About this Dictionary

Developments in science and technology today have narrowed down distances between countries, and have made the world a small place. A person living thousands of miles away can learn and understand the culture and lifestyle of another country with ease and without travelling to that country. Languages play an important role as facilitators of communication in this respect.

To promote such an understanding, **STAR Foreign Language BOOKS** has planned to bring out a series of bilingual dictionaries in which important English words have been translated into other languages, with Roman transliteration in case of languages that have different scripts. This is a humble attempt to bring people of the word closer through the medium of language, thus making communication easy and convenient.

Under this series of *one-to-one dictionaries*, we have published almost 62 languages, the list of which has been given in the opening pages. These have all been compiled and edited by teachers and scholars of the relative languages.

Publishers

Bilingual Dictionaries in this Series

English-Afrikaans / Afrikaans-English	Abraham Venter
English-Albanian / Albanian-English	Theodhora Blushi
English-Amharic / Amharic-English	Girun Asanke
English-Arabic / Arabic-English	Rania-al-Qass
English-Bengali / Bengali-English	Amit Majumdar
English-Bosnian / Bosnian-English	Boris Kazanegra
English-Bulgarian / Bulgarian-English	Vladka Kocheshkova
English-Burmese (Myanmar) / Burmese (Myanmar)-English	Kyaw Swar Aung
English-Cambodian / Cambodian-English	Engly Sok
English-Cantonese / Cantonese-English	Nisa Yang
English-Chinese (Mandarin) / Chinese (Mandarin)-Eng	Y. Shang & R. Yao
English-Croatian / Croatain-English	Vesna Kazanegra
English-Czech / Czech-English	Jindriska Poulova
English-Danish / Danish-English	Rikke Wend Hartung
English-Dari / Dari-English	Amir Khan
English-Dutch / Dutch-English	Lisanne Vogel
English-Estonian / Estonian-English	Lana Haleta
English-Farsi / Farsi-English	Maryam Zaman Khani
English-French / French-English	Aurélie Colin
English-Georgian / Georgina-English	Eka Goderdzishvili
English-Gujarati / Gujarati-English	Sujata Basaria
English-German / German-English	Bicskei Hedwig
English-Greek / Greek-English	Lina Stergiou
English-Hindi / Hindi-English	Sudhakar Chaturvedi
English-Hungarian / Hungarian-English	Lucy Mallows
English-Italian / Italian-English	Eni Lamllari
English-Japanese / Japanese-English	Miruka Arai & Hiroko Nishimura
English-Kinyawanda / Kinyarwanda-English	Irakoze Shammah La Grace
English-Korean / Korean-English	Mihee Song
English-Kurdish / Kurdish-English	Shivan Alhussein
English-Latvian / Latvian-English	Julija Baranovska
English-Levantine Arabic / Levantine Arabic-English	Ayman Khalaf
English-Lithuanian / Lithuanian-English	Regina Kazakeviciute
English-Malay / Malay-English	Azimah Husna
English-Malayalam - Malayalam-English	Anjumol Babu
English-Nepali / Nepali-English	Anil Mandal
English-Norwegian / Norwegian-English	Samuele Narcisi
English-Pashto / Pashto-English	Amir Khan
English-Polish / Polish-English	Magdalena Herok
English-Portuguese / Portuguese-English	Dina Teresa
English-Punjabi / Punjabi-English	Teja Singh Chatwal
English-Romanian / Romanian-English	Georgeta Laura Dutulescu
English-Russian / Russian-English	Katerina Volobuyeva
English-Serbian / Serbian-English	Vesna Kazanegra
English-Shona / Shona-English	Victorious Tshuma
English-Sinhalese / Sinhalese-English	Naseer Salahudeen
English-Slovak / Slovak-English	Zuzana Horvathova
English-Slovenian / Slovenian-English	Tanja Turk
English-Somali / Somali-English	Ali Mohamud Omer
English-Spanish / Spanish-English	Cristina Rodriguez
English-Swahili / Swahili-English	Abdul Rauf Hassan Kinga
English-Swedish / Swedish-English	Madelene Axelsson
English-Tagalog / Tagalog-English	Jefferson Bantayan
English-Tamil / Tamil-English	Sandhya Mahadevan
English-Thai / Thai-English	Suwan Kaewkongpan
English-Tigrigna / Tigrigna-English	Tsegazeab Hailegebriel
English-Turkish / Turkish-English	Nagme Yazgin
English-Twi / Twi-English	Nathaniel Alonsi Apadu
English-Ukrainian / Ukrainian-English	Katerina Volobuyeva
English-Urdu / Urdu-English	S. A. Rahman
English-Vietnamese / Vietnamese-English	Hoa Hoang
English-Yoruba / Yoruba-English	O. A. Temitope

STAR Foreign Language BOOKS

English to Danish

A

a *art.* en/et
aback *adv.* overrasket
abaction *n.* kvægtyveri
abactor *n.* kvægtyv
abacus *n.* kugleramme
abandon *v.* forlade
abandonable *adj.* kan forlades
abandonee *n.* den forladte
abandoner *n.* den forladende
abase *v.* nedværdige
abase *adv.* nedværdiget
abasement *n.* nedværdigelse
abash *v.* gøre flov
abashed *adj.* flov
abashing *n.* nedværdigelse
abate *v.* formindske
abatement *n.* formindskelse
abbey *n.* abbedi
abbot *n.* abbed
abbreviate *v.* forkorte
abbreviation *n.* forkortelse
abdicate *v.* frasige sig
abdication *n.* frasigelse
abdomen *n.* underliv
abdominal *adj.* underlivs-
abduct *v.* bortføre
abductee *n.* bortførte
abduction *n.* bortførelse
abductor *n.* bortfører
abed *adv.* i seng
aberrance *n.* afvigelse
aberration *n.* afvigelse
abet *v.* være meddelagtig i
abetment *n.* meddelagtighed
abeyance *n.* hvilen
abeyant *adj.* hvilende
abhor *v.* afsky
abhorrence *n.* afsky
abide *v.* forblive

abideable *adj.* forblivende
abiding *adj.* varig
ability *n.* evne
abject *adj.* fuldstændig
abjection *n.* fuldstændighed
abjunction *n.* svampeformering
abjure *v.* afsværge
abjurer *n.* afsværger
ablactate *v.* vænne fra modermælk
ablactation *n.* afvænning fra modermælk
abland *adj.* forblindende
ablate *v.* fjerne
ablation *n.* fjernelse
ablative *adj.* fjernende
ablaze *adv.* i brand
able *adj.* dygtig
ablepsy *n.* blindhed
ablush *adv.* rødmende
ablution *n.* rituel afvaskning
ablutionary *adj.* rituelt afvaskende
abnegate *v.* fornægte
abnegation *n.* selvfornægtelse
abnormal *adj.* abnorm
abnormalcy *n.* abnormitet
abnormality *n.* abnormitet
abnormally *adv.* abnormalt
aboard *adv.* om bord
abode *n.* bolig
abolish *v.* afskaffe
abolisher *n.* afskaffer
abolishment *n.* afskaffelse
abolition *n.* afskaffelse
abolitionism *n.* abolitionisme
abominable *adj.* afskyelig
abominably *adv.* afskyeligt
abominate *v.* afsky
abomination *n.* afsky
aboriginal *adj.* indfødt
aborigines *n. pl* aboriginere
abort *v.* abortere
abortion *n.* abort
abortive *adv.* mislykket

abound v. findes i overflod
aboundance n. overflod
about prep. om
about adv. omkring
above prep. ovennævnt
above adv. ovenover
abrasion n. hudafskrabning
abrasive adj. slibende
abrasively adv. ufordrageligt
abrasiveness n. ufordragelighed
abreast adv. ved siden af hinanden
abridge v. forkorte
abridgement n. forkortelse
abroad adv. i udlandet
abrogate v. afskaffe
abrogation n. afskaffelse
abrupt adj. brat
abruption n. brathed
abscess n. byld
abscond v. rømme
abscondence n. rømning
absence n. fravær
absent adj. fraværende
absent prep. uden
absentee n. fraværende
absolute adj. absolut
absolutely adv. absolut
absolution n. syndsforladelse
absolutism n. enevælde
absolve v. frikende
absonant adj. uharmonisk
absorb v. absorbere
absorption n. absorbering
absorptivity n. absorberingsevne
abstain v. afholde sig fra
abstinence n. afholdenhed
abstract adj. abstrakt
abstract n. resumé
abstract v. resumere
abstraction n. abstraktion
absurd adj. absurd
absurdity n. absurditet
abundance n. overflod

abundant adj. rigelig
abuse v. mishandle
abuse n. misbrug
abuser n. misbruger
abusive adj. grov
abusively adv. groft
abut v. støde op til
abutment n. landfæste
abyss n. afgrund
acacia n. akacie
academic adj. akademisk
academy n. akademi
acarpous adj. steril
accede v. tiltræde
acceder n. tiltræder
accelerate v. accelerere
acceleration n. stigende
accelerator n. accelerator
accend v. antænde
accent n. accent
accent v. betone
accept v. acceptere
acceptable adj. acceptabelt
acceptance n. accept
access n. adgang
accessibility n. tilgængelighed
accession n. tilvækst
accessorise v. udstyre med tilbehør
accessory n. tilbehør
accident n. uheld
accidental adj. tilfældig
acclaim v. anerkende
acclaim n. hylde
acclamation n. bifald
acclimatise v. akklimatisere
accommodate v. give husly
accommodate v. imødekomme
accommodation n. imødekommenhed
accompaniment n. tilbehør
accompany v. ledsage
accomplice n. medskyldig
accomplish v. udrette

accomplished *adj.* dygtig
accomplishment *n.* bedrift
accord *v.* tildele
accord *n.* aftale
accordance *n.* overensstemmelse
accordancy *n.* overensstemmelse
accordingly *adv.* derfor
accost *v.* antaste
accost *n.* hilsen
accosted *adj.* antastet
account *n.* konto
account *v.* regne for
accountability *n.* ansvarlighed
accountable *adj.* ansvarlig
accountancy *n.* revision
accountant *n.* revisor
accredit *v.* akkreditere
accreditation *n.* akkreditering
accrementition *n.* reproduktion
accrete *v.* gradvis forøge
accrue *v.* akkumulere
accumulate *v.* samles
accumulation *n.* samling
accuracy *n.* nøjagtighed
accurate *adj.* nøjagtig
accursed *adj.* forbandet
accusation *n.* anklage
accusator *n.* anklager
accuse *v.* anklage
accused *n.* anklagede
accustom *v.* vænne til
accustomed *adj.* sædvanlig
ace *n.* es
acellular *adj.* ucellulære
acene *n.* aromatisk forbindelse
acentric *adj.* centrumløs
acephalous *adj.* hovedløs
acephaly *n.* hovedløshed
acetate *n.* acetat
acetifier *n.* eddikestof
acetify *v.* danne eddike
acetone *n.* acetone
ache *n.* smerte

ache *v.* gøre ondt
achieve *v.* opnå
achievement *n.* præstation
achiever *n.* en der præsterer
achromatic *adj.* farveløs
acid *n.* syre
acid *adj.* ætsende
acidic *adj.* sur
acidify *v.* omdanne til syre
acidity *n.* surhed
acknowledge *v.* anerkende
acknowledgement *n.* anerkendelse
acne *n.* bumser
acolyte *n.* følger
acorn *n.* agern
acoustic *adj.* akustisk
acoustics *n.* akustik
acquaint *v.* gøre bekendt med
acquaintance *n.* bekendt
acquest *n.* erhvervelse
acquiesce *v.* indvilge
acquiescence *n.* samtykke
acquire *v.* erhverve
acquirement *n.* erhvervelse
acquisition *n.* erhvervelse
acquit *v.* frikende
acquittal *n.* frikendelse
acratic *adj.* ubehersket
acre *n.* ca. 0,4 hektar
acreage *n.* jordtilliggende
acrid *adj.* besk
acrimony *n.* bitterhed
acritical *adj.* ukritisk
acrobat *n.* akrobat
acrobatic *adj.* akrobatisk
acrobatics *n.* akrobatik
acropolis *n.* akropolis
across *prep.* over
across *adv.* ovre
acrostic *n.* akrostikon
acrylic *adj.* akryl-
act *v.* handle
act *n.* handling

acting *n.* skuespilkunst
action *n.* handling
activate *v.* aktivere
active *adj.* aktiv
activist *n.* aktivist
activity *n.* aktivitet
actor *n.* skuespiller
actress *n.* skuespillerinde
actual *adj.* faktisk
actually *adv.* egentlig
acumen *n.* dygtighed
acupuncture *n.* akupunktur
acupuncturist *n.* akupunktør
acute *adj.* akut, alvorlig
ad hoc *adj.* ad hoc
adage *n.* talemåde
adamant *n.* ædelsten
adamant *adj.* ubøjelig
adapt *v.* tilpasse
adaptation *n.* tilpasning
add *v.* tilføje
adder *n.* hugorm
addict *n.* misbruger
addict *v.* gøre afhængig
addiction *n.* afhængighed
addition *n.* tilføjelse
additional *adj.* yderligere
addle *adj.* forvirre
address *v.* adresse
address *n.* tiltale
addressee *n.* adressat
addresser *n.* tiltaler
adduce *v.* anføre
adept *n.* ekspert
adept *adj.* dygtig
adequacy *n.* tilstrækkelighed
adequate *adj.* tilstrækkeligt
adhere *v.* overholde
adherence *n.* overholdelse
adhesion *n.* klæbestof
adhesive *n.* klæbemasse
adhesive *adj.* klæbende
adhibit *v.* fastgøre

adieu *interj.* farvel
adieu *n.* farvel
adiposity *n.* fedtprocent
adjacent *adj.* nærliggende
adjective *n.* adjektiv
adjoin *v.* støde op til
adjourn *v.* suspendere
adjournment *n.* udsættelse
adjudge *v.* blive erklæret
adjunct *n.* tilbehør
adjuration *n.* appel
adjure *v.* pålægge
adjust *v.* tilpasse
adjustment *n.* tilpasning
adjuvant *adj.* forstærkende
adjuvant *n.* forstærker
administer *v.* give
administrate *v.* administrere
administration *n.* forvaltning, ledelse
administrative *adj.* administrations-
administrator *n.* administrator
admirable *adj.* beundringsværdig
admiral *n.* admiral
admiralty *n.* admiralitet
admiration *n.* beundring
admissible *adj.* tilladelig
admission *n.* adgang
admission *n.* optagelse
admit *v.* optage
admittance *n.* adgang
admittedly *adv.* utvivlsomt
admonish *v.* irettesætte
admonisher *n.* irettesætter
admonition *n.* irettesættelse
ado *n.* ståhej
adobe *n.* soltørret mursten
adolescence *n.* ungdom
adolescent *adj.* halvvoksen
adopt *v.* adoptere
adoption *n.* adoption
adoptive *adj.* adoptiv-
adorable *adj.* yndig

adoration *n.* tilbedelse
adore *v.* tilbede
adorn *v.* pryde
adrenaline *n.* adrenalin
adrenalise *v.* fylde med adrenalin
adscititious *adj.* udefrakommende
adscript *adj.* trykt
adsorption *n.* adsorbering
adulate *v.* smigre overdrevent
adulation *n.* overdreven smiger
adult *n.* voksen
adult *adj.* fuldt udvokset
adulterate *v.* forfalske
adulteration *n.* vareforfalskning
adultery *n.* utroskab
advance *n.* fremskridt
advance *v.* bevæge fremad
advancement *n.* forfremmelse
advantage *v.* give fordel
advantage *n.* fordel
advantageous *adj.* fordelagtig
advent *n.* ankomst
adventure *n.* eventyr
adventurous *adj.* eventyrlig
adverb *n.* adverbium
adverbial *adj.* adverbiel
adversary *n.* modstander
adverse *adj.* ugunstig
adversity *n.* modgang
advert *v.* annonce
advertise *v.* annoncere
advertisement *n.* reklame
advice *n.* råd
advisability *n.* tilrådelighed
advisable *adj.* tilrådelig
advise *v.* råde
advocacy *n.* forsvar
advocacy *n.* procedure
advocate *v.* være fortaler for
advocate *n.* fortaler
aeolic *adj.* æolisk
aerial *n.* antenne
aerial *adj.* luft-

aeriform *adj.* luftform
aerify *v.* gøre til luft
aerobic *adj.* iltkrævende
aerobics *n.* aerobic
aerobiologic *adj.* aerobiologisk
aerobiology *n.* aerobiologi
aerocraft *n.* flyvemaskine
aerodigestive *adj.* øre-næse-hals-
aerodrome *n.* flyveplads
aerodynamic *adj.* aerodynamisk
aeronautics *n.pl.* luftfart
aeroplane *n.* fly
aeropulse *n.* jetmotor
aerosol *adj.* spraydåse
aerostatic *adj.* aerostatisk
aerostatics *n.* aerostatik
aesthetic *adj.* æstetisk
aesthetics *n.pl.* æstetik
aestival *adj.* sommerlig
afar *adv.* fjernt
affable *adj.* elskværdighed
affair *n.* affære
affect *v.* ramme
affectation *n.* krukkeri
affection *n.* hengivenhed
affectionate *adj.* hengiven
affidavit *n.* skriftlig erklæring afgivet under ed
affiliate *v.* tilknytte
affiliation *n.* tilhørsforhold
affinity *n.* lighed
affirm *v.* bekræfte
affirmation *n.* bekræftelse
affirmative *adj.* bekræftende
affirmatively *adv.* bekræftende
affix *v.* tilføje
affixation *n.* tilføjelse
afflict *v.* ramme
affliction *n.* lidelse
afflictive *adj.* lidende
affluence *n.* velstand
affluent *adj.* velstående
affluential *adj.* velhavende

affluential *n.* velhaver
affluenza *n.* overforbrug
afford *v.* yde
affordability *n.* overkommelighed
afforest *v.* plante skov
affray *n.* forstyrrelse af den offentlige orden
affront *n.* fornærmelse
affront *v.* fornærme
afield *adv.* borte
aflame *adv.* i lys lue
afloat *adv.* drivende
afoot *adv.* i gære
afore *prep.* før
aforementioned *adj.* førnævnte
aforesaid *adj.* før sagte
afraid *adj.* bange
afresh *adv.* på ny
aft *n.* agter
aft *adv.* agterude
after *prep.* efter
after *conj.* efter at
after *adj.* senere
after *adv.* efter
aftereffect *n.* eftervirkning
aftergrowth *n.* eftervækst
afternoon *n.* eftermiddag
afterthought *n.* eftertanke
afterwards *adv.* bagefter
again *adv.* igen
against *prep.* mod
against *adj.* imod
agape *n.* agape
agape *adj.* måbende
agaze *adv.* stirrende
age *n.* alder
aged *adj.* gammel
agency *n.* bureau
agenda *n.* dagsorden
agent *n.* agent
agglomerate *n.* sammenhobning
agglomerate *v.* sammenhobe
agglomerate *adj.* sammenhobet

aggravate *v.* forværre
aggravation *n.* forværrelse
aggregate *v.* samlet score
aggression *n.* aggression
aggressive *adj.* aggressiv
aggressor *n.* angriber
aggrieve *v.* forurette
aggroupment *n.* gruppering
aghast *adj.* forfærdet
agile *adj.* kvik
agility *n.* kvikhed
agist *v.* sætte i dyrepension
agitate *v.* ophidse
agitation *n.* ophidselse
aglare *adj.* blændende
aglow *adv.* glødende
agnosticism *n.* agnosticisme
agnus *n.* offerlam
ago *adv.* for... siden
agog *adj.* spændt
agonist *n.* agonist
agonize *v.* pines
agony *n.* voldsom smerte
agoraphobia *n.* pladsangst
agrarian *adj.* agrarisk
agree *v.* samtykke
agreeable *adj.* behagelig
agreement *n.* overenskomst
agricultural *adj.* landbrugs-
agriculture *n.* landbrug
agriculturist *n.* landbruger
agro *adj.* landbrugs-
agrology *n.* landbrugsvidenskab
agronomy *n.* landbrugsvidenskab
ague *n.* (malaria)feber
ahead *adv.* forude
aheap *adv.* dynge
ahoy *interj.* ohøj
aid *n.* hjælpemiddel
aid *v.* hjælpe
aide *n.* medhjælper
aigrette *n.* kunstfærdig udsmykning
ail *v.* skrante

ailment *n.* lidelse
aim *v.* sigte
aim *n.* sigte
air *n.* brise
airbag *n.* sikkerhedspude
airborne *n.* faldskærmstrop
airborne *adj.* luftbåren
airbrake *n.* bremseklap
airbus *n.* passagerfly
aircraft *n.* flyvemaskine
aircrew *n.* flybesætning
airlift *n.* luftbro
airlift *v.* løfte med fly
airy *adj.* luftig
aisle *n.* midtergang
ajar *adv.* på klem
akin *adj.* beslægtet
akinesia *n.* lammelse
alabaster *n.* alabast
alabaster *adj.* alabaster-
alacrious *adj.* beredvillig
alacrity *n.* beredvillighed
alamort *adj.* halvdød
alarm *n.* alarm
alarm *v.* forurolige
alarming *adj.* foruroligende
alas *interj.* ak
albeit *conj.* omend
albino *n.* albino
album *n.* album
albumen *n.* æggehvide
alchemist *n.* alkymist
alchemy *n.* alkymi
alcohol *n.* alkohol
alcoholic *n.* alkoholisk
alcoholism *n.* alkoholisme
alcove *n.* alkove
ale *n.* øl
aleatory *adj.* tilfældigt
alegar *n.* øleddike
alert *adj.* opmærksom
alertness *n.* opmærksomhed
alfa *n.* alfa

algae *n.* alger
algal *adj.* alge-
algebra *n.* algebra
alias *n.* dæknavn
alias *adv.* alias
alibi *n.* alibi
alien *adj.* fremmed
alienate *v.* fremmedgøre
aliferous *adj.* bevinget
alight *v.* stige af
align *v.* rette ind, justere
alignment *n.* opstilling på linje, placering
alike *adj.* ens
alike *adv.* ens
aliment *n.* næringsmiddel
alimony *n.* ægtefællebidrag
aliquot *n.* alikvot del
alive *adj.* levende
alkali *n.* base
alkaline *adj.* basisk
all *adj.* al
all *n.* hele
all *adv.* helt
all *pron* alt
allay *v.* dulme
allegation *n.* beskyldning
allege *v.* påstå
alleged *adj.* påstået
allegiance *n.* troskab
allegorical *adj.* allegorisk
allegory *n.* allegori
allergy *n.* allergi
alleviate *v.* lette
alleviation *n.* lindring
alley *n.* smøge
alliance *n.* alliance
alligator *n.* alligator
alliterate *v.* bogstavrime
alliteration *n.* bogstavrim
allness *n.* altet
allocate *v.* bevilge
allocation *n.* bevilling

allot *v.* tildele
allotment *n.* tildeling
allow *v.* tillade
allowance *n.* ration
alloy *n.* legering
allude *v.* hentyde
allure *v.* lokke
allurement *n.* tillokkelse
allusion *n.* hentydning
allusive *adj.* fuld af hentydninger
ally *v.* alliere
ally *n.* allieret
almanac *n.* årbog
almighty *adj.* almægtig
almond *n.* mandel
almost *adv.* næsten
alms *n.* almisse
aloft *adv.* til vejrs
alone *adj.* alene
along *adv.* af sted
alorg *prep.* langs
aloof *adv.* tilknappet
aloud *adv.* højt
alp *n.* alpe
alpha *n.* alfa
alphabet *n.* alfabet
alphabetical *adj.* alfabetisk
alpine *adj.* alpin
alpine *n.* alpe
alpinist *n.* bjergbestiger
already *adv.* allerede
also *adv.* også
altar *n.* alter
alter *v.* forandre
alteration *n.* forandring
altercation *n.* skænderi
alternate *adj.* vekslende
alternate *v.* veksle
alternative *n.* alternativ
alternative *adj.* alternativ
although *conj.* selvom
altimeter *n.* højdemeter
altitude *n.* højde

alto *n.* altsanger
altogether *adv.* aldeles
altruism *n.* altruisme
altruist *n.* altruist
altruistic *adj.* altruistisk
aluminate *v.* aluminere
aluminium *n.* aluminium
alumna *n.* tidligere elev
alveary *n.* arkiv
always *adv.* altid
am *abbr.* ante meridiem, morgen/formiddag
amalgam *n.* amalgam
amalgamate *v.* amalgamere
amalgamation *n.* amalgamering
amass *v.* samle
amateur *n.* amatør
amatory *adj.* erotisk
amaurosis *n.* synstab
amaze *v.* forbavse
amazement *n.* forbavselse
ambassador *n.* ambassadør
amberite *n.* røgfrit krudt
ambidexter *n.* ambidekstral
ambient *adj.* omgivende
ambiguity *n.* flertydighed
ambiguous *adj.* flertydig
ambissexual *adj.* biseksuel
ambissexual *n.* biseksuel
ambissexuality *n.* biseksualitet
ambition *n.* ambition
ambitious *adj.* ambitiøs
ambivalence *n.* usikkerhed
ambivalent *adj.* usikker
ambry *n.* viktualierum
ambulance *n.* ambulance
ambulant *adj.* ambulant
ambulate *v.* gå rundt
ambuscade *n.* bagholdsangreb
ambuscade *v.* angribe fra baghold
ambush *n.* baghold
ameliorate *v.* forbedre
amelioration *n.* forbedring

amen *interj.* amen
amenable *adj.* medgørlig
amend *v.* ændre
amendment *n.* ændring
amends *n.pl.* godtgørelse
amenorrhoea *n.* amenoré
amiability *n.* elskværdighed
amiable *adj.* elskværdig
amicable *adj.* venskabelig
amid *prep.* midt i
amiss *adv.* forkert
amity *n.* venskab
ammonia *n.* salmiakspiritus
ammunition *n.* ammunition
amnesia *n.* hukommelsestab
amnesty *n.* amnesti
among *prep.* mellem
amongst *prep.* iblandt
amoral *adj.* amoralsk
amorous *adj.* erotisk
amorph *n.* ustruktureret
amortise *v.* betale tilbage
amortization *n.* afbetaling
amount *n.* beløb
amount *v.* beløbe til
amour *n.* kærlighedsaffære
ampere *n.* ampere
amphibious *adj.* amfibisk
amphitheatre *n.* amfiteater
ample *adj.* vid
amplification *n.* forstærkelse
amplifier *n.* forstærker
amplify *v.* forstærke
amplitude *n.* udstrækning
amputate *v.* amputere
amputation *n.* amputering
amputee *n.* amputeret
amuck *adv.* amok
amulet *n.* amulet
amuse *v.* more
amusement *n.* morskab
amygdala *n.* amygdala
an *art.* en/et

anabaptism *n.* anabaptisme
anabolic *n.* anabolsk steroid
anabolic *adj.* anabolsk
anachronism *n.* anakronisme
anaclasis *n.* tilbagekastning
anaemia *n.* blodmangel
anaesthesia *n.* bedøvelse
anaesthetic *n.* bedøvelsesmiddel
anal *adj.* endetarms-
analogous *adj.* tilsvarende
analogy *n.* analogi
analyse *v.* analysere
analysis *n.* analyse
analyst *n.* analytiker
analytical *adj.* analytisk
anamnesis *n.* sygdomshistorie
anamorphosis *adj.* anamorfose
anarchism *n.* anarkisme
anarchist *n.* anarkist
anarchy *n.* anarki
anatomy *n.* anatomi
ancestor *n.* forfader
ancestral *adj.* familie-
ancestry *n.* slægt
anchor *n.* anker
anchorage *n.* ankerplads
ancient *adj.* ældgammel
ancon *n.* gesimsbeslag
and *conj.* og
androphagi *n.pl.* menneskeædere
anecdote *n.* anekdote
anemometer *n.* vindmåler
anew *adv.* på ny
anfractuous *adj.* bugtet
angel *n.* engel
anger *n.* vrede
angina *n.* hjertekrampe
angiogram *n.* angiografi
angle *n.* vinkel
angry *adj.* vred
anguish *n.* pine
angular *adj.* kantet
animal *n.* dyr

animate v. oplive
animate adj. levende
animation n. livlighed
animosity n. fjendskab
animus n. motiv
aniseed n. anisfrø
ankle n. ankel
anklet n. ankelsok
annalist n. kronikør
annals n.pl. årbøger
annectent adj. forbindende
annex v. anneks
annexation n. annektering
annihilate v. tilintetgøre
annihilation n. tilintetgørelse
anniversary n. årsdag
annotate v. kommentere
announce v. annoncere
announcement n. annoncering
annoy v. irritere
annoyance n. irritationsmoment
annoying adj. irriterende
annual adj. årlig
annuitant n. årsydelsesmodtager
annuity n. årsydelse
annul v. annullere
annulet n. dorisk gesims
annulment n. annullering
anoint v. udpege
anomalous adj. afvigende
anomaly n. afvigelse
anon adv. straks
anonymity n. anonymitet
anonymosity n. anonymhed
anonymous adj. anonym
anorak n. anorak
anorexic adj. anorektisk
another adj. endnu en
answer n. svar
answer v. svare
answerable adj. ansvarlig
ant n. myre
antacid adj. syreneutraliserende

antagonism n. modsætningsforhold
antagonist n. modstander
antagonize v. modarbejde
antarctic adj. sydpolar
antecardium n. mellemgulvet
antecede v. gå forud
antecedent n. forgænger
antecedent adj. forudgående
antedate n. foregribe
antelope n. antilope
antenatal adj. før fødslen
antennae n. antenne
antenuptial adj. før bryllupet
anthem n. hymne
anthology n. antologi
anthrax n. miltbrand
anthropoid adj. menneskelignende
anti pref. mod
anti-aircraft adj. luftværns-
antibiotic n. antibiotikum
antic n. narrestreg
anticipate v. forudse
anticipation n. forventning
antidote n. modgift
antinomy n. antimoni
antipathy n. modvilje
antiphony n. vekselsang
antipodes n. antipoder
antiquarian adj. antikvarisk
antiquarian n. antikvitetskyndig
antiquary n. antikvar
antiquated adj. antikveret
antique adj. antik
antiquity n. antikvitet
antiseptic n. antiseptisk middel
antiseptic adj. klinisk
antitheism n. antiteisme
antitheist n. antiteist
antithesis n. antitese
antler n. gevir
antonym n. antonym
anus n. endetarmsåbning
anvil n. ambolt

anxiety *n.* angst
anxious *adj.* ængstelig
anxiously *adv.* ængstelig
any *adj.* nogen som helst
any *adv.* nogen
anyhow *adv.* på bedste manér
anyone *pron* hvem som helst
anyplace *pron* hvilket sted som helst
anything *pron* noget som helst
anytime *adv.* når som helst
anyway *adv.* alligevel
anywhen *adv.* når som helst
anywhere *adv.* hvor som helst
anywho *adv.* hvem som helst
aorta *n.* hovedpulsåre
apace *adv.* hurtigt
apart *adv.* fra hinanden
apartment *n.* lejlighed
apathy *n.* apati
ape *n.* menneskeabe
ape *v.* efterabe
aperture *n.* åbning
apex *n.* toppunkt
aphasia *n.* afasi
aphorism *n.* aforisme
apiary *n.* bigård
apiculture *n.* biavl
apish *adj.* abelignende
apnoea *n.* apnø
apologize *v.* undskylde
apologue *n.* apolog
apology *n.* undskyldning
apostle *n.* apostel
apostrophe *n.* apostrof
apotheosis *n.* højdepunkt
apotheosis *n.* højdepunkt
apparatus *n.* apparatur
apparel *n.* beklædning
apparel *v.* iklæde
apparent *adj.* åbenbar
appeal *n.* appel
appeal *v.* appellere
appear *v.* fremstå

appearance *n.* udseende
appease *v.* tilfredsstille
appellant *n.* appellant
append *v.* vedhæfte
appendage *n.* vedhæng
appendicitis *n.* blindtarmsbetændelse
appendix *n.* blindtarm
appetence *n.* appetitvækkende
appetent *adj.* hungrende
appetite *n.* appetit
appetizer *n.* appetitvækker
applaud *v.* bifalde
applause *n.* bifald
apple *n.* æble
appliance *n.* apparat
applicable *adj.* anvendelig
applicant *n.* ansøger
application *n.* ansøgning
application *n.* anvendelse
apply *v.* ansøge
appoint *v.* udnævne
appointment *n.* udnævnelse
apportion *v.* tildele
apposite *adj.* passende
appositely *adv.* rammende
appraise *v.* vurdere
appreciable *adj.* betragtelig
appreciate *v.* værdsætte
appreciation *n.* værdsættelse
apprehend *v.* fatte
apprehension *n.* forståelse
apprehensive *adj.* ængstelig
apprehensive *adj.* omfattende
apprentice *n.* lærling
apprise *v.* underrette om
approach *v.* gribe an
approach *n.* tilgang
approbate *v.* samtykke
approbation *n.* samtykke
approbation *n.* godkendelse
appropriate *v.* hensætte
appropriate *adj.* passende

appropriation *n.* hensættelse
appropriation *n.* tilpasning
approval *n.* godkendelse
approve *v.* godkende
approximate *adj.* omtrentlig
appurtenance *n.* tilbehør
apricot *n.* abrikos
April *n.* april
apron *n.* forklæde
apt *adj.* dygtig
aptitude *n.* talent
aquarium *n.* akvarium
aquarius *n.* vandmanden
aqueduct *n.* akvædukt
Arab *n.* araber
Arabic *n.* arabisk
Arabic *adj.* arabisk
arable *adj.* dyrkbar
arbiter *n.* dommer
arbitrary *adj.* arbitrær
arbitrate *v.* mægle
arbitration *n.* voldgift
arbitrator *n.* voldgiftsdommer
arc *n.* bue
arcade *n.* arkade
arch *n.* bue
arch *v.* runde
arch *adj.* drilsk
archaeology *n.* arkæologi
archaic *adj.* gammeldags
archangel *n.* ærkeengel
archbishop *n.* ærkebiskop
archer *n.* bueskytte
archery *n.* bueskydning
architect *n.* arkitekt
architecture *n.* arkitektur
archives *n.pl.* arkiver
Arctic *n.* Nordpolen
ardent *adj.* ivrig
ardour *n.* iver
arduous *adj.* anstrengende
area *n.* område
areca *n.* betelnød

arefaction *n.* tørreproces
arena *n.* arena
argil *n.* ler
argonaut *n.* argonaut
argue *v.* skændes
argument *n.* skænderi
argument *n.* argument
argute *adj.* skinger
arid *adj.* åndløs
aries *n.* vædderen
aright *adv.* ret
arise *v.* opstå
aristocracy *n.* aristokrati
aristocrat *n.* aristokrat
arithmetic *n.* regning
arithmetical *adj.* regne-
ark *n.* ark
arm *v.* bevæbne
arm *n.* arm
armada *n.* armada
armament *n.* krigsmagt
armature *n.* anker
armistice *n.* våbenstilstand
armlet *adj.* armbånd
armour *n.* panser
armoury *n.* arsenal
armpit *n.* armhule
army *n.* hær
aroma *n.* duft
aromatherapy *n.* aromaterapi
around *prep.* omkring
around *adv.* i nærheden
arouse *v.* vække
arraign *v.* fremstille for retten
arrange *v.* arrangere
arrangement *n.* arrangement
arrant *n.* notorisk
array *v.* gruppere
array *n.* gruppe
arrears *n.pl.* restance
arrest *v.* anholde
arrest *n.* anholdelse
arrival *n.* ankomst

arrive v. ankomme
arrogance n. overlegenhed
arrogant adj. overlegen
arrow n. pil
arrowroot n. salep
arsenal n. arsenal
arsenic n. arsenik
arson n. brandstiftelse
art n. kunst
artery n. arterie
artful adj. kunstfærdig
arthritis n. gigt
artichoke n. artiskok
article n. artikel
articulate v. formulere
articulate adj. velformuleret
artifice n. kunstgreb
artificial adj. kunstig
artillery n. artilleri
artisan n. håndværker
artist n. kunstner
artistic adj. kunstnerisk
artless adj. ukunstlet
as adv. ligesom
as conj. ligesom
as pron. som
asafoetida n. dyvelsdræk
asbestos n. asbest
ascend v. stige op ad
ascendancy n. herredømme
ascent n. opstigning
ascertain v. konstatere
ascetic n. asket
ascetic adj. asketisk
ascribe v. tilskrive
asexuality n. aseksualitet
ash n. asketræ
ashamed adj. flov
ashen adj. askegrå
ashore adv. i land
aside adv. til siden
aside n. sidebemærkning
asinine adj. æselagtig

ask v. spørge
asleep adv. sovende
asparagus n. asparges
aspect n. synspunkt
asperse v. bagtale
asphyxia n. kvælning
asphyxiate v. kvæle
aspirant n. aspirant
aspiration n. stræben
aspire v. stræbe
ass n. røv
assail v. angribe
assassin n. snigmorder
assassinate v. snigmyrde
assassination n. snigmord
assault n. overfald
assault v. overfalde
assemble v. sammenkalde
assembly n. forsamling
assent v. samtykke
assent n. samtykke
assert v. hævde
assertive adj. selvsikker
assess v. vurdere
assessment n. vurdering
asset n. aktiv
assibilate v. hvisle
assign v. bestemme
assignee n. erhververen
assimilate v. assimilere
assimilation n. assimilation
assist v. assistere
assistance n. assistance
assistant n. assistent
associate v. forbinde
associate adj. med-
associate n. kollega
association n. forening
assoil v. frikende
assort v. udvælge
assuage v. lindre
assume v. antage
assumption n. antagelse

assurance *n.* forsikring
assure *v.* forsikre
astatic *adj.* ustabil
asterisk *n.* stjerne
asterism *n.* asterisme
asteroid *v.* asteroide
asthma *n.* astma
astir *adv.* på benene
astonish *v.* forbløffe
astonishment *n.* forbløffelse
astound *v.* lamslå
astral *adj.* stjerne-
astray *adv.* vildfaren
astrolabe *n.* astrolabium
astrologer *n.* astrolog
astrology *n.* astrologi
astronaut *n.* astronaut
astronomer *n.* astronom
astronomy *n.* astronomi
asunder *adv.* adskilt
asylum *n.* asyl
asymmetrical *adj.* asymmetrisk
at *prep.* i
atheism *n.* ateisme
atheist *n.* ateist
athirst *adj.* ivrigt
athlete *n.* atlet
athletic *adj.* atletisk
athletics *n.* atletik
athwart *prep.* på tværs af
atlas *n.* atlas
atmosphere *n.* atmosfære
atmospheric *adj.* atmosfærisk
atoll *n.* atol
atom *n.* atom
atomic *adj.* atomisk
atone *v.* sone
atonement *n.* soning
atopic *adj.* atopisk
atrocious *adj.* grusom
atrocity *n.* grusomhed
atrophy *n.* svækkelse
atrophy *v.* svækkes

atropine *n.* atropin
attach *v.* fastgøre
attach *v.* tilslutte
attache *n.* attaché
attachment *n.* tilknytning
attack *n.* angreb
attack *v.* angribe
attain *v.* opnå
attainment *n.* opnåelse
attaint *v.* inficere
attempt *v.* forsøge
attempt *n.* forsøg
attend *v.* gå til
attendance *n.* deltagelse
attendant *n.* deltager
attention *n.* opmærksomhed
attentive *adj.* opmærksom
attenuance *n.* dæmper
attest *v.* bekræfte
attire *n.* påklædning
attire *v.* påklæde
attitude *n.* indstilling
attorney *n.* advokat
attract *v.* tiltrække
attraction *n.* tiltrækning
attractive *adj.* tiltrækkende
attribute *v.* tillægge
attribute *n.* egenskab
atypic *adj.* atypisk
aubergine *n.* aubergine
auburn *adj.* kastanjebrun
auction *n.* auktion
auction *v.* auktionere
audacity *n.* dristighed
audible *adj.* hørlig
audience *n.* publikum
audiovisual *adj.* audiovisuel
audit *n.* revision
audit *v.* revidere
auditive *adj.* hørlige
auditor *n.* revisor
auditorium *n.* sal
auger *n.* jordbor

aught *n.* noget
augment *v.* forøge
augmentation *n.* forøgelse
August *n.* august
august *adj.* ærefrygtindgydende
aunt *n.* tante/faster/moster
aura *n.* udstråling
auriform *adj.* øreformet
aurilave *n.* ballonsprøjte
aurora *n.* polarlys
auspicate *v.* varsle
auspice *n.* varsel
auspicious *adj.* gunstig
austere *adj.* streng
authentic *adj.* autentisk
author *n.* forfatter
authoritative *adj.* autoritativ
authority *n.* autoritet
authorize *v.* autorisere
autobiography *n.* selvbiografi
autocracy *n.* diktaturstat
autocrat *n.* diktator
autocratic *adj.* diktatorisk
autograph *n.* autograf
automatic *adj.* automatisk
automobile *n.* automobil
autonomous *adj.* selvstændig
autumn *n.* efterår
auxiliary *adj.* hjælpe-
auxiliary *n.* hjælper
avail *v.* nytte
available *adj.* tilgængelig
avale *v.* nedad
avarice *n.* griskhed
avenge *v.* hævne
avenue *n.* vej
average *n.* gennemsnit
average *adj.* gennemsnitlig
average *v.* udgøre i gennemsnit
averse *adj.* uvillig
aversion *n.* aversion
avert *v.* forhindre
aviary *n.* voliere

aviation *n.* luftfart
aviator *n.* pilot
avid *adj.* ivrig
avidity *adv.* iver
avidly *adv.* ivrigt
avoid *v.* undgå
avoidance *n.* undgåelse
avow *v.* tilstå
avulsion *n.* afrivning
await *v.* afvente
awake *adj.* vågen
awake *v.* vågne
awakening *n.* opvågnen
award *v.* tildele
award *n.* pris
aware *adj.* bevidst
awareness *n.* bevidsthed
away *adv.* væk
awe *n.* ærefrygt
awesome *adj.* formidabel
awful *adj.* forfærdelig
awhile *adv.* en stund
awkward *adj.* akavet
axe *n.* økse
axial *adj.* aksial
axis *n.* akse
axle *n.* aksel
ayield *v.* opgive
azote *n.* azot
azure *n.* azur
azure *adj.* azurblå

B

babble *n.* plapren
babble *v.* plapre
babe *n.* skat
babel *n.* forvirret snakken
baboon *n.* bavian
baby *n.* spædbarn

babyface *n.* babyansigt	**baffling** *adj.* forvirrende
babyproof *adj.* spædbarnssikret	**bag** *n.* pose
babysit *v.* være babysitter	**bag** *v.* komme i en pose
babysitting *n.* babysitte	**baggage** *n.* bagage
baccalaureate *n.* studentereksamen	**bagpipe** *n.* sækkepibe
bacchanal *n.* drikkelag	**bagpiper** *n.* sækkepibespiller
bacchanal *adj.* drikkelags-	**baguette** *n.* flute
bachelor *n.* ungkarl	**bail** *n.* kaution
bachelorette *n.* ugift kvinde	**bail** *v.* kautionere
back *n.* bagside	**bailable** *adj.* kautions-
back *adv.* tilbage	**bailiff** *n.* foged
back *adj.* bag-	**bait** *n.* madding
back *v.* bakke	**bait** *v.* lægge lokkemad
backbite *v.* bagtale	**bake** *v.* bage
backbone *n.* ryggrad	**baker** *n.* bager
backfire *v.* tilbageslag	**bakery** *n.* bageri
background *n.* baggrund	**balaclava** *n.* elefanthue
backhand *n.* baghånd	**balance** *n.* balance
backlash *n.* modreaktion	**balance** *v.* balancere
backlash *v.* reagere imod	**balcony** *n.* balkon
backlight *n.* baglys	**bald** *adj.* skaldet
backlight *v.* oplyse bagfra	**bale** *n.* balle
backlit *adj.* med baglys	**bale** *v.* presse i baller
backpack *n.* rygsæk	**baleen** *n.* hvalbarde
backpack *v.* rejse med rygsæk	**baleful** *adj.* olm
backpacker *n.* rygsækturist	**ball** *n.* bold
backslide *v.* få tilbagefald	**ballad** *n.* folkevise
backstairs *n.* bagtrappe	**ballet** *n.* ballet
backstairs *adj.* indirekte	**ballistics** *n.* ballistik
backtrack *n.* bagvej	**balloon** *n.* ballon
backtrack *v.* trække i land	**ballot** *n.* stemmeseddel
backup *n.* reserve	**ballot** *v.* foretage skriftlig afstemning
backup *adj.* reserve-	**ballpoint** *n.* kuglepen
backward *adj.* baglæns-	**balm** *n.* lindring
backward *adv.* baglæns	**balmlike** *adj.* lindrende
bacon *n.* bacon	**balsam** *n.* balsam
bacteria *n.* bakterie	**balsamic** *adj.* balsamisk
bad *adj.* dårlig	**bam** *n.* bang
badge *n.* skilt	**bamboo** *n.* bambus
badger *n.* grævling	**ban** *n.* forbud
badly *adv.* dårligt	**ban** *v.* forbyde
badminton *n.* badminton	**banal** *adj.* banalt
baffle *v.* forvirre	**banana** *n.* banan

band *n.* bånd
bandage *n.* forbinding
bandage *v.* at forbinde
bandit *n.* bandit
bane *n.* forbandelse
bane *v.* forbande
bang *v.* lige
bang *n.* brag
bangle *n.* armring
banish *v.* forvise
banishment *n.* forvisning
banjo *n.* banjo
bank *n.* bank
bank *v.* sætte i banken
banker *n.* bankier
banknote *n.* pengeseddel
bankrupt *v.* ruinere
bankruptcy *n.* konkurs
banner *n.* banner
bannister *n.* trappegelænder
banquet *n.* festmiddag
banquet *v.* give festmiddag
bantam *n.* dværghøne
banter *v.* drille godmodigt
banter *n.* godmodigt drilleri
bantling *n.* lille barn
banyan *n.* baniantræ
baptism *n.* dåb
baptize *v.* døbe
bar *n.* bar
bar *v.* blokere
barb *n.* modtage
barbarian *adj.* barbarisk
barbarian *n.* barbar
barbarism *n.* barbari
barbarity *n.* barbarisk handling
barbarous *adj.* barbarisk
barbed *adj.* med modhager
barber *n.* barber
bard *n.* skjald
bare *adj.* bar
bare *v.* blotte
barefoot *adj.* barfodet

barely *adv.* kun lige akkurat
bargain *n.* godt køb
bargain *v.* forhandle
barge *n.* pram
baritone *n.* baryton
barium *n.* barium
bark *n.* bark
bark *v.* gø
barley *n.* byg
barman *n.* bartender
barn *n.* lade
barnacle *n.* rur
barometer *n.* barometer
baron *n.* baron
baroque *adj.* barok
barouche *n.* kalechevogn
barrack *n.* tilråb
barrage *n.* spærreild
barrel *n.* tønde
barren *n.* ufrugtbart område
barricade *n.* barrikade
barrier *n.* barriere
barrister *n.* højesteretsadvokat
bartender *n.* bartender
barter *v.* lave byttehandel
barter *n.* byttehandel
basal *adj.* grund-
base *n.* basis
base *adj.* primitiv
base *v.* basere
baseborn *adj.* fattigfødt
baseless *adj.* ubegrundet
basement *n.* kælder
bash *n.* gilde
bash *v.* slå
bashful *adj.* genert
basic *adj.* grundlæggende
basically *adv.* dybest set
basil *n.* basilikum
basin *n.* bassin
basis *n.* grundlag
bask *v.* dase
basket *n.* kurv

basketball *n.* basketball
bass *n.* bars
bastard *n.* skiderik
bastard *adj.* uægte
bastion *n.* bastion
bat *n.* flagermus
bat *v.* slå
batch *n.* portion
bath *n.* badekar
bathe *v.* bade
baton *n.* taktstok
batsman *n.* slåer
battalion *n.* bataljon
batter *n.* dej
batter *v.* slå
battery *n.* batteri
battle *n.* slag
battle *v.* kæmpe
battlefield *n.* slagmark
battleground *n.* slagmark
battlement *n.* brystværn
battlezone *n.* krigszone
baulk *n.* bjælke
bawd *n.* bordelmutter
bawl *v.* brøle
bawn *n.* ringmur
bay *n.* bugt
bayonet *n.* bajonet
bayou *n.* sump
bayside *adj.* ved bugten
bazaar *n.* basar
bazooka *n.* raketstyr
be *pref.* være
be *v.* være
beach *n.* strand
beachergoer *n.* strandgænger
beachfront *adj.* strand-
beachside *adj.* ved stranden
beacon *n.* fyr
bead *n.* perle
beadle *n.* kirketjener
beadwork *n.* perlearbejde
beady *adj.* perlet

beak *n.* næb
beaker *n.* bæger
beam *n.* bjælke
beam *v.* stråle
beamless *adj.* glansløs
bean *n.* bønne
bear *n.* bjørn
bear *v.* bære
beard *n.* skæg
bearded *adj.* skægget
beardless *adj.* skægfri
bearing *n.* fremtræden
beast *n.* bæst
beastly *adj.* afskyelig
beat *v.* rytme
beat *n.* slå (på)
beautiful *adj.* smuk
beautify *v.* forskønne
beauty *n.* skønhed
beaver *n.* bæver
beaverskin *n.* bæverskind
becalm *v.* ligge vindstille
because *conj.* fordi
beck *n.* bæk
beckon *v.* gøre tegn til
become *v.* blive
becoming *adj.* passende
bed *v.* plante
bed *n.* seng
bed-time *n.* sengetid
bedding *n.* sengetøj
bedevil *v.* plage
bedight *v.* smykke
bedlamp *n.* sengelampe
bedrobe *n.* morgenkåbe
bedroom *n.* soveværelse
bedsheet *n.* lagen
bedsore *n.* liggesår
bee *n.* bi
beech *n.* bøg
beef *n.* bøf
beefy *adj.* kødfuld
beehive *n.* bikube

beekeeper *n.* biavler
beer *n.* øl
beet *n.* roe
beetle *n.* bille
beetroot *n.* rødbede
befall *v.* ramme
before *prep.* før
before *adv.* før
before *conj.* inden
beforehand *adv.* i forvejen
befriend *v.* gøre til ven
beg *v.* tigge
beget *v.* avle
beggar *n.* tigger
begin *v.* begynde
beginner *n.* begynder
beginning *n.* begyndende
begird *v.* omfatte
begrudge *v.* misunde
begrudging *adj.* misundende
beguile *v.* charmere
beguiling *adj.* charmerende
behalf *n.* på vegne
behave *v.* opføre sig
behaviour *n.* opførsel
behead *v.* halshugge
behind *n.* bag
behind *adv.* bagefter
behind *adj.* efter
behind *prep.* bag
behold *v.* skue
being *n.* væsen
bejewel *v.* smykke med juveler
belabour *v.* udarbejde med overdreven omhu
belated *adj.* forsinket
belch *v.* bøvse
belch *n.* bøvs
belief *n.* overbevisning
believe *v.* tro
belittle *v.* nedvurdere
bell *n.* klokke
bellboy *n.* piccolo

belle *n.* skønhed
bellhop *n.* piccolo
bellicose *adj.* krigerisk
belligerency *n.* stridbarhed
belligerent *adj.* stridbar
belligerent *n.* krigsførende magt
bellow *v.* brøle
bellowing *n.* brøl
bellows *n.* blæsebælg
belly *n.* mave
belong *v.* tilhøre
belonging *n.* besiddelse
belongings *n.* ejendele
beloved *adj.* elsket
beloved *n.* kæreste
below *adv.* nedenunder
below *prep.* under
belt *n.* bælte
beluga *n.* hvidhval
belvedere *n.* udsigtstårn
bemask *v.* maskere
bemire *v.* mudre til
bemuse *v.* forvirre
bench *n.* bænk
benchtop *n.* fladtop
benchwork *n.* arbejdsbænk
bend *n.* bøjning
bend *v.* bøje
beneath *adv.* nedenunder
beneath *prep.* under
benediction *n.* velsignelse
benefaction *n.* donation
benefactor *n.* velgører
benefic *adj.* godgørende
benefice *n.* præstekald
beneficial *adj.* gavnlig
benefit *n.* fordel
benefit *v.* gavne
benevolence *n.* godgørenhed
benevolent *adj.* godgørende
benight *v.* formørke
benign *adj.* godartet
benignly *adv.* elskværdigt

benison *n.* velsignelse	**better** *adj.* bedre
bent *n.* talent	**better** *adv.* bedre
bent *adj.* bøjet	**better** *v.* forbedre
benzene *n.* benzol	**betterment** *n.* forbedring
benzidine *n.* benzidin	**betting** *adj.* spillende
bequeath *v.* testamentere	**bettor** *n.* better
bereave *v.* berøve	**between** *prep.* mellem
bereaved *adj.* efterladte	**betwixt** *prep.* imellem
bereavement *n.* dødsfald	**beverage** *n.* drik
beret *n.* baret	**bewail** *v.* begræde
berm *n.* vold	**beware** *v.* vogte sig
berry *n.* bær	**bewilder** *v.* forvirre
berserk *n.* bersærk	**bewilderment** *n.* forvirring
berth *n.* kajplads	**bewind** *v.* sno
beryllium *n.* beryllium	**bewitch** *v.* forhekse
beseech *n.* bønfaldelse	**bewitched** *adj.* forhekset
beseech *v.* bønfalde	**bewitching** *adj.* forheksende
beseeching *n.* bønfaldelse	**bewitching** *n.* forhekselse
beserk *adj.* amok	**beyond** *prep.* ud over
beserker *n.* bersærker	**beyond** *adv.* på den anden side
beshame *v.* vanære	**bi** *adj.* biseksuel
beside *prep.* ved siden af	**bi-weekly** *adj.* hver anden uge
besides *prep.* foruden	**biangular** *adj.* tohjørnet
besides *adv.* desuden	**biannual** *adj.* halvårlig
besiege *v.* belejre	**biannually** *adv.* halvårligt
beslaver *v.* savle over	**biantennary** *adj.* med to antenner
besmirch *v.* tilsmudse	**bias** *n.* tilbøjelighed
bespeak *v.* tiltale	**bias** *v.* påvirke
bespectacled *adj.* bebrillet	**biased** *adj.* forudindtaget
bespoke *adj.* skræddersyet	**biaxial** *adj.* biaksial
bestial *adj.* bestialsk	**bib** *n.* hagesmæk
bestow *v.* overdrage	**bib** *v.* pimpe
bestrew *v.* bestrø	**bibber** *n.* drikker
bet *v.* vædde	**bible** *n.* bibel
bet *n.* væddemål	**bibliographer** *n.* bibliograf
beta *adj.* beta-	**bibliography** *n.* bibliografi
beta *n.* beta	**bicellular** *adj.* bicellulær
betel *n.* betel	**bicentenary** *adj.* tohundredårsdag
betray *v.* forråde	**biceps** *n.* biceps
betrayal *n.* forræderi	**bicker** *v.* mundhugges
betroth *v.* trolove	**bicycle** *n.* cykel
betrothal *n.* trolovelse	**bid** *v.* bud
betrothed *adj.* trolovet	**bid** *n.* bud

bidder *n.* den bydende
bide *v.* vente
bidet *n.* bidet
bidimensional *adj.* bidimensionel
biennial *adj.* toårig
bier *n.* båre
bifacial *adj.* tosidet
biff *n.* gok
biff *v.* gokke
biformity *n.* dobbeltform
bifurcate *v.* dele sig i to grene
bifurcation *n.* gaffeldeling
big *adj.* stor
bigamist *n.* bigamist
bigamous *adj.* bigamistisk
bigamy *n.* bigami
bighead *n.* arrogant person
bighearted *adj.* ædelmodig
bight *n.* bugt
bigot *n.* intolerant person
bigotry *n.* intolerance
bike *n.* (motor)cykel
biker *n.* (motor)cyklist
bikini *n.* bikini
bilateral *adj.* bilateral
bile *n.* galde
bilingual *adj.* tosproget
bill *v.* regning
bill *n.* give/sende regning
billable *adj.* fakturerbar
billboard *n.* plakattavle
billiard *n.* billiard
billion *n.* milliard
billionaire *n.* milliardær
billow *n.* bølgende masse
billow *v.* bølge
bimonthly *adj.* hver anden måned
binary *adj.* binær
bind *v.* binde
binding *adj.* binding
binge *v.* orgie
binocular *adj.* binokulær
binoculars *n.* kikkert

bioabsorption *n.* bioabsorption
bioactivity *n.* biologisk aktivitet
bioagent *n.* biologisk agent
biochemical *adj.* biokemisk
bioclimate *n.* bioklima
biodegradation *n.* biologisk nedbrydelighed
bioengineering *n.* gensplejsning
biofuel *n.* biologisk brændstof
biographer *n.* biograf
biography *n.* biografi
biohazardous *adj.* biologisk skadeligt
biologist *n.* biolog
biology *n.* biologi
biomass *n.* biomasse
biometric *adj.* biometrisk
bionic *adj.* bionisk
biopsy *n.* biopsi
biopsy *v.* tage en biopsi
bioscope *n.* bioskop
bioscopy *n.* bioskopi
biped *n.* tobenet dyr
bipolar *adj.* topolet
biracial *adj.* medlem af to racer
birch *v.* prygle
birch *n.* birk
bird *n.* fugl
birdcage *n.* fuglebur
birdlime *n.* fugleklister
birth *n.* fødsel
birthdate *n.* fødselsdato
birthmark *n.* modermærke
biscuit *n.* kiks
bisect *v.* halvere
bisexual *adj.* biseksuel
bishop *n.* biskop
bison *n.* bison
bisque *n.* suppe
bistro *n.* bistro
bit *n.* bid
bitch *n.* møgkælling
bite *v.* bide
bite *n.* stykke

bitter *adj.* bitter	**bleed** *v.* bløde
bizarre *adj.* bizar	**blemish** *n.* skønhedsfejl
blab *v.* plapre	**blemish** *v.* sætte en plet på
blab *n.* plapren	**blend** *v.* blande
blabber *n.* ævlen	**blend** *n.* blanding
black *adj.* sort	**bless** *v.* velsigne
blacken *v.* sværte	**blether** *v.* sludder
blacklist *n.* sortliste	**blether** *n.* sludder
blacklist *v.* sortliste	**blight** *n.* plantesygdom
blackmail *n.* pengeafpresning	**blind** *adj.* blind
blackmail *v.* afpresse penge	**blindage** *n.* gravekasse
blackmailer *n.* pengeafpresser	**blindfold** *v.* give bind for øjnene
blacksmith *n.* grovsmed	**blindfold** *n.* bind for øjnene
bladder *n.* blære	**blindness** *n.* blindhed
blade *n.* klinge	**bling** *n.* blingbling
blain *n.* vabel	**blink** *v.* blinke
blame *v.* bebrejde	**blip** *n.* bip
blame *n.* skyld	**blip** *v.* bippe
blanch *v.* blegne	**bliss** *n.* lykke
bland *adj.* ligegyldig	**blister** *n.* vabel
blank *adj.* ignorere	**blizzard** *n.* snestorm
blank *n.* løs patron	**blob** *n.* klat
blanket *n.* tæppe	**bloc** *n.* blok
blare *v.* drøne	**block** *n.* klods
blasé *adj.* blasert	**block** *v.* blokere
blast *n.* eksplosion	**blockade** *n.* blokering
blast *v.* ødelægge	**blockhead** *n.* dumrian
blastoff *n.* opsendelse	**blood** *n.* blod
blatant *adj.* åbenbar	**bloodshed** *n.* blodsudgydelse
blaze *n.* flammehav	**bloody** *adj.* blodig
blaze *v.* flamme	**bloom** *n.* blomstring
blazing *adj.* flammende	**bloom** *v.* blomstre
blazon *n.* våbenskjold	**blossom** *n.* blomst
blazon *v.* erklære offentligt	**blossom** *v.* blomstre
blazoned *adj.* dekoreret detaljeret	**blot** *n.* klat
bleach *v.* blege	**blot** *v.* klatte
bleach *n.* blegemiddel	**blotted** *adj.* klattet
bleak *n.* løje	**blouse** *n.* (skjorte)bluse
bleak *adj.* trøstesløs	**blow** *v.* blæse
blear *v.* sløre	**blow** *n.* slag
bleat *n.* brægen	**blowout** *n.* sprængning
bleat *v.* bræge	**blue** *n.* blåt
bleb *n.* blære	**blue** *adj.* blåt

bluff v. bluffe
bluff n. fup
blunder n. brøler
blunder v. lave en brøler
blundering adj. klodset
blundering n. bommert
blunt adj. stump
bluntly adv. ligefremt
blur n. tåge
blur v. dæmpe
blurt v. buse
blush n. rødmen
blush v. rødme
blushing adj. rødmet
blushing n. rødmen
boa n. boaslange
boar n. vildsvin
board v. stige på
board n. bræt
boast v. prale
boast n. praleri
boat v. sejle
boat n. båd
boathouse n. bådehus
boatman n. bådfører
bob n. ryk
bob v. bevæge sig op og ned
bobbin n. spole
bodice n. underliv
bodily adv. legemlig
body n. krop
bodyboard v. bodyboarde
bodyboard n. bodyboard
bodyguard n. livvagt
bog n. marsk
bog v. køre fast
bogland n. marskland
boglet n. marskeng
bogus adj. falsk
bohemian n. boheme
bohemian adj. bohemeagtig
boil n. byld
boil v. koge

boiler n. varmtvandsbeholder
boist n. boks
boisterous adj. højrøstet
bold adj. dristig
boldly adv. dristigt
boldness n. dristighed
bolero n. bolero
bollocks n. ævl
bollocks v. forkludre
bollocks int. pis!
bolt n. møtrik
bolt v. bolte
bomb n. bombe
bomb v. bombe
bombard v. bombardere
bombardment n. borbardement
bomber n. bombemand/bombekvinde
bonafide adv. i god tro
bonafide adj. ægte
bond n. bånd
bondage n. bundethed
bonds n.pl. lænker
bone n. knogle
bonefish n. knoglefisk
bonehead n. fæhoved
boneheaded adj. tåbeligt
boneless adj. benfri
bonfire n. bål
bonnet n. kølerhjelm
bonus n. bonus
book n. bog
book v. bestille
book-keeper n. bogholder
book-keeping n. bogholderi
book-mark n. bogmærke
book-seller n. boghandler
book-worm n. bogorm
bookish adj. boglig
bookish n. nørd
booklet n. pjece
boom n. opsving
boom v. stige voldsomt

boom *int.* bang!
boon *n.* velgerning
boor *n.* stud
boost *n.* løft
boost *v.* styrke
boot *n.* støvle
booth *n.* boks
booty *n.* bytte
booze *v.* svire
border *n.* grænse
border *v.* grænse op til
bore *v.* bore
bore *n.* boring
born *adj.* født
born rich *adj.* født rig
borne *adj.* båret
borough *n.* kommune
borrow *v.* låne
bosom *n.* barm
boss *n.* chef
bossy *adj.* dominerende
botany *n.* botanik
botch *v.* forkludre
both *adj.* begge
both *pron.* begge
both *adv.* begge
both *conj.* både
bother *v.* genere
botheration *n.* besvær
bottle *v.* fylde på flaske
bottle *n.* flaske
bottler *n.* tapperi
bottom *n.* bund
bough *n.* gren
boulder *n.* kampesten
bouncer *n.* dørmand
bound *adj.* bundet
bound *v.* afgrænse
bound *n.* grænse
boundary *n.* grænse
bountiful *adj.* rigelig
bounty *n.* dusør
bouquet *n.* duft

bourgeois *adj.* småborgerlig
bourgeoise *n.* borgerskab
bout *n.* udbrud
bow *v.* bukke
bow *n.* buk
bowel *n.* tarm
bower *n.* hytte
bowl *n.* skål
bowl *v.* trille
box *n.* kasse
boxing *n.* boksning
boy *n.* dreng
boycott *v.* boykot
boycott *n.* boykot
boyhood *n.* drengeår
boyish *adj.* drenget
brace *n.* støtte
bracelet *n.* armbånd
braces *n.* seler
bracket *n.* parentes
bracket *v.* sætte i parentes
brag *v.* prale
brag *n.* praleri
braid *n.* bort
braid *v.* pynte
braille *n.* blindeskrift
brain *n.* hjerne
brainless *adj.* hjerneløs
brainstorm *n.* brainstorm
brainstorm *v.* brainstorme
brake *n.* bremse
brake *v.* bremse
branch *v.* forgrene
branch *n.* filial
brand *n.* mærke
branding *n.* branding
brandy *n.* brandy
brangle *v.* skændes
brass *n.* messing
brat *n.* møgunge
brave *adj.* modig
bravery *n.* mod
brawl *v.* slås

brawl *n.* slagsmål	**bridge** *v.* bygge bro over
bray *n.* skrål	**bridle** *n.* tøjle
bray *v.* skråle	**brief** *adj.* kort
braze *v.* slaglodde	**brigade** *n.* brigade
brazen *adj.* messing-	**brigadier** *n.* brigadegeneral
brazen *v.* udholde	**brigand** *n.* røver
breach *n.* brud	**bright** *adj.* lys
breach *v.* bryde	**brighten** *v.* lyse op
bread *n.* brød	**brilliance** *n.* strålende lys
breaded *adj.* paneret	**brilliant** *adj.* strålende
breadth *n.* bredde	**brim** *n.* rand
break *v.* brække	**brine** *n.* saltlage
break *n.* brud	**bring** *v.* bringe
breakage *n.* beskadigelse	**brinjal** *n.* aubergine
breakdown *n.* sammenbrud	**brink** *n.* rand
breakfast *n.* morgenmad	**briquet** *n.* briket
breakfront *n.* breakfrontmøbel	**brisk** *adj.* rask
breaking *n.* bristen	**bristle** *n.* børstehår
breakneck *adj.* halsbrækkende	**british** *adj.* britisk
breakoff *n.* afknækning	**brittle** *adj.* skør
breakout *n.* udbrud	**broad** *adj.* bred
breakpoint *n.* bristepunkt	**broadcast** *n.* udsendelse
breaktime *n.* pause	**broadcast** *v.* udsende
breakup *n.* opbrud	**brocade** *n.* brokade
breast *v.* trodse	**brocade** *v.* væve brokade
breast *n.* bryst	**broccoli** *n.* broccoli
breath *n.* åndedrag	**brochure** *n.* brochure
breathe *v.* ånde	**broker** *n.* mægler
breeches *n.* knæbukser	**bromite** *n.* bromid
breed *v.* avle	**bronchial** *adj.* bronkial
breed *n.* race	**bronze** *n.* bronze
breeze *n.* brise	**bronze** *adj.* bronzere
breviary *n.* bønnebog	**brood** *n.* kuld
brevity *n.* kortfattethed	**brood** *v.* ruge
brew *v.* brygge	**brood** *adj.* ruge-
brew *n.* bryg	**broom** *n.* kost
brewery *n.* bryggeri	**broth** *n.* bouillon
bribe *n.* bestikkelse	**brothel** *n.* bordel
bribe *v.* bestikke	**brother** *n.* bror
brick *n.* mursten	**brotherhood** *n.* broderskab
bride *n.* brud	**brow** *n.* pande
bridegroom *n.* brudgom	**brown** *adj.* brun
bridge *n.* bro	**brown** *n.* brunt

brownnoser *n.* fedterøv
browse *n.* kig
browse *v.* ose
browser *n.* oser
bruise *n.* blåt mærke
bruit *v.* udsprede
bruit *n.* rygte
brunt *n.* stød
brush *n.* børste
brush *v.* børste
brustle *v.* knitre
brutal *adj.* brutal
brute *n.* umenneske
brutify *v.* brutalisere
brutish *adj.* dyrisk
bubble *n.* boble
buck *n.* buk
buck *v.* gøre bukkespring
bucket *n.* spand
buckle *n.* spænde
buckle *v.* spænde
bud *n.* knop
buddy *n.* kammerat
budge *v.* flytte sig
budge *n.* lammeskindspels
budget *n.* budget
buff *n.* fan
buffalo *n.* bison
buffoon *n.* klovn
bug *n.* bakterie
bugle *n.* signalhorn
build *v.* bygge
build *n.* opbygning
building *n.* bygning
bulb *n.* pære
bulimia *n.* bulimi
bulk *n.* størrelse
bulky *adj.* omfangsrig
bull *n.* tyr
bull's eye *n.* centrum
bulldog *n.* bulldog
bullet *n.* kugle
bulletin *n.* nyhedsbrev

bullock *n.* stud
bully *n.* mobber
bully *v.* mobbe
bulwark *n.* bolværk
bumper *n.* kofanger
bumpy *adj.* ujævn
bunch *n.* bundt
bundle *n.* bundt
bungalow *n.* bungalow
bungee *n.* gummistrop
bungle *v.* forkludre
bungle *n.* kludder
bunk *n.* køje
bunker *n.* bunker
buoy *n.* bøje
buoyancy *n.* flydeevne
burden *n.* byrde
burden *v.* bebyrde
burdensome *adj.* tyngende
Bureacuracy *n.* bureaukrati
bureau *n.* bureau
bureaucrat *n.* bureaukrat
burglar *n.* indbrudstyv
burglary *n.* indbrud
burial *n.* begravelse
burke *v.* henlægge
burlesque *adj.* parodieret
burlesque *n.* varieté
burlesque *v.* parodiere
burn *v.* brænde
burn *n.* brandsår
burp *v.* bøvse
burrow *n.* hule
burst *v.* revne
burst *n.* revne
bury *v.* begrave
bus *n.* bus
bush *n.* busk
business *n.* forretning
businessman *n.* forretningsmand
bustle *v.* have travlt
busy *adj.* travl
but *prep.* undtagen

but *conj.* men	**cabinet** *n.* skab
butcher *n.* slagter	**cable** *n.* kabel
butcher *v.* slagte	**cable** *v.* lægge kabler
butt *n.* skaft	**cache** *n.* depot
butt *v.* støde	**cachet** *n.* anseelse
butter *n.* smør	**cackle** *v.* gnægge
butter *v.* smøre	**cactus** *n.* kaktus
butterfingers *n.* kludderhoved	**cad** *n.* sjover
butterfly *n.* sommerfugl	**cadaver** *n.* lig
butterhead *n.* hovedsalat	**cadaverous** *adj.* dødningeagtig
buttermilk *n.* kærnemælk	**cadence** *n.* kadence
buttock *n.* balde	**cadence** *v.* sætte kadence
button *n.* knap	**cadet** *n.* kadet
button *v.* knappe	**cadge** *n.* tigger
buy *v.* købe	**cadge** *v.* bomme
buy *n.* køb	**cadmium** *n.* kadmium
buyer *n.* køber	**cafe** *n.* café
buzz *v.* summe	**cage** *n.* bur
buzz *n.* summen	**cage** *v.* sætte i bur
by *prep.* af	**caged** *adj.* i bur
by *adv.* hen	**cajole** *v.* lokke
by-election *n.* suppleringsvalg	**cake** *n.* kage
by-product *n.* biprodukt	**calamity** *n.* katastrofe
bye-bye *interj.* hej hej	**calcite** *n.* kalcit
bylaw, bye-law *n.* lokallov	**calcium** *n.* kalcium
bypass *n.* bypassoperation	**calculate** *v.* beregne
byre *n.* kostald	**calculator** *n.* regnemaskine
byte *n.* byte	**calculation** *n.* udregning
bywalk *n* skjult sti	**calendar** *n.* kalender
byway *n.* bivej	**calf** *n.* læg
byword *n.* motto	**calibrate** *v.* kalibrere
	calibration *n.* kalibrering
	call *v.* kalde
	call *n.* kald
	caller *n.* den der kalder
C	**calligraphy** *n.* kalligrafi
	calling *n.* kald
cab *n.* taxi	**callow** *adj.* umoden
cabana *n.* kabine	**callous** *adj.* ufølsom
cabaret *n.* kabaret	**calm** *n.* ro
cabbage *n.* kål	**calm** *v.* berolige
cabby *n.* taxichauffør	**calmative** *adj.* beroligende
cabin *n.* kabine	**calorie** *n.* kalorie

calorific *adj.* kalorie-
calumniate *v.* bagvaske
calumny *n.* bagvaskelse
camel *n.* kamel
cameo *n.* birolle
cameo *v.* spille en birolle
camera *n.* kamera
camlet *n.* kameluldtekstil
camouflage *n.* kamuflage
camouflage *v.* kamuflere
camouflaged *adj.* kamufleret
camp *n.* lejr
camp *v.* slå lejr
campaign *n.* kampagne
campaign *v.* føre kampagne
camper *n.* campist
campfire *n.* lejrbål
camphor *n.* kamfer
campsite *n.* lejrplads
campus *n.* campus
can *n.* dåse
can *v.* kan
canal *n.* kanal
canard *n.* avisand
canary *n.* kanariefugl
canary *adj.* kanarisk
canary *v.* angive
cancel *v.* aflyse
cancellation *n.* aflysning
cancer *n.* kræft
cancerogenic *adj.* kræftfremkaldende
candid *adj.* ærlig
candidacy *n.* kandidatur
candidate *n.* kandidat
candle *n.* lys
candle *v.* gennemlyse
candour *n.* ærlighed
candy *n.* slik
candy *v.* kandisere
cane *n.* rør
cane *v.* prygle
canid *n.* hund

canine *adj.* hunde-
caning *n.* prygl
canister *n.* dåse
cannibal *n.* kannibal
cannibalise *v.* kannibalisere
cannibalism *n.* kannibalisme
cannon *n.* kanon
cannonade *v.* kanonade
canny *adj.* snedig
canon *n.* forskrift
canonize *v.* kanonisere
canopy *n.* baldakin
canteen *n.* kantine
canter *n.* let galop
canton *n.* kanton
cantonment *n.* militærlejr
canvas *n.* lærred
canvass *v.* undersøge
canyon *n.* canyon
cap *n.* hætte
cap *v.* begrænse
capability *n.* evne
capable *adj.* kompetent
capacious *adj.* rummelig
capacity *n.* kapacitet
cape *n.* forbjerg
capillary *n.* kapillær
capillary *adj.* kapillær-
capital *n.* hovedstad
capital *adj.* hoved-
capitalist *n.* kapitalist
capitulate *v.* kapitulere
caprice *n.* lune
capricious *adj.* lunefuld
Capricorn *n.* Stenbukken
capsicum *n.* spansk peber
capsize *v.* kæntre
capsular *adj.* kapsel-
capsule *n.* kapsel
captain *n.* anfører
captaincy *n.* førerskab
caption *n.* tekst
captivate *v.* fængsle

captive *n.* fange
captive *adj.* fanget
captivity *n.* fangenskab
capture *v.* fange
capture *n.* tilfangetagelse
car *n.* bil
carabine *v.* sætte en karabinhage
carat *n.* karat
caravan *n.* campingvogn
carbide *n.* karbid
carbon *n.* kulstof
carbonization *n.* forkulning
carbonize *v.* forkulle
cabuncle *n.* byld
card *n.* kort
cardamom *n.* kardemomme
cardboard *n.* pap
cardiac *adj.* hjerte-
cardinal *adj.* hoved-
cardinal *n.* kardinal
cardio *adj.* hjerte-
cardio *n.* konditionstræning
cardiology *n.* kardiologi
care *n.* pleje
care *v.* pleje
career *n.* karriere
careful *adj.* omhyggelig
careless *adj.* sjusket
caress *v.* kærtegne
caretaker *n.* opsynsmand
caretaker *adj.* midlertidig
cargo *n.* last
caricature *n.* karikatur
carious *adj.* kariøs
carl *n.* karl
carlock *n.* russisk husblas
carnage *n.* blodbad
carnal *adj.* kødelig
carnival *n.* karneval
carnivore *n.* kødæder
carol *n.* glædessang
carp *n.* karpe
carpal *adj.* håndrods-
carpenter *n.* tømrer
carpentry *n.* tømrerhåndværk
carpet *n.* tæppe
carrack *n.* karak
carriage *n.* transport
carrier *n.* transportfirma
carrot *n.* gulerod
carry *v.* bære
carsick *adj.* køresyg
carsickness *n.* køresyge
cart *n.* vogn
cartage *n.* kørsel
cartilage *n.* brusk
cartographer *n.* kartograf
carton *n.* karton
cartoon *n.* tegneserie
cartoonist *n.* tegneserietegner
cartridge *n.* patron
carve *v.* udskære
cascade *n.* kaskade
case *n.* sag
case *v.* rekognoscere
casern *n.* kaserne
cash *n.pl.* kontanter
cash *v.* hæve
cashier *n.* kasserer
cashmere *n.* kashmir
casing *n.* beklædning
casino *n.* kasino
cask *n.* fad
casket *n.* skrin
casserole *n.* gryderet
cassette *n.* kassette
cast *v.* støbe
cast *n.* afstøbning
caste *n.* kaste
castellan *n.* kastellan
caster *n.* støber
castigate *v.* gennemhegle
casting *n.* afstøbning
cast-iron *adj.* støbejerns-
castle *n.* borg
castor *n.* hjul

castor oil *n.* amerikansk olie	**cautious** *adj.* forsigtig
casual *adj.* afslappet	**cavalry** *n.* kavaleri
casualty *n.* offer	**cave** *n.* hule
cat *n.* kat	**cavern** *n.* stor, dyb grotte
cataclysm *n.* kataklysme	**caviar** *n.* kaviar
catacomb *n.* katakombe	**cavil** *v.* kværulere
catalogue *n.* katalog	**cavity** *n.* hulrum
catalogue *v.* katalogisere	**cavort** *v.* boltre sig
catalyst *n.* katalysator	**cavorting** *n.* lystighed
catalyzer *n.* katalysator	**caw** *n.* skræppen
catapult *n.* katapult	**caw** *v.* skræppe
catapult *v.* slynge	**cease** *v.* ophøre
cataract *n.* grå stær	**ceasefire** *n.* våbenhvile
catastrophe *n.* katastrofe	**ceaseless** *adj.* uophørlig
catastrophic *adj.* katastrofal	**cedar** *n.* ceder
catch *v.* fange	**cede** *v.* afstå
catch *n.* fangst	**ceiling** *n.* loft
categorical *adj.* kategorisk	**celebrate** *v.* fejre
category *n.* kategori	**celebration** *n.* fest
cater *v.* skaffe	**celebrity** *n.* kendt person
caterer *n.* cateringfirma	**celerity** *n.* hastighed
caterpillar *n.* kålorm	**celery** *n.* bladselleri
catfight *n.* katteslagsmål	**celestial** *adj.* himmel-
catfish *n.* malle	**celibacy** *n.* cølibat
catharsis *n.* katarsis	**celibate** *adj.* lever i cølibat
cathartical *adj.* katarsisk	**cell** *n.* celle
cathedral *n.* katedral	**cellar** *n.* kælder
catholic *adj.* katolsk	**cello** *n.* cello
catholicism *n.* katolicisme	**cellular** *adj.* celle-
cattle *n.* kvæg	**Celsius** *adj.* celsius
catwalk *n.* podie	**cement** *n.* cement
caudal *adj.* hale-	**cement** *v.* cementere
cauldron *n.* heksekedel	**cemetery** *n.* begravelsesplads
cauliflower *n.* blomkål	**cense** *v.* sprede røgelse
causal *adj.* kausal	**censer** *n.* røgelseskar
causality *n.* årsagssammenhæng	**censor** *n.* censor
causative *adj.* udløsende	**censor** *v.* censurere
cause *n.* årsag	**censorious** *adj.* dømmesyg
cause *v.* forårsage	**censorship** *n.* censur
causeway *n.* trafikdæmning	**censure** *n.* fordømmelse
caustic *adj.* ætsende	**censure** *v.* fordømme
caution *n.* forsigtighed	**census** *n.* folketælling
caution *v.* advare	**cent** *n.* cent

centenarian *n.* hundredårig	challenge *n.* udfordring
centenary *n.* hundredårsfejring	challenge *v.* udfordre
centennial *n.* hundredårsfejring	chamber *n.* kammer
center *n.* center	chamberlain *n.* kammerherre
centigrade *adj.* celsius	champion *n.* mester
centipede *n.* skolopender	champion *v.* forsvare
central *adj.* central	chance *n.* tilfælde
centre *n.* midte	chancellor *n.* kansler
centrical *adj.* centrisk	chancery *n.* billighedsret
centrifugal *adj.* centrifugal	change *v.* forandre
centuple *adj.* hundredfold	change *n.* forandring
century *n.* århundrede	channel *n.* kanal
cephaloid *adj.* hjerneformet	chant *n.* messen
ceramics *n.* keramik	chant *v.* messe
cerated *adj.* voksdækket	chaos *n.* kaos
cereal *n.* korn	chaotic *adv.* kaotisk
cereal *adj.* korn-	chapel *n.* kapel
cerebral *adj.* hjerne-	chapter *n.* kapitel
ceremonial *adj.* ceremoniel	character *n.* karakter
ceremonious *adj.* højtidelig	charade *n.* komediespil
ceremony *n.* ceremoni	charge *v.* lade
certain *adj.* sikker	charge *n.* takst
certainly *adv.* helt sikkert	charger *n.* oplader
certainty *n.* sikkerhed	chariot *n.* stridsvogn
certificate *n.* certifikat	charisma *n.* karisma
certify *v.* attestere	charismatic *adj.* karismatisk
cerumen *n.* ørevoks	charitable *adj.* velgørenheds-
cervical *adj.* livmoderhals-	charity *n.* velgørenhed
cesarean *n.* kejsersnit	charm *n.* charme
cesarean *adj.* kejsersnit-	charm *v.* charmere
cessation *n.* ophør	chart *n.* diagram
cesspool *n.* sump	chart *v.* kortlægge
cetin *n.* spermacet	charter *n.* charter
cetylic *adj.* spermacet-	chase *v.* forfølge
chain *n.* kæde	chase *n.* forfølgelse
chain *v.* lænke	chaste *adj.* kysk
chair *n.* stol	chasten *v.* dæmpe
chairman *n.* ordstyrer	chastise *v.* revse
chaise *n.* tohjulet åben vogn	chastity *n.* kyskhed
chalice *n.* kalk	chat *n.* snak
chalk *n.* kridt	chat *v.* snakke
chalk *v.* kridte	chatter *v.* snakken
chalkdust *n.* kridtstøv	chauffeur *n.* chauffør

chauvinism *n.* chauvinisme
chauvinist *adj.* chauvinistisk
chauvinist *n.* chauvinist
cheap *adj.* billig
cheapen *v.* gøre billig
cheat *v.* snyde
cheat *n.* snyder
cheater *n.* snyder
check *v.* tjekke
check *n.* tjek
checkers *n.* damspil
checklist *n.* tjekliste
checkmate *n.* skakmat
checkout *n.* kasse
checkpoint *n.* kontrolpost
checkpoint *v.* opsætte en kontrolpost
checkup *n.* efterkontrol
checkup *v.* efterkontrollere
cheddar *n.* cheddar
cheek *n.* kind
cheep *v.* pippe
cheer *n.* hurra
cheer *v.* opmuntre
cheerful *adj.* munter
cheerless *adj.* glædesløs
cheese *n.* ost
cheesy *adj.* osteagtig
chef *n.* køkkenchef
chemical *adj.* kemisk
chemical *n.* kemikalie
chemise *n.* chemise
chemist *n.* kemiker
chemistry *n.* kemi
cheque *n.* check
cherish *v.* værdsætte
cheroot *n.* cerut
cherry *n.* kirsebær
cherry *adj.* kirsebærrød
cherub *n.* kerub
chess *n.* skak
chest *n.* kiste
chestnut *n.* kastanje

chew *v.* tygge
chevalier *n.* ridder
chi *n* chi
chia *n.* chia
chic *adj.* chik
chick *n.* kylling
chicken *n.* kylling
chicken *adj.* fej
chide *v.* skælde ud
chief *adj.* hoved-
chieftain *n.* høvding
child *n.* barn
childhood *n.* barndom
childish *adj.* barnlig
chiliad *n.* chiliade
chill *n.* kuldegysning
chilli *n.* chilipeber
chilly *adj.* kølig
chime *n.* ringen
chime *v.* ringe
chimera *n.* kimære
chimney *n.* skorsten
chimpanzee *n.* chimpanse
chin *n.* hage
China *n.* Kina
china *n.* porcelæn
chip *n.* flis
chip *v.* slå flis af
chirp *v.* kvidre
chirp *n.* kvidder
chisel *n.* mejsel
chisel *v.* mejsle
chit *n.* note
chivalrous *adj.* ridderlig
chivalry *n.* ridderlighed
chlorine *n.* klor
chloroform *n.* kloroform
choice *n.* valg
choir *n.* kor
choke *v.* kvæle
cholera *n.* kolera
chocolate *n.* chokolade
choose *v.* vælge

chop *v.* hugge
chord *n.* akkord
choroid *n.* årehinde
chorus *n.* kor
Christ *n.* Kristus
Christendom *n.* kristenheden
Christian *n.* kristen
Christian *adj.* kristen
Christianity *n.* kristendom
Christmas *n.* julen
chrome *n.* krom
chromosome *n.* kromosom
chronic *adj.* kronisk
chronicle *n.* beretning
chronological *n.* kronologisk
chronology *n.* kronologi
chronograph *n.* kronograf
chrysalis *n.* puppe
chubby *adj.* buttet
chuckle *v.* klukle
chum *n.* kammerat
chum *v.* blive kammerat med
church *n.* kirke
churchyard *n.* kirkegård
churl *n.* grov karl
churn *v.* kærne
churn *n.* smørkærne
cicada *n.* cikade
cider *n.* cider
cigar *n.* cigar
cigarette *n.* cigaret
cinema *n.* biograf
cinnabar *n.* cinnober
cinnamon *n.* kanel
cipher *n.* kode
cipher *v.* kode
circle *n.* cirkel
circle *v.* cirkulere
circuit *n.* kredsløb
circumfluent *adj.* omfattende
circumspect *adj.* forsigtig
circular *adj.* cirkulær
circular *n.* cirkulære

circulate *v.* cirkulere
circulation *n.* cirkulation
circumference *n.* omkreds
circumstance *n.* omstændighed
circumstantial *adj.* afhængig af omstændighederne
circumvent *v.* omgå
circumvention *n.* omgåelse
circus *n.* cirkus
cirrhosis *n.* cirrose
cirrhotic *adj.* cirrotisk
cisco *n.* helt
cist *n.* gravkiste
cistern *n.* cisterne
citadel *n.* kastel
cite *v.* citere
citizen *n.* borger
citizenship *n.* statsborgerskab
citric *adj.* citronsyrlig
citrine *n.* citrin
citrine *adj.* gullig
citrus *n.* citrus
city *n.* storby
civic *adj.* by-
civics *n.* samfundskundskab
civil *adj.* borgerlig
civilian *n.* civil
civilization *n.* civilisation
civilize *v.* civilisere
clack *v.* klapre
clack *n.* klapren
claim *n.* påstand
claim *v.* påstå
claimant *n.* fordringshaver
clam *n.* musling
clam *v.* samle muslinger
clamber *v.* klatre
clamour *n.* larm
clamour *v.* larme
clamp *n.* skruetvinge
clandestine *adj.* hemmelig
clap *v.* klappe
clap *n.* klap

claque *n.* heppekor
clarification *n.* tydeliggørelse
clarify *v.* tydeliggøre
clarion *n.* clarino
clarity *n.* klarhed
clarinet *n.* klarinet
clash *n.* sammenstød
clash *v.* støde sammen
clasp *n.* greb
clasp *v.* knuge
class *n.* klasse
classic *adj.* klassisk
classic *n.* klassiker
classical *adj.* klassisk
classification *n.* klassificering
classify *v.* klassificere
clatter *n.* raslen
clatter *v.* rasle
clause *n.* paragraf
clausula *n.* klausul
clave *n.* claves
claw *n.* klo
claw *v.* flå
clay *n.* ler
clean *adv.* rent
clean *adj.* ren
clean *v.* rengøre
cleanliness *n.* renlighed
cleanse *v.* rense
clear *adj.* klar
clear *v.* gøre klar
clearance *n.* rydning
clearly *adv.* klart
cleft *n.* kløft
clergy *n.* gejstlige
clerical *adj.* kontor-
clerk *n.* kontorassistent
clever *adj.* klog
clew *n.* skødbarm
cliché *n.* kliché
click *n.* klik
click *v.* klikke
client *n.* klient

cliff *n.* klippe
climate *n.* klima
climax *n.* klimaks
climb *n.* klatring
climb *v.* klatre
climber *n.* klatrer
cling *v.* klæbe
clingy *adj.* klæbende
clinic *n.* klinik
clinical *adj.* klinisk
clink *n.* klirren
clip *n.* klemme
clip *v.* klemme
clive *n.* agermåne
clive *v.* klatre
cloak *n.* kappe
clock *n.* ur
clod *n.* klump
cloister *n.* søjlegang
close *n.* lukket gade
close *adj.* tæt
close *v.* lukke
closet *n.* skab
closet *v.* lukke inde
closure *n.* lukning
clot *n.* klump
clot *v.* klumpe
cloth *n.* klæde
clothe *v.* give tøj på
clothes *n.* tøj
clothing *n.* beklædning
cloud *n.* sky
cloudy *adj.* skyet
clove *n.* kryddernellike
clown *n.* klovn
club *n.* kølle
clue *n.* spor
clumsy *adj.* klodset
cluster *n.* klynge
cluster *v.* flokkes
clutch *n.* kobling
clutch *v.* klynge sig til
clutter *v.* rode

coach *n.* træner	**cohabit** *v.* bo sammen
coach *v.* træne	**coherent** *adj.* logisk sammenhængende
coachman *n.* kusk	
coal *n.* kul	**cohesive** *adj.* sammenhængende
coalition *n.* koalition	**cohort** *n.* kohorte
coarse *adj.* grov	**coif** *n.* hjelmhue
coast *n.* kyst	**coin** *n.* mønt
coastal *adj.* kyst-	**coinage** *n.* møntprægning
coat *n.* frakke	**coincide** *v.* falde sammen
coat *v.* belægge	**coir** *n.* kokosbast
coating *n.* belægning	**coke** *v.* lave kokain
coax *v.* lokke	**coky** *adj.* kokain-
cobalt *n.* kobolt	**cold** *adj.* kold
cobble *n.* brosten	**cold** *n.* forkølelse
cobble *v.* flikke	**collaborate** *v.* samarbejde
cobbler *n.* skoflikker	**collaboration** *n.* samarbejde
cobblestone *n.* brosten	**collapse** *v.* styrte sammen
cobra *n.* kobra	**collar** *n.* krave
cobweb *n.* spindelsvæv	**colleague** *n.* kollega
cocaine *n.* kokain	**college** *n.* læreanstalt
cock *n.* han	**collect** *v.* samle
cocker *v.* forkæle	**collection** *n.* samling
cockle *v.* blive rynket	**collective** *adj.* kollektiv
cock-pit *n.* cockpit	**collector** *n.* samler
cockroach *n.* kakerlak	**collide** *v.* støde sammen
coconut *n.* kokosnød	**collision** *n.* sammenstød
cod *n.* torsk	**colloquial** *adj.* talesprogspræget
code *n.* kode	**colloquialism** *n.* kollokvialisme
code *v.* kode	**collusion** *n.* aftalt spil
coding *n.* kodning	**colon** *n.* tyktarm
coeducation *n.* enhedsskole	**colonel** *n.* oberst
coefficient *n.* koefficient	**colonial** *adj.* koloni-
coerce *v.* tvinge	**colony** *n.* koloni
coexist *v.* sameksistere	**colour** *n.* farve
coexistence *n.* sameksistens	**colour** *v.* farvelægge
coffee *n.* kaffe	**colour-blind** *adj.* farveblind
coffer *n.* pengekiste	**colourful** *adj.* farverig
coffin *n.* ligkiste	**coclourless** *adj.* farveløs
cog *n.* kogge	**colter** *n.* plovjern
cogent *adj.* overbevisende	**column** *n.* søjle
cognate *adj.* beslægtet	**columnist** *n.* klummeskriver
cognitive *adj.* kognitiv	**coma** *n.* koma
cognizance *n.* kundskab	**comatose** *adj.* komatøs

comb v. rede	commentator n. kommentator
comb n. kam	commerce n. handel
combat n. kamp	commercial adj. handels-
combat v. bekæmpe	commiserate v. udtrykke medfølelse
combatant n. kombattant	commission n. kommission
combative adj. kamplysten	commissioner n. kommissær
combination n. kombination	commissure n. sutur
combine v. kombinere	commit v. forpligte
combust v. forbrænde	commitment n. forpligtelse
combustible adj. brændbar	committee n. udvalg
combustion n. forbrænding	commodity n. vare
combustor n. forbrændingskammer	common adj. almindelig
come v. komme	commoner n. borgerlig
comedian n. komiker	commonplace adj. almindelig
comedy n. komedie	commonwealth n. statssamfund
comely adj. køn	commotion n. opstandelse
comet n. komet	commove v. agitere
comfit n. konfekt	communal adj. offentlig
comfort n. komfort	commune n. kommune
comfort v. trøste	commune v. kommunikere
comfortable adj. komfortabel	communicate v. kommunikere
comforter n. sut	communication n. kommunikation
comfy adj. hygsom	communiqué n. kommuniké
comic adj. komisk	communism n. kommunisme
comic n. tegneserie	communist n. kommunist
comical adj. komisk	community n. lokalsamfund
comma n. komma	commute v. pendle
command n. kommando	compact adj. kompakt
command v. befale	compact n. pagt
commandant n. kommandant	companion n. ledsager
commander n. chef	company n. selskab
commandment n. bud	comparative adj. relativ
commemorate v. mindes	compare v. sammenligne
commemoration n. mindehøjtidelighed	comparison n. sammenligning
	compartment n. rum
commence v. begynde	compass n. kompas
commencement n. begyndelse	compassion n. medfølelse
commend v. rose	compel v. tvinge
commendable adj. prisværdigt	compensate v. godtgøre
commendation n. ros	compensation n. godtgørelse
comment v. kommentere	compete v. konkurrere
comment n. kommentar	competence n. kompetence
commentary n. kommentar	competent adj. kompetent

competition n. konkurrence
competitive adj. konkurrence-
compilation n. kompilation
compile v. kompilere
complacent adj. selvtilfreds
complain v. klage
complaint n. klage
complaisance n. imødekommenhed
complaisant adj. imødekommende
complement n. komplement
complementary adj. komplementær
complete adj. fuldstændig
complete v. fuldføre
completion n. fuldførelse
complex adj. kompleks
complex n. kompleks
complexion n. hudfarve
compliance n. overholdelse
compliant adj. føjelig
complicate v. komplicere
complication n. komplikation
compliment n. kompliment
compliment v. komplimentere
comply v. føje
component adj. komponent
compose v. komponere
composition n. komposition
compositor n. typograf
compost n. kompost
composure n. fatning
compound n. blanding
compound adj. sammensat
compound v. blande
compounder n. farmaceut
comprehend v. begribe
comprehension n. forståelse
comprehensive adj. omfattende
compress v. komprimere
comprise v. udgøre
compromise n. kompromis
compromise v. gå på kompromis
compulsion n. tvang
compulsory adj. tvungen

compunction n. samvittighedsnag
computation n. udregning
compute v. udregne
computer n. computer
computeracy n. computerkundskab
comrade n. kammerat
comeradery n. kammeratskab
concave adj. konkav
conceal v. skjule
concede v. indrømme
conceit n. indbildskhed
conceive v. undfange
concentrate v. koncentrere
concentration n. koncentration
concept n. koncept
conception n. undfangelse
concern v. vedkomme
concern n. anliggende
concert n. koncert
concert v. udføre sammen
concession n. indrømmelse
conch n. konkylie
conciliate v. mægle
concise adj. koncis
conclude v. konkludere
conclusion n. konklusion
conclusive adj. afgørende
concoct v. blande sammen
concoction n. blanding
concord n. overensstemmelse
concrescence n. sammenvoksning
concrete n. beton
concrete adj. konkret
concrete v. støbe i beton
concubinage n. flerkoneri
concubine n. medhustru
conculcate v. trampe ned
condemn v. fordømme
condemnation n. fordømmelse
condensate n. kondensation
condense v. kondensere
condescend v. være nedladende over for

condescending *adj.* nedladende
condign *adj.* passende
condition *n.* betingelse
conditional *adj.* betinget
condole *v.* kondolere
condolence *n.* kondolence
condonation *n.* tolerance
condor *n.* kondor
conduce *v.* bidrage til
conduct *n.* optræden
conduct *v.* optræde
conductor *n.* leder
cone *n.* kegle
confectioner *n.* konfekturehandler
confectionery *n.* konfekture
confer *v.* konferere
conference *n.* konference
confess *v.* tilstå
confession *n.* tilståelse
confidant *n.* fortrolig
confide *v.* betro
confidence *n.* tillid
confident *adj.* sikker
confidential *adj.* fortrolig
config *n.* konfiguration
configuration *n.* konfiguration
configure *v.* konfigurere
confine *v.* indskrænke
confinement *n.* indespærring
confirm *v.* bekræfte
confirmation *n.* bekræftelse
confiscate *v.* konfiskere
confiscation *n.* konfiskering
conflict *n.* konflikt
conflict *v.* være i modstrid
confluence *n.* sammenløb
confluent *adj.* sammenløbende
conformity *n.* konformitet
confraternity *n.* broderskab
confrontation *n.* konfrontation
confuse *v.* forvirre
confusion *n.* forvirring
confute *v.* modbevise

conge *n.* afsked
congeal *v.* størkne
congenial *adj.* sympatisk
conglomerate *n.* konglomerat
conglomerate *adj.* uensartet sammensat
conglutinate *v.* sammenlime
congratulate *v.* lykønske
congratulation *n.* lykønskning
congregate *v.* samle sig
congregation *n.* forsamling
congress *n.* kongres
congruency *n.* overensstemmelse
congruent *adj.* kongruent
conical *adj.* konisk
conjecture *n.* gætteri
conjecture *v.* gætte
conjugal *adj.* ægteskabelig
conjugate *v.* konjugere
conjunct *adj.* konjugeret
conjunction *n.* konjunktion
conjunctiva *n.* øjets bindehinde
conjuncture *n.* situation
conjure *v.* trylle
connaisseur *n.* kender
connect *v.* forbinde
connection *n.* forbindelse
connivance *n.* konspiration
connive *v.* konspirere
conniving *adj.* konspirerende
conquer *v.* erobre
conquerer *n.* erobrer
conquest *n.* erobring
conscience *n.* samvittighed
conscious *adj.* bevidst
consecrate *v.* indvie
consecutive *adj.* på hinanden følgende
consecutively *adv.* efter hinanden
consensual *adj.* enig
consensus *n.* konsensus
consent *n.* samtykke
consent *v.* samtykke

consequence *n.* konsekvens	**consume** *v.* konsumere
consequent *adj.* deraf følgende	**consumption** *n.* konsumering
conservation *n.* bevarelse	**contact** *n.* kontakt
conservative *adj.* konservativ	**contact** *v.* kontakte
conservative *n.* konservativ	**contagious** *adj.* smitsom
conserve *v.* bevare	**contain** *v.* indeholde
consider *v.* overveje	**containment** *n.* inddæmning
considerable *adj.* betydelig	**contaminate** *v.* forurene
considerate *adj.* hensynsfuld	**contemplate** *v.* overveje
consideration *n.* overvejelse	**contemplation** *n.* overvejelse
considering *prep.* i betragtning af	**contemporary** *adj.* samtidig
consign *v.* sende	**contempt** *n.* foragt
consignment *n.* sending	**contemptuous** *adj.* hånlig
consist *v.* bestå af/i	**contend** *v.* hævde
consistence *n.* konsistens	**content** *adj.* tilfreds
consistency *n.* konsistens	**content** *v.* tilfredsstille
consistent *adj.* konsistent	**content** *n.* indhold
consolation *n.* trøst	**contention** *n.* påstand
console *v.* trøste	**contentment** *n.* tilfredsstillelse
consolidate *v.* konsolidere	**contest** *v.* konkurrere
consolidation *n.* konsolidering	**contest** *n.* konkurrence
consonance *n.* konsonans	**context** *n.* kontekst
consonant *n.* konsonant	**contiguous** *adj.* tilstødende
consort *n.* kumpan	**continent** *n.* kontinent
conspectus *n.* resumé	**continental** *adj.* kontinental
conspicuous *adj.* iøjnefaldende	**contingency** *n.* eventualitet
conspiracy *n.* sammensværgelse	**continual** *adj.* vedvarende
conspirator *n.* sammensvoren	**continuation** *n.* fortsættelse
conspire *v.* konspirere	**continue** *v.* fortsætte
constable *n.* politibetjent	**continuity** *n.* kontinuitet
constant *adj.* konstant	**continuous** *adj.* kontinuerlig
constellation *n.* konstellation	**continuum** *n.* kontinuum
constipation *n.* forstoppelse	**contour** *n.* kontur
constituency *n.* konstituering	**contra** *pref.* kontra
constituent *n.* konstituent	**contraception** *n.* prævention
constituent *adj.* konstituerende	**contraceptive** *adj.* præventions-
constitute *v.* konstituere	**contract** *n.* kontrakt
constitution *n.* konstitution	**contract** *v.* aftale
constrict *v.* sammensnøre	**contraction** *n.* sammentrækning
construct *v.* konstruere	**contractor** *n.* entreprenør
construction *n.* konstruktion	**contradict** *v.* modsige
consult *v.* konsultere	**contradiction** *n.* modsigelse
consultation *n.* konsultation	**contralto** *n.* kontraalt

contrarian n. Rasmus Modsat
contrary adj. kontrær
contrast v. stille op over for hinanden
contrast n. kontrast
contribute v. bidrage
contribution n. bidrag
control n. kontrol
control v. kontrollere
controller n. controller
controversy n. polemik
contuse v. kvæste
contusion n. kvæstelse
conundrum n. gåde
convalesce v. rekreere
convalescence n. rekreation
convalescent adj. rekreativ
convene v. sammenkalde
convener n. mødeindkalder
convenience n. bekvemmelighed
convenient adj. bekvem
convent n. kloster
convention n. konvention
conventional adj. konventionel
convergence n. konvergens
convergent adj. konvergere
conversant adj. bekendt med
conversation n. samtale
converse v. samtale
conversion n. konvertering
convert v. konvertere
convert n. konvertit
convertible n. cabriolet
convertible adj. konvertibel
convey v. overføre
conveyance n. overførsel
convict v. domfælde
convict n. straffefange
conviction n. domsfældelse
convince v. overbevise
convivial adj. selskabelig
convocation n. sammenkaldelse
convoke v. sammenkalde

convolve v. sammensno
convoy n. konvoj
convoy v. transportere i konvoj
convulse v. have krampetrækninger
convulsion n. krampetrækning
coo n. kurren
coo v. kurre
cook v. koge
cook n. kok
cooker n. komfur
cool adj. kølig
cool v. køle
cooler n. kølebeholder
cooperate v. samarbejde
cooperation n. samarbejde
cooperative adj. samarbejdende
coordinated adj. koordineret
coordinate v. koordinere
coordination n. koordinering
coot n. blishøne
copartner n. kompagnon
cope v. magte
coper n. hestehandler
copier n. kopimaskine
copist n. kopist
copper n. kobber
coppery adj. kobber-
coppice n. krat
coprology n. skatologi
copulate v. kopulere
copy n. kopi
copy v. kopiere
coral n. koral
corbel n. konsol
cord n. snor
cordate adj. hjerteformet
corded adj. med ledning
cordial adj. hjertelig
cordless adj. trådløs
cordon v. afspærre
cordon n. afspærring
corduroy n. jernbanefløjl
core n. kerne

coriander *n.* koriander	**cotemporal** *adj.* samtidig
cork *n.* kork	**cotransfer** *n.* transduktion
cormorant *n.* skarv	**cottage** *n.* hytte
corn *n.* korn	**cotton** *n.* bomuld
cornea *n.* hornhinde	**couch** *n.* sofa
corner *n.* hjørne	**cough** *n.* hoste
cornet *n.* kornet	**cough** *v.* hoste
cornicle *n.* horn	**could** *v.* kunne
coronation *n.* kroning	**council** *n.* råd
coronet *n.* adelskrone	**councillor** *n.* rådsmedlem
corporal *adj.* legemlig	**counsel** *n.* advokat
corporate *adj.* virksomheds-	**counsel** *v.* rådgive
corporation *n.* virksomhed	**counsellor** *n.* rådgiver
corps *n.* korps	**count** *n.* optælling
corpse *n.* lig	**count** *v.* tælle
correct *adj.* korrekt	**countable** *adj.* tællelig
correct *v.* rette	**countdown** *n.* nedtælling
correction *n.* rettelse	**countenance** *n.* billige
correlate *v.* korrelere	**counter** *n.* tæller
correlation *n.* korrelation	**counter** *v.* imødegå
correspond *v.* korrespondere	**counteract** *v.* modvirke
correspondence *n.* korrespondance	**countercharge** *n.* modbeskyldning
correspondent *n.* korrespondent	**counterfeit** *adj.* forfalske
corridor *n.* korridor	**counterfeiter** *n.* forfalsker
corroborate *v.* bekræfte	**countermand** *v.* tilbagekalde
corroborative *adj.* bekræftende	**counterpart** *n.* modstykke
corrosive *adj.* ætsende	**countersign** *v.* kontrasignere
corrupt *v.* korrumpere	**countess** *n.* grevinde
corrupt *adj.* korrupt	**countless** *adj.* utallig
corruption *n.* korruption	**country** *n.* land
cosmetic *adj.* kosmetisk	**county** *n.* amt
cosmetic *n.* kosmetik	**coup** *n.* kup
cosmic *adj.* kosmisk	**couple** *n.* par
cosmopolitan *adj.* kosmopolitisk	**couple** *v.* koble sammen
cosmos *n.* kosmos	**couplet** *n.* par
cost *v.* kalkulere	**coupon** *n.* kupon
cost *n.* omkostning	**courage** *n.* mod
costal *adj.* ribbens-	**courageous** *adj.* modig
cote *n.* lille hus	**courier** *n.* kurer
costly *adj.* dyr	**course** *v.* løbe
costume *n.* kostume	**course** *n.* forløb
cosy *adj.* hyggelig	**court** *n.* domstol
cot *n.* vugge	**court** *v.* bejle til

courteous *adj.* høflig
courtesan *n.* kurtisane
courtesy *n.* høflighed
courtier *n.* hofmand
courtship *n.* kurmageri
courtyard *n.* gårdsplads
cousin *n.* kusine (f.), fætter (m.)
coven *n.* fællesskab
covenant *n.* pagt
cover *v.* dække
cover *n.* dækning
coverlet *n.* sengetæppe
covet *v.* attrå
cow *n.* ko
cow *v.* kue
coward *n.* kujon
cowardice *n.* fejhed
cower *v.* krybe sammen
coy *adj.* koket
coy *n.* andefælde
cozy *adj.* hyggelig
crab *n.* krabbe
crack *n.* smæld
crack *v.* knække
cracker *n.* kiks
crackle *v.* knitre
cradle *n.* vugge
craft *n.* håndværk
craftsman *n.* håndværker
crafty *adj.* listig
cram *v.* proppe
crambo *n.* rimeleg
crane *n.* kran
crankle *v.* krølle
crash *v.* forulykke
crash *n.* ulykke
crasher *n.* forulykket
crasis *n.* krasis
crass *adj.* tykhovedet
crate *n.* pakkasse
crater *n.* krater
crave *v.* lyste efter
craving *n.* stærk lyst

craw *n.* kråse
crawl *v.* kravle
crawl *n.* kravlen
crayfish *n.* krebs
craze *n.* dille
crazy *adj.* vanvittig
creak *v.* knirke
creak *n.* knirken
cream *n.* fløde
crease *n.* fold
create *v.* skabe
creation *n.* skabelse
creative *adj.* kreativ
creator *n.* skaber
creature *n.* skabning
credential *n.* kvalifikation
credential *adj.* anbefalende
credible *adj.* troværdig
credit *n.* kredit
creditable *adj.* hæderlig
creditor *n.* kreditor
credulity *n.* lettroenhed
credulous *adj.* lettroende
creed *n.* overbevisning
creek *n.* bæk
creep *v.* krybe
creeper *n.* slyngplante
creepy *adj.* uhyggelig
cremate *v.* kremere
cremation *n.* kremering
crematorium *n.* krematorium
creole *n.* kreoler
crepe *n.* crepe
crepitate *v.* knitre
crepitation *n.* knitren
crest *n.* kam
cretin *n.* kretiner
crevet *n.* smeltedigel
crew *n.* besætning
crib *n.* krybbe
cricket *n.* fårekylling
crime *n.* forbrydelses
criminal *adj.* kriminel

crimp *n.* krympe
crimple *v.* krympe
crimson *n.* højrødt
crimson *v.* blive højrød
cringe *v.* krybe sammen
cripple *n.* invalid
crisis *n.* krise
crisp *adj.* sprød
crispen *v.* sprødgøre
criterion *n.* kriterie
critic *n.* kritiker
critical *adj.* kritisk
criticism *n.* kritik
criticize *v.* kritisere
croak *n.* kvækken
crockery *n.* service
crocodile *n.* krokodille
croesus *n.* Krøsus
croft *n.* husmandssted
crome *n.* krog
crome *v.* kroge
crone *n.* kone
crook *adj.* syg
crooked *adj.* krum
crookery *n.* slyngelstreger
crooning *n.* refrænsang
crop *n.* afgrøde
cross *v.* krydse
cross *n.* kors
cross *adj.* tvær
crossbar *n.* overligger
crossbeam *n.* tværbjælke
crossbench *adj.* stemme uafhængigt
crosscut *n.* tværsnit
crossfire *n.* krydsild
crossing *n.* kryds
crotch *n.* skridt
crochet *v.* hækle
crotchet *n.* fjerdedelsnode
crouch *v.* krybe sammen
crow *n.* krage
crow *v.* gale
crowbar *n.* brækjern

crowd *n.* folkemængde
crowded *adj.* overbefolket
crowdy *adj.* overbefolket
crown *n.* krone
crown *v.* krone
crowned *adj.* kronet
crucial *adj.* afgørende
crucified *adj.* korsfæstet
crucifix *n.* krucifiks
crucify *v.* korsfæste
crude *adj.* rå
cruel *adj.* grusom
cruelty *n.* grusomhed
cruise *v.* cruise
cruiser *n.* cruiser
crumb *n.* krumme
crumble *v.* smuldre
crump *v.* knase
crunch *n.* knasen
crunch *v.* knase
crusade *n.* korstog
crusader *n.* korsfarer
crush *v.* knuse
crust *n.* skorpe
crutch *n.* krykke
cry *n.* gråd
cry *v.* græde
cryogenics *n.* kryoteknologi
cryptography *n.* kryptografi
crystal *n.* krystal
crystalize *v.* krystallisere
cub *n.* unge
cubby *n.* hummer
cube *n.* terning
cubical *adj.* terningformet
cubiform *adj.* terningformet
cubit *n.* cubit
cuckold *n.* hanrej
cuckoo *n.* gøg
cucumber *n.* agurk
cuddle *n.* kram
cuddle *v.* kramme
cudgel *n.* knippel

cue *n.* signal	**cursory** *adj.* hastig
clueless *adj.* uvidende	**curt** *adj.* studs
cuff *n.* opslag	**curtail** *v.* afkorte
cuff *v.* klapse	**curtain** *n.* gardin
cuisine *n.* køkken	**curvature** *n.* krumning
cullet *n.* glasskår	**curve** *n.* kurve
culminate *v.* kulminere	**curve** *v.* bue
culpable *adj.* ansvarlig	**cushion** *n.* pude
culprit *n.* den skyldige	**cushion** *v.* polstre
cult *n.* kult	**custard** *n.* kagecreme
cultivate *v.* kultivere	**custodian** *n.* tilsynsførende
cultivation *n.* dyrkning	**custody** *n.* forvaring
cultural *adj.* kulturel	**custom** *n.* skik
culture *n.* kultur	**customary** *adj.* almindelig
culvert *n.* gennemløb	**customer** *n.* kunde
cunning *adj.* udspekuleret	**cut** *v.* skære
cunning *n.* snedighed	**cut** *n.* snit
cup *n.* kop	**cutis** *n.* hud
cupboard *n.* skab	**cutter** *n.* klipper
Cupid *n.* Amor	**cuvette** *n.* cuvette
cupidity *n.* begærlighed	**cyan** *n.* cyanblå
cupon *n.* kupon	**cyan** *adj.* cyanblå
curable *adj.* helbredelig	**cyanide** *n.* cyanid
curative *adj.* helbredende	**cyber** *adj.* cyber-
curb *n.* hindring	**cybercafé** *n.* cybercafé
curb *v.* tøjle	**cyberchat** *n.* cyberchat
curcumin *n.* gurkemeje	**cybercrime** *n.* cyberkriminalitet
curd *n.* ostemasse	**cycle** *n.* cyklus
curd *v.* koagulere	**cycle** *v.* cykle
cure *n.* kur	**cyclic** *adj.* cyklisk
cure *v.* helbrede	**cyclist** *n.* cyklist
curfew *n.* udgangsforbud	**cyclone** *n.* cyklon
curiosity *n.* videbegærlighed	**cyclops** *n.* kyklop
curious *adj.* videbegærlig	**cyclostyle** *n.* duplikeringsmaskine
curl *n.* krølle	**cyclostyle** *v.* duplikere
curly *adj.* krøllet	**cylinder** *n.* cylinder
currant *n.* korend	**cylindrical** *adj.* cylindrisk
currency *n.* valuta	**cynic** *n.* kyniker
current *n.* strøm	**cynical** *adj.* kynisk
current *adj.* nuværende	**cypher** *n.* chifferskrift
curriculum *n.* pensum	**cypress** *n.* cypres
curse *n.* forbandelse	
curse *v.* bande	

D

dabble *v.* plaske
dacoit *n.* røver
dacoity *n.* røveri
dad *n.* far
daddy *n.* farmand
daffodil *n.* påskelilje
daft *adj.* dum
dagger *n.* daggert
daily *adj.* daglig-
daily *adv.* daglig
daily *n.* dagblad
dainty *adj.* lækker
dainty *n.* lækkerbisken
dairy *n.* mejeri(produkter)
dais *n.* podium
daisy *n.* tusindfryd
dale *n.* dal
dam *n.* dæmning
damage *n.* skade
damage *v.* beskadige
damask *n.* damask
damask *adj.* damask-
dame *n.* dame
damn *v.* fordømme
damn *n.* ed
damn *adj.* fordømt
damn *adv.* fandens
damn *int.* fandens
damnable *adj.* fordømt
damnation *n.* fordømmelse
damned *adj.* fordømt
damp *adj.* fugtig
damp *n.* fugt
damp *v.* fugte
dampen *v.* fugte
damsel *n.* mø
dance *n.* dans
dance *v.* danse
dancer *n.* danser
dancing *adj.* dansende
dandelion *n.* mælkebøtte
dandle *v.* give hoppetur på knæ
dandruff *n.* skæl
dandy *n.* dandy
danger *n.* fare
dangerous *adj.* farlig
dangle *v.* dingle
dangling *adj.* dinglende
dank *adj.* klam
dank *n.* fugt
dank *v.* fugte
dap *v.* dyppefiske
dapper *adj.* fiks
dare *v.* turde
dare *n.* udfordring
daredevil *n.* vovehals
daredevil *v.* dumdristig
daresay *v.* turde sige
daring *n.* dristighed
daring *adj.* dristig
dark *adj.* mørk
dark *n.* mørke
darken *v.* formørkes
darkle *v.* formørkes
darkly *adv.* formørket
darkness *n.* mørke
darling *n.* skat
darling *adj.* henrivende
dart *n.* dart
dart *v.* fare
darting *n.* faren
dash *v.* ile
dash *n.* skvæt
dashing *adj.* flot
data *n.* data
databank *n.* datasamling
database *n.* database
date *n.* dato
date *v.* datere
dated *adj.* dateret
daub *n.* smøreri

daub *v.* smøre
daughter *n.* datter
daunt *v.* skræmme
daunting *adj.* skræmmende
dauntless *adj.* uforfærdet
dawdle *v.* smøle
dawdler *n.* drys
dawn *n.* daggry
dawn *v.* bryde frem
dawnlight *n.* daggry
day *n.* dag
daydream *n.* dagdrøm
daydream *v.* dagdrømme
daylight *n.* dagslys
daze *n.* åndsfraværelse
daze *v.* gøre åndsfraværende
dazed *adj.* åndsfraværet
daziness *n.* verdensfjernhed
dazzle *n.* blændende glans
dazzle *v.* blænde
dazzling *adj.* blændende
dazzlingly *adv.* blændende
deacon *n.* diakon
deaconship *n.* diakoni
deactivate *v.* deaktivere
deactivator *n.* deaktivator
deactivation *n.* deaktivering
dead *adj.* død
dead *n.* død
deadbeat *n.* dødbider
deadbeat *adj.* dødtræt
deadbolt *n.* indstemmet lås
deadbolt *v.* låse med indstemmet lås
dead-end *adj.* blindgyde-
dead-end *n.* blindgyde
dead-end *v.* føre ind i en blindgyde
deadline *n.* afleveringsfrist
deadlock *n.* baglås
deadlock *v.* baglåse
deadly *adj.* dødelig
deaf *adj.* døv
deafen *v.* gøre døv
deafening *adj.* døvende

deal *n.* aftale
deal *v.* handle
dealer *n.* dealer
dealership *n.* forhandler
dealings *n.* forbindelse
dealmaker *n.* forhandler
dean *n.* dekan
dear *adj.* kær
dearth *n.* knaphed
death *n.* død
deathbed *n.* dødsleje
deathblow *n.* dødsstød
deathly *adj.* dødelig
debar *v.* udelukke
debase *v.* forringe
debate *n.* debat
debate *v.* debattere
debated *adj.* omdiskuteret
debauch *v.* skeje ud
debauch *n.* udsvævelse
debauchee *n.* udsvævende person
debauchery *n.* udsvævelser
debile *adj.* svækket
debilitant *n.* hæmmer
debilitation *n.* hæmning
debilitating *adj.* hæmmende
debility *n.* hæmning
debit *n.* debet
debit *v.* debitere
debris *n.* stumper
debt *n.* gæld
debtor *n.* debitor
debuff *n.* debuff
debug *v.* rette fejl
debutant *n.* debutant
decade *n.* årti
decadent *adj.* dekadent
decalcification *n.* afkalkning
decalcifiy *v.* afkalke
decalibrate *v.* afkalibrere
decamp *v.* stikke af
decay *n.* forfald
decay *v.* henfalde

decease n. bortgang
decease v. afgå ved døden
deceased adj. afdød
deceit n. bedrageri
deceitful adj. bedragerisk
deceive v. bedrage
decelerate v. decelerere
deceleration n. deceleration
december n. december
decency n. anstændighed
decennary n. tiår
decent adj. anstændig
decentralized adj. decentraliseret
decentre v. decentrere
deception n. bedrag
deceptive adj. vildledende
decibel n. decibel
decide v. beslutte
decided adj. afgjort
decidedly adv. afgjort
decidedness n. beslutsomhed
decillion n. decillion
decimal adj. decimal-
decimate v. decimere
decimetre n. decimeter
decipher v. dechifrere
decision n. beslutning
decisive adj. beslutsom
deck n. dæk
deck v. pynte
declaration n. erklæring
declare v. erklære
decline n. svækkelse
decline v. svækkes
declinous adj. nedadbøjet
declutter v. rydde op
decode v. afkode
decoder n. afkoder
decolonization n. afkolonisering
decolonize v. afkolonisere
decommission v. tage ud af drift
decompose v. nedbryde
decomposition n. nedbrydning

decompress v. dekomprimere
decompression n. dekompression
deconstruct v. dekonstruere
deconstruction n. dekonstruktion
deconstructively adv. dekonstruktiv
decontrol v. ophæve kontrol med
decor n. indretning
decorate v. dekorere
decoration n. dekoration
decorative adj. dekorativ
decorum n. sømmelighed
decoy n. lokkemiddel
decoy v. lokke
decoyman n. fuglelokker
decrease v. aftage
decrease n. aftagen
decreasingly adv. aftagende
decree n. dekret
decree v. udstede dekret
decrement n. formindskelsen
decrepitate v. syde
decrepitation n. sydning
decriminalization n. afkriminalisering
decriminalize v. afkriminalisere
decrypt v. dekryptere
decrypt n. dekryptering
decryption n. dekryptering
dedicate v. dedikere
dedication n. dedikation
dedicatory n. dedikation
dedicatory adj. dedikations-
deduce v. slutte
deduct v. fratrække
deduction n. fradrag
deed n. gerning
deem v. anse
deep adj. dyb
deepen v. uddybe
deeply adv. dybt
deer n. hjort
defamation n. ærekrænkelse
defamatory adj. ærekrænkende

defame v. krænke ære
default n. standardindstilling
defeat n. nederlag
defeat v. besejre
defect n. defekt
defecate v. have afføring
defence n. forsvar
defenceless adj. forsvarsløs
defend v. forsvare
defendant n. den sagsøgte
defensive adj. forsvars-
defer v. udsætte
deference n. udsættelse
defiance n. trods
defiant adj. trodsig
deficiency n. mangel
deficit n. underskud
deficient adj. utilstrækkelig
defile n. slugt
define v. besudle
definite adj. endelig
definition n. definition
deflate v. skabe deflation
deflation n. deflation
deflect v. afbøje
deflection n. afbøjning
deflesh v. udbene
deflower v. deflorere
defoliant n. afløvningsmiddel
defoliate v. afløve
deforest v. afskove
deform v. deformere
deformity n. deformitet
defragment v. defragmentere
defragmentation n. defragmentering
deft adj. behændig
degenerate v. degenerere
degenerate n. degenerering
deglutination n. limopløsning
degrade v. nedværdige
degrading adj. nedværdigende
degree n. grad

degustation n. smagning
dehort v. fraråde
dehumidify v. affugte
dehydrate v. dehydrere
dehydration n. dehydrering
deify v. ophøje til gud
deign v. nedlade
deism n. deisme
deist n. deist
deity n. guddom
deject v. gøre nedtrykt
dejection n. nedtrykthed
delay v. forsinke
delay n. forsinkelse
delayment n. forsinkelse
delectability n. liflighed
delegacy n. delegering
delegator n. fuldmagtsgiveren
delegalize v. ulovliggøre
delegate n. delegeret
delegate v. delegere
delegation n. delegation
deletable adj. sletbar
delete v. slette
deliberate adj. overlagt
deliberate v. overveje
deliberation n. votering
delicacy n. sarthed
delicate adj. sart
delicious adj. lækker
delight n. fryd
delight v. fryde
delightedly adv. henrykt
delightful adj. herlig
delimit v. afgrænse
delimitate v. afgrænse
delimitation n. afgrænsning
delinquency n. lovovertrædelse
delinquent adj. kriminel
delinquent n. delinkvent
delipidate adj. delipideret
delipidate v. delipidere
delipidation n. delipidering

deliriant *n.* deliriant
deliver *v.* aflevere
deliverance *n.* udfrielse
delivery *n.* levering
delta *n.* delta
deltoid *n.* deltamuskel
delude *v.* vildlede
deluded *adj.* vildledt
delusion *n.* vrangforestilling
delusional *adj.* selvbedragerisk
demagnetize *v.* afmagnetisere
demagogue *n.* demagog
demagogy *n.* demagogi
demand *n.* efterspørgsel
demand *v.* forlange
demarcate *v.* afgrænse
demarcation *n.* grænsedragning
demasculinization *n.* afmaskulinisere
dematerialisation *n.* dematerialisering
dematerialize *v.* dematerialisere
dement *v.* dement
demented *adj.* vanvittig
demerit *n.* mangel
demicircle *n.* halvcirkel
demilitarized *adj.* demilitariseret
demise *n.* bortgang
demobilization *n.* demobilisering
demobilize *v.* demobilisere
democracy *n.* demokrati
democratic *adj.* demokratisk
demolish *v.* nedrive
demolition *n.* nedrivning
demon *n.* dæmon
demonetize *v.* demonitisere
demonstrate *v.* demonstrere
demonstration *n.* demonstration
demoralize *v.* demoralisere
demur *n.* betænkelighed
demur *v.* nære betænkelighed
demurrage *n.* demurrage
den *n.* hule

dengue *n.* denguefeber
denial *n.* benægtelse
denominate *v.* denominere
denomination *n.* pålydende
denote *v.* betegne
denounce *v.* fordømme
dense *adj.* tæt
density *n.* tæthed
dentist *n.* tandlæge
denude *v.* blotlægge
denunciation *n.* fordømmelse
deny *v.* benægte
deodorant *n.* deodorant
deodorant *adj.* desodorisk
deontological *adj.* deontologisk
deontology *n.* deontologi
deoxidation *n.* deoxidering
deoxy *adj.* deoxy-
depart *v.* afgå
department *n.* afdeling
departmentalization *n.* opdeling i afdelinger
departure *n.* afgang
depauperate *v.* hæmme i væksten
depend *v.* afhænge
dependant *n.* pårørende
dependence *n.* afhængighed
dependent *adj.* afhængig
depict *v.* afbilde
depiction *n.* afbildning
depilatory *adj.* hårfjernende
deplete *v.* tømme
depleted *adj.* udtømt
depletion *n.* tømning
deplorable *adj.* jammerlig
deploy *v.* anvende
depolarize *v.* depolarisere
deponent *n.* vidne
deport *v.* deportere
depose *v.* vidne
deposit *n.* indskud
deposit *v.* indsætte
depot *n.* depot

depravation *n.* moralsk fordærv
deprave *v.* fordærve moralsk
depraved *adj.* moralsk fordærvet
depreciate *v.* depreciere
depreciating *adj.* deprecierende
depreciatory *adj.* deprecierende
depredate *v.* plyndre
depress *v.* deprimere
depression *n.* depression
deprive *v.* fratage
depth *n.* dybde
deputation *n.* deputation
depute *v.* overdrage
deputy *n.* stedfortræder
derail *v.* afspore
derailment *n.* afsporing
derive *v.* opnå
dermabrasion *n.* dermabrasion
dermatologist *n.* dermatolog
dermic *adj.* dermisk
derogatory *adj.* nedsættende
derrick *n.* lossebom
desalt *v.* afsalte
descale *v.* afkalke
descend *v.* gå ned ad
descendant *n.* efterkommer
descent *n.* nedstigning
describe *v.* beskriv
description *n.* beskrivelse
descriptive *adj.* beskrivende
desert *v.* forlade
desert *n.* ørken
deserve *v.* fortjene
design *v.* designe
design *n.* design
designate *v.* udpege
designated *adj.* udpeget
designer *n.* designer
desirable *adj.* ønskværdig
desire *n.* ønske
desire *v.* ønske
desirous *adj.* ønskelig
desk *n.* skrivebord

desktop *n.* desktop
desocialization *n.* desocialisering
desolate *adj.* øde
desolvate *v.* desolvatisere
despair *n.* fortvivlelse
despair *v.* fortvivle
desperate *adj.* desperat
despicable *adj.* foragtelig
despise *v.* foragte
despiteful *adj.* fuld af foragt
despot *n.* despot
dessert *n.* dessert
destabilization *n.* destabilisering
destabilize *v.* destabilisere
destination *n.* destination
destiny *n.* skæbne
destitute *adj.* subsistensløs
destress *v.* afstresse
destroy *v.* tilintetgøre
destroyer *n.* destroyer
destruction *n.* tilintetgørelse
detach *v.* frigøre
detachment *n.* frigørelse
detail *n.* detalje
detail *v.* specificere
detain *v.* tilbageholde
detect *v.* opdage
detective *adj.* opdagende
detective *n.* detektiv
determination *n.* beslutsomhed
determine *v.* beslutte
detest *v.* afsky
dethrone *v.* afsætte
detonate *v.* detonere
detoxication *n.* afgiftning
detractor *n.* kritiker
deturpation *n.* tilsmudsning
devaluate *v.* devaluere
devastate *v.* ødelægge
develop *v.* udvikle
development *n.* udvikling
deviate *v.* afvige
deviation *n.* afvigelse

device *n.* apparat
devil *n.* djævel
devise *v.* udtænke
devoid *adj.* blottet
devote *v.* hengive
devotee *n.* hengiven tilhænger
devotion *n.* hengivenhed
devour *v.* sluge
dew *n.* dug
diabetes *n.* sukkersyge
diagnose *v.* diagnosticere
diagnosis *n.* diagnose
diagram *n.* diagram
dial *n.* indstillingsknap
dialect *n.* dialekt
dialogue *n.* dialog
diameter *n.* diameter
diamond *n.* diamant
diaper *n.* ble
diarrhea *n.* diarré
diary *n.* dagbog
dibble *n.* plantepind
dibble *v.* lave huller med plantepind
dice *n.* terning
dice *v.* rafle
dictate *v.* diktere
dictation *n.* diktering
dictator *n.* diktator
diction *n.* diktion
dictionary *n.* ordbog
dictum *n.* diktum
didactic *adj.* didaktisk
die *v.* dø
die *n.* matrice
diesel *n.* dieselolie
diet *n.* diæt
diet *v.* være på diæt
differ *v.* afvige
difference *n.* forskel
different *adj.* forskellig
difficult *adj.* vanskelig
difficulty *n.* vanskelighed
diffuse *v.* sprede

diffuse *adj.* diffus
dig *n.* udgravning
dig *v.* grave
digest *v.* fordøje
digest *n.* sammendrag
digestion *n.* fordøjelse
digit *n.* ciffer
digital *adj.* digital
dignify *v.* ophøje
dignity *n.* værdighed
digress *v.* gøre et sidespring
digression *n.* sidespring
dilaceration *n.* sønderrivning
dilemma *n.* dilemma
diligence *n.* omhu
diligent *adj.* omhyggelig
dilute *v.* fortynde
dilute *adj.* fortyndet
dim *adj.* svag
dim *v.* dæmpe
dimension *n.* dimension
diminish *v.* formindske
diminutive *adj.* diminutiv
dimly *adv.* dunkelt
dimness *n.* dunkelhed
din *n.* bulder
dine *v.* spise
diner *n.* festmiddag
dingy *adj.* lurvet
dinner *n.* aftensmad
diocese *n.* stift
dioxide *n.* dioxin
dip *n.* dyp
dip *v.* dyppe
diploma *n.* diplom
diplomacy *n.* diplomati
diplomat *n.* diplomat
diplomatic *adj.* diplomatisk
dire *adj.* alvorlig
direct *adj.* direkte
direct *v.* dirigere
direction *n.* retning
director *n.* direktør

directory *n.* vejviser
dirt *n.* snavs
dirty *adj.* snavset
disability *n.* handicap
disable *v.* handicappe
disabled *adj.* handicappet
disadvantage *n.* ulempe
disagree *v.* være uenig
disagreeable *adj.* ubehagelig
disagreement *n.* uenighed
disappear *v.* forsvinde
disappearance *n.* forsvinden
disappoint *v.* skuffe
disapproval *n.* afstandtagen
disapprove *v.* tage afstand fra
disarm *v.* afvæbne
disarmament *n.* afrustning
disaster *n.* katastrofe
disastrous *adj.* katastrofal
disband *v.* opløse
disbelief *n.* vantro
disbelieve *v.* ikke tro på
disc *n.* skive
discard *v.* kassere
discharge *v.* udskrive
discharge *n.* udskrivning
disciple *n.* discipel
discipline *n.* disciplin
disclose *v.* oplyse
discomfort *n.* gene
disconnect *v.* afbryde
discontent *n.* utilfredshed
discontinue *v.* indstille
discord *n.* strid
discount *n.* fradrag
discourage *v.* modvirke
discourse *n.* diskurs
discourteous *adj.* uhøflig
discover *v.* opdage
discovery *n.* opdagelse
discredit *v.* miskreditere
discretion *n.* skøn
discriminate *v.* diskriminere

discrimination *n.* diskrimination
discuss *v.* diskutere
disdain *n.* foragt
disdain *v.* foragte
disease *n.* sygdom
disembody *v.* ulegemliggøre
disfigure *v.* skamfere
disguise *n.* forklædning
disguise *v.* forklæde sig
disgusting *adj.* afskyelig
dish *n.* fad
dishearten *v.* gøre modløs
dishonest *adj.* uærlig
dishonesty *n.* uærlighed
dishonour *v.* vanære
dishonour *n.* vanære
dislike *v.* ikke bryde sig om
dislike *n.* antipati
disloyal *adj.* illoyal
dismay *n.* bestyrtelse
dismiss *v.* afvise
dismissal *n.* afvisning
disobey *v.* være ulydig
disorder *n.* uorden
disparity *n.* ulighed
dispensary *n.* hospitalsapotek
disperse *v.* sprede
displace *v.* fortrænge
display *v.* udstille
display *n.* udstilling
displease *v.* mishage
displeasure *n.* mishag
disposal *n.* afhændelse
dispose *v.* afhænde
disprove *v.* modbevise
dispute *n.* strid
dispute *v.* bestride
disqualification *n.* diskvalificering
disqualify *v.* diskvalificere
disquiet *n.* forurolige
disregard *n.* ligegyldighed
disregard *v.* ignorere
disrepute *n.* dårligt rygte

disrespect *n.* respektløshed
disrupt *v.* afbryde
dissatisfaction *n.* utilfredshed
dissatisfy *v.* gøre utilfreds
dissect *v.* dissekere
dissection *n.* dissektion
dissimilar *adj.* uens
dissolve *v.* opløse
dissuade *v.* fraråde
distance *n.* afstand
distant *adj.* fjern
distil *v.* destillere
distillery *n.* destilleri
distinct *adj.* tydelig
distinction *n.* forskel
distinguish *v.* skelne
distort *v.* fordreje
distress *n.* nød
distress *v.* pine
distribute *v.* distribuere
distribution *n.* distribution
district *n.* distrikt
distrust *n.* mistillid
distrust *v.* nære mistillid
disturb *v.* forstyrre
ditch *n.* grøft
ditto *n.* ditto
dive *v.* (styrt)dykke
dive *n.* (styrt)dyk
diverse *adj.* forskellig
divert *v.* aflede
divide *v.* dele
divine *adj.* guddommelig
divinity *n.* guddommelighed
division *n.* division
divorce *n.* skilsmisse
divorce *v.* blive skilt fra
divulge *v.* afsløre
do *v.* gøre
doable *adj.* muligt
doating *v.* tilbede blindt
dob *v.* stikke
dob *n.* klat

doc *n.* doktor
docent *n.* docent
docent *adj.* docerende
docile *adj.* medgørlig
dock *n.* dok
dock *v.* dokke
dockmaster *n.* havnemester
dockworker *n.* havnearbejder
dockyard *n.* værft
doctor *n.* doktor
doctor *v.* forfalske
doctored *adj.* forfalsket
doctorate *n.* doktorgrad
doctrine *n.* doktrin
document *n.* dokument
documentary *adj.* dokumenterende
documentary *n.* dokumentar
dodge *n.* fidus
dodge *v.* undgå
dodo *n.* dronte
doe *n.* då
doer *n.* gerningsmand
doeskin *n.* dådyrskind
dog *n.* hund
dog *v.* rende i hælene på
dogbreath *n.* hundeånde
dogcatcher *n.* hundefanger
dogeared *adj.* med æseløre
dogfight *n.* luftduel
dogfight *v.* at flyve en luftduel
doghole *n.* hundehul
doghouse *n.* hundehus
dogma *n.* dogme
dogmatic *adj.* dogmatisk
dole *n.* arbejdsløshedsunderstøttelse
dole *v.* fordele
doll *n.* dukke
dollar *n.* dollar
dolman *n.* dolman
dolmen *n.* stendysse
dolorous *adj.* sørgelig
dolphin *n.* delfin

domain *n.* domæne
dome *n.* kuppel
domestic *adj.* indenrigs-
domestic *n.* rengøringshjælp
domestical *adj.* hus-
domesticate *v.* tæmme
domesticator *n.* dyretæmmer
domicile *n.* domicil
domiciled *adj.* domicileret
domiciliary *adj.* i eget hjem
dominant *adj.* dominerende
dominate *v.* dominere
domination *n.* herredømme
dominion *n.* herredømme
domino *n.* domino
donate *v.* donere
donation *n.* donation
donkey *n.* æsel
donor *n.* donor
doom *n.* undergang
doom *v.* fordømme
doomed *adj.* dødsdømt
doomsday *adj.* dommedags-
doomsday *n.* dommedag
door *n.* dør
doorbell *n.* dørklokke
doorknob *n.* dørhåndtag
doormat *n.* dørmåtte
dope *n.* stoffer
dope *v.* dope
dope *adj.* fantastisk
doped *adj.* dopet
dopey *adj.* døsig
dorky *adj.* nørdet
dormant *adj.* slumrende
dormitory *n.* sovesal
dorsal *adj.* ryg-
dosage *n.* dosis
dose *n.* dosis
dot *n.* prik
dot *v.* prikke
double *adj.* dobbelt
double *v.* fordoble

double *n.* dobbeltgænger
doubt *v.* tvivle
doubt *n.* tvivl
doubtful *adj.* tvivlende
doubtless *adj.* utvivlsomt
dough *n.* dej
doughnut *n.* donut
dour *adj.* dyster
douse *v.* overøse
dove *n.* due
dowery *n.* medgift
down *adv.* ned
down *prep.* ned ad
down *v.* skyde ned
downfall *n.* undergang
downpour *n.* styrtregn
downright *adv.* ligefrem
downright *adj.* komplet
downstairs *adj.* nedenunder
downward *adj.* nedadgående
downward *adv.* nedad
downwards *adv.* nedefter
doze *n.* lur
doze *v.* blunde
dozen *n.* dusin
drab *n.* drap
drab *adj.* hverdagsgrå
drab *v.* gå til en prostitueret
draconic *adj.* drakonisk
draft *v.* skitsere
draft *n.* udkast
drafty *adj.* utætte
draftsman *adj.* koncipist
drag *n.* drag
drag *v.* slæbe
dragon *n.* drage
dragonfly *n.* guldsmed
drain *n.* afløb
drain *v.* tømme
drainage *n.* dræning
drainpipe *n.* afløbsrør
dram *n.* dram
drama *n.* drama

dramatic *adj.* dramatisk	**drink** *v.* drikke
dramatist *n.* dramatiker	**drip** *n.* dryp
drape *n.* fald	**drip** *v.* dryppe
drape *v.* drapere	**drive** *v.* køre
draper *n.* manufakturhandler	**drive** *n.* køretur
drapery *adj.* draperi	**driver** *n.* fører
drastic *n.* drastisk	**drizzle** *n.* støvregn
draught *n.* gennemtræk	**drizzle** *v.* støvregne
draw *v.* trække	**droid** *n.* androide
draw *n.* trækning	**drone** *n.* drone
drawback *n.* skyggeside	**drool** *n* savl
drawbridge *n.* vindebro	**drool** *v.* savle
drawer *n.* skuffe	**droop** *v.* hænge
drawing *n.* tegning	**droop** *n.* hængen
drawing-room *n.* salon	**droopy** *adj.* hængende
dread *n.* skræk	**drop** *n.* dråbe
dread *v.* frygte	**drop** *v.* (lade) falde
dread *adj.* frygtelig	**dropout** *n.* dropout
dreadful *adj.* forfærdelig	**dropzone** *n.* dropzone
dreadful *n.* gyser	**drought** *n.* tørke
dreadfully *adv.* forfærdeligt	**drown** *v.* drukne
dreadlock *n.* dreadlock	**drug** *n.* medicin
dreadlock *v.* lave dreadlocks	**druggist** *n.* apoteker
dream *n.* drøm	**druid** *n.* druide
dream *v.* drømme	**drum** *n.* tromme
dreamer *n.* drømmer	**drum** *v.* tromme
dreamily *adv.* drømmeagtigt	**drumbeat** *n.* trommeslag
dreamworld *n.* drømmeverden	**drumfish** *n.* trommefisk
dreamy *adj.* drømmende	**drunk** *adj.* beruset
drench *v.* gennemvæde	**drunkard** *n.* dranker
dress *n.* tøj	**dry** *adj.* tør
dress *v.* tage tøj på	**dry** *v.* tørret
dressing *n.* forbinding	**dual** *adj.* dobbelt
dressmaker *n.* dameskrædder	**duality** *n.* dualitet
drib *n.* dryp	**dub** *n.* klodsmajor
dribble *n.* dryp	**dub** *v.* eftersynkronisere
dribble *v.* dryppe	**dubious** *adj.* tvivlsom
dried *adj.* tørret	**ducat** *n.* dukat
drift *n.* driven	**duchess** *n.* hertuginde
drift *v.* drive	**duck** *n.* and
drill *n.* bor	**duck** *v.* dukke sig
drill *v.* bore	**duct** *n.* kanal
drink *n.* drik	**duct** *v.* kanalisere

dude *n.* gut
due *adj.* passende
due *n.* ret
due *adv.* stik
duel *n.* duel
duel *v.* duellere
duet *n.* duet
duet *v.* synge duet
duke *n.* hertug
dull *adj.* kedelig
dull *v.* dulme
duly *adv.* rigtigt
dumb *adj.* stum
dumbell *n.* håndvægt
dumbfound *v.* gøre målløs
dumbfounded *adj.* målløs
dumbo *n.* fjols
dummy *n.* dummy
dummy *v.* lave en dummy
dump *n.* losseplads
dump *v.* dumpe
dumpster *n.* affaldscontainer
dunce *n.* tumpe
dune *n.* klit
dung *n.* gødning
dungeon *n.* fangehul
dunk *n.* hopskud
dunk *v.* dunke
duo *n.* duo
dup *v.* åbne
dupe *v.* narre
dupe *n.* godtroende fjols
duplex *n.* dupleks
duplicate *adj.* kopieret
duplicate *n.* kopi
duplicate *v.* kopiere
duplicity *n.* dobbeltspil
durable *adj.* slidstærk
duration *n.* varighed
during *prep.* i løbet af
dusk *n.* skumring
dust *n.* støv
dust *v.* støve af

duster *n.* strødåse
dutiful *adj.* pligtopfyldende
duty *n.* pligt
duvet *n.* dyne
dwarf *n.* dværg
dwarf *v.* rage højt op over
dwarf *adj.* dværg-
dwell *v.* dvæle
dwelling *n.* bolig
dwindle *v.* mindskes
dye *v.* farve
dye *n.* farve
dynamic *adj.* dynamisk
dynamics *n.* dynamik
dynamite *n.* dynamit
dynamo *n.* dynamo
dynasty *n.* dynasti
dysentery *n.* dysenteri
dystopia *n.* dystopia

E

each *pron.* hver
each *adj.* hver
each *adv.* hver
eager *adj.* ivrig
eagle *n.* ørn
ear *n.* øre
early *adv.* tidligt
early *adj.* tidlig
earn *v.* tjene
earnest *adj.* seriøs
earth *n.* jord
earthen *adj.* jord-
earthly *adj.* jordisk
earthquake *n.* jordskælv
ease *n.* lethed
ease *v.* lette
east *adv.* østpå
east *n.* øst

east *adj.* østlig
easter *n.* påske
eastern *adj.* østerlandsk
easy *adj.* let
eat *v.* spise
eatable *n.* madvare
eatable *adj.* spiselig
eave *n.* tagskæg
eavesdrop *v.* lytte
eavesdrop *n.* en der lytter
ebb *n.* ebbe
ebb *v.* ebbe
ebony *n.* ibenholt
e-book *n.* e-bog
ebulliate *v.* koge op
ebullience *n.* livlighed
ebullient *adj.* livlig
eccentric *adj.* excentrisk
ecclesiast *n.* gejstlig
ecclesiastical *adj.* gejstlig
echinid *n.* søpindsvin
echo *n.* ekko
echo *v.* give ekko
echocardiogram *n.* ekkokardiogram
eclampsia *n.* eklampsi
eclectic *adj.* eklektisk
eclectic *n.* eklektiker
eclipse *n.* formørkelse
eclipse *v.* formørke
eclipsis *n.* udeladelsesprikker
ecological *adj.* økologisk
ecologist *n.* økolog
ecology *n.* økologi
e-commerce *n.* e-handel
economic *adj.* økonomisk
economical *adj.* økonomisk
economics *n.* nationaløkonomi
economy *n.* økonomi
ecosystem *n.* økosystem
ecoterrorism *n.* økoterrorisme
ecstasy *n.* ekstase
ecstatic *adj.* ekstatisk
ectopia *n.* ektopi

ectoplasm *n.* ektoplasma
ecumenic *adj.* økumenisk
ecumenical *adj.* økumenisk
eczema *n.* eksem
edema *n.* ødem
edge *n.* kant
edible *adj.* spiselig
edict *n.* edikt
edificant *adj.* opbyggende
edification *n.* opbyggelse
edifice *n.* bygningsværk
edify *v.* opbygge
edit *v.* redigere
edition *n.* udgave
editor *n.* redaktør
editorial *adj.* redaktions-
editorial *n.* ledende artikel
educate *v.* uddanne
education *n.* uddannelse
eel *n.* ål
eerie *adj.* uhyggelig
effable *adj.* kunne udtrykkes i ord
effably *adv.* udtrykt i ord
efface *v.* udviske
effect *n.* effekt
effect *v.* påvirke
effective *adj.* effektiv
effeminate *adj.* feminin
efficacy *n.* effektivitet
efficiency *n.* effektivitet
efficient *adj.* effektiv
effigy *n.* statue
effort *n.* anstrengelse
effortless *adj.* ubesværet
effusive *adj.* overstrømmende
egg *n.* æg
ego *n.* ego
egocentric *adj.* egocentrisk
egotism *n.* egoisme
eight *n.* otte
eighteen *n.* atten
eighty *n.* firs
either *pron.* begge

either *adv.* begge
ejaculate *v.* ejakulere
ejaculate *n.* sæd (m.), skedesekret (f.)
ejaculation *n.* ejakulation
ejaculatory *adj.* ejakulerende
eject *v.* udslynge
elaborate *v.* udarbejde
elaborate *adj.* udførlig
elapse *v.* forløbe
elastic *adj.* elastisk
elasticity *n.* elasticitet
elate *v.* gøre opstemt
elate *adj.* opstemt
elated *adj.* opstemt
elation *n.* opstemthed
elbow *n.* albue
elder *adj.* ældre
elder *n.* ældste
elderly *adj.* ældre
elect *v.* vælge
election *n.* valg
electorate *n.* vælgere
electric *adj.* elektrisk
electricity *n.* elektricitet
electrify *v.* elektrificere
electrocute *v.* give/få elektrisk stød
electrocution *n.* elektrisk stød
electrolyte *n.* elektrolyt
electron *n.* elektron
electronic *adj.* elektronisk
elegance *n.* elegance
elegant *adj.* elegant
elegy *n.* elegi
element *n.* element
elemental *adj.* usammensat
elementary *adj.* elementær
elephant *n.* elefant
elephantine *adj.* elefantagtig
elevate *v.* elevere
elevation *n.* elevation
elevator *n.* elevator
eleven *n.* elleve

elf *n.* alf
elicitate *v.* frembringe
eligibility *n.* berettigelse
eligible *adj.* berettiget
eliminate *v.* eliminere
elimination *n.* elimination
eliminator *n.* eliminator
eliminatory *adj.* eliminerende
elision *n.* elision
elite *adj.* elite-
elite *n.* elite
elitism *n.* elitisme
elitist *n.* elitist
elixir *n.* eliksir
elk *n.* elg
ellipse *n.* ellipse
ellipse *v.* udelade
elliptic *adj.* elliptisk
elocution *n.* veltalenhed
elope *v.* løbe bort
eloquence *n.* elokvens
eloquent *adj.* elokvent
else *adj.* ellers
else *adv.* ellers
elucidate *v.* belyse
elude *v.* undvige
elusion *n.* undvigelse
elusive *adj.* flygtig
emaciate *v.* udtære
emaciated *adj.* udtæret
email *n.* e-mail
emanate *v.* udstråle
emanation *n.* udstråling
emancipate *v.* emancipere
emancipation *n.* emancipation
emasculate *v.* kastrere
emasculation *n.* kastrering
embalm *v.* balsamere
embalming *n.* balsamering
embank *v.* bygge en vold
embankment *n.* vold
embargo *n.* embargo
embark *v.* tage ombord

embarrass v. gøre forlegen
embarrassing adj. flovt
embarrassment n. forlegenhed
embassy n. ambassade
embitter v. gøre bitter
emblem n. emblem
embodiment n. legemliggørelse
embody v. udforme
embolden v. opildne
embrace v. omfavne
embrace n. omfavnelse
embroidery n. broderi
embryo n. embryo
embryonic adj. embryonisk
embush v. angribe fra baghold
emend v. rette
emendate v. rette
emerald n. smaragd
emerge v. dukke op
emergency n. nødsituation
emigrate v. emigrere
emigration n. emigration
eminence n. stor anseelse
eminent adj. fremtrædende
emissary n. udsending
emission n. emission
emit v. udlede
emittance n. udledning
emmet n. myre
emoji n. emoji
emolument n. honorar
emote v. sjæle
emoticon n. emotikon
emotion n. følelser
emotional adj. følelsesmæssig
emotive adj. følelsesladet
empath n. empat
empathic adj. empatisk
empathy n. empati
emperor n. kejser
emphasis n. eftertryk
emphasize v. fremhæve
emphatic adj. eftertrykkelig

empire n. rige
empirical adj. empirisk
empiricism n. empirisme
empiricist n. empirist
employ v. beskæftige
employee n. ansat
employer n. arbejdsgiver
employment n. beskæftigelse
empower v. styrke
empress n. kejserinde
empty v. tømme
empty adj. tom
emulate v. emulere
emulation n. emulgering
emulsifier n. emulgator
emulsify v. emulgere
enable v. muliggøre
enact v. forordne
enamel n. emalje
enamour v. betage
enamoured adj. betaget
enamourment n. betagelse
encage v. bure inde
encapsulate v. samle
encase v. indkapsle
enchant v. fortrylle
encircle v. omringe
enclose v. indhegne
enclosure n. indhegning
encompass v. omfatte
encounter n. møde
encounter v. møde
encourage v. opmuntre
encroach v. gøre indgreb
encrust v. belægge
encrusted adj. belagt
encrypt v. kryptere
encrypted adj. krypteret
encryption n. kryptering
encumber v. bebyrde
encyclopaedia n. encyklopædi
end v. ende
end n. ende

endanger *v.* bringe i fare	**enhancement** *n.* forbedring
endangered *adj.* truet	**enigma** *n.* enigma
endear *v.* vinde hengivenhed	**enigmatic** *adj.* enigmatisk
endearment *n.* kærtegn	**enigmatical** *adj.* enigmatisk
endeavour *n.* anstrengelse	**enigmatically** *adv.* enigmatisk
endeavour *v.* anstrenge	**enjoy** *v.* nyde
endemic *adj.* endemisk	**enjoyability** *n.* fornøjelighed
endemic *n.* endemi	**enjoyable** *adj.* fornøjelig
endemiology *n.* endemiologi	**enjoyment** *n.* fornøjelse
endless *adj.* endeløs	**enlarge** *v.* forstørre
endorse *v.* endossere	**enlighten** *v.* oplyse
endorsement *n.* endossement	**enlist** *v.* indrullere
endorser *n.* endossent	**enliven** *v.* opmuntre
endoscopic *adj.* endoskopisk	**enmity** *n.* fjendskab
endoscopy *n.* endoskopi	**ennoble** *v.* adle
endow *v.* donere	**enormous** *adj.* enorm
endowed *adj.* begavet	**enough** *adj.* nok
endurable *adj.* udholdelig	**enough** *adv.* nok
endurance *n.* udholdenhed	**enrage** *v.* ophidse
endure *v.* udholde	**enrapture** *v.* betage
enemy *n.* fjende	**enrich** *v.* berige
energetic *adj.* energisk	**enrol** *v.* indskrive
energize *v.* give energi	**enshrine** *v.* opbevare i
energy *n.* energi	**enslave** *v.* slavebinde
enervate *v.* afkræfte	**ensue** *v.* følge
enervated *adj.* afkræftet	**ensure** *v.* sikre
enfeeble *v.* afkræfte	**entangle** *v.* vikle ind i
enforce *v.* fremtvinge	**enter** *v.* indtaste
enfranchise *v.* give stemmeret	**enterprise** *n.* foretagende
engage *v.* engagere	**entertain** *v.* underholde
engagement *n.* engagement	**entertainment** *n.* underholdning
engaging *adj.* engagerende	**enthral** *v.* tryllebinde
engine *n.* maskine	**enthrone** *v.* sætte på tronen
engineer *n.* ingeniør	**enthusiasm** *n.* entusiasme
engineering *n.* ingeniørarbejde	**enthusiastic** *adj.* entusiastisk
enginous *adj.* maskin-	**entice** *v.* lokke
English *n.* engelsk	**enticement** *n.* tillokkelse
englobe *v.* omgive med en kugle	**enticer** *n.* lokker
engorge *v.* proppe	**enticing** *adj.* lokkende
engrave *v.* indgravere	**entire** *adj.* hel
engross *v.* optage	**entirely** *adv.* helt
engulf *v.* opsluge	**entitle** *v.* berettige
enhance *v.* forbedre	**entity** *n.* entitet

entomb v. begrave
entomology n. entomologi
entrails n. indvolde
entrance n. indgang
entrap v. fange
entrapment n. lægge en fælde
entreat v. bønfalde
entreaty n. bøn
entrench v. forskanse
entrenchment n. forskansning
entropic adj. entropisk
entropy n. entropi
entrust v. betro
entry n. indgang
enumerate v. optælle
enumerative adj. optællende
enunciate v. artikulere
enunciation n. artikulation
enunciatory adj. artikulerende
envelop v. indhylle
envelope n. konvolut
envelopment n. indhylning
enviable adj. misundelsesværdig
envious adj. misundelig
environment n. miljø
environmental adj. miljø-
environmentalism n. miljøbevidsthed
environmentalist n. miljøaktivist
envisage v. forestille sig
envision v. forestilling
envoy n. udsending
envy v. misunde
enzyme n. enzym
enzymic adj. enzym-
eon n. æon
ephemera n. efemera
ephemeral adj. efemer
ephemeric adj. efemerisk
epic n. epos
epical adj. episk
epicene adj. kønsløs
epicentre n. epicentrum

epicure n. feinschmecker
epicurean adj. epikuræisk
epicurean n. epikuræer
epidemic n. epidemi
epidural n. epiduralbedøvelse
epiglottis n. epiglottis
epigram n. epigram
epilepsy n. epilepsi
epileptic adj. epileptisk
epileptic n. epileptiker
epilogue n. epilog
epiphany n. åbenbaring
episode n. episode
epitaph n. epitaf
epoch n. epoke
equal n. jævnbyrdig
equal adj. lige
equal v. være lig med
equality n. lighed
equalize v. ligestille
equate v. sidestille
equation n. ligning
equator n. ækvator
equilateral adj. ligesidet
equinox n. jævndøgn
equip v. udstyre
equipment n. udstyr
equitable adj. retfærdig
equivalent adj. tilsvarende
equivocal adj. dobbelttydig
era n. æra
eradicate v. udrydde
eradication n. udryddelse
eradicator n. udrydder
erase v. slette
eraser n. viskelæder
erect v. opføre
erect adj. rank
erectile adj. erektil
erection n. erektion
erode v. erodere
erosion n. erosion
erosive adj. eroderende

erotic *adj.* erotisk
erotica *n.* erotika
eroticism *n.* erotik
eroticize *v.* erotisere
err *v.* fejle
errand *n.* ærinde
erroneous *adj.* fejlagtig
error *n.* fejl
erupt *v.* komme i udbrud
eruption *n.* udbrud
escalator *n.* rulletrappe
escapability *n.* flugtmulighed
escapable *adj.* kan flygte fra
escape *n.* flugt
escape *v.* flygte
escapee *n.* flytning
escapism *n.* eskapisme
escapist *n.* eskapist
escapology *n.* udbryderkongen
escargot *n.* escargot
eschew *v.* undgå
eschewment *n.* undgåelse
escort *n.* eskorte
escort *v.* eskortere
escorted *adj.* eskorteret
escrow *n.* betinget kontrakt
escrow *v.* deponere
esophageal *adj.* spiserørs-
esoteric *adj.* esoterisk
esoterism *n.* esoterisme
espace *n.* plads
especial *adj.* særlig
especially *adv.* særligt
espouse *v.* støtte
essay *n.* essay
essay *v.* forsøge
essayist *n.* essayforfatter
essence *n.* essens
essential *adj.* essentiel
establish *v.* oprette
establishment *n.* institution
estate *n.* ejendom
esteem *n.* agtelse

esteem *v.* agte
estimate *n.* estimat
estimate *v.* estimere
estimation *n.* estimering
estimative *adj.* estimerende
estragon *n.* estragon
estrange *v.* miste forbindelsen
estranged *adj.* ikke længere i forbindelse
estrogen *n.* østrogen
estuary *n.* flodmunding
etcetera *adv.* og så videre
etch *v.* radere
etched *adj.* raderet
etching *adj.* radering
eternal *adj.* evig
eternalize *v.* gøre evig
eternally *adv.* evigt
eternity *n.* evighed
ether *n.* æter
ethical *adj.* etisk
ethics *n.* morallære
ethnic *adj.* etnisk
ethnicity *n.* etnicitet
ethos *n.* etos
etiquette *n.* etikette
etymology *n.* etymologi
eucalypt *n.* eukalyptus
eunuch *n.* eunuk
euphemistic *adj.* eufemistisk
euphoria *n.* eufori
eureka *int.* heureka
euthanize *v.* aflive
evacuate *v.* evakuere
evacuation *n.* evakuering
evade *v.* undgå
evaluate *v.* evaluere
evangel *n.* evangelist
evangelic *adj.* evangelisk
evaporate *v.* fordampe
evasion *n.* undgåelse
evasive *adj.* undvigende
even *adj.* jævn

even *v.* udligne	**exalt** *v.* lovprise
even *adv.* selv	**examination** *n.* undersøgelse
evening *n.* aften	**examine** *v.* undersøge
evenly *adv.* jævnt	**examinee** *n.* eksaminand
event *n.* begivenhed	**examiner** *n.* eksaminator
eventually *adv.* til sidst	**example** *n.* eksempel
ever *adv.* nogensinde	**excavate** *v.* grave
everglade *n.* sumpland	**excavation** *n.* udgravning
evergreen *adj.* stedsegrøn	**exceed** *v.* overstige
evergreen *n.* evergreen	**excel** *v.* udmærke sig
everlasting *adj.* evig	**excellence** *n.* excellens
evert *v.* krænge ud	**excellency** *n.* Excellence
every *adj.* alle	**excellent** *adj.* fremragende
everybody *pron.* alle	**except** *v.* undtage
everyday *adj.* daglig	**except** *prep.* undtagen
everyone *pron.* enhver	**exception** *n.* undtagelse
everything *pron.* alt	**exceptional** *adj.* exceptionel
everywhere *pron.* overalt	**excerpt** *n.* uddrag
evict *v.* sætte ud	**excess** *n.* overskud
eviction *n.* udsættelse	**excess** *adj.* overskydende
evictor *n.* foged	**excessive** *adj.* overdreven
evidence *n.* bevis	**exchange** *n.* udveksling
evident *adj.* indlysende	**exchange** *v.* udveksle
evil *adj.* ond	**excise** *n.* forbrugsafgift
evil *n.* ondskab	**excite** *v.* ophidse
evince *v.* udvise	**exclaim** *v.* udbryde
eviscerate *v.* eviscerere	**exclamation** *n.* udråb
evisceration *n.* evisceration	**exclude** *v.* udelukke
evitability *n.* undgåelse	**exclusive** *adj.* ene-
evocate *v.* fremkalde	**excommunicate** *v.* ekskommunikere
evocation *n.* fremkaldelse	**excursion** *n.* udflugt
evocative *adj.* udtryksfuld	**excuse** *v.* undskylde
evoke *v.* fremkaldelse	**excuse** *n.* undskyldning
evolution *n.* evolution	**execute** *v.* eksekvere
evolutionary *adv.* evolutions-	**execution** *n.* eksekution
evolve *v.* udvikle	**executioner** *n.* bøddel
ewe *n.* moderfår	**exempt** *v.* fritage
ex-parte *adj.* ex parte	**exempt** *adj.* fritaget
ex-parte *adv.* ex parte	**exercise** *n.* øvelse
exact *adj.* nøjagtig	**exercise** *v.* øve
exactly *adv.* nøjagtig	**exhaust** *v.* ånde ud
exaggerate *v.* overdrive	**exhibit** *n.* bevis
exaggeration *n.* overdrivelse	**exhibit** *v.* fremlægge

exhibition *n.* fremlæggelse
exile *n.* eksil
exile *v.* landsforvise
exist *v.* eksistere
existence *n.* eksistens
existential *adj.* eksistentiel
existentialism *n.* eksistentialisme
exit *n.* udgang
exit *v.* forlade
expand *v.* ekspandere
expansion *n.* ekspansion
expect *v.* forvente
expectation *n.* forventning
expedient *adj.* hensigtsmæssig
expedite *v.* fremskynde
expedition *n.* ekspedition
expel *v.* udvise
expend *v.* anvende
expenditure *n.* forbrug
expense *n.* omkostning
expensive *adj.* dyr
experience *n.* oplevelse
experience *v.* opleve
experiment *n.* eksperiment
expert *adj.* ekspert-
expert *n.* ekspert
expire *v.* udløb
expiry *n.* udløb
explain *v.* forklare
explanation *n.* forklaring
explicit *adj.* eksplicit
explode *v.* eksplodere
exploit *n.* bedrift
exploit *v.* udnytte
exploration *n.* eksploration
explore *v.* eksplorere
explosion *n.* eksplosion
explosive *n.* sprængstof
explosive *adj.* sprængfarlig
exponent *n.* fortaler
export *v.* eksportere
export *n.* eksport
expose *v.* udstille

express *v.* udtrykke
express *adj.* udtrykkelig
express *n.* hurtigrute
expression *n.* udtryk
expressive *adj.* udtryksfuld
expulsion *n.* bortvisning
exquisite *adj.* udsøgt
exquisitive *adj.* videbegærlig
extend *v.* forlænge
extent *n.* omfang
external *adj.* udvendig
extinct *adj.* uddød
extinguish *v.* slukke
extol *v.* lovprise
extra *adj.* ekstra
extra *adv.* ekstra
extract *n.* ekstrakt
extract *v.* trække ud
extrajudicial *adj.* udenretslig
extramarital *adj.* uægteskabelig
extranet *n.* extranet
extraordinary *adj.* ekstraordinær
extrapolate *v.* ekstrapolere
extrapolation *n.* ekstrapolation
extraspecial *adj.* extraspecial
extraterrestrial *adj.* udenjordisk
extraterrestrial *n.* rumvæsen
extravagance *n.* ekstravagance
extravagant *adj.* ekstravagant
extreme *adj.* ekstrem
extreme *n.* yderpunkt
extremist *n.* ekstremist
extremity *n.* ekstremitet
extricate *v.* vikle ud
extrinsic *adj.* ekstrinsisk
extrinsically *adv.* ekstrinsisk
extrovert *n.* ekstrovert
exude *v.* udskille
exult *v.* triumfere
exultant *adj.* triumferende
eye *n.* øje
eyeball *n.* øjeæble
eyebrow *n.* øjenbryn

eyecatcher *n.* blikfang
eyelash *n.* øjenvippe
eyelet *n.* øje
eyelid *n.* øjenlåg
eyespot *n.* øjeplet
eyewash *n.* øjebad

F

fable *n.* fabel
fabric *n.* stof
fabricate *v.* fabrikere
fabrication *n.* fabrikation
fabulous *adj.* fabelagtig
facade *n.* facade
face *n.* ansigt
face *v.* vende mod
facelift *n.* ansigtsløftning
facelift *v.* udføre ansigtsløft
facet *v.* facettere
facet *n.* facet
facial *adj.* ansigts-
facile *adj.* let
facilitate *v.* facilitere
facility *n.* facilitet
facsimile *n.* faksimile
fact *n.* faktum
faction *n.* fraktion
factious *adj.* splittet
factor *n.* faktor
factory *n.* fabrik
faculty *n.* fakultet
fad *n.* dille
fade *v.* forsvinde langsomt
faggot *n.* brændeknippe
fail *n.* dumpekarakter
fail *v.* fejle
failure *n.* nederlag
faint *adj.* svag
faint *v.* besvime

fair *adj.* retfærdig
fair *n.* marked
fairly *adv.* retfærdigt
fairy *n.* fe
faith *n.* tro
faithful *adj.* trofast
fake *adj.* falsk
fake *n.* forfalskning
fake *v.* forfalske
falcon *n.* falk
fall *v.* falde
fall *n.* fald
fallacy *n.* fejlslutning
fallen *adj.* faldne
fallen *n.* faldne
fallout *n.* radioaktivt nedfald
fallow *v.* lægge brak
fallow *n.* brakjord
falls *n.* vandfald
false *adj.* falsk
falsehood *n.* løgn
falsetto *n.* falset
falsification *n.* forfalskning
falsify *v.* forfalske
falter *v.* vakle
fame *n.* berømmelse
familiar *adj.* velkendt
family *n.* familie
famine *n.* hungersnød
famous *adj.* berømt
fan *n.* fan
fanatic *adj.* fanatisk
fanatic *n.* fanatiker
fanciful *adj.* fantastisk
fancy *n.* sværmeri
fancy *v.* have lyst til
fancy *adj.* smart
fantastic *adj.* fantastisk
fantasy *n.* fantasi
far *adv.* langt
far *adj.* fjern
farce *n.* farce
fare *n.* takst

farewell *n.* farvel	**feast** *v.* holde gilde
farewell *interj.* farvel	**feat** *n.* bedrift
farm *n.* bondegård	**feather** *n.* fjer
farmaceutical *adj.* farmaceutisk	**feature** *n.* egenskab
farmer *n.* bonde	**feature** *v.* vise
fascinate *v.* fascinere	**febrile** *adj.* febrilsk
fascination *n.* fascination	**February** *n.* februar
fashion *n.* mode	**fecal** *adj.* fækal
fashionable *adj.* moderigtig	**feces** *n.* fæces
fast *adj.* hurtig	**fecund** *adj.* frugtbar
fast *adv.* hurtigt	**fecundation** *n.* befrugtning
fast *n.* faste	**federal** *adj.* føderal
fast *v.* faste	**federation** *n.* føderation
fasten *v.* fastgøre	**fee** *n.* honorar
fat *adj.* fed	**feeble** *adj.* svag
fat *n.* fedt	**feed** *v.* fodre
fatal *adj.* fatal	**feed** *n.* fodring
fatalism *n.* fatalisme	**feel** *v.* føle
fatality *n.* dødsoffer	**feeling** *n.* følelse
fate *v.* forudbestemme	**feign** *v.* foregive
fate *n.* skæbne	**felicitate** *v.* lykønske
father *n.* fader	**felicitations** *int.* lykønskninger
father *v.* avle	**felicity** *n.* lykke
fathom *n.* favn	**feline** *adj.* katteagtig
fathom *v.* måle dybden af	**felinity** *n.* katteagtighed
fatigue *n.* udmattelse	**fell** *v.* fælde
fatigue *v.* udmatte	**fellatio** *n.* fellatio
fault *n.* forkastning	**fellow** *n.* fælle
faulty *adj.* defekt	**felony** *n.* alvorlig forbrydelse
fauna *n.* fauna	**female** *adj.* kvindelig
favour *n.* gunst	**female** *n.* kvinde
favour *v.* foretrække	**feminine** *adj.* feminin
favourable *adj.* favorabel	**feminist** *adj.* feministisk
favourite *adj.* yndlings-	**feminist** *n.* feminist
favourite *n.* favorit	**femur** *n.* lårben
fax *n.* fax	**fence** *n.* hegn
fax *v.* faxe	**fence** *v.* fægte
fealty *n.* troskab	**fencer** *n.* fægter
fear *n.* frygt	**fend** *v.* klare sig
fear *v.* frygte	**ferment** *n.* gæring
fearful *adj.* bange	**ferment** *v.* fermentere
feasible *adj.* mulig	**fermentation** *n.* gæring
feast *n.* gilde	**fern** *n.* bregne

ferocious *adj.* voldsom
ferret *n.* fritte
ferret *v.* jage med en fritte
ferry *n.* færge
ferry *v.* færge
ferryboat *n.* færgebåd
fertile *adj.* fertil
fertility *n.* fertilitet
fertilize *v.* befrugte
fertilizer *n.* gødning
fervent *adj.* lidenskabelig
fervour *n.* lidenskab
fester *v.* nage
festival *n.* festival
festive *adj.* festlig
festivity *n.* festlighed
festoon *n.* feston
fetal *adj.* foster-
fetch *v.* hente
fetish *n.* fetich
fetishism *n.* fetichisme
fetter *n.* fodlænke
fetter *v.* lænke
feud *v.* strides
feud *n.* fejde
feudal *adj.* feudal
feudalism *n.* feudalisme
fever *n.* feber
feverish *adj.* febril
few *adj.* få
fiancé *n.* forlovede
fiasco *n.* fiasko
fiberglass *n.* glasfiber
fibre *n.* fiber
fibrillate *v.* flimre
fibroid *adj.* fibrom
fibromuscular *adj.* fibromuskulær
fibrosis *n.* fibrose
fibrosity *n.* trævlethed
fibrous *adj.* fibrøs
fickle *adj.* uberegnelig
fiction *n.* fiktion
fictional *adj.* fiktiv

fictitious *adj.* fiktions-
fiddle *v.* pille
fiddle *n.* violin
fidelity *n.* troskab
fidget *n.* rastløs person
fidget *v.* være rastløs
fie *interj.* fy!
field *n.* mark
fiend *n.* uhyre
fierce *adj.* vild
fiery *adj.* flammende
fifteen *n.* femten
fifty *n.* halvtreds
fig *n.* figen
fight *n.* kamp
fight *v.* kæmpe
figment *n.* fantasi
figurative *adj.* figurativ
figure *n.* figur
figure *v.* slutte
filament *n.* filament
filamentation *n.* filamentering
filamented *adj.* filamentarisk
file *n.* sagsmappe
file *v.* arkivere
fillet *n.* filet
fillet *v.* filetere
film *n.* film
film *v.* filme
filmmaker *n.* filmskaber
filter *n.* filter
filter *v.* filtrere
filth *n.* møg
filthy *adj.* beskidt
fin *n.* finne
final *adj.* sidste
finance *n.* finansiering
finance *v.* finansiere
financial *adj.* finansiel
financier *n.* financier
find *v.* finde
fine *n.* bøde
fine *v.* idømme en bøde

fine *adj.* fin	**five** *n.* fem
finger *n.* finger	**fix** *v.* fikse
finger *v.* fingere	**fix** *n.* løsning
fingernail *n.* fingernegl	**fixer-upper** *n.* håndværkertilbud
fingerpaint *n.* fingermaling	**fizz** *n.* brus
fingerstick *n.* fingerprikker	**fizz** *v.* bruse
finish *n.* slutning	**fizzy** *adj.* mousserende
finish *v.* afslutte	**flabbergast** *n.* overvældende overraskelse
finite *adj.* begrænset	
fir *n.* gran	**flabbergast** *v.* gøre paf
fire *n.* ild	**flabbergasted** *adj.* paf
fire *v.* tænde	**flabby** *adj.* slasket
fireball *n.* ildkugle	**flag** *n.* flag
firefight *n.* ildkamp	**flagrant** *adj.* flagrant
firefighter *n.* brandmand	**flake** *n.* flage
firehose *n.* brandslange	**flake** *v.* skalle
firehouse *n.* brandstation	**flaking** *adj.* skallende
firepit *n.* ildsted	**flambé** *adj.* flamberende
fireproof *adj.* brandsikker	**flambé** *n.* flambering
fireproof *v.* brandsikre	**flambé** *v.* flambere
firesuit *n.* brandsikker dragt	**flamboyance** *n.* prangenhed
firetruck *n.* brandbil	**flamboyant** *adj.* flamboyant
fireworks *n.* fyrværkeri	**flamboyant** *n.* flammetræ
firm *n.* firma	**flame** *n.* flamme
firm *adj.* fast	**flame** *v.* blusse
firmament *n.* firmament	**flank** *adj.* flankerende
firmness *n.* fasthed	**flank** *n.* flanke
first *adj.* først	**flank** *v.* flankere
first *n.* første	**flannel** *n.* flonel
first *adv.* for det første	**flap** *n.* flap
fiscal *adj.* finans-	**flap** *v.* blafre
fish *n.* fisk	**flapper** *n.* flapper
fish *v.* fiske	**flapping** *adj.* blafrende
fisherman *n.* fisker	**flapping** *n.* flapperi
fissure *n.* spalte	**flapping** *v.* flappende
fist *n.* næve	**flare** *v.* flamme op
fist *v.* tage på	**flare** *n.* lysskær
fistula *n.* fistel	**flash** *n.* glimt
fit *adj.* fit	**flash** *v.* glimte
fit *n.* anfald	**flashback** *n.* flashback
fit *v.* være fit	**flashbulb** *n.* blitzpære
fitful *adj.* urolig	**flashcard** *n.* huskekort
fitter *n.* montør	**flasher** *n.* blotter

flashing *n.* inddækning	**florist** *n.* blomsterhandler
flask *n.* termokande	**flour** *n.* mel
flat *adj.* flad	**flourish** *v.* blomstre
flat *n.* lejlighed	**flow** *n.* strøm
flatbed *n.* lad	**flow** *v.* strømme
flatbed *adj.* lad-	**flower** *n.* blomst
flatfoot *n.* stridser	**flowery** *adj.* blomsteragtig
flatland *n.* fladt land	**fluent** *adj.* flydende
flatter *v.* smigre	**fluid** *adj.* flydende
flattery *n.* smiger	**fluid** *n.* væske
flatulence *n.* flatulens	**flush** *v.* skylle
flatulent *adj.* flatulent	**flush** *n.* skyl
flaunt *v.* vise frem	**flute** *n.* tværfløjte
flaunter *n.* blærerøv	**flute** *v.* spille fløjte
flavour *n.* krydre	**flutter** *n.* flagren
flaw *n.* skønhedsfejl	**flutter** *v.* flagre
flea *n.* loppe	**fly** *n.* flue
flee *v.* flygte	**fly** *v.* flyve
fleece *n.* uld	**foal** *n.* føl
fleece *v.* plyndre	**foal** *v.* fole
fleet *n.* flåde	**foam** *n.* skum
flesh *n.* kød	**foam** *v.* skumme
flexible *adj.* fleksibel	**foamy** *adj.* skummende
flicker *n.* flakken	**focal** *adj.* fokal
flicker *v.* flakke	**focalization** *n.* fokalisering
flight *n.* flugt	**focalize** *v.* fokalisere
flimsy *adj.* skrøbelig	**focus** *n.* fokus
fling *v.* slænge	**focus** *v.* fokusere
flip *n.* knips	**focused** *adj.* fokuseret
flip *v.* vende	**focusing** *adj.* fokuserende
flip *adj.* rapmundet	**fodder** *n.* foder
flippancy *n.* flabethed	**foe** *n.* fjende
flirt *n.* flirt	**fog** *n.* tåge
flirt *v.* flirte	**fogbank** *n.* tågebanke
float *v.* flyde	**foggy** *adj.* tåget
flock *n.* flok	**foil** *v.* forpurre
flock *v.* flokkes	**fold** *n.* fold
flog *v.* prygle	**fold** *v.* folde
flood *n.* oversvømmelse	**folding** *adj.* sammenfoldelig
flood *v.* oversvømme	**folding** *n.* foldning
floor *n.* gulv	**foldup** *adj.* klap-
floor *v.* knockoute	**foliage** *n.* løv
flora *n.* flora	**foliate** *adj.* bladformet

foliate v. forme som blade
foliation n. foliation
folic adj. folin-
folio n. folio
folk adj. folke-
folk n. folk
folklore n. folklore
folkloric adj. folklorisk
follies n. revy
follow v. følge
follower n. tilhænger
folly n. dårskab
foment v. ophidse
fond adj. kærlig
fondant n. fondant
fondle v. kærtegne
fondler n. kælen
fondling n. kæleri
font n. skrifttype
food n. mad
fool v. snyde
fool n. fjols
foolish adj. fjollet
foolscap n. folioark
foot n. fod
foot v. dække
football n. fodbold
foothold n. fodfæste
footman n. lakaj
footsore adj. ømfodet
footwork n. fodarbejde
for prep. til
for conj. for
forage n. foder
forage v. fouragere
forager n. fouragerende
foraging n. fouragering
foray n. udflugt
foray v. tage på udflugt
forbear v. være tålmodig
forbearance n. tålmodighed
forbid v. forbyde
forbidden adj. forbudt

force n. kraft
force v. tvinge
forceful adj. kraftfuld
forceps n. forceps
forcible adj. tvangs-
forearm n. underarm
forearm v. bevæbne
forecast n. prognose
forecast v. forudsige
forefather n. forfader
forefinger n. pegefinger
forehead n. pande
foreign adj. fremmed
foreigner n. fremmed
foreknowledge n. forudviden
foreleg n. forben
forelock n. pandelok
foreman n. ordfører
foremost adj. førende
forenoon n. formiddag
forerunner n. forløber
foresee v. forudse
foresight n. forudseenhed
forest n. skov
forestall v. komme i forkøbet
forester n. skovbruger
forestry n. skovbrug
foretell v. forudsige
forethought n. forudseenhed
forever adv. for evig
forewarn v. advare
foreword n. forord
forfeit v. afstå
forfeit n. bod
forfeiture n. konfiskation
forge n. esse
forge v. smede
forgery n. forfalskning
forget v. glemme
forgetful adj. glemsom
forgive v. tilgive
forgo v. opgive
forlorn adj. fortvivlet

form *n.* form	**fox** *n.* ræv
form *v.* danne	**fraction** *n.* brøk
formal *adj.* formel	**fracture** *n.* brud
format *n.* format	**fracture** *v.* brække
formation *n.* dannelse	**fragile** *adj.* skrøbelig
former *adj.* tidligere	**fragment** *n.* fragment
former *pron.* førstnævnte	**fragrance** *n.* duft
formerly *adv.* tidligere	**fragrant** *adj.* duftende
formidable *adj.* formidabel	**frail** *adj.* skrøbelig
formula *n.* opskrift	**frame** *v.* ramme
formulate *v.* formulere	**frame** *n.* ramme
forsake *v.* forlade	**franchise** *n.* franchise
forswear *v.* afsværge	**frank** *adj.* åbenhjertig
fort *n.* fort	**frantic** *adj.* hektisk
fort-night *n.* fjorten dage	**fraternal** *adj.* broderlig
forte *n.* forte	**fraternity** *n.* broderskab
forth *adv.* fremad	**fratricide** *n.* brodermord
forthcoming *adj.* kommende	**fraud** *n.* bedrageri
forthwith *adv.* omgående	**fraudulent** *adj.* bedragerisk
fortify *v.* befæste	**fraught** *adj.* anstrengt
fortitude *n.* mod	**fray** *n.* slagsmål
fortress *n.* fæstning	**freak** *n.* vanskabning
fortunate *adj.* heldig	**freak** *adj.* abnorm
fortune *n.* formue	**freak** *v.* flippe
forty *n.* fyrre	**free** *adj.* fri
forum *n.* forum	**free** *v.* frigøre
forward *adj.* fremad	**freedom** *n.* frihed
forward *adv.* frem	**freeze** *v.* fryse
forward *v.* videresende	**freight** *n.* fragt
fossil *n.* fossil	**French** *adj.* fransk
foster *v.* fremme	**French** *n.* fransk
foul *n.* ureglementeret spil	**frenzy** *n.* vanvid
foul *adj.* fæl	**frequency** *n.* frekvens
foul *v.* snavse til	**frequent** *n.* hyppig
found *v.* grundlægge	**fresh** *adj.* frisk
foundation *n.* fond	**fret** *n.* ængstelighed
founder *n.* stifter	**fret** *v.* være ængstelig
foundry *n.* støberi	**friction** *n.* friktion
fountain *n.* fontæne	**Friday** *n.* fredag
four *n.* fire	**fridge** *n.* køleskab
fourteen *n.* fjorten	**friend** *n.* ven
fowl *n.* fjervildt	**fright** *n.* forskrækkelse
fowler *n.* fjervildtsjæger	**frighten** *v.* forskrække

frigid *adj.* frigid
frill *n.* flæse
fringe *n.* pandehår
fringe *v.* besætte med frynser
frivolous *adj.* fjantet
frock *n.* kjole
frog *n.* frø
frolic *n.* lystighed
frolic *v.* tumle
from *prep.* fra
front *n.* front
front *adj.* for-
front *v.* vende mod
frontier *n.* grænse
frost *n.* frost
frown *n.* panderynken
frown *v.* rynke med panden
frugal *adj.* sparsommelig
fruit *n.* frugt
fruitful *adj.* frugtbar
frustrate *v.* frustrere
frustration *n.* frustration
fry *v.* stege
fry *n.* fiskeyngel
fuel *n.* brændstof
fugitive *adj.* bortløben
fugitive *n.* flygtning
fulfil *v.* opfylde
fulfilment *n.* opfyldelse
full *adj.* fuld
full *adv.* helt
fullness *n.* udførlighed
fully *adv.* fuldstændigt
fumble *v.* famle
fun *n.* sjov
function *n.* funktion
function *v.* fungere
functionary *n.* funktionær
fund *n.* fond
fundamental *adj.* fundamental
funeral *n.* begravelse
fungus *n.* svamp
funny *n.* joke

fur *n.* pels
furious *adj.* rasende
furl *v.* folde
furlong *n.* furlong
furnace *n.* smelteovn
furnish *v.* udstyre
furniture *n.* møbler
furrow *n.* plovfure
further *adv.* yderligere
further *adj.* nærmere
further *v.* fremme
fury *n.* raseri
fuse *v.* sammensmelte
fuse *n.* lunte
fusion *n.* fusion
fuss *n.* opstandelse
fuss *v.* vimse
futile *adj.* forgæves
futility *n.* nytteløshed
future *adj.* fremtidig
future *n.* fremtid
futuristic *adj.* futuristisk
futurology *n.* futurologi
fuzz *n.* dun
fuzz *v.* gøre uklar
fuzzy *adj.* dunet

G

gabble *v.* plapre
gadfly *n.* hesteflue
gadget *n.* gadget
gaffe *n.* bommert
gag *v.* have opkastningsfornemmelse
gag *n.* mundspærre
gaiety *n.* munterhed
gain *n.* fortjeneste
gain *v.* opnå
gainful *adj.* indtægtsgivende

gainly *adj.* passende
gainsay *v.* modsige
gait *n.* gang
gala *adj.* galla-
gala *n.* galla
galactic *adj.* galaktisk
galaxy *n.* galakse
gale *n.* storm
gallant *adj.* galant
gallant *n.* galan
gallantry *n.* ridderlighed
gallery *n.* galleri
gallon *n.* gallon
gallop *n.* galop
gallop *v.* galopere
gallows *n.* galge
galore *adv.* i massevis
galvanize *v.* galvanisere
galvanometer *n.* galvanometer
galvanoscope *n.* galvanoskop
gambit *n.* gambit
gamble *v.* spille
gamble *n.* hasard
gambler *n.* hasardspiller
game *n.* spil
game *v.* spille
gamemaster *v.* være game master
gamepad *n.* controller
gameplayer *n.* spiller
gamespace *n.* gamespace
gamma *n.* gamma
gander *n.* gase
gang *n.* bande
gangrene *n.* gangræn
gangster *n.* gangster
gap *n.* hul
gap *v.* være åben
gape *v.* måbe
garage *n.* garage
garb *n.* klædning
garb *v.* iklæde
garbage *n.* skrald
garden *n.* have
gardener *n.* gartner
gargle *v.* gurgle
garisson *n.* garnison
garisson *v.* besætte
garland *n.* guirlande
garland *v.* lave en guirlande
garlic *n.* hvidløg
garlicky *adj.* hvidløgs-
garment *n.* beklædningsgenstand
garnish *v.* garnere
garnish *n.* pynt
garnishment *n.* garnering
garrotte *n.* garrotte
garrotte *v.* garrottere
garrotter *n.* en der garrotterer
garter *n.* strømpeholder
gas *n.* gas
gasesous *adj.* luftformig
gash *n.* flænge
gash *v.* flænge
gashing *adj.* gabende
gasification *n.* forgasning
gasified *adj.* forgasset
gasify *v.* forgasse
gasket *n.* pakning
gasmask *n.* gasmaske
gasoline *n.* benzin
gasp *n.* gisp
gasp *v.* gispe
gassy *adj.* gasfyldt
gastric *adj.* gastrisk
gastronomy *n.* gastronomi
gate *n.* port
gatehouse *n.* portnerbolig
gatekeeper *n.* portner
gatepost *n.* portstolpe
gateway *n.* port
gather *v.* indsamle
gaudy *adj.* prangende
gauge *n.* måler
gaunt *adj.* mager
gauntlet *n.* spidsrod
gawk *n.* glanen

gawk v. glane
gawky adj. ranglet
gay adj. homoseksuel
gay n. homoseksuel
gaze v. stirre
gaze n. stirren
gazelle n. gazelle
gazette n. gazette
gazillion n. milliard million
gear n. gear
gearbox n. gearkasse
gearset n. tandhjulssæt
gearwheel n. tandhjul
geek n. nørd
geek v. nørde
geeksville n. Nørdeby
geekwear n. nørdet tøj
geeky adj. nørdet
geisha n. geisha
gel n. gel
gel v. stivne
gelatin n. gelatine
gelatinize v. gelatinere
gelatinous adj. gelatinøs
geld v. kastrere
gelded adj. kastreret
gelding n. vallak
gem n. ædelsten
geminal adj. gemineret
geminate adj. gemineret
geminate v. geminere
Gemini n. Tvillingerne
gender n. køn
gene n. gen
genealogical adj. genealogisk
genealogy n. genealogi
generable adj. kan genereres
general adj. almindelig
generally adv. almindeligvis
generate v. generere
generation n. generation
generator n. generator
generosity n. generøsitet

generous adj. generøs
genetic adj. genetisk
geneticist n. arvelighedsforsker
genial adj. venlig
geniality n. venlighed
genie n. flaskeånd
genital adj. køns-
genitalia n. kønsorganer
genius n. geni
genocide n. folkedrab
genome n. genom
genre n. genre
genteel adj. fornem
gentility n. elegance
gentle adj. blid
gentleman n. gentleman
gentry n. lavadel
genuine adj. ægte
geographer n. geograf
geographical adj. geografisk
geography n. geografi
geological adj. geologisk
geologist n. geolog
geology n. geologi
geometrical adj. geometrisk
geometry n. geometri
geopolitical adj. geopolitisk
geranium n. geranium
germ n. kim
germicide n. desinfektionsmiddel
germin n. germin
germinate v. spire
germination n. spiring
gerund n. verbalsubstantiv
gesture n. gestus
get v. få
geyser n. gejser
ghastly adj. grufuld
ghetto n. ghetto
ghost n. spøgelse
ghostwriter n. ghostwriter
ghoul n. ond ånd
ghoulish adj. dæmonisk

giant *n.* kæmpe
giantess *n.* kæmpekvinde
gib *n.* fyr
gib *v.* fyre
gibber *n.* volapyk
gibber *v.* plapre
gibberish *n.* volapyk
gibberish *adj.* uforståeligt
gibbon *n.* gibbonabe
gibe *v.* håne
gibe *n.* spydighed
giddy *adj.* overstadig
gift *n.* gave
gift *v.* give som gave
gift-wrap *v.* indpakke som gave
gifted *adj.* begavet
gig *n.* engagement
gig *v.* spille
gigabit *n.* gigabit
gigabyte *n.* gigabyte
gigantic *adj.* gigantisk
giggle *v.* fnise
gild *v.* forgylde
gilt *adj.* gylt
gimmick *n.* gimmick
gimmick *v.* lave gimmicks
gimmickry *n.* effektjageri
gimp *n.* gimp
gimp *v.* gimpe
gimp *adj.* halt
gin *n.* gin
ginger *adj.* ingefær-
ginger *n.* ingefær
giraffe *n.* giraf
gird *v.* ombinde
girder *n.* bærebjælke
girdle *n.* snor
girdle *v.* omkranse
girl *n.* pige
girlish *adj.* piget
gist *n.* kerne
give *v.* give
gizmo *n.* dims

glacier *n.* gletsjer
glad *adj.* glad
gladden *v.* glæde
glade *n.* lysning
gladiator *n.* gladiator
gladiatorial *adj.* gladiator-
gladly *adv.* med glæde
glam *adj.* glamourøs
glam *n.* glamour
glamour *n.* glamour
glance *n.* øjekast
glance *v.* kikke
gland *n.* kirtel
glare *n.* blændende lys
glare *v.* blænde
glass *n.* glas
glasses *n.* glas
glasshouse *n.* drivhus
glassify *v.* vitrificere
glassmaker *n.* glaspuster
glaucoma *n.* grøn stær
glaze *v.* glasere
glaze *n.* glasur
glazier *n.* glarmester
gleam *n.* lys
gleam *v.* skinne
gleaming *adj.* skinnende
glee *n.* skadefryd
gleeful *adj.* skadefro
gleefully *adv.* hoverende
glide *n.* gliden
glide *v.* glide
glider *n.* svæveplan
glimmer *n.* glimmer
glimmer *v.* glimte
glimpse *n.* glimt
glitter *v.* glitre
glitter *n.* glitter
gloat *v.* hovere
gloat *n.* hoveren
gloatingly *adv.* hoverende
global *adj.* global
globe *n.* klode

gloom n. dunkelhed
gloomy adj. dunkel
glorification n. glorificering
glorify v. glorificere
glorious adj. strålende
glory n. hæder
gloss n. glans
glossary n. glosar
glossy adj. glansende
glove n. handske
glow v. gløde
glow n. skær
glucose n. glukose
glue n. lim
glue v. lime
glut v. overfylde
glut n. overflod
glutton n. grovæder
gluttony n. grådighed
glycerine n. glycerin
gnarl n. knast
gnarl v. knudre
gnaw v. gnave
gnome n. gnom
go v. gå
goad n. ansporing
goad v. anspore
goal n. mål
goalkeeper n. målmand
goalpost n. målstolpe
goalscoring n. målscoring
goanna n. leguan
goat n. ged
gobble n. guffe i sig
goblet n. pokal
god n. gud
goddess n. gudinde
godhead n. guddom
godly adj. from
godown n. pakhus
godsend n. som sendt fra himlen
goggles n. beskyttelsesbriller
gold n. guld

golden adj. gylden
goldsmith n. guldsmed
golf n. golf
gonads n. kønskirtler
gondola n. gondol
gong n. gongong
goo n. snask
goo v. gøre snasket
good adj. god
good n. god
good-bye interj. farvel
goodness n. godhed
goodwill n. goodwill
goof n. fjog
goof v. fjoge
goofy adj. fjoget
google v. google
gooney n. gorilla
goose n. gås
gooseberry n. stikkelsbær
gore n. størknet blod
gore v. gennembore
gorge n. slugt
gorge v. fråse
gorge adj. lækker
gorgeous adj. lækker
gorilla n. gorilla
gospel n. evangelium
gossip n. sladder
gossip v. sladre
gothic n. gotik
gothic adj. gotisk
gouda n. goudaost
gourd n. kalabas
gout n. urinsyregigt
govern v. styre
governance n. ledelse
governess n. guvernante
government n. regering
governor n. guvernør
gown n. kittel
grab v. gribe
grace n. ynde

grace v. pryde	**grease** n. fedt
gracious adj. yndefuld	**grease** v. fedte
gradation n. gradering	**greasy** adj. fedtet
grade n. grad	**great** adj. stor
grade v. graduere	**greed** n. grådighed
gradual adj. graduel	**greedy** adj. grådig
graduate v. dimittere	**Greek** n. græsk
graduate n. kandidat	**Greek** adj. græsk
graft n. transplantat	**green** adj. grøn
graft v. transplantere	**green** n. grønt
grain n. korn	**greenery** n. grønt
grammar n. grammatik	**greet** v. hilse
grammarian n. grammatiker	**grenade** n. granat
gramme n. gram	**grey** adj. gråt
gramophone n. grammofon	**greyhound** n. mynde
granary n. kornmagasin	**grief** n. sorg
grand adj. storslået	**grievance** n. klage
grandeur n. storslåethed	**grieve** v. sørge
grant v. give	**grievous** adj. hård
grant n. tilskud	**grind** v. kværne
grape n. vindrue	**grinder** n. kværn
graph n. kurve	**grip** v. gribe
graphic adj. grafisk	**grip** n. greb
grapple n. entrehage	**groan** v. jamre
grapple v. brydes	**groan** n. jamren
grasp v. begribe	**grocer** n. købmand
grasp n. opfattelsesevne	**grocery** n. købmandsforretning
grass n. græs	**groom** n. brudgom
grate n. rist	**groom** v. soignere
grate v. rive	**groove** n. rytme
grateful adj. taknemmelig	**groove** v. false
grater n. rivejern	**grope** v. famle
gratification n. tilfredsstillelse	**gross** n. gros
gratis adv. gratis	**gross** adj. grov
gratitude n. taknemmelighed	**grotesque** adj. grotesk
gratuity n. erkendtlighed	**ground** n. jord
grave n. grav	**ground** v. jorde
grave adj. alvorlig	**group** n. gruppe
gravitate v. tiltrækkes mod	**group** v. gruppere
gravitation n. tyngdekraft	**grow** v. vokse
gravity n. tyngdekraft	**grower** n. dyrker
graze v. græsse	**growl** v. snerre
graze n. hudafskrabning	**growl** n. snerren

growth *n.* vækst
grudge *v.* være modvillig
grudge *n.* nag
grumble *v.* brokke sig
grunt *n.* grynt
grunt *v.* grynte
guarantee *n.* garanti
guarantee *v.* garantere
guard *v.* vagt
guard *n.* bevogte
guardian *n.* værge
guava *n.* guava
guerilla *n.* guerillasoldat
guess *n.* gæt
guess *v.* gætte
guest *n.* gæst
guidance *n.* vejledning
guide *v.* føre
guide *n.* fører
guild *n.* lav
guile *n.* svig
guilt *n.* skyld
guilty *adj.* skyldig
guise *n.* forklædning
guitar *n.* guitar
gulf *n.* bugt
gull *n.* måge
gull *v.* narre
gulp *v.* synke
gulp *n.* mundfuld
gum *n.* gumme
gun *n.* skydevåben
gust *n.* kastevind
gutter *n.* rendesten
guttural *adj.* guttural
gymnasium *n.* gymnastiksal
gymnast *n.* gymnast
gymnastic *adj.* gymnatisk
gymnastics *n.* gymnastik

H

habeas corpus *n.* grundlovsforhør
habit *n.* vane
habitable *adj.* beboelig
habitat *n.* habitat
habitation *n.* beboelse
habituate *v.* vænne
hack *v.* hacke
hacker *n.* hacker
hag *n.* gammel kælling
haggard *adj.* hærget
haggle *v.* prutte
hail *n.* hagl
hail *v.* hagle
hair *n.* hår
hale *adj.* sund
half *n.* halvdel
half *adj.* halv
hall *n.* sal
hallmark *n.* kendemærke
hallow *v.* helliggøre
halt *v.* standse
halt *n.* standsning
halve *v.* halvere
hamlet *n.* landsby
hammer *n.* hammer
hammer *v.* hamre
hand *n.* hånd
hand *v.* række
handbill *n.* løbeseddel
handbook *n.* håndbog
handcuff *n.* håndjern
handcuff *v.* lægge i håndjern
handful *n.* håndfuld
handicap *n.* handicap
handicap *v.* handicappe
handicraft *n.* håndarbejde
handiwork *n.* værk
handkerchief *n.* lommetørklæde

handle *n.* håndtag	**haunt** *v.* hjemsøge
handle *v.* håndtere	**haunt** *n.* tilholdssted
handsome *adj.* flot	**have** *v.* have
handy *adj.* praktisk	**haven** *n.* tilflugtssted
hang *v.* hænge	**havoc** *n.* ravage
hanker *v.* begære	**hawk** *n.* høg
haphazard *adj.* vilkårlig	**hawker** *n.* falkejæger
happen *v.* ske	**hawthorn** *n.* tjørn
happening *n.* hændelse	**hay** *n.* hø
happiness *n.* lykke	**hazard** *n.* risiko
happy *adj.* lykkelig	**hazard** *v.* risikere
harass *v.* chikanere	**haze** *n.* dis
harassment *n.* chikane	**hazy** *adj.* diset
harbour *n.* havn	**he** *pron.* han
harbour *v.* give ly til	**head** *n.* hoved
hard *adj.* hård	**head** *v.* lede
hard *adv.* hårdt	**headache** *n.* hovedpine
harden *v.* hærde	**heading** *n.* overskrift
hardihood *n.* dristighed	**headlong** *adv.* hovedkuls
hardly *adv.* næppe	**headstrong** *adj.* stivnakket
hardship *n.* prøvelse	**heal** *v.* læge
hardy *adj.* hårdfør	**health** *n.* helbred
hare *n.* hare	**healthy** *adj.* sund
harm *n.* skade	**heap** *n.* bunke
harm *v.* skade	**heap** *v.* samle i en bunke
harmonious *adj.* harmonisk	**hear** *v.* høre
harmonium *n.* harmonium	**hearsay** *n.* forlydende
harmony *n.* harmoni	**heart** *n.* hjerte
harness *n.* seletøj	**hearth** *n.* arne
harness *v.* udnytte	**heartily** *adv.* hjertelig
harp *n.* harpe	**heat** *n.* varme
harsh *adj.* skånselsløs	**heat** *v.* opvarme
harvest *n.* høst	**heave** *v.* løfte
harvest *v.* høste	**heaven** *n.* himlen
harvester *n.* selvbinder	**heavenly** *adj.* himmelsk
haste *n.* hastværk	**hedge** *n.* hæk
hasten *v.* haste	**hedge** *v.* hedge
hasty *adj.* hastig	**heed** *v.* lytte til
hat *n.* hat	**heed** *n.* opmærksomhed
hatchet *n.* håndøkse	**heel** *n.* hæl
hate *n.* had	**hefty** *adj.* heftig
hate *v.* hade	**height** *n.* højde
haughty *adj.* hoven	**heighten** *v.* forhøje

heinous *adj.* afskyelig	**hesitate** *v.* tøve
heir *n.* arving	**hesitation** *n.* tøven
hell *n.* helvede	**hew** *v.* hugge
helm *n.* ror	**heyday** *n.* storhedstid
helmet *n.* hjelm	**hibernation** *n.* dvale
help *v.* hjælpe	**hiccup** *n.* hikke
help *n.* hjælp	**hide** *n.* skind
helpful *adj.* hjælpsom	**hide** *v.* gemme
helpless *adj.* hjælpeløs	**hideous** *adj.* hæslig
helpmate *n.* hjælper	**hierarchy** *n.* hierarki
hemisphere *n.* hemisfære	**high** *adj.* høj
hemp *n.* hamp	**highly** *adv.* højt
hen *n.* høne	**Highness** *n.* Højhed
hence *adv.* derfor	**highway** *n.* landevej
henceforth *adv.* fra nu af	**hilarious** *adj.* hylende grinagtigt
henceforward *adv.* fra nu af	**hilarity** *n.* løssluppenhed
henchman *n.* lejesvend	**hill** *n.* bakke
henpeck *v.* nage	**hillock** *n.* tue
her *pron.* hende	**him** *pron.* ham
her *adj.* hendes	**hinder** *v.* hindre
herald *n.* budbringer	**hindrance** *n.* hindring
herald *v.* indvarsle	**hint** *n.* vink
herb *n.* urt	**hint** *v.* antyde
herculean *adj.* overmenneskelig	**hip** *n.* hofte
herd *n.* flok	**hire** *n.* leje
herdsman *n.* hyrde	**hire** *v.* leje
here *adv.* her	**hireling** *n.* lejesvend
hereabouts *adv.* heromkring	**his** *pron.* hans
hereafter *n.* det hinsidige	**hiss** *n.* hvislen
hereafter *adv.* herefter	**hiss** *v.* hvisle
hereditary *adj.* arvelig	**historian** *n.* historiker
heredity *n.* arvelighed	**historic** *adj.* historisk
heritable *adj.* arvelig	**historical** *adj.* historisk
heritage *n.* arv	**history** *n.* historie
hermit *n.* eremit	**hit** *n.* slag
hermitage *n.* eremitage	**hit** *v.* slå
hernia *n.* brok	**hitch** *n.* stik
hero *n.* helt	**hither** *adv.* hid
heroic *adj.* heroisk	**hitherto** *adv.* hidtil
heroine *n.* heltinde	**hive** *n.* bikube
heroism *n.* heltemod	**hoarse** *adj.* rusten
herring *n.* sild	**hoax** *n.* fupnummer
hesitant *adj.* tøvende	**hoax** *v.* fuppe

hobby *n.* hobby
hobbyhorse *n.* kæphest
hockey *n.* hockey
hoist *v.* hejse
hold *n.* lastrum
hold *v.* rumme
hole *n.* hul
hole *v.* gennemhulle
holiday *n.* helligdag
hollow *adj.* hul
hollow *n.* hulning
hollow *v.* udhule
holocaust *n.* masseødelæggelse
holy *adj.* hellig
homage *n.* hommage
home *n.* hjem
homeopath *n.* homøopat
homeopathy *n.* homøopati
homicide *n.* drab
homogeneous *adj.* homogen
honest *adj.* ærlig
honesty *n.* ærlighed
honey *n.* honning
honeycomb *n.* bikage
honeymoon *n.* bryllupsrejse
honorarium *n.* honorar
honorary *adj.* æres-
honour *n.* ære
honour *v.* ære
honourable *adj.* hæderlig
hood *n.* hætte
hoodwink *v.* bluffe
hoof *n.* hov
hook *n.* krog
hooligan *n.* hooligan
hoot *n.* hujen
hoot *v.* huje
hop *v.* hoppe
hop *n.* hop
hope *v.* håbe
hope *n.* håb
hopeful *adj.* forhåbningsfuld
hopeless *adj.* håbløs

horde *n.* horde
horizon *n.* horisont
horn *n.* horn
hornet *n.* gedehams
horrible *adj.* forfærdelig
horrify *v.* forfærde
horror *n.* rædsel
horse *n.* hest
horticulture *n.* havebrug
hose *n.* vandslange
hosiery *n.* trikotage
hospitable *adj.* gæstfri
hospital *n.* hospital
hospitality *n.* gæstfrihed
host *n.* vært
hostage *n.* gidsel
hostel *n.* herberg
hostile *adj.* fjendtlig
hostility *n.* fjendtlighed
hot *adj.* varm
hotchpotch *n.* sammensurium
hotel *n.* hotel
hound *n.* støver
hour *n.* time
house *n.* hus
house *v.* huse
how *adv.* hvordan
however *adv.* hvor end
however *conj.* hvorom alting er
howl *v.* hyle
howl *n.* hylen
hub *n.* hjulnav
hubbub *n.* hurlumhej
huge *adj.* enorm
hum *v.* summe
hum *n.* summen
human *adj.* menneskelig
humane *adj.* human
humanitarian *adj.* humanitær
humanity *n.* menneskeheden
humanize *v.* humanisere
humble *adj.* ydmyg
humdrum *adj.* triviel

humid *adj.* fugtig
humidity *n.* luftfugtighed
humiliate *v.* ydmyge
humiliation *n.* ydmygelse
humility *n.* ydmyghed
humorist *n.* humorist
humorous *adj.* humoristisk
humour *n.* humor
hunch *n.* fornemmelse
hundred *n.* hundrede
hunger *n.* sult
hungry *adj.* sulten
hunt *v.* jage
hunt *n.* jagt
hunter *n.* jæger
huntsman *n.* jagtfører
hurdle *n.* hurdle
hurdle *v.* løbe hækkeløb
hurl *v.* kyle
hurrah *interj.* hurra
hurricane *n.* orkan
hurry *v.* skynde sig
hurry *n.* hastværk
hurt *v.* skade
hurt *n.* skade
husband *n.* ægtemand
husbandry *n.* landbrug
hush *n.* stilhed
hush *v.* tie
husk *n.* avne
husky *adj.* hæs
hut *n.* hytte
hyaena, hyena *n.* hyæne
hybrid *adj.* hybrid-
hybrid *n.* hybrid
hydrogen *n.* hydrogen
hygiene *n.* hygiejne
hygienic *adj.* hygiejnisk
hymn *n.* hymne
hyperbole *n.* hyperbel
hypnotism *n.* hypnotisme
hypnotize *v.* hypnotisere
hypocrisy *n.* hykleri

hypocrite *n.* hykler
hypocritical *adj.* hyklerisk
hypothesis *n.* hypotese
hypothetical *adj.* hypotetisk
hysteria *n.* hysteri
hysterical *adj.* hysterisk

I

I *pron.* jeg
iambic *adj.* jambisk
ice *v.* ise
ice *n.* is
iceberg *n.* isbjerg
iceblock *n.* isblok
icebreaker *n.* isbryder
icecap *n.* iskappe
iced *adj.* is-
icicle *n.* istap
icon *n.* ikon
iconic *adj.* ikonisk
iconoclastic *adj.* ikonoklastisk
icy *adj.* iset
idea *n.* idé
ideal *adj.* ideel
ideal *n.* ideal
idealism *n.* idealisme
idealist *n.* idealist
idealistic *adj.* idealistisk
idealize *v.* idealisere
identical *adj.* identisk
identification *n.* identifikation
identify *v.* identificere
identity *n.* identitet
idiocy *n.* idioti
idiom *n.* idiom
idiomatic *adj.* idiomatisk
idiot *n.* idiot
idiotic *adj.* idiotisk
idle *adj.* ubeskæftiget

idleness *n.* lediggang
idler *n.* drivert
idol *n.* idol
idolater *n.* afgudsdyrker
if *conj.* hvis
igloo *n.* iglo
ignition *n.* antændelse
ignoble *adj.* ussel
ignorance *n.* uvidenhed
ignorant *adj.* uvidende
ignore *v.* ignorere
ill *adj.* syg
ill *adv.* dårlig
ill *n.* lidelse
illegal *adj.* illegal
illegibility *n.* ulæselighed
illegible *adj.* ulæselig
illegitimate *adj.* uretmæssig
illicit *adj.* ulovlig
illiteracy *n.* analfabetisme
illiterate *adj.* analfabetisk
illness *n.* sygdom
illogical *adj.* ulogisk
illuminate *v.* oplyse
illumination *n.* oplysning
illusion *n.* illusion
illustrate *v.* illustrere
illustration *n.* illustration
image *n.* billede
imagery *n.* billedsprog
imaginary *adj.* imaginær
imagination *n.* fantasi
imaginative *adj.* fantasifuld
imagine *v.* forestille sig
imitate *v.* imitere
imitation *n.* imitation
imitator *n.* imitator
immaterial *adj.* uvæsentlig
immature *adj.* umoden
immaturity *n.* umodenhed
immeasurable *adj.* umålelig
immediate *adj.* nærmeste
immemorial *adj.* ældgammel

immense *adj.* umådelig
immensity *n.* umådelighed
immerse *v.* nedsænke
immersion *n.* nedsænkning
immigrant *n.* indvandrer
immigrate *v.* indvandre
immigration *n.* indvandring
imminent *adj.* overhængende
immodest *adj.* ubeskeden
immodesty *n.* ubeskedenhed
immoral *adj.* umoralsk
immorality *n.* umoralskhed
immortal *adj.* udødelig
immortality *n.* udødelighed
immortalize *v.* udødeliggøre
immovable *adj.* ubevægelig
immune *adj.* immun
immunity *n.* immunitet
immunize *v.* immunisere
impact *n.* indvirkning
impart *v.* meddele
impartial *adj.* upartisk
impartiality *n.* upartiskhed
impassable *adj.* ufremkommelig
impasse *n.* dødvande
impatience *n.* utålmodighed
impatient *adj.* utålmodig
impeach *v.* anklage for højforræderi
impeachment *n.* højforræderisag
impede *v.* hæmme
impediment *n.* hindring
impenetrable *adj.* uigennemtrængelig
imperative *adj.* imperativ
imperfect *adj.* ufuldkommen
imperfection *n.* ufuldkommenhed
imperial *adj.* kejser-
imperialism *n.* imperialisme
imperil *v.* bringe i fare
imperishable *adj.* uforgængelig
impersonal *adj.* upersonlig
impersonate *v.* efterligne
impersonation *n.* parodi

impertinence *n.* næsvished
impertinent *adj.* flabet
impetuosity *n.* ubesindighed
impetuous *adj.* ubesindig
implement *n.* redskab
implement *v.* implementere
implicate *v.* implicere
implication *n.* implikation
implicit *adj.* implicit
implore *v.* bønfalde
imply *v.* antyde
impolite *adj.* uhøflig
import *v.* importere
import *n.* import
importance *n.* vigtighed
important *adj.* vigtig
impose *v.* påtvinge
imposing *adj.* imposant
imposition *n.* pålægning
impossibility *n.* umulighed
impossible *adj.* umulig
impostor *n.* bedrager
imposture *n.* bedrageri
impotence *n.* impotens
impotent *adj.* impotent
impoverish *v.* udpine
impracticability *n.* uigennemførlighed
impracticable *adj.* uigennemførlig
impress *v.* imponere
impression *n.* indtryk
impressive *adj.* imponerende
imprint *v.* præge
imprint *n.* aftryk
imprison *v.* fængsle
improper *adj.* upassende
impropriety *n.* usømmelighed
improve *v.* forbedre
improvement *n.* forbedring
imprudence *n.* ubetænksomhed
imprudent *adj.* ubetænksom
impulse *n.* impuls
impulsive *adj.* impulsiv

impunity *n.* uden straf
impure *adj.* uren
impurity *n.* urenhed
impute *v.* tillægge
in *prep.* i
in-laws *n.* svigerfamilie
inability *n.* manglende evne
inaccurate *adj.* unøjagtig
inaction *n.* uvirksomhed
inactive *adj.* uvirksom
inadmissible *adj.* uantagelig
inanimate *adj.* livløs
inapplicable *adj.* uanvendelig
inattentive *adj.* uopmærksom
inaudible *adj.* uhørlig
inaugural *adj.* åbnings-
inauguration *n.* indvielsesceremoni
inauspicious *adj.* uheldig
inborn *adj.* medfødt
incalculable *adj.* som ikke kan beregnes
incapable *adj.* uduelig
incapacity *n.* uduelighed
incarnate *adj.* personificeret
incarnate *v.* personificere
incarnation *n.* legemliggørelse
incense *v.* ophidse
incense *n.* røgelse
incentive *n.* incitament
inception *n.* påbegyndelse
inch *n.* tomme
incident *n.* begivenhed
incidental *adj.* tilfældig
incite *v.* opildne
inclination *n.* inklination
incline *v.* inklinere
include *v.* inkludere
inclusion *n.* inklusion
inclusive *adj.* inklusiv
incoherent *adj.* usammenhængende
income *n.* indkomst
incomparable *adj.* usammenlignelig
incompetent *adj.* inkompetent

incomplete *adj.* ufuldstændig
inconsiderate *adj.* ubetænksom
inconvenient *adj.* ubelejligt
incorporate *v.* inkorporere
incorporate *adj.* inkorporeret
incorporation *n.* inkorporering
incorrect *adj.* ukorrekt
incorrigible *adj.* uforbederlig
incorruptible *adj.* ubestikkelig
increase *n.* vækst
increase *v.* vokse
incredible *adj.* utrolig
increment *n.* tilvækst
incriminate *v.* belaste
incubate *v.* inkubere
inculcate *v.* indskærpe
incumbent *n.* den siddende i et embede
incumbent *adj.* siddende
incur *v.* pådrage
incurable *adj.* uhelbredelig
indebted *adj.* forgældet
indecency *n.* uanstændighed
indecent *adj.* uanstændig
indecision *n.* ubeslutsomhed
indeed *adv.* sandelig
indefensible *adj.* utilgivelig
indefinite *adj.* ubestemt
indemnity *n.* indemnitet
independence *n.* uafhængighed
independent *adj.* uafhængig
indescribable *adj.* ubeskrivelig
index *n.* indeks
Indian *adj.* indisk/indiansk
indicate *v.* indikere
indication *n.* indikation
indicative *adj.* antyde
indicator *n.* indikator
indict *v.* tiltale
indictment *n.* tiltale
indifference *n.* ligegyldighed
indifferent *adj.* ligegyldig
indigenous *adj.* oprindelig

indigestible *adj.* ufordøjelig
indigestion *n.* fordøjelsesbesvær
indignant *adj.* forarget
indignation *n.* forargelse
indigo *n.* indigo
indirect *adj.* indirekte
indiscipline *n.* mangel på disciplin
indiscreet *adj.* indiskret
indiscretion *n.* indiskretion
indiscriminate *adj.* tilfældig
indispensable *adj.* uundværlig
indisposed *adj.* indisponeret
indisputable *adj.* ubestridelig
indistinct *adj.* utydelig
individual *adj.* enkelt
individualism *n.* individualisme
individuality *n.* individualitet
indivisible *adj.* udelelig
indolent *adj.* ugidelig
indomitable *adj.* ukuelig
indoor *adj.* indendørs-
indoors *adv.* inden døre
induce *v.* inducere
inducement *n.* incitament
induct *v.* indsætte
induction *n.* indsættelse
indulge *v.* forkæle
indulgence *n.* eftergivenhed
indulgent *adj.* eftergivende
industrial *adj.* industriel
industrious *adj.* arbejdsom
industry *n.* industri
ineffective *adj.* ineffektiv
inert *adj.* træg
inertia *n.* inerti
inevitable *adj.* uundgåelig
inexact *adj.* unøjagtig
inexorable *adj.* ubønhørlig
inexpensive *adj.* billig
inexperience *n.* uerfarenhed
inexplicable *adj.* uforklarlig
infallible *adj.* ufejlbarlig
infamous *adj.* berygtet

infamy *n.* skændsel	**ingratitude** *n.* utaknemmelighed
infancy *n.* barndom	**ingredient** *n.* ingrediens
infant *n.* spædbarn	**inhabit** *v.* bebo
infanticide *n.* barnemord	**inhabitable** *adj.* beboelig
infantile *adj.* barnlig	**inhabitant** *n.* beboer
infantry *n.* infanteri	**inhale** *v.* inhalere
infatuate *v.* være forgabt	**inherent** *adj.* iboende
infatuation *n.* forgabelse	**inherit** *v.* arve
infect *v.* inficere	**inheritance** *n.* arv
infection *n.* infektion	**inhibit** *v.* hæmme
infectious *adj.* smitsom	**inhibition** *n.* hæmning
infer *v.* slutte	**inhospitable** *adj.* ugæstfri
inference *n.* logisk slutning	**inhuman** *adj.* umenneskelig
inferior *adj.* underlødig	**inimical** *adj.* fjendtlig
inferiority *n.* underlødighed	**inimitable** *adj.* uforlignelig
infernal *adj.* infernalsk	**initial** *adj.* først
infinite *adj.* uendelig	**initial** *n.* initial
infinity *n.* uendeligheden	**initial** *v.* underskrive med initialer
infirm *adj.* svag	**initiate** *v.* indlede
infirmity *n.* svaghed	**initiative** *n.* initiativ
inflame *v.* ophidse	**inject** *v.* indsprøjte
inflammable *adj.* brændbar	**injection** *n.* indsprøjtning
inflammation *n.* betændelse	**injudicious** *adj.* uklog
inflammatory *adj.* betændelses-	**injunction** *n.* tilhold
inflation *n.* inflation	**injure** *v.* kvæste
inflexible *adj.* ufleksibel	**injurious** *adj.* skadelig
inflict *v.* volde	**injury** *n.* skade
influence *n.* indflydelse	**injustice** *n.* uretfærdighed
influence *v.* influere	**ink** *n.* blæk
influential *adj.* indflydelsesrig	**inkling** *n.* anelse
influenza *n.* influenza	**inland** *adv.* ind i landet
influx *n.* indstrømning	**inland** *adj.* indenlandsk
inform *v.* informere	**inmate** *n.* indsat
informal *adj.* uformel	**inmost** *adj.* inderst
information *n.* information	**inn** *n.* herberg
informative *adj.* informativ	**innate** *adj.* medfødt
informer *n.* informant	**inner** *adj.* indre
infringe *v.* overtræde	**innermost** *adj.* inderst
infringement *n.* overtrædelse	**innings** *n.* inning
infuriate *v.* gøre rasende	**innocence** *n.* uskyld
infuse *v.* lave udtræk	**innocent** *adj.* uskyldig
infusion *n.* infusion	**innovate** *v.* innovere
ingrained *adj.* indgroet	**innovation** *n.* innovation

innovator n. innovator
innumerable adj. utallig
inoculate v. vaccinere
inoculation n. vaccination
inoperative adj. virkningsløs
inopportune adj. ubelejlig
input n. input
inquest n. retslig undersøgelse
inquire v. forespørge
inquiry n. forespørgsel
inquisition n. krydsforhør
inquisitive adj. videbegærlig
insane adj. vanvittig
insanity n. vanvid
insatiable adj. umættelig
inscribe v. indgravere
inscription n. inskription
insect n. insekt
insecticide n. insektgift
insecure adj. usikker
insecurity n. usikkerhed
insensibility n. ufølsomhed
insensible adj. bevidstløs
inseparable adj. uadskillelig
insert v. indsætte
insertion n. indsættelse
inside prep. inde i
inside adj. indvendig
inside adv. indenfor
inside n. inderside
insight n. indsigt
insignificance n. ubetydelighed
insignificant adj. ubetydelig
insincere adj. uoprigtig
insincerity n. uoprigtighed
insinuate v. insinuere
insinuation n. insinuation
insipid adj. åndløs
insipidity n. åndløshed
insist v. insistere
insistence n. insisteren
insistent adj. vedholdende
insolence n. uforskammethed

insolent adj. uforskammet
insoluble n. uopløselig
insolvency n. insolvens
insolvent adj. insolvent
inspect v. inspicere
inspection n. inspektion
inspector n. inspektør
inspiration n. inspiration
inspire v. inspirere
instability n. ustabilitet
install v. installere
installation n. installation
instalment n. afdrag
instance n. tilfælde
instant n. øjeblik
instant adj. øjeblikkelig
instantaneous adj. øjeblikkelig
instantly adv. straks
instigate v. indlede
instigation n. indledning
instil v. indpode
instinct n. instinkt
instinctive adj. instinktiv
institute n. institut
institution n. institution
instruct v. instruere
instruction n. instruktion
instructor n. instruktør
instrument n. instrument
instrumental adj. instrument-
instrumentalist n. instrumentalist
insubordinate adj. ulydig
insubordination n. lydighedsnægtelse
insufficient adj. utilstrækkelig
insular adj. isoleret
insularity n. isolerethed
insulate v. isolere
insulation n. isolering
insulator n. isolator
insult n. fornærmelse
insult v. fornærme
insupportable adj. som ikke kan

underbygges
insurance *n.* forsikring
insure *v.* forsikre
insurgent *n.* oprører
insurgent *adj.* oprørsk
insurmountable *adj.* uoverstigelig
insurrection *n.* oprør
intact *adj.* intakt
intangible *adj.* uhåndgribelig
integral *adj.* integreret
integrity *n.* integritet
intellect *n.* intellekt
intellectual *adj.* intellektuel
intellectual *n.* intellektuel
intelligence *n.* intelligens
intelligent *adj.* intelligent
intelligentsia *n.* intelligentsia
intelligible *adj.* forståelig
intend *v.* agte
intense *adj.* intens
intensify *v.* intensivere
intensity *n.* intensitet
intensive *adj.* intensiv-
intent *n.* hensigt
intent *adj.* indtrængende
intention *n.* hensigt
intentional *adj.* tilsigtet
intercept *v.* imødegå
interception *n.* imødegåelse
interchange *n.* udveksling
interchange *v.* udveksle
intercourse *n.* samleje
interdependence *n.* gensidig afhængighed
interdependent *adj.* gensidigt afhængig
interest *n.* interesse
interested *adj.* interesseret
interesting *adj.* interessant
interfere *v.* gribe ind
interference *n.* indgriben
interim *n.* midlertidig
interior *adj.* indre

interior *n.* interiør
interjection *n.* indskud
interlock *v.* flette sammen
interlude *n.* mellemspil
intermediary *n.* mellemled
intermediate *adj.* mellemliggende
interminable *adj.* endeløs
intermingle *v.* blande sig
intern *n.* kandidat
internal *adj.* indre
international *adj.* international
interplay *n.* samspil
interpret *v.* fortolke
interpreter *n.* tolk
interrogate *v.* afhøre
interrogation *n.* afhøring
interrogative *adj.* spørgende
interrogative *n.* spørgeord
interrupt *v.* afbryde
interruption *n.* afbrydelse
intersect *v.* krydse
intersection *n.* skæringspunkt
interval *n.* interval
intervene *v.* intervenere
intervention *n.* intervention
interview *n.* interview
interview *v.* interviewe
intestinal *adj.* tarm-
intestine *n.* tarm
intimacy *n.* intimitet
intimate *adj.* intim
intimate *v.* antyde
intimation *n.* antydning
intimidate *v.* intimidere
intimidation *n.* intimidering
into *prep.* ind i
intolerable *adj.* utålelig
intolerance *n.* intolerance
intolerant *adj.* intolerant
intoxicant *n.* rusmiddel
intoxicate *v.* beruse
intoxication *n.* rus
intransitive *adj.* *(verb)* intransitiv

intrepid *adj.* uforfærdet
intrepidity *n.* uforfærdethed
intricate *adj.* kringlet
intrigue *v.* fascinere
intrigue *n.* intrige
intrinsic *adj.* indre
introduce *v.* introducere
introduction *n.* introduktion
introductory *adj.* introducerende
introspect *v.* vende blikket indad
introspection *n.* introspektion
intrude *v.* forstyrre
intrusion *n.* forstyrrelse
intuition *n.* intuition
intuitive *adj.* intuitiv
invade *v.* invadere
invalid *adj.* invalid
invalid *n.* invalid
invalidate *v.* gøre ugyldig
invaluable *adj.* uvurderlig
invasion *n.* invasion
invective *n.* invektiv
invent *v.* opfinde
invention *n.* opfindelse
inventive *adj.* opfindsom
inventor *n.* opfinder
invert *v.* vende
invest *v.* investere
investigate *v.* efterforske
investigation *n.* efterforskning
investment *n.* investering
invigilate *v.* føre tilsyn
invigilation *n.* tilsyn
invigilator *n.* tilsynsførende
invincible *adj.* uovervindelig
inviolable *adj.* ukrænkelig
invisible *adj.* usynlig
invitation *n.* invitation
invite *v.* invitere
invocation *n.* påkaldelse
invoice *n.* faktura
invoke *v.* påberåbe sig
involve *v.* involvere

inward *adj.* indre
inwards *adv.* indad
irate *adj.* harmdirrede
ire *n.* forbitrelse
Irish *adj.* irsk
Irish *n.* irsk
irksome *adj.* kedelig
iron *n.* jern
iron *v.* stryge
ironical *adj.* ironisk
irony *n.* ironi
irradiate *v.* bestråle
irrational *adj.* irrationel
irreconcilable *adj.* uforenelig
irrecoverable *adj.* uoprettelig
irrefutable *adj.* uigendrivelig
irregular *adj.* irregulær
irregularity *n.* irregularitet
irrelevant *adj.* irrelevant
irrespective *adj.* uanset
irresponsible *adj.* uansvarlig
irrigate *v.* udskylle
irrigation *n.* udskylning
irritable *adj.* irritabel
irritant *adj.* irriterende
irritant *n.* irritament
irritate *v.* irritere
irritation *n.* irritation
irruption *n.* pludselig indtrængen
island *n.* ø
isle *n.* ø
isobar *n.* isobar
isolate *v.* isolere
isolation *n.* isolation
issue *v.* udlevere
issue *n.* udlevering
it *pron.* den, det
Italian *adj.* italiensk
Italian *n.* italiensk
italic *adj.* kursiv
italics *n.* kursiv
itch *n.* kløe
itch *v.* klø

item *n.* artikel
ivory *n.* elfenben
ivy *n.* efeu

J

jab *v.* slag
jabber *v.* plapren
jack *n.* donkraft
jack *v.* hæve med donkraft
jackal *n.* sjakal
jacket *n.* jakke
jade *n.* jade
jail *n.* fængsel
jail *v.* fængsle
jailer *n.* fangevogter
jam *n.* syltetøj
jam *v.* klemme
janitor *n.* pedel
January *n.* januar
jar *n.* glas
jargon *n.* jargon
jasmine, jessamine *n.* jasmin
jaundice *n.* gulsot
jaundice *v.* syg af gulsot
javelin *n.* spyd
jaw *n.* kæbe
jay *n.* skovskade
jealous *adj.* jaloux
jealousy *n.* jalousi
jean *n.* jeans
jeer *v.* håne
jelly *n.* gelé
jeopardize *v.* bringe i fare
jeopardy *n.* fare
jerk *n.* ryk
jerkin *n.* vams
jerky *adj.* rykvis
jersey *n.* trøje
jest *n.* spøg

jest *v.* spøge
jet *n.* jet
jew *n.* jøde
jewel *n.* juvel
jewel *v.* besætte med juveler
jeweller *n.* juvelér
jewellery *n.* smykker
jingle *n.* ringlen
jingle *v.* ringle
job *n.* job
jobber *n.* løsarbejder
jobbery *n.* embedsmisbrug
jocular *adj.* munter
jog *v.* jogge
join *v.* forbinde
joiner *n.* snedker
joint *n.* led
joint *adj.* fælles
jointly *adv.* fælles
joke *n.* joke
joke *v.* joke
joker *n.* joker
jollity *n.* morskab
jolly *adj.* munter
jolt *n.* rystelse
jolt *v.* ryste
jostle *n.* skub
jostle *v.* skubbe
jot *n.* jota
jot *v.* notere
journal *n.* tidsskrift
journalism *n.* journalistik
journalist *n.* journalist
journey *n.* rejse
journey *v.* rejse
jovial *adj.* jovial
joviality *n.* jovialitet
joy *n.* glæde
joyful *adj.* glædelig
joyous *n.* glad
jubilant *adj.* triumferende
jubilation *n.* jubel
jubilee *n.* jubilæum

judge *n.* dommer
judge *v.* dømme
judgement *n.* vurdering
judicature *n.* domstol
judicial *adj.* rets-
judiciary *n.* domstolene
judicious *adj.* fornuftig
jug *n.* kande
juggle *v.* jonglere
juggler *n.* jonglør
juice *n.* juice
juicy *adj.* saftig
jumble *n.* virvar
jumble *v.* rode sammen
jump *n.* hop
jump *v.* hoppe
junction *n.* vejkryds
juncture *n.* afgørende tidspunkt
jungle *n.* jungle
junior *adj.* underordnet
junior *n.* junior
junk *n.* ragelse
jupiter *n.* Jupiter
jurisdiction *n.* retskreds
jurisprudence *n.* retsvidenskab
jurist *n.* jurist
juror *n.* nævning
jury *n.* jury
juryman *n.* nævning
just *adj.* retfærdig
justice *n.* retfærdighed
justifiable *adj.* berettiget
justification *n.* berettigelse
justify *v.* retfærdiggøre
justly *adv.* retfærdigt
jute *n.* jute
juvenile *adj.* ungdoms-
juxtapose *v.* sammenstille
juxtaposed *adj.* sammenstillet
juxtaposition *n.* sammenstilling

K

kaffir *n.* sort
kaki *n.* kaki
kamikaze *n.* selvmord
kangaroo *n.* kænguru
karat *n.* karat
keen *adj.* ivrig
keenness *n.* iver
keep *v.* beholde
keeper *n.* vogter
keepsake *n.* souvenir
kennel *n.* kennel
kerchief *n.* hovedtørklæde
kernel *n.* kerne
kerosene *n.* petroleum
ketchup *n.* ketchup
kettle *n.* kedel
key *n.* nøgle
key *v.* taste
key *adj.* nøgle-
keyhole *n.* nøglehul
keypad *n.* (numerisk) tastatur
keysmith *n.* låsesmed
keystone *n.* slutsten
keyword *n.* nøgleord
kick *n.* spark
kick *v.* sparke
kid *n.* unge
kidnap *v.* kidnappe
kidney *n.* nyre
kill *v.* dræbe
kill *n.* bytte
kiln *n.* brændingsovn
kilo *n.* kilo
kilogram *n.* kilogram
kilt *n.* kilt
kilt *v.* kilte
kin *n.* slægtning
kind *n.* slags

kind *adj.* venlig
kindergarten *n.* børnehave
kindle *v.* antænde
kindly *adv.* venligt
kindness *n.* venlighed
kinetic *adj.* kinetisk
king *n.* konge
kingdom *n.* kongerige
kinship *n.* slægtskab
kiss *n.* kys
kiss *v.* kysse
kit *n.* udstyr
kitchen *n.* køkken
kite *n.* glente
kith *n.* slægtninge
kitten *n.* killing
knave *n.* kæltring
knavery *n.* kæltringestreg
knee *n.* knæ
kneel *v.* knæle
knife *n.* kniv
knight *n.* ridder
knight *v.* slå til ridder
knit *v.* strikke
knock *v.* banke
knot *n.* knude
knot *v.* binde knude
know *v.* vide
knowledge *n.* viden
knowledgeable *adj.* vidende
knuckle *n.* kno
knuckle *v.* gnubbe med knoerne
koala *n.* koala
koi *n.* koi-karpe
krill *n.* krill

L

label *n.* mærke
label *v.* mærke

labial *adj.* labial
laboratory *n.* laboratorie
laborious *adj.* anstrengende
labour *v.* arbejde
labour *n.* arbejde
laboured *adj.* anstrengt
labourer *n.* arbejder
labyrinth *n.* labyrint
lac, lakh *n.* harpiks
lace *v.* snøre
lace *n.* blonder
lacerate *v.* flænge
lachrymose *adj.* tårepersende
lack *n.* mangel
lack *v.* mangle
lackey *n.* lakaj
lacklustre *adj.* glansløs
laconic *adj.* lakonisk
lactate *v.* laktere
lactometer *n.* laktometer
lactose *n.* laktose
lacuna *n.* lakune
lacy *adj.* doven
lad *n.* knægt
ladder *n.* stige
lade *v.* lade
ladle *n.* øseske
ladle *v.* øse
lady *n.* frue
lag *v.* forsinke
laggard *n.* smøl
lagoon *n.* lagune
lair *n.* hule
lake *n.* sø
lama *n.* lama
lamb *n.* lama
lambaste *v.* gennemhegle
lambkin *n.* lam
lame *adj.* halt
lame *v.* læmme
lament *n.* sørgesang
lament *v.* sørge
lamentable *adj.* jammerlig

lamentation *n.* jammer	**lath** *n.* forskallingsbræt
laminate *v.* laminere	**lathe** *n.* drejebænk
lamp *n.* lampe	**lather** *n.* skum
lampoon *n.* satireblad	**latitude** *n.* breddegrad
lampoon *v.* satirisere	**latrine** *n.* latrine
lance *n.* lanse	**latter** *adj.* sidst
lance *v.* perforere	**lattice** *n.* tremmeværk
lancer *n.* lansener	**laud** *v.* prise
lancet *adj.* lancet-	**laud** *n.* hymne
land *n.* land	**laudable** *adj.* prisværdig
land *v.* lande	**laugh** *n.* latter
landing *n.* landing	**laugh** *v.* le
landscape *n.* landskab	**laughable** *adj.* latterlig
lane *n.* vognbane	**laughter** *n.* latter
language *n.* sprog	**launch** *v.* starte
languish *v.* sygne hen	**launch** *n.* opsendelse
languor *n.* sløvhed	**launder** *v.* hvidvaske
lank *adj.* slasket	**laundress** *n.* vaskekone
lantern *n.* lygte	**laundry** *n.* vaskerum
lanugo *n.* lanugo	**laureate** *adj.* prisvindende
lap *n.* skød	**laureate** *n.* prisvinder
lapse *v.* bortfalde	**laurel** *n.* laurbær
lapse *n.* lapsus	**lava** *n.* lava
laptop *n.* bærbar computer	**lavatory** *n.* toilet
lard *n.* svinefedt	**lavender** *n.* lavendel
large *adj.* stor	**lavish** *adj.* overdådig
largesse *n.* gavmildhed	**lavish** *v.* overøse
lark *n.* lærke	**law** *n.* lov
lascivious *adj.* æggende	**lawful** *adj.* lovlig
lash *v.* piske	**lawless** *adj.* ulovlig
lash *n.* pisk	**lawn** *n.* græsplæne
lass *n.* pige	**lawyer** *n.* advokat
last *adj.* sidst	**lax** *adj.* slap
last *adv.* sidst	**laxative** *n.* afføringsmiddel
last *v.* vare	**laxative** *adj.* afførende
last *n.* læst	**laxity** *n.* slaphed
lasting *adj.* varig	**lay** *n.* stilling
lastly *adv.* endelig	**lay** *v.* lægge
latch *n.* smæklås	**lay** *adj.* læg
late *adj.* sen	**layer** *n.* lag
late *adv.* sent	**layman** *n.* lægmand
lately *adv.* på det seneste	**laze** *v.* dovne
latent *adj.* latent	**laziness** *n.* dovenskab

lazy *adj.* doven	**legality** *n.* lovlighed
lea *n.* eng	**legalize** *v.* lovliggøre
leach *v.* udvaske	**legend** *n.* legende
lead *n.* bly	**legendary** *adj.* legendarisk
lead *v.* føre	**leghorn** *n.* italiener
leaden *adj.* blytung	**legible** *adj.* læselig
leader *n.* leder	**legibly** *adv.* læseligt
leadership *n.* lederskab	**legion** *n.* legion
leaf *n.* blad	**legionary** *n.* legionær
leaflet *n.* folder	**legislate** *v.* lovgive
leafy *adj.* bladrig	**legislation** *n.* lovgivning
league *n.* liga	**legislative** *adj.* lovgivningsmæssig
leak *n.* læk	**legislator** *n.* lovgiver
leak *v.* lække	**legislature** *n.* lovgivende forsamling
leakage *n.* lækage	**legitimacy** *n.* legitimitet
lean *n.* hældning	**legitimate** *adj.* legitim
lean *v.* læne	**leisure** *n.* fritid
leap *v.* springe	**leisurely** *adj.* magelig
leap *n.* spring	**leisurely** *adv.* mageligt
learn *v.* lære	**lemon** *n.* citron
learned *adj.* lærd	**lemonade** *n.* limonade
learner *n.* elev	**lend** *v.* låne
learning *n.* læring	**length** *n.* længde
lease *n.* lejekontrakt	**lengthen** *v.* forlænge
lease *v.* leje	**lengthy** *adj.* langtrukken
least *adj.* mindst	**lenience** *n.* mildhed
least *adv.* mindst	**leniency** *n.* mildhed
leather *n.* læder	**lenient** *adj.* mild
leave *n.* orlov	**lens** *n.* linse
leave *v.* forlade	**lentil** *n.* linse
lecture *n.* forelæsning	**Leo** *n.* Løven
lecture *v.* forelæse	**leonine** *adj.* løve-
lecturer *n.* forelæser	**leopard** *n.* leopard
ledger *n.* hovedbog	**leper** *n.* spedalsk
lee *n.* læ	**leprosy** *n.* spedalskhed
leech *n.* igle	**leprous** *adj.* spedalsk
leek *n.* porre	**less** *adj.* mindre
left *adj.* venstre	**less** *n.* mindre
left *n.* venstrehånd	**less** *adv.* mindre
leftist *n.* venstreorienteret	**less** *prep.* minus
leg *n.* ben	**lessee** *n.* leasingtager
legacy *n.* arv	**lessen** *v.* mindske
legal *adj.* legal	**lesser** *adj.* mindre

lesson *n.* lektion	**lie** *v.* lyve
lest *conj.* for det tilfælde at	**lien** *n.* retentionsret
let *v.* udleje	**lieu** *n.* i stedet for
lethal *adj.* dødbringende	**lieutenant** *n.* løjtnant
lethargic *adj.* letargisk	**life** *n.* liv
lethargy *n.* letargi	**lifeless** *adj.* livløs
letter *n.* brev	**lifelong** *adj.* livslang
level *n.* niveau	**lifestyle** *n.* livsstil
level *adj.* jævn	**lift** *n.* elevator
level *v.* jævne	**lift** *v.* løfte
lever *n.* håndtag	**light** *n.* lys
lever *v.* løfte	**light** *adj.* lyst
leverage *n.* gearing	**light** *v.* lyse
levity *n.* letsindighed	**lighten** *v.* lysne
levy *v.* udskrive	**lightening** *n.* lyn
levy *n.* udskrivning	**lighter** *n.* lighter
lewd *adj.* sjofel	**lightly** *adv.* let
lexicography *n.* leksikografi	**lignite** *n.* brunkul
lexicon *n.* leksikon	**like** *v.* synes om
liability *n.* passiv	**like** *adj.* lignende
liable *adj.* ansvarlig	**like** *n.* mage
liaison *n.* forbindelse	**like** *prep.* som
liar *n.* løgner	**likelihood** *n.* sandsynlighed
libel *n.* injurier	**likely** *adj.* sandsynlig
libel *v.* injuriere	**liken** *v.* sammenligne
liberal *adj.* liberal	**likeness** *n.* lighed
liberalism *n.* liberalise	**likewise** *adv.* ligeledes
liberality *n.* frisindethed	**liking** *n.* smag
liberate *v.* befri	**lilac** *n.* syren
liberation *n.* befrielse	**lily** *n.* lilje
liberator *n.* befrier	**limb** *n.* lem
libertine *n.* libertiner	**limber** *v.* gøre bøjelig
liberty *n.* frihed	**limber** *adj.* bøjelig
librarian *n.* bibliotekar	**limber** *n.* hestevogn
library *n.* bibliotek	**lime** *n.* kalk
licence *n.* tilladelse	**lime** *v.* kalke
license *v.* autorisere	**limelight** *n.* rampelys
licensee *n.* bevillingshaver	**limit** *n.* grænse
licentious *adj.* liderlig	**limit** *v.* begrænse
lick *v.* slikke	**limitation** *n.* begrænsning
lick *n.* slikken	**limited** *adj.* begrænset
lid *n.* låg	**limitless** *adj.* grænseløs
lie *n.* løgn	**line** *n.* linje

line v. kante	little adj. lille
lineage n. afstamning	little adv. lidt
linen n. linned	littoral adj. kystbræmme
linger v. dvæle	liturgical adj. liturgisk
lingo n. volapyk	live v. leve
lingual adj. sproglig	live adj. levende
linguist n. lingvist	live adv. levende
linguistic adj. lingvistisk	livelihood n. levebrød
linguistics n. lingvistik	lively adj. livlig
lining n. foring	liver n. lever
link n. forbindelse	livery n. livré
link v. forbinde	living adj. levende
linseed n. hørfrø	living n. levebrød
lintel n. overligger	lizard n. firben
lion n. løve	load n. byrde
lioness n. løvinde	load v. laste
lip n. læbe	loadstar n. ledestjerne
liquefy v. smelte	loadstone n. magnetjernsten
liquid adj. flydende	loaf n. brød
liquid n. væske	loaf v. drive
liquidate v. likvidere	loafer n. dagdriver
liquidation n. likvidation	loan n. lån
liquor n. spiritus	loan v. låne
lisp v. læspe	loath adj. utilbøjelig
lisp n. læspen	loathe v. afsky
list n. liste	loathsome adj. afskyelig
list v. lave en liste	lobby n. lobby
listen v. lytte	lobe n. lap
listener n. lytter	lobster n. hummer
listless adj. sløv	local adj. lokal-
literacy n. alfabetisering	locale n. sted
literal adj. bogstavelig	locality n. lokalitet
literary adj. litterær	localize v. lokalisere
literate adj. alfabetisere	locate v. lokalisere
literature n. litteratur	location n. placering
litigant n. procespart	lock n. lås
litigate v. føre proces	lock v. låse
litigation n. retssag	locker n. skab
litre n. liter	locket n. medaljon
litter v. flyde	locomotive n. lokomotiv
litter n. affald	locus n. centrum
litterateur n. litteraturelsker	locust n. vandregræshoppe
little n. lille	locution n. lokution

lodge *n.* hytte	**lose** *v.* miste
lodge *v.* indlogere	**loss** *n.* tab
lodging *n.* logi	**lot** *n.* parcel
loft *n.* loft	**lotion** *n.* lotion
lofty *adj.* ophøjet	**lottery** *n.* lotteri
log *n.* bjælke	**lotus** *n.* lotus
log *v.* registrere	**loud** *adj.* høj
logarithm *n.* logaritme	**lounge** *v.* dovne
loggerhead *n.* ildtang	**lounge** *n.* salon
logic *n.* logik	**louse** *n.* lus
logical *adj.* logisk	**lovable** *adj.* elskelig
logician *n.* logiker	**love** *n.* kærlighed
loin *n.* mørbrad	**love** *v.* elske
loiter *v.* drive	**lovely** *adj.* dejlig
loll *v.* være henslængt	**lover** *n.* elsker
lollipop *n.* slikkepind	**loving** *adj.* kærlig
lone *adj.* enlig	**low** *adv.* lavt
loneliness *n.* ensomhed	**low** *adj.* lav
lonely *adj.* ensomhed	**low** *v.* brøle
lonesome *adj.* ensomhed	**low** *n.* lavtryk
long *adv.* længe	**lower** *v.* sænke
long *v.* længes	**lowliness** *n.* ydmyghed
long *adj.* lang	**lowly** *adj.* ydmyg
longevity *n.* levetid	**loyal** *adj.* loyal
longing *n.* længsel	**loyalist** *n.* lovlydig borger
longitude *n.* længdegrad	**loyalty** *n.* loyalitet
look *v.* se	**lubricant** *n.* smøremiddel
look *n.* blik	**lubricate** *v.* smøre
loom *n.* væv	**lubrication** *n.* smøring
loom *v.* lure	**lucent** *adj.* lysende
loop *n.* løkke	**lucerne** *n.* lucerne
loop-hole *n.* smuthul	**lucid** *adj.* klar
loose *adj.* løs	**lucidity** *n.* klarhed
loosen *v.* løsne	**luck** *n.* held
loot *n.* bytte	**luckily** *adv.* heldigvis
loot *v.* plyndre	**luckless** *adj.* ulykkelig
lop *v.* beskære	**lucky** *adj.* heldig
lop *n.* vædderkanin	**lucrative** *adj.* lukrativ
lord *n.* godsejer	**lucre** *n.* mammon
lordly *adj.* prægtig	**luggage** *n.* bagage
lordship *n.* excellence	**lukewarm** *adj.* lunken
lore *n.* overlevering	**lull** *v.* berolige
lorry *n.* lastbil	**lull** *n.* stille periode

lullaby *n.* vuggevis
luminary *n.* stjerne
luminous *adj.* strålende
lump *n.* klump
lump *v.* slå sammen
lunacy *n.* vanvid
lunar *adj.* måne-
lunatic *n.* vanvittig person
lunatic *adj.* vanvittig
lunch *v.* spise frokost
lunch *n.* frokost
lung *n.* lunge
lunge *v.* gøre udfald
lurch *n.* krængen
lurch *v.* krænge
lure *n.* lokkemad
lure *v.* lokke
lurk *v.* lure
luscious *adj.* lækker
lush *adj.* saftig
lust *n.* begær
lustful *adj.* lysten
lustre *n.* glans
lustrous *adj.* skinnende
lusty *adj.* sund
lute *n.* lut
luxuriance *n.* frodighed
luxuriant *adj.* frodig
luxurious *adj.* luksuriøs
luxury *n.* luksus
lynch *v.* lynche
lyre *n.* lyre
lyric *n.* sang
lyric *adj.* lyrisk
lyrical *adj.* lyrisk
lyricist *n.* sangskriver

M

macadamia *n.* macadamianødder

mace *n.* muskatblomme
mace *v.* spray med tåregas
machinate *v.* konspirere
machination *n.* konspiration
machine *n.* maskine
machinery *n.* maskineri
machinist *n.* maskinarbejder
mack *n.* don juan
mack *v.* forføre
macro *adj.* makro-
macro *n.* makro
macrobiotic *adj.* makrobiotisk
macrocephaly *n.* makrocephali
macrofibre *n.* makrofiber
macrosphere *n.* makrosfære
maculate *v.* plette
maculate *adj.* plettet
mad *adj.* tosset
mad *adv.* skørt
madam *n.* frue
madden *v.* gøre rasende
maddening *adj.* som kan gøre rasende
madhouse *n.* galehus
madness *n.* vanvid
mafia *n.* mafia
magazine *n.* magasin
mage *n.* troldmand
maggot *n.* maddike
magic *n.* magi
magical *adj.* magisk
magician *n.* tryllekunstner
magisterial *adj.* autoritativ
magistracy *n.* øvrighed
magistrate *n.* fredsdommer
magistrature *n.* øvrighed
magma *n.* magma
magnanimity *n.* storsindethed
magnanimous *adj.* storsindet
magnate *n.* industrimagnat
magnet *n.* magnet
magnetic *adj.* magnetisk
magnetism *n.* magnetisme

magnificent *adj.* storslået
magnify *v.* forstørre
magnitude *n.* størrelse
magpie *n.* skade
mahogany *n.* mahogni
mahout *n.* elefantfører
maid *n.* stuepige
maiden *n.* mø
maiden *adj.* jomfru-
mail *n.* post
mail *v.* sende
main *adj.* hoved-
main *n.* hovedledning
mainly *adv.* hovedsagelig
mainstay *n.* grundlag
maintain *v.* opretholde
maintenance *n.* opretholdelse
maize *n.* majs
majestic *adj.* majestætisk
majesty *n.* majestæt
major *adj.* større
major *n.* major
majority *n.* majoritet
make *v.* fremstille
make *n.* fabrikat
maker *n.* fabrikant
mal adjustment *n.* adfærdsvanskelighed
mal administration *n.* dårlig forvaltning
mal-treatment *n.* mishandling
maladroit *adj.* behændig
malady *n.* sygdom
malaise *n.* ubehag
malaria *n.* malaria
malcontent *adj.* misfornøjede
malcontent *n.* misfornøjethed
male *adj.* mandlig
male *n.* mand
malediction *n.* forbandelse
malefactor *n.* forbryder
maleficent *adj.* ond
malice *n.* ondskabsfuldhed

malicious *adj.* ondskabsfuld
malign *v.* bagtale
malign *adj.* skadelig
malignancy *n.* ondartethed
malignant *adj.* ondartet
malignity *n.* ondskab
malleable *adj.* føjelig
malmsey *n.* madeiravin
malnutrition *n.* fejlernæring
malpractice *n.* pligtforsømmelse
malt *n.* malt
mamma *n.* mor
mammal *n.* pattedyr
mammary *adj.* bryst-
mammon *n.* mammon
mammoth *n.* mammut
mammoth *adj.* kæmpe-
man *v.* bemande
man *n.* mand
manage *v.* bestyre
manageable *adj.* overkommelig
management *n.* ledelse
manager *n.* leder
managerial *adj.* bestyrelses-
mandate *n.* mandat
mandatory *adj.* obligatorisk
mane *n.* manke
manes *n.* ånder
manful *adj.* mandig
manganese *n.* mangan
manger *n.* krybbe
mangle *v.* rulle
mango *n.* mangofrugt
manhandle *v.* bakse
manhole *n.* mandehul
manhood *n.* manddom
mania *n.* mani
maniac *n.* vanvittig
manicure *n.* manicure
manifest *adj.* åbenbar
manifest *v.* manifestere
manifestation *n.* manifestation
manifesto *n.* manifest

manifold *adj.* manifold	**margin** *n.* margen
manipulate *v.* manipulere	**marginal** *adj.* marginal
manipulation *n.* manipulation	**marigold** *n.* tagetes
mankind *n.* menneskeheden	**marine** *adj.* marin-
manlike *adj.* menneskelignende	**mariner** *n.* sømand
manliness *n.* mandighed	**marionette** *n.* marionet
manly *adj.* mandig	**marital** *adj.* ægteskabelig
manna *n.* manna	**maritime** *adj.* maritim
mannequin *n.* mannequin	**mark** *n.* mærke
manner *n.* måde	**mark** *v.* mærke
mannerism *n.* manér	**marker** *n.* markør
mannerly *adj.* velopdragen	**market** *n.* marked
manoeuvre *n.* manøvre	**market** *v.* markedsføre
manoeuvre *v.* manøvrere	**marketable** *adj.* salgbar
manor *n.* gods	**marksman** *n.* skarpskytte
manorial *adj.* gods-	**marl** *n.* mergel
mansion *n.* palæ	**marmalade** *n.* marmelade
mantel *n.* kaminhylde	**maroon** *n.* skibbruden
mantle *n.* kappe	**maroon** *adj.* rødbrun
mantle *v.* dække	**maroon** *v.* efterlade på et øde sted
manual *adj.* hånd-	**marriage** *n.* ægteskab
manual *n.* brugervejledning	**marriageable** *adj.* giftefærdig
manufacture *v.* fremstille	**marrow** *n.* marv
manufacture *n.* fremstilling	**marry** *v.* gifte
manufacturer *n.* producent	**Mars** *n.* Mars
manumission *n.* frigivelse	**marsh** *n.* sump
manumit *v.* frigive	**marshal** *n.* marskal
manure *n.* gødning	**marshal** *v.* opstille
manure *v.* gøde	**marshy** *adj.* sumpet
manuscript *n.* manuskript	**marsupial** *n.* pungdyr
many *adj.* mange	**mart** *n.* indkøbscenter
map *v.* kortlægge	**marten** *n.* mår
map *n.* kort	**martial** *adj.* krigs-
mar *v.* skæmme	**martinet** *n.* tyran
marathon *n.* maraton	**martyr** *n.* martyr
maraud *v.* plyndre	**martyrdom** *n.* martyrium
marauder *n.* marodør	**marvel** *n.* vidunder
marble *n.* marmor	**marvel** *v.* forbavses
march *n.* march	**marvellous** *adj.* vidunderlig
March *n.* marts	**mascot** *n.* maskot
march *v.* marchere	**masculine** *adj.* maskulin
mare *n.* hoppe	**mash** *v.* mose
margarine *n.* margarine	**mash** *n.* mos

mask *n.* maske
mask *v.* maskere
mason *n.* murer
masonry *n.* murerarbejde
masquerade *n.* maskerade
mass *n.* masse
mass *v.* samle sammen
massacre *n.* massakre
massacre *v.* massakrere
massage *n.* massage
massage *v.* massere
masseur *n.* massør
massive *adj.* massiv
massy *adj.* massiv
mast *n.* mast
master *n.* mester
master *v.* mestre
masterly *adj.* mesterlig
masterpiece *n.* mesterværk
mastery *n.* dygtighed
masticate *v.* tygge
masturbate *v.* masturbere
mat *n.* måtte
matador *n.* matador
match *v.* matche
match *n.* tændstik
matchless *adj.* enestående
matchmaker *n.* mægler
mate *n.* kammerat
mate *v.* parre sig
material *adj.* materiel
material *n.* materiale
materialism *n.* materialisme
materialize *v.* materialisere
maternal *adj.* moderlig
maternity *n.* moderskab
mathematical *adj.* matematisk
mathematician *n.* matematiker
mathematics *n.* matematik
matinee *n.* matiné
matriarch *n.* matriark
matricidal *adj.* modermords-
matricide *n.* modermor

matriculate *v.* blive immatrikuleret
matriculation *n.* immatrikulation
matrimonial *adj.* ægteskabelig
matrimony *n.* ægteskab
matrix *n.* matrice
matron *n.* oldfrue
matter *n.* stof
matter *v.* have betydning
mattock *n.* hakke
mattress *n.* madras
mature *adj.* moden
mature *v.* modne
maturity *n.* modenhed
maudlin *adj.* tårepersende
maul *n.* hammer
maul *v.* maltraktere
maulstick *n.* malestok
maunder *v.* vrøvle
mausoleum *n.* mausoleum
mawkish *adj.* rørstrømsk
maxilla *n.* kæbeben
maxim *n.* maksime
maximize *v.* maksimere
maximum *n.* maksimum
maximum *adj.* maksimum
May *n.* maj
may *v.* må
mayor *n.* borgmester
maze *n.* labyrint
me *pron.* mig
mead *n.* mjød
meadow *n.* eng
meagre *adj.* sparsom
meal *n.* måltid
mealy *adj.* melet
mean *n.* gennemsnit
mean *v.* mene
mean *adj.* tarvelig
meander *v.* bugte
meaning *n.* mening
meaningful *adj.* meningsfuld
meaningless *adj.* meningsløs
meanness *n.* ondskab

means *n.* midler
meanwhile *adv.* imens
measles *n.* mæslinger
measurable *adj.* målelig
measure *v.* måle
measure *n.* mål
measureless *adj.* umådelig
measurement *n.* måling
meat *n.* kød
mechanic *n.* mekaniker
mechanic *adj.* mekanisk
mechanical *adj.* mekanisk
mechanics *n.* mekanik
mechanism *n.* mekanisme
medal *n.* medalje
medallist *n.* medaljevinder
meddle *v.* blande sig
median *adj.* median
mediate *v.* mægle
mediation *n.* mægling
mediator *n.* mægler
medic *n.* læge
medical *adj.* medicinsk
medicament *n.* medicin
medicinal *adj.* lægende
medicine *n.* medicin
medieval *adj.* middelalderlig
mediocre *adj.* middelmådig
mediocrity *n.* middelmådighed
meditate *v.* meditere
meditation *n.* meditation
meditative *adj.* meditativ
medium *n.* medium
medium *adj.* mellem-
meek *adj.* ydmyg
meet *n.* møde
meet *v.* møde
meeting *n.* møde
megalith *n.* megalit
megalithic *adj.* megalistisk
megaphone *n.* megafon
melancholia *n.* melankoli
melancholic *adj.* melankolsk

melancholy *n.* melankoli
melancholy *adj.* melankolsk
melee *n.* virvar
meliorate *v.* forbedre
mellow *adj.* blød
melodious *adj.* melodiøs
melodrama *n.* melodrama
melodramatic *adj.* melodramatisk
melody *n.* melodi
melon *n.* melon
melt *v.* smelte
member *n.* medlem
membership *n.* medlemsskab
membrane *n.* membran
memento *n.* souvenir
memoir *n.* biografi
memorable *adj.* mindeværdig
memorandum *n.* memorandum
memorial *n.* monument
memorial *adj.* minde-
memory *n.* hukommelse
menace *n.* trussel
menace *v.* true
mend *v.* reparere
mendacious *adj.* løgnagtig
menial *adj.* mindreværdig
menial *n.* undersåt
meningitis *n.* meningitis
menopause *n.* overgangsalder
menses *n.* menstruation
menstrual *adj.* menstruations-
menstruation *n.* menstruation
mental *adj.* mental
mentality *n.* mentalitet
mention *n.* omtale
mention *v.* omtale
mentor *n.* mentor
menu *n.* menu
mercantile *adj.* merkantil
mercenary *adj.* beregnende
mercerise *v.* mercerisere
merchandise *n.* varer
merchant *n.* grosserer

merciful *adj.* barmhjertig
merciless *adj.* ubarmhjertig
mercurial *adj.* lunefuld
mercury *n.* kviksølv
mercy *n.* barmhjertighed
mere *adj.* kun
merge *v.* forene
merger *n.* sammenlægning
meridian *n.* længdegrad
merit *n.* værdi
merit *v.* fortjene
meritorious *adj.* fortjenstfuld
mermaid *n.* havfrue
merman *n.* havmand
merriment *n.* munterhed
merry *adj.* munter
mesh *n.* trådnet
mesh *v.* indgribe
mesmerism *n.* mesmerisme
mesmerize *v.* hypnotisere
mess *n.* roderi
mess *v.* rode
message *n.* besked
messenger *n.* bud
messiah *n.* messias
Messrs *n.* de herrer
metabolism *n.* metabolisme
metal *n.* metal
metallic *adj.* metallisk
metallurgy *n.* metallurgi
metamorphosis *n.* metamorfose
metaphor *n.* metafor
metaphysical *adj.* metafysisk
metaphysics *n.* metafysik
mete *v.* måle
meteor *n.* meteor
meteoric *adj.* meteorisk
meteorologist *n.* meteorolog
meteorology *n.* meteorologi
meter *n.* meter
method *n.* metode
methodical *adj.* metodisk
metre *n.* meter

metric *adj.* metrisk
metrical *adj.* metrisk
metropolis *n.* metropolis
metropolitan *adj.* metropolsk
metropolitan *n.* metropolit
mettle *n.* iver
mettlesome *adj.* livlig
mew *n.* mjaven
mew *v.* mjave
mezzanine *n.* mezzanin
mica *n.* glimmer
microfilm *n.* mikrofilm
micrology *n.* mikrologi
micrometer *n.* mikrometer
microphone *n.* mikrofon
microscope *n.* mikroskop
microscopic *adj.* mikroskopisk
microwave *n.* mikrobølge
mid *adj.* midt-
mid-off *n.* mid off
mid-on *n.* mid on
midday *n.* middag
middle *n.* midte
middle *adj.* middel
middleman *n.* mellemhandler
middling *adj.* middelmådig
midget *n.* gnom
midland *n.* indenlands
midnight *n.* midnat
midriff *n.* mave
midst *n.* midte
midsummer *n.* midsommer
midwife *n.* jordemoder
might *n.* magt
mighty *adj.* mægtig
migraine *n.* migræne
migrant *n.* migrant
migrate *v.* migrere
migration *n.* migration
milch *adj.* malke-
mild *adj.* mild
mildew *n.* meldug
mile *n.* mil

mileage n. kilometerstand
milestone n. milepæl
milieu n. miljø
militant adj. militant
militant n. militant person
military adj. militær-
military n. militær
militate v. modvirke
militia n. milits
milk v. malke
milk n. mælk
milky adj. mælkeagtig
mill v. male
mill n. mølle
millennium n. årtusinde
miller n. møller
millet n. hirse
milliner n. modist
millinery n. hattefremstilling
million n. million
millionaire n. millionær
millipede n. tusindben
mime n. mimiker
mime v. mime
mimesis n. mimesis
mimic adj. imiterende
mimic n. imitator
mimic v. imitere
mimicry n. imitation
minaret n. minaret
mince v. hakke
mind n. sind
mind v. tage sig af
mindful adj. opmærksom
mindless adj. åndsfraværende
mine pron. min
mine n. mine
miner n. minearbejder
mineral adj. mineralsk
mineral n. mineral
mineralogist n. mineralog
mineralogy n. mineralogi
mingle v. blande

miniature adj. miniature-
miniature n. miniature
minim n. halvnode
minimal adj. minimal
minimize v. minimere
minimum adj. minimum
minimum n. minimum
minion n. underordnet
minister v. pleje
minister n. minister
ministrant adj. plejende
ministry n. ministerium
mink n. mink
minor n. mindreårig
minor adj. mindre
minority n. minoritet
minster n. klosterkirke
mint n. mønt
mint v. præge
minus adj. negativ
minus n. minus
minus prep. minus
minuscule adj. minuskel
minute adj. ubetydelig
minute n. minut
minutely adv. minutiøst
minx n. frækkert
miracle n. mirakel
miraculous adj. mirakuløs
mirage n. luftspejling
mire v. køre fast
mire n. mose
mirror v. spejle
mirror n. spejl
mirth n. munterhed
mirthful adj. munter
misadventure n. uheld
misalliance n. mesalliance
misanthrope n. misantrop
misapplication n. misbrug
misapprehend v. misforstå
misapprehension n. misforståelse
misappropriate v. misbruge

misappropriation *n.* misbrug	**misrepresent** *v.* forvanske
misbehave *v.* være uartig	**misrule** *n.* dårligt styre
misbehaviour *n.* uartighed	**miss** *v.* savne
misbelief *n.* vantro	**miss** *n.* forbier
miscalculate *v.* fejlberegne	**missile** *n.* missil
miscalculation *n.* fejlberegning	**mission** *n.* mission
miscall *v.* kalde øgenavne	**missionary** *n.* missionær
miscarriage *n.* spontan abort	**missis, missus** *n.* kone
miscarry *v.* abortere	**missive** *n.* skrivelse
miscellaneous *adj.* diverse	**mist** *n.* dis
miscellany *n.* blanding	**mistake** *v.* tage fejl
mischance *n.* uheld	**mistake** *n.* fejl
mischief *n.* drilleri	**mister** *n.* hr.
mischievous *adj.* drillesyg	**mistletoe** *n.* mistelten
misconceive *v.* misforstå	**mistreat** *v.* mishandle
misconception *n.* misforståelse	**mistress** *n.* elskerinde
misconduct *n.* embedsmisbrug	**mistrust** *v.* mistro
misconstrue *v.* fejlfortolke	**mistrust** *n.* mistro
miscreant *n.* misdæder	**misty** *adj.* diset
misdeed *n.* ugerning	**misunderstand** *v.* misforstå
misdemeanour *n.* forseelse	**misunderstanding** *n.* misforståelse
misdirect *v.* vildlede	**misuse** *n.* misbrug
misdirection *n.* vildledning	**misuse** *v.* misbruge
miser *n.* gnier	**mite** *n.* mide
miserable *adj.* elendig	**mithridate** *n.* modgift
miserly *adj.* nærig	**mitigate** *v.* begrænse
misery *n.* elendighed	**mitigation** *n.* begrænsning
misfire *v.* klikke	**mitre** *n.* bispehue
misfit *n.* outsider	**mitten** *n.* luffe
misfortune *n.* uheld	**mix** *v.* blande
misgive *v.* betænke sig	**mixture** *n.* blanding
misgiving *n.* betænkelighed	**mnemonic** *adj.* mnemoteknisk
misguide *v.* misforstå	**mnemonic** *n.* mnemonik
mishap *n.* uheld	**mnemonization** *n.* anvendelse af mnemonik
misjudge *v.* fejlbedømme	**moan** *v.* klage
mislead *v.* vildlede	**moan** *n.* klage
mismanagement *n.* dårlig ledelse	**moat** *n.* voldgrav
mismatch *v.* sætte forkert sammen	**moat** *v.* grave en voldgrav
misnomer *n.* misvisende benævnelse	**mob** *n.* bande
misplace *v.* forlægge	**mob** *v.* overfalde med en gruppe
misprint *n.* trykfejl	**mobile** *adj.* mobil
misprint *v.* lave trykfejl	**mobility** *n.* mobilitet

mobilize v. mobilisere
mock v. håne
mock adj. falsk
mockery n. hån
modality n. modalitet
mode n. måde
model v. modellere
model n. model
moderate adj. moderat
moderate v. moderere
moderation n. moderation
modern adj. moderne
modernity n. modernitet
modernization n. modernisering
modernize v. modernisere
modest adj. beskeden
modesty n. beskedenhed
modicum n. minimum
modification n. modificering
modify v. modificere
modulate v. modulere
module n. modul
moil v. slide
moist adj. fugtig
moisten v. fugte
moisture n. fugtighed
molar adj. molar-
molar n. kindtand
molasses n. melasse
mole n. modermærke
molecular adj. molekylær
molecule n. molekyle
molest v. foretage overgreb på
molestation n. overgreb
mollusc n. bløddyr
molluscous adj. bløddyrs-
molten adj. smeltet
moment n. tidspunkt
momentary adj. forbigående
momentous adj. afgørende
momentum n. fremdrift
monarch n. monark
monarchy n. monarki

monastery n. kloster
monasticism n. klostervæsen
Monday n. mandag
monetary adj. monetær
money n. penge
monger n. -handler
mongoose n. mangust
mongrel n. bastard
monitor n. monitor
monitor v. overvåge
monitory adj. overvågende
monk n. munk
monkey n. abe
monochromatic adj. monokromatisk
monocle n. monokel
monocular adj. unokulær
monody n. monodi
monoestrous adj. monoøstrus
monogamy n. monogami
monogram n. monogram
monograph n. monograf
monogynous adj. monogam
monolatry n. monolatri
monolith n. monolit
monologue n. monolog
monopolist n. monopolist
monopolize v. monopolisere
monopoly n. monopol
monosyllabic adj. enstavelses-
monosyllable n. enstavelsesord
monotheism n. monoteisme
monotheist n. monoteist
monotonous adj. monoton
monotony n. monotoni
monsoon n. monsun
monster n. monster
monstrous adj. monstrøs
month n. måned
monthly adv. månedligt
monthly n. månedligt
monthly adj. månedlig
monument n. monument
monumental adj. monumental

moo v. muhe	**mortgagor** n. pantsætter
mood n. humør	**mortify** v. krænke
moody adj. irritabel	**mortuary** n. lighus
moon n. måne	**mosaic** n. mosaik
moor n. hede	**mosque** n. moske
moor v. fortøje	**mosquito** n. myg
moorings n. fortøjningsplads	**moss** n. mos
moot n. tingmøde	**most** adj. mest, flest
mop v. moppe	**most** adv. mest
mop n. mop	**most** n. meste, fleste
mope v. hænge med hovedet	**mote** n. støvgran
moral n. moral	**motel** n. motel
moral adj. moralsk	**moth** n. natsværmer
morale n. moral	**mother** v. være som en mor for
moralist n. moralist	**mother** n. mor
morality n. moral	**motherhood** n. moderskab
moralize v. moralisere	**motherlike** adj. moderagtig
morbid adj. morbid	**motherly** adj. moderlig
morbidity n. morbiditet	**motif** n. motiv
more adv. mere	**motion** v. gøre tegn
more adj. mere	**motion** n. bevægelse
moreover adv. endvidere	**motionless** adj. ubevægelig
morganatic adj. morganatisk	**motivate** v. motivere
morgue n. lighus	**motivation** n. motivation
moribund adj. døende	**motive** n. motiv
morning n. morgen	**motley** adj. broget
moron n. idiot	**motor** v. køre
morose adj. gnaven	**motor** n. motor
morph n. morf	**motorist** n. bilist
morph v. morfe	**mottle** n. plet
morphia n. morfin	**motto** n. motto
morphine n. morfin	**mould** v. støbe
morphology n. morfologi	**mould** n. muld
morrow n. morgendag	**mouldy** adj. muggen
morse n. hvalros	**moult** v. skifte ham
morsel n. godbid	**mound** n. høj
mortal n. dødelig	**mount** v. bestige
mortal adj. dødelig	**mount** n. bjerg
mortality n. dødelighed	**mountain** n. bjerg
mortar v. mørtle	**mountaineer** n. bjergbestiger
mortgage v. belåne	**mountainous** adj. bjergrig
mortgage n. pant	**mourn** v. sørge
mortgagee n. panthaver	**mourner** n. sørgende

mournful *n.* sorgfuld	**multiplex** *adj.* multipleks
mourning *n.* sorg	**multiplicand** *n.* multiplikand
mouse *n.* mus	**multiplication** *n.* multiplikation
moustache *n.* overskæg	**multiplicity** *n.* mangfoldighed
mouth *v.* mime	**multiply** *v.* multiplicere
mouth *n.* mund	**multitude** *n.* mangfoldighed
mouthful *n.* mundfuld	**mum** *adj.* stum
movable *adj.* bevægelig	**mum** *n.* mor
movables *n.* løsøre	**mumble** *v.* mumle
move *n.* træk	**mummer** *n.* mummer
move *v.* bevæge	**mummy** *n.* mumie
movement *n.* bevægelse	**mumps** *n.* fåresyge
mover *n.* ophavsmand	**munch** *v.* gumle
movies *n.* film	**mundane** *adj.* hverdagsagtig
mow *v.* slå	**municipal** *adj.* kommunal
much *adv.* meget	**municipality** *n.* kommune
much *adj.* meget	**munificent** *adj.* gavmild
mucilage *n.* slim	**munitions** *n.* krigsmateriel
muck *n.* skidt	**mural** *n.* freske
mucous *adj.* slimet	**mural** *adj.* mur-
mucus *n.* slim	**murder** *n.* mord
mud *n.* mudder	**murder** *v.* myrde
muddle *v.* rode	**murderer** *n.* morder
muddle *n.* roderi	**murderous** *adj.* morderisk
muffle *v.* dæmpe	**murmur** *v.* mumle
muffler *n.* dæmper	**murmur** *n.* mumlen
mug *n.* krus	**muscle** *n.* muskel
muggy *adj.* lummer	**muscovite** *n.* moskovit
mulatto *n.* mulat	**muscular** *adj.* muskuløs
mulberry *n.* morbær	**muse** *v.* fundere
mule *n.* muldyr	**muse** *n.* muse
mulish *adj.* stædig	**museum** *n.* museum
mull *n.* muld	**mush** *n.* grød
mull *v.* gruble	**mushroom** *n.* svamp
mullah *n.* mullah	**music** *n.* musik
mullion *n.* midterpost	**musical** *adj.* musikalsk
multifarious *adj.* mangfoldig	**musician** *n.* musiker
multiform *n.* mangeartet	**musk** *n.* moskus
multilateral *adj.* multilateral	**musket** *n.* musket
multiparous *adj.* multipara	**musketeer** *n.* musketer
multiped *n.* tusindben	**muslim** *adj.* muslimsk
multiple *n.* multiplum	**muslin** *n.* musselin
multiple *adj.* adskillige	**must** *v.* må

must *n.* brunst
mustache *n.* overskæg
mustang *n.* mustang
mustard *n.* sennep
muster *n.* mønstring
muster *v.* mønstre
musty *adj.* muggen
mutation *n.* mutation
mutative *adj.* mutations-
mute *adj.* stum
mute *n.* stum
mutilate *v.* lemlæste
mutilation *n.* lemlæstelse
mutinous *adj.* oprørsk
mutiny *v.* begå mytteri
mutiny *n.* mytteri
mutter *v.* brumme
mutton *n.* fårekød
mutual *adj.* gensidig
muzzle *v.* give mundkurv på
muzzle *n.* mule
my *adj.* min
myalgia *n.* myalgi
myopia *n.* myopi
myopic *adj.* nærsynet
myosis *n.* myose
myriad *adj.* utallig
myriad *n.* myriade
myrrh *n.* myrra
myrtle *n.* myrte
myself *pron.* mig selv
mysterious *adj.* mystisk
mystery *n.* mysterium
mystic *n.* mystiker
mystic *adj.* mystisk
mysticism *n.* mysticisme
mystify *v.* mystificere
myth *n.* myte
mythical *adj.* mytisk
mythological *adj.* mytologisk
mythology *n.* mytologi

N

nab *v.* snuppe
nabob *n.* nabob
nacho *n.* nacho
nack *v.* sende en NAK
nacre *n.* perlemor
nadger *n.* testikler
nadir *n.* nadir
nag *v.* plage
nag *n.* plage
nagging *adj.* nagende
nagging *n.* plageri
nail *v.* sømme
nail *n.* negl
naive *adj.* naiv
naivete *n.* naivitet
naivety *n.* naivitet
naked *adj.* nøgen
name *n.* navn
name *v.* navngive
namely *adv.* nemlig
namesake *n.* navnefælle
nanism *n.* nanisme
nanite *n.* nanobot
nanny *n.* barnepige
nano *n.* nano
nanobiology *n.* nanobiologi
nanobot *n.* nanobot
nanochip *n.* nanochip
nanocircuitry *n.* nanokredsløb
nanocomponent *n.* nanokomponent
nanocomputer *n.* nanocomputer
nanoengineer *n.* nanoingeniør
nanohertz *n.* nanohertz
nanomechanics *n.* nanomekanik
nanoparticle *n.* nanopartikel
nanoplasma *n.* nanoplasma
nanotransistor *n.* nanotransistor
nap *v.* blunde
nap *n.* lur

nape *n.* nakke
napkin *n.* serviet
narcissism *n.* narcissisme
narcissus *n.* narcis
narcosis *n.* narkose
narcotic *n.* narkotisk
narrate *v.* fortælle
narration *n.* fortælling
narrative *adj.* fortælle-
narrative *n.* fortællekunst
narrator *n.* fortæller
narrow *v.* indsnævre
narrow *adj.* snæver
nasal *adj.* næse-
nasal *n.* nasal
nascent *adj.* spirende
nasty *adj.* modbydelig
natal *adj.* føde-
natant *adj.* flydende
nation *n.* nation
national *adj.* national
nationalism *n.* nationalisme
nationalist *n.* nationalist
nationality *n.* nationalitet
nationalization *n.* nationalisering
nationalize *v.* nationalisere
native *n.* lokal
native *adj.* hjemmehørende
nativity *n.* fødsel
natural *adj.* naturlig
naturalist *n.* naturalist
naturalize *v.* naturalisere
naturally *adv.* naturligvis
nature *n.* natur
naughty *adj.* uartig
nausea *n.* kvalme
nautic(al) *adj.* nautisk
naval *adj.* flåde-
nave *n.* midterskib
navigable *adj.* farbar
navigate *v.* navigere
navigation *n.* navigation
navigator *n.* navigatør

navy *n.* flåde
nay *adv.* nej
neap *adj.* nip
near *prep.* nær ved
near *adv.* nær
near *v.* nærme sig
near *adj.* nær
nearly *adv.* næsten
neat *adj.* fiks
nebula *n.* stjernetåge
necessary *adj.* nødvendig
necessary *n.* nødvendighed
necessitate *v.* nødvendiggøre
necessity *n.* nødvendighed
neck *n.* hals
necklace *n.* halskæde
necklet *n.* halskæde
necromancer *n.* åndemaner
necropolis *n.* nekropolis
nectar *n.* nektar
need *v.* behøve
need *n.* nød
needful *adj.* nødvendig
needle *n.* nål
needless *adj.* unødvendig
needs *adv.* nødvendigt
needy *adj.* nødlidende
nefarious *adj.* forbryderisk
negate *v.* negere
negation *n.* negation
negative *n.* negativ
negative *v.* modbevise
negative *adj.* negativ
neglect *v.* forsømme
neglect *n.* vanrøgt
negligence *n.* forsømmelighed
negligent *adj.* forsømmelig
negligible *adj.* ubetydelig
negotiable *adj.* negotiabel
negotiate *v.* forhandle
negotiation *n.* forhandling
negotiator *n.* forhandler
negress *n.* negerinde

negro *n.* neger	**nibble** *n.* bid
neigh *n.* vrinsken	**nibble** *v.* småspise
neigh *v.* vrinske	**nice** *adj.* god
neighbour *n.* nabo	**nicely** *adv.* pænt
neighbourhood *n.* nabolag	**nicety** *n.* akkuratesse
neighbourly *adj.* omgængelig	**niche** *n.* niche
neither *conj.* heller ikke	**nick** *n.* skramme
nemesis *n.* nemesis	**nickel** *n.* nikkel
neolithic *adj.* neolitisk	**nickname** *v.* give et øgenavn
neon *n.* neon	**nickname** *n.* øgenavn
nephew *n.* nevø	**nicotine** *n.* nikotin
nepotism *n.* nepotisme	**niece** *n.* niece
Neptune *n.* Neptun	**niggard** *n.* gnier
nerve *n.* nerve	**niggardly** *adj.* gnieragtig
nerveless *adj.* slap	**nigger** *n.* sort
nervous *adj.* nervøs	**nigh** *adv.* næsten
nescience *n.* uvidenhed	**nigh** *prep.* nær
nest *n.* rede	**night** *n.* nat
nest *v.* bygge rede	**nightie** *n.* natkjole
nestle *v.* putte sig	**nightingale** *n.* nattergal
nestling *n.* fugleunge	**nightly** *adv.* om natten
net *v.* tjene netto	**nightmare** *n.* mareridt
net *adj.* netto	**nihilism** *n.* nihilisme
net *n.* net	**nil** *n.* nul
nether *adj.* nedre	**nimble** *adj.* adræt
nettle *n.* brændenælde	**nimbus** *n.* nimbus
nettle *v.* brænde	**nine** *n.* ni
network *n.* netværk	**nineteen** *n.* nitten
neurologist *n.* neurolog	**nineteenth** *adj.* nittende
neurology *n.* neurologi	**ninetieth** *adj.* halvfemsindstyvende
neurosis *n.* neurose	**ninety** *n.* halvfems
neuter *adj.* kastreret	**ninth** *adj.* niende
neuter *n.* kastrere	**nip** *v.* nappe
neutral *adj.* neutral	**nipple** *n.* brystvorte
neutralize *v.* neutralisere	**nitrogen** *n.* kvælstof
neutron *n.* neutron	**no** *adj.* ingen
never *adv.* aldrig	**no** *adv.* nej
nevertheless *conj.* ikke desto mindre	**no** *n.* nej
new *adj.* ny	**nobility** *n.* adel
news *n.* nyheder	**noble** *adj.* adelig
next *adv.* dernæst	**noble** *n.* adelsmand
next *adj.* næste	**nobleman** *n.* adelsmand
nib *n.* pen	**nobly** *adv.* adeligt

nobody *pron.* nul
nocturnal *adj.* natlig
nod *v.* nikke
nod *n.* nik
node *n.* knude
noise *n.* larm
noisy *adj.* larmende
nomad *n.* nomade
nomadic *adj.* nomadisk
nomenclature *n.* nomenklatur
nominal *adj.* nominel
nominate *v.* nominere
nomination *n.* nominering
nominee *n.* kandidat
non-alignment *n.* alliancefrihed
nonchalance *n.* nonchalance
nonchalant *adj.* nonchalant
none *adv.* slet ikke
none *pron.* ingen
nonentity *n.* ubetydelig
nonetheless *adv.* ikke desto mindre
nonpareil *n.* uforlignelighed
nonpareil *adj.* uforlignelig
nonplus *v.* forvirre
nonsense *n.* sludder
nonsensical *adj.* urimelig
nook *n.* krog
noon *n.* middag
noose *n.* løkke
noose *v.* fange med en løkke
nor *conj.* heller ikke
norm *n.* norm
normal *adj.* normal
normalcy *n.* normalitet
normalization *n.* normalisering
normalize *v.* normalisere
north *adj.* nordlig
north *adv.* nordpå
north *n.* nord
northerly *adv.* nordlig
northerly *adj.* nordlig
northern *adj.* nordlig
nose *v.* vejre

nose *n.* næse
nosegay *n.* buket
nosey *adj.* nysgerrig
nostalgia *n.* nostalgi
nostril *n.* næsebor
nostrum *n.* vidundermedicin
nosy *adj.* nysgerrig
not *adv.* ikke
notability *n.* notabilitet
notable *adj.* bemærkelsesværdig
notary *n.* notar
notation *n.* notation
notch *n.* hak
note *v.* bemærke
note *n.* notat
noteworthy *adj.* bemærkelsesværdig
nothing *adv.* intet
nothing *n.* banalitet
notice *v.* bemærke
notice *n.* meddelelse
notification *n.* notifikation
notify *v.* underrette
notion *n.* opfattelse
notional *adj.* teoretisk
notoriety *n.* berygtethed
notorious *adj.* berygtet
notwithstanding *prep.* til trods for
notwithstanding *adv.* ikke desto mindre
notwithstanding *conj.* uanset om
nought *n.* nul
noun *n.* navneord
nourish *v.* ernære
nourishment *n.* næring
novel *adj.* ny
novel *n.* roman
novelette *n.* ugebladsroman
novelist *n.* romanforfatter
novelty *n.* nyhed
November *n.* november
novice *n.* novice
now *conj.* nu

now *adv.* nu
nowhere *adv.* intetsteds
noxious *adj.* giftig
nozzle *n.* tud
nuance *n.* nuance
nubile *adj.* giftefærdig
nuclear *adj.* atom-
nucleus *n.* kerne
nude *adj.* nøgen
nude *n.* nøgenbillede
nudge *v.* puffe
nudity *n.* nøgenhed
nugget *n.* klump
nuisance *n.* plage
null *adj.* ugyldig
nullification *n.* annullering
nullify *v.* annullere
numb *adj.* følelsesløs
number *v.* nummerere
number *n.* tal
numberless *adj.* talløs
numeral *n.* talord
numerator *n.* tæller
numerical *adj.* numerisk
numerous *adj.* talrig
nun *n.* nonne
nunnery *n.* nonnekloster
nuptial *adj.* bryllups-
nuptials *n.* bryllup
nurse *v.* pleje
nurse *n.* sygeplejerske
nursery *n.* vuggestue
nurture *v.* opdrage
nurture *n.* opdragelse
nut *n.* nød
nut *v.* nikke en skalle
nutcase *n.* tosse
nuthouse *n.* galeanstalt
nutmeg *n.* muskatnød
nutrient *n.* næringsstof
nutrition *n.* ernæring
nutritious *adj.* nærende
nutritive *adj.* ernærings-
nutty *adj.* nøddeagtig
nuzzle *v.* nusse
nylon *n.* nylon
nymph *n.* nymfe
nymphet *n.* ung nymfe
nymphomaniac *adj.* nymfomanisk
nymphomaniac *n.* nymfoman

O

oaf *n.* fjols
oafish *adj.* fjollet
oak *n.* eg
oaktree *n.* egetræ
oar *n.* åre
oarsman *n.* roer
oasis *n.* oase
oat *n.* havre
oath *n.* ed
oathbreaker *n.* edsbryder
oathbreaking *adj.* edsbrydende
oatmeal *n.* havregryn
oatmeal *adj.* havregynsfarvet
obduct *v.* overmale
obduction *n.* overmaling
obduracy *n.* forstokkethed
obdurate *adj.* forstokket
obedience *n.* lydighed
obedient *adj.* lydig
obeisance *n.* ærbødighed
obesity *n.* fedme
obey *v.* adlyde
obituary *adj.* døds-
object *n.* objekt
object *v.* protestere
objection *n.* indvending
objectionable *adj.* forkastelig
objective *n.* mål
objective *adj.* objektiv
oblation *n.* offergave

obligation *n.* forpligtelse
obligatory *adj.* obligatorisk
oblige *v.* imødekomme
oblique *adj.* skråstreg
obliterate *v.* tilintetgøre
obliteration *n.* tilintetgørelse
oblivion *n.* glemsel
oblivious *adj.* ligeglad
oblong *adj.* aflang
oblong *n.* rektangel
obnoxious *adj.* utiltalende
obscene *adj.* obskøn
obscenity *n.* obskønitet
obscure *v.* skjule
obscure *adj.* obskur
obscurity *n.* uklarhed
observance *n.* overholdelse
observant *adj.* opmærksom
observation *n.* observation
observatory *n.* observatorie
observe *v.* observere
obsess *v.* besætte
obsession *n.* besættelse
obsolete *adj.* forældet
obstacle *n.* forhindring
obstetric *adj.* obstetrisk
obstetrician *n.* obstetriker
obstinacy *n.* stædighed
obstinate *adj.* stædig
obstruct *v.* blokere
obstruction *n.* blokering
obstructive *adj.* obstruktions-
obtain *v.* opnå
obtainable *adj.* opnåelig
obtuse *adj.* tykhovedet
obvious *adj.* åbenbar
obviously *adv.* åbenbart
occasion *v.* foranledige
occasion *n.* begivenhed
occasional *adj.* lejlighedsvis
occasionally *adv.* lejlighedsvis
occident *n.* Occidenten
occidental *adj.* vesterlandsk

occipital *adj.* nakkebens-
occipital *n.* nakkeben
occlude *v.* okkludere
occlusive *adj.* okklusiv
occult *v.* tilsløre
occult *n.* okkult
occult *adj.* okkult
occupancy *n.* beboelse
occupant *n.* beboer
occupation *n.* beskæftigelse
occupier *n.* beboer
occupy *v.* bebo
occur *v.* forekomme
occurrence *n.* hændelse
ocean *n.* ocean
oceanfront *n.* havside
oceanfront *adj.* hav-
oceanic *adj.* ocean-
oceanographer *n.* havforsker
oceanographic *adj.* havforsknings-
oceanologist *n.* oceanolog
oceanology *n.* oceanologi
octagon *n.* ottekant
octangular *adj.* ottekantet
octave *n.* oktav
October *n.* oktober
octogenarian *adj.* firsårig
octogenarian *n.* firsårig
octonionics *n.* oktonionik
octopede *n.* otteben
octopus *n.* blæksprutte
octopussy *n.* blæksprutte
octuple *adj.* ottefoldet
octuple *n.* ottekant
octuple *v.* ottedoble
octuplicate *n.* ottedoble
octyne *n.* oktyn
ocular *adj.* synlig
oculist *n.* øjenlæge
odd *adj.* mærkelig
oddity *n.* besynderlighed
odds *n.* chancer
ode *n.* ode

odious *adj.* afskyelig
odium *n.* afsky
odometer *n.* kilometertæller
odontologist *n.* odontolog
odontology *n.* odontologi
odorous *adj.* duftende
odour *n.* duft
of *prep.* af
off *prep.* af
offence *n.* fornærmelse
offend *v.* fornærme
offender *n.* lovovertræder
offensive *n.* offensiv
offensive *adj.* offensiv
offer *n.* tilbud
offer *v.* tilbyde
offering *n.* offer
office *n.* kontor
officer *n.* officer
official *n.* funktionær
official *adj.* officiel
officially *adv.* officielt
officiate *v.* fungere
officious *adj.* emsig
offing *n.* farvand
offset *n.* modregning
offset *v.* modregne
offshoot *n.* sidegren
offspring *n.* afkom
oft *adv.* ofte
often *adv.* ofte
ogle *v.* glo lystigt på
ogle *n.* lystig gloen
oil *n.* olie
oil *v.* oliere
oilrig *n.* olierig
oily *adj.* olieret
oink *v.* øffe
oink *n.* øf
oinker *n.* øffer
ointment *n.* salve
okay *n.* godkendelse
okay *v.* godkende
okay *adj.* i orden
okay *adv.* i orden
okay *int.* o.k.
okayish *adj.* i orden
okra *n.* okra
old *n.* gammel
old *adj.* gammel
oleaceous *adj.* oliven-
oleaginous *adj.* olieret
oleochemical *n.* oliekemi
olfactic *adj.* olfaktisk
olfactics *n.* olfaktik
olfactory *adj.* lugte-
olfaltive *adj.* olfaktiv
oligarch *n.* oligark
oligarchal *adj.* oligarkisk
oligarchy *n.* oligarki
olive *n.* oliven
olympiad *n.* olympiade
omega *n.* omega
omelette *n.* omelet
omen *n.* varsel
ominous *adj.* ildevarslende
omission *n.* udeladelse
omit *v.* undlade
omittance *n.* undladelse
omitter *n.* en der undlader
omnibenevolence *n.* alkærlighed
omnibenevolent *adj.* alkærlig
omnibus *n.* omnibus
omnicompetence *n.* omnikompetence
omnicompetent *adj.* omnikompetent
omnidirectional *adj.* rundstrålende
omnidirectionality *n.* omnidirektionalitet
omniform *adj.* omniformet
omniformity *n.* omniform
omnilingual *n.* omnilingvist
omnilingual *adj.* omnilingvistisk
omnipotence *n.* omnipotens
omnipotent *adj.* omnipotent

omnipresence *n.* omnipræsens
omnipresent *adj.* omnipræsent
omniscience *n.* alvidenhed
omniscient *adj.* alvidende
omnivore *n.* omnivor
omnivorous *adj.* altædende
omophagia *n.* omofagi
on *prep.* på
on *adj.* på
on *adv.* på
on-looker *n.* tilskuer
once *adv.* en gang
oncogene *n.* onkogen
oncogenic *adj.* onkogenetisk
oncologist *n.* onkolog
oncology *n.* onkologi
one *pron.* man
one *adj.* eneste
oneness *n.* enhed
onerous *adj.* besværlig
onion *n.* løg
only *adv.* kun
only *conj.* bare
only *adj.* eneste
onology *n.* onologi
onomancy *n.* onomanti
onomast *n* onomast
onomastic *adj.* onomastisk
onomatologist *n.* onomatolog
onomatology *n.* onomatologi
onomatope *n.* onomatop
onomatopoeia *n.* onomatopoietikon
onrush *n.* fremstormen
onset *n.* begyndelse
onslaught *n.* stormløb
ontogenic *adj.* ontogenisk
ontogeny *n.* ontogeni
ontologic *adj.* ontologisk
ontological *adj.* ontologisk
ontologism *n.* ontologisme
ontologist *n.* ontolog
ontology *n.* ontologi
onus *n.* byrde

onward *adj.* fremad
onwards *adv.* fremad
ooze *v.* sive
ooze *n.* siven
opacity *n.* uigennemsigtighed
opal *n.* opal
opaque *adj.* uigennemsigtig
open *v.* åbne
open *adj.* åben
opening *n.* åbning
openly *adv.* åbent
opera *n.* opera
operability *n.* anvendelighed
operable *adj.* anvendelig
operate *v.* operere
operation *n.* operation
operative *adj.* operativ
operator *n.* operatør
operetta *n.* operette
ophtalmic *adj.* øjen-
ophtalmologic *adj.* oftalmologisk
ophtalmologist *n.* øjenlæge
ophtalmology *n.* oftalmologi
ophtalmoscope *n.* oftalmoskop
opiate *adj.* opiatholdigt
opiate *n.* opiat
opiate *v.* behandle med opiat
opinator *n.* meningshaver
opine *v.* mene
opinion *n.* mening
opinionate *v.* påstå
opinionated *adj.* påståelig
opinionless *adj.* holdningsløs
opinionnaire *n.* spørgeskema med udsagn
opium *n.* opium
opponent *n.* modstander
opportune *adj.* opportun
opportunism *n.* opportunisme
opportunity *n.* mulighed
oppose *v.* være imod
opposite *adj.* modsat
opposition *n.* opposition

oppress *v.* undertrykke
oppression *n.* undertrykkelse
oppressive *adj.* undertrykkende
oppressor *n.* undertrykker
opt *v.* vælge
optic *adj.* optisk
optician *n.* optiker
optimism *n.* optimisme
optimist *n.* optimist
optimistic *adj.* optimistisk
optimum *adj.* optimal
optimum *n.* optimum
option *n.* valgmulighed
optional *adj.* valgfri
opulence *n.* overflod
opulent *adj.* overdådig
oracle *n.* orakel
oracular *adj.* orakel-
oral *adj.* oral
oral *n.* mundtlig eksamen
orally *adv.* mundtligt
orange *adj.* orange
orange *n.* appelsin
oration *n.* oration
orator *n.* orator
oratorical *adj.* oratorisk
oratory *n.* talekunst
orb *n.* klode
orbit *n.* kredsløb
orbital *adj.* kredsløbs-
orbital *n.* orbital
orbituary *n.* dødsannonce
orca *n.* spækhugger
orchard *n.* frugtplantage
orchestra *n.* orkester
orchestral *adj.* orkester-
ordain *v.* præstevie
ordained *adj.* præsteviet
ordeal *n.* prøvelse
order *v.* ordne
order *n.* orden
orderly *n.* portør
orderly *adj.* velordnet

ordinance *n.* forordning
ordinarily *adv.* normalt
ordinary *adj.* ordinær
ordnance *n.* krigsmateriel
ore *n.* malm
organ *n.* organ
organic *adj.* organisk
organism *n.* organisme
organization *n.* organisation
organize *v.* organisere
organography *n.* organografi
organza *n.* organza
orgasm *n.* orgasme
orgasmic *adj.* orgasmisk
orgy *n.* orgie
orient *v.* orientere
orient *n.* orienten
oriental *n.* orientaler
oriental *adj.* orientalsk
orientate *v.* orientere
orientational *adj.* orienterings-
oriented *adj.* orientations-
orifice *n.* åbning
orificial *adj.* åbnings-
origami *n.* origami
origin *n.* oprindelse
original *n.* original
original *adj.* oprindelig
originality *n.* originalitet
originate *v.* skabe
originator *n.* skaber
orl *n.* elletræ
orn *v.* udsmykke
ornament *n.* udsmykning
ornament *v.* udsmykke
ornamental *adj.* dekorativ
ornamentation *n.* udsmykning
ornithologist *n.* ornitolog
ornithology *n.* ornitologi
ornithoscopy *n.* ornitoskopi
orogen *n.* orogen
orogenic *adj.* orogenetisk
orologist *n.* orolog

orphan v. gøre forældreløs
orphan n. forældreløs
orphanage n. børnehjem
orthodox adj. ortodoks
orthodoxy n. ortodoksi
orthograph n. ortograf
orthographer n. ortograf
orthographic adj. ortografisk
orthopaedia n. ortopædi
orthopaedical adj. ortopædisk
orthopaedics n. ortopædi
oscillate v. oscillere
oscillation n. oscillation
oscillograph n. oscillograf
oscillometric adj. oscillometrisk
oscilloscope n. oscilloskop
osculant adj. kyssende
oscular adj. mund-
osculate v. kysse
osmobiosis n. osmobiose
osmobiotic adj. osmobiotisk
osmose v. diffundere vha. osmose
osmosis n. osmose
ossify v. forbene
ostensibility n. påståethed
ostensible adj. påstået
ostensibly adv. angiveligt
ostension n. ostension
ostentation n. praleri
ostentatious adj. pralende
ostracize v. fryse ud
ostrich n. struds
other adj. andet
other pron. anden
otherwise conj. i øvrigt
otherwise adv. anderledes
otherworld n. hinsides
otherworldliness n. verdensfjernhed
otoscope n. otoskop
otoscopis adj. otoskopisk
otoscopy n. otoskopi
otter n. odder
ottoman n. ottoman

ouch int. av
ouch n. av
ought v. burde
ounce n. unse
our pron. vores
oust v. fordrive
out adv. ud
out adj. ude
out prep. ud af
out-balance v. opveje
outage n. strømafbrydelse
outback n. ødemarken
outbid v. overbyde
outbreak n. udbrud
outburst n. udbrud
outcast adj. udstøde
outcast n. udstødt
outcome n. udfald
outcry adj. ramaskrig
outdated adj. forældet
outdo v. overgå
outdoor adj. udendørs
outer adj. ydre
outfit n. udstyr
outfit v. udstyre
outgrow v. vokse fra
outhouse n. udhus
outing n. udflugt
outlandish adj. fremmedartet
outlaw v. erklære ulovlig
outlaw n. lovløs
outline v. skitsere
outline n. kontur
outlive v. overleve
outlook n. udsigt
outmoded adj. forældet
outnumber v. være i overtal
outpatient n. ambulant patient
outpost n. forpost
output n. produktion
outrage n. harme
outrage v. harme
outright adj. fuldstændig

outright *adv.* fuldstændigt	**overdraft** *n.* overtræk
outrun *v.* løbe fra	**overdraw** *v.* overtrække
outset *n.* begyndelse	**overdue** *adj.* forsinket
outshine *v.* overstråle	**overhaul** *n.* grundig gennemgang
outside *n.* yderside	**overhaul** *v.* gennemgå grundigt
outside *adv.* udenfor	**overhear** *v.* overhøre
outside *prep.* uden for	**overjoyed** *adj.* henrykt
outside *adj.* udvendig	**overlap** *n.* overlapning
outsider *n.* outsider	**overlap** *v.* overlappe
outsize *adj.* overdimensioneret	**overleaf** *adv.* omstående
outskirts *n.* udkant	**overload** *n.* overbelastning
outspoken *adj.* åbenhjertig	**overload** *v.* overbelaste
outstanding *adj.* fremragende	**overlook** *v.* overse
outward *adv.* udefter	**overnight** *adj.* natte-
outward *adj.* ydre	**overnight** *adv.* natten over
outwardly *adv.* udadtil	**overpower** *v.* overmande
outwards *adv.* udefter	**overrate** *v.* overvurdere
outweigh *v.* veje tungere end	**overrule** *v.* underkende
outwit *v.* narre	**overrun** *v.* overskridelse
outworld *n.* udørk	**oversee** *v.* føre tilsyn med
ouzo *n.* ouzo	**overseer** *n.* tilsynsførende
oval *n.* oval	**overshadow** *v.* overskygge
oval *adj.* oval	**oversight** *n.* tilsyn
ovary *n.* ovarie	**overt** *adj.* åben
ovation *n.* ovation	**overtake** *v.* overhale
oven *n.* ovn	**overthrow** *n.* omstyrtelse
over *adv.* over	**overthrow** *v.* styrte
over *n.* over	**overtime** *n.* overarbejde
over *prep.* over	**overtime** *adv.* over tiden
overact *v.* overspille	**overture** *n.* ouverture
overall *adj.* total	**overwhelm** *v.* overvælde
overall *n.* kedeldragt	**overwork** *v.* overanstrenge
overawe *v.* imponere	**overwork** *n.* overanstrengelse
overboard *adv.* over bord	**oviferous** *adj.* ægproducerende
overburden *v.* overlæsse	**ovular** *adj.* æggeleder-
overcast *adj.* overskyet	**ovulate** *v.* ovulere
overcharge *v.* tage for høj pris	**ovum** *n.* ovum
overcharge *n.* overpris	**owe** *v.* skylde
overcoat *n.* overfrakke	**owl** *n.* ugle
overcome *v.* overkomme	**owlery** *n.* uglehus
overdo *v.* overdrive	**owly** *adj.* ugle-
overdose *v.* overdosere	**own** *v.* eje
overdose *n.* overdosis	**own** *adj.* egen

owner *n.* ejer	**pack** *v.* pakke
ownership *n.* ejerskab	**package** *n.* pakke
ox *n.* okse	**packet** *n.* pakke
oxbird *n.* ryle	**packing** *n.* emballage
oxcart *n.* oksekærre	**pact** *n.* pagt
oxidant *n.* oxidant	**pad** *v.* polstre
oxidate *v.* oxidere	**pad** *n.* pude
oxidate *n.* oxid	**padding** *n.* polstring
oxidation *n.* oxidering	**paddle** *n.* paddel
oxide *n.* oxid	**paddle** *v.* padle
oxidization *n.* oxidering	**paddy** *n.* rismark
oxyacid *n.* oxosyre	**paedologist** *n.* pædolog
oxygen *n.* ilt	**paedology** *n.* pædologi
oxygenate *v.* ilte	**paedophile** *n.* pædofil
oxygenated *adj.* iltet	**paedophilia** *n.* pædofili
oxygenation *n.* iltning	**paedophiliac** *n.* pædofil
oyster *n.* østers	**paedophiliac** *adj.* pædofilsk
oyster *adj.* østersfarvet	**pagan** *n.* hedning
oyster *v.* plukke østers	**pagan** *adj.* hedensk
oysterling *n.* østerslarve	**paganism** *n.* hedenskab
oysterman *n.* østersfisker	**paganistic** *adj.* hedensk
ozonate *n.* ozonificering	**page** *v.* page
ozonate *v.* ozonificere	**page** *n.* sige
ozonation *n.* ozonificering	**pageant** *n.* opvisning
ozone *n.* ozon	**pageantry** *n.* overdådighed
ozone layer *n.* ozonlager	**pagoda** *n.* pagode
	pail *n.* spand
	pain *v.* smerte
	pain *n.* smerte
P	**painful** *adj.* smertelig
	painstaking *adj.* omhyggelig
	paint *v.* male
pace *v.* pace	**paint** *n.* maling
pace *n.* tempo	**painter** *n.* maler
pacemaker *n.* pacemaker	**painting** *n.* maleri
pachidermatous *adj.* tykhudet	**pair** *n.* par
pachyderm *n.* tyhkud	**pair** *v.* parre
pacific *adj.* stillehavs-	**pal** *n.* kammerat
pacifier *n.* sut	**palace** *n.* palads
pacifism *n.* pacifisme	**palanquin** *n.* palankin
pacifist *n.* pacifist	**palatable** *adj.* velsmagende
pacify *v.* berolige	**palatal** *adj.* gane-
pack *n.* flok	**palate** *n.* gane

palatial *adj.* paladsagtig
pale *adj.* bleg
pale *v.* blegne
pale *n.* pæl
paleness *n.* bleghed
paleobiological *adj.* palæobiologisk
paleobiologist *n.* pæleobiolog
paleobiology *n.* palæobiologi
paleoecologist *n.* palæoøkolog
paleoecology *n.* palæoøkologi
paleolithic *adj.* palæolitisk
paleolithic *n.* palæolitikum
paleontologist *n.* palæontolog
paleontology *n.* palæontologi
palette *n.* palette
palm *n.* håndflade
palm *v.* gemme i hånden
palmist *n.* kiromant
palmistry *n.* kiromanti
palpable *adj.* håndgribelig
palpitate *v.* palpere
palpitation *n.* palpering
palsy *n.* lammelse
paltry *adj.* ussel
pamper *v.* forkæle
pamphlet *n.* pjece
pamphleteer *n.* pamfletist
panacea *n.* universalløsning
pandemonium *n.* vild forvirring
pane *n.* vinduesrude
panegyric *n.* panegyrik
panel *v.* panelere
panel *n.* panel
pang *n.* jag
panic *n.* panik
panic *v.* gå i panik
panorama *n.* panorama
pant *n.* gispen
pant *v.* gispe
pantaloon *n.* pantalon
pantheism *n.* panteisme
pantheist *n.* panteist
panther *n.* panter
pantomime *n.* pantomime
pantry *n.* spisekammer
papacy *n.* pontifikat
papal *adj.* pave-
paper *n.* papir
par *n.* pari
parable *n.* lignelse
parachute *n.* faldskærm
parachutist *n.* faldskærmsudspringer
parade *v.* paradere
parade *n.* parade
paradise *n.* paradis
paradox *n.* paradoks
paradoxical *adj.* paradoksal
paraffin *n.* petroleum
paragon *n.* mønster
paragraph *n.* paragraf
parallel *v.* løbe parallelt med
parallel *adj.* parallel
parallelism *n.* parallelisme
parallelogram *n.* parallelogram
paralyse *v.* paralysere
paralysis *n.* lammelse
paralytic *adj.* lam
paramount *adj.* altafgørende
paramour *n.* elsker (m.), elskerinde (f.)
paraphernalia *n. pl* parafernalia
paraphrase *v.* omskrive
paraphrase *n.* omskrivning
parasite *n.* parasit
parcel *v.* pakke
parcel *n.* pakke
parch *v.* udtørre
pardon *n.* benådning
pardon *v.* tilgive
pardonable *adj.* tilgivelig
parent *n.* forælder
parentage *n.* herkomst
parental *adj.* forældre-
parenthesis *n.* parentes
parish *n.* sogn
parity *n.* paritet

park *n.* park	**passionate** *adj.* passioneret
park *v.* parkere	**passive** *adj.* passiv
parlance *n.* sprogbrug	**passport** *n.* pas
parley *v.* forhandle	**past** *n.* fortid
parley *n.* forhandling	**past** *prep.* forbi
parliament *n.* parlament	**past** *adj.* tidligere
parliamentarian *n.* parlamentariker	**paste** *v.* klistre
parliamentary *adj.* parlamentarisk	**paste** *n.* pasta
parlour *n.* salon	**pastel** *adj.* pastel-
parody *v.* parodiere	**pastel** *n.* pastelfarve
parody *n.* parodi	**pastime** *n.* fritidsbeskæftigelse
parole *v.* prøveløslade	**pastoral** *adj.* pastoral-
parole *n.* prøveløsladelse	**pasture** *v.* sætte på græs
parricide *n.* forældermord	**pasture** *n.* græsmark
parrot *n.* papegøje	**pat** *n.* klap
parry *n.* afparere	**pat** *adv.* belejlig
parry *v.* afparering	**pat** *v.* klappe
parsley *n.* persille	**patch** *n.* lap
parson *n.* sognepræst	**patch** *v.* lappe
part *v.* dele	**patent** *n.* patent
part *n.* del	**patent** *v.* patentere
partake *v.* tage del i	**patent** *adj.* patent-
partial *adj.* delvis	**paternal** *adj.* faderlig
partiality *n.* partiskhed	**path** *n.* sti
participant *n.* deltager	**pathetic** *adj.* patetisk
participate *v.* deltage	**pathos** *n.* patos
participation *n.* deltagelse	**patience** *n.* tålmodighed
particle *n.* partikel	**patient** *n.* patient
particular *n.* særdeleshed	**patient** *adj.* tålmodig
particular *adj.* særlig	**patricide** *n.* fadermord
particularly *adv.* særligt	**patrimony** *n.* arv
partisan *adj.* partisk	**patriot** *n.* patriot
partisan *n.* partisan	**patriotic** *adj.* patriotisk
partition *v.* opdele	**patriotism** *n.* patriotisme
partition *n.* skillerum	**patrol** *n.* patrulje
partner *n.* partner	**patrol** *v.* patruljere
partnership *n.* partnerskab	**patron** *n.* mæcen
party *n.* fest	**patronage** *n.* protektion
pass *n.* adgangskort	**patronize** *v.* være nedladende
pass *v.* passere	**pattern** *n.* mønster
passage *n.* gennemgang	**paucity** *n.* knaphed
passenger *n.* passager	**pauper** *n.* pauper
passion *n.* passion	**pause** *v.* holde pause

pause *n.* pause
pave *v.* belægge med fliser
pavement *n.* fortov
pavilion *n.* pavillon
paw *v.* skrabe
paw *n.* pote
pay *n.* betaling
pay *v.* betale
payable *adj.* betalbar
payee *n.* betaler
payment *n.* betaling
pea *n.* ært
peace *n.* fred
peaceable *adj.* fredelig
peaceful *adj.* fredelig
peach *n.* fersken
peacock *n.* påfugl
peahen *n.* påfuglehøne
peak *n.* højdepunkt
pear *n.* pære
pearl *n.* perle
peasant *n.* bonde
peasantry *n.* bondestand
pebble *n.* lille sten
peck *v.* hakke
peck *n.* hak
peculiar *adj.* mærkelig
peculiarity *n.* særhed
pecuniary *adj.* pekuniær
pedagogue *n.* pædagog
pedagogy *n.* pædagogik
pedal *n.* pedal
pedal *v.* cykle
pedant *n.* pedant
pedantic *n.* pedantiker
pedantry *n.* pedanteri
pedestal *n.* piedestal
pedestrian *n.* fodgænger
pedigree *n.* stamtavle
peel *n.* skræl
peel *v.* skrælle
peep *n.* kig
peep *v.* kigge

peer *n.* fagfælle
peerless *adj.* uforlignelig
peg *v.* slå pløkker i
peg *n.* pløk
pelf *n.* penge
pell-mell *adv.* hovedkuls
pen *v.* skrive
pen *n.* pen
penal *adj.* straffe-
penalize *v.* straffe
penalty *n.* straf
pencil *v.* skrive
pencil *n.* blyant
pending *prep.* indtil
pending *adj.* verserende
pendulum *n.* pendul
penetrate *v.* penetrere
penetration *n.* penetration
penis *n.* penis
penniless *adj.* ludfattig
penny *n.* penny
pension *v.* pensionere
pension *n.* pension
pensioner *n.* pensionær
pensive *adj.* tankefuld
pentagon *n.* femkant
peon *n.* pæon
people *v.* befolke
people *n.* folk
pepper *n.* peber
pepper *v.* pebre
per *prep.* per
per cent *adv.* procent
perambulator *n.* barnevogn
perceive *v.* opfatte
percentage *n.* procentdel
perceptible *adj.* mærkbar
perception *n.* opfattelse
perceptive *adj.* hurtigt opfattende
perch *v.* lande
perch *n.* pind
perennial *n.* staude
perennial *adj.* bestandig

perfect *adj.* perfekt
perfect *v.* perfektionere
perfection *n.* perfektion
perfidy *n.* falskhed
perforate *v.* perforere
perforce *adv.* nødvendigvis
perform *v.* foretage
performance *n.* udførelse
performer *n.* medvirkende
perfume *n.* parfume
perfume *v.* parfumere
perhaps *adv.* måske
peril *v.* udsætte for fare
peril *n.* fare
perilous *adj.* farlig
period *n.* periode
periodical *adj.* periodisk
periodical *n.* tidsskrift
periphery *n.* periferi
perish *v.* omkomme
perishable *adj.* let fordærvelig
perjure *v.* afgive falsk forklaring
perjury *n.* mened
permanence *n.* varighed
permanent *adj.* permanent
permissible *adj.* tilladelig
permission *n.* tilladelse
permit *v.* tillade
permit *n.* skriftlig tilladelse
permutation *n.* permutation
pernicious *adj.* skadelig
perpendicular *adj.* lodret
perpendicular *n.* lodret linje
perpetual *adj.* evig
perpetuate *v.* gøre permanent
perplex *v.* forvirre
perplexity *n.* forvirring
persecute *v.* forfølge
persecution *n.* forfølgelse
perseverance *n.* udholdenhed
persevere *v.* holde ud
persist *v.* blive ved
persistence *n.* vedvaren

persistent *adj.* vedvarende
person *n.* person
personage *n.* personage
personal *adj.* personlig
personality *n.* personlighed
personification *n.* personifikation
personify *v.* personificere
personnel *n.* personale
perspective *n.* perspektiv
perspiration *n.* perspiration
perspire *v.* transpirere
persuade *v.* overtale
persuasion *n.* overtalelse
pertain *v.* vedrøre
pertinent *adj.* relevant
perturb *v.* perturbere
perusal *n.* granskning
peruse *v.* granske
pervade *v.* gennemtrænge
perverse *adj.* pervers
perversion *n.* perversion
perversity *n.* perversitet
pervert *v.* pervers person
pessimism *n.* pessimisme
pessimist *n.* pessimist
pessimistic *adj.* pessimistisk
pest *n.* pest
pesticide *n.* pesticid
pestilence *n.* pestilens
pet *v.* klappe
pet *n.* kæledyr
petal *n.* kronblad
petition *v.* indgive begæring
petition *n.* begæring
petitioner *n.* sagsøgeren
petrol *n.* benzin
petroleum *n.* råolie
petticoat *n.* underkjole
petty *adj.* smålig
petulance *n.* pirrelighed
petulant *adj.* pirrelig
phagic *adj.* fag-
phalange *n.* phalange

phalanx n. falanks
phallic adj. fallisk
phallocentric adj. fallocentrisk
phallus n. fallos
phantasmagoria n. fantasmagori
phantasmal adj. hjernespinds-
phantom n. fantom
pharmaceutic adj. farmaceutisk
pharmaceutical n. medicinalvarer
pharmaceutical adj. medicinalvare-
pharmaceutist n. apoteker
pharmacist n. farmaceut
pharmacy n. apotek
phase n. fase
phenomenal adj. fænomenal
phenomenon n. fænomen
phial n. pilleglas
philalethist n. filatelist
philander n. don juan
philander v. flanere
philanderer n. flanør
philandry n. flaneren
philanthropy n. filantropi
philological adj. filologisk
philologist n. filolog
philology n. filologi
philosopher n. filosof
philosophical adj. filosofisk
philosophy n. filosofi
phone n. telefon
phonetic adj. fonetisk
phonetics n. fonetik
phosphate n. fosfat
phosphorus n. fosfor
photo n. foto
photograph n. fotografi
photograph v. fctografere
photographer n. fotograf
photographic adj. fotografisk
photography n. fotografi
phrase v. udtrykke
phrase n. udtryk
phraseology n. fraseologi

physic v. helbrede
physic n. læge
physical adj. fysisk
physician n. læge
physicist n. fysiker
physics n. fysik
physiognomy n. fysiognomi
physique n. fysik
pianist n. pianist
piano n. piano
pick n. hakke
pick v. hakke
picket v. gå strejkevagt
picket n. strejke
pickle v. lægge i lage
pickle n. lage
picnic v. have picnic
picnic n. picnic
pictorial adj. illustreret
picture v. forestille
picture n. billede
picturesque adj. pittoresk
piece n. stykke
piece v. stykke sammen
pierce v. gennemtrænge
piercing n. piercing
piercing adj. gennemtrængende
piety n. fromhed
pig n. svin
pigeon n. due
pigmy n. pygmæ
pile v. pilotere
pile n. pylon
piles n. hæmorroider
pilfer v. rapse
pilgrim n. pilgrim
pilgrimage n. pilgrimsrejse
pill n. pille
pillar n. søjle
pillow v. lægge hoved på
pillow n. pude
pilot v. føre
pilot n. pilot

pimple *n.* bums
pin *v.* fæste
pin *n.* nål
pinch *n.* niv
pinch *v.* knibe
pine *v.* hentæres
pine *n.* fyrretræ
pineapple *n.* ananas
pink *adj.* pink
pink *n.* pink
pinkish *adj.* lyserød
pinnacle *n.* tinde
pioneer *v.* være banebrydende
pioneer *n.* pioner
pious *adj.* from
pipe *n.* rør
pipe *v.* føre
piquant *adj.* pikant
piracy *n.* sørøveri
pirate *v.* piratkopiere
pirate *n.* pirat
pistol *n.* pistol
piston *n.* stempel
pit *v.* lave huller i
pit *n.* udgravning
pitch *n.* bane
pitch *v.* kaste
pitcher *n.* kande
piteous *adj.* ynkelig
pitfall *n.* faldgrube
pitiable *adj.* ynkværdig
pitiful *adj.* ynkværdig
pitiless *adj.* ubarmhjertig
pitman *n.* minearbejder
pittance *n.* ubetydelighed
pity *v.* have medlidenhed med
pity *n.* medlidenhed
pivot *n.* pivot
pivot *v.* pivotere
pixel *n.* pixel
pixelate *v.* pixelere
pizza *n.* pizza
pizzeria *n.* pizzeria

placable *adj.* fredsommelig
placate *v.* formilde
placative *adj.* forsonende
placatory *adj.* formildende
place *v.* placere
place *n.* sted
placebic *adj.* piacebo-
placebo *n.* placebo
placement *n.* placering
placenta *n.* moderkage
placid *adj.* fredsommelig
plague *v.* plage
plague *adj.* epidemi
plain *adj.* enkel
plain *n.* slette
plaintiff *n.* sagsøger
plan *v.* planlægge
plan *n.* plan
plane *v.* høvle
plane *adj.* plan
plane *n.* høvl
planet *n.* planet
planetary *adj.* planetarisk
plank *v.* beklæde med planker
plank *n.* planke
plant *n.* plante
plant *v.* plante
plantain *n.* melbanan
plantation *n.* plantage
plaster *v.* pudse
plaster *n.* puds
plastic *n.* plastik
plastic *adj.* plastik-
plate *n.* tallerken
plate *v.* belægge
plateau *n.* plateau
platform *n.* platform
platinum *n.* platin
platinum *adj.* platin-
platonic *adj.* platonisk
platoon *n.* deling
play *v.* lege
play *n.* leg

playback *n.* afspilning
playcard *n.* spillekort
playdate *n.* legeaftale
player *n.* spiller
playfield *n.* bane
playful *adj.* legesyg
playground *n.* legeplads
playhouse *n.* legehus
plea *n.* appel
plead *v.* appellere
pleader *n.* appellant
pleasant *adj.* behagelig
pleasantry *n.* høflighed
please *v.* tilfredsstille
please *adv.* vær så venlig at
pleasure *n.* fornøjelse
plebiscite *n.* folkeafstemning
pledge *v.* give i pant
pledge *n.* pant
plenty *n.* rigeligt
plight *n.* vanskellig position
plod *v.* traske
plot *v.* plotte
plot *n.* plot
plough *v.* pløje
plough *n.* plov
ploughman *n.* plovmand
pluck *n.* plukke
pluck *v.* mod
plug *v.* fylde
plug *n.* prop
plum *n.* blomme
plumber *n.* blikkenslager
plunder *n.* plyndring
plunder *v.* udplyndre
plunge *n.* spring
plunge *v.* springe
plural *adj.* flertals-
plurality *n.* mangfoldighed
plus *adj.* positiv
plus *n.* plus
plush *adj.* luksus-
plush *n.* plys

plutocrat *adj.* plutokrat
plutonic *adj.* plutonisk
plutonium *n.* plutonium
pluvial *adj.* pluvial-
pluvial *n.* pluvialtid
pluviometer *n.* pluviometer
ply *n.* lag
ply *v.* drive
plyer *n.* krydser
plywood *n.* krydsfiner
pneudraulics *n.* pneudralik
pneuma *n.* pneuma
pneumatic *n.* pneumatik
pneumatic *adj.* pneumatisk
pneumatological *adj.* pneumatologisk
pneumatology *n.* pneumatologi
pneumogastric *adj.* pneumogastrisk
pneumology *n.* pneumologi
pneumonia *n.* lungebetændelse
pneumoniac *n.* patient med lungebetændelse
pneumonic *adj.* lungebetændelses-
pneumotherapy *n.* pneumoterapi
poach *v.* pochere
poached *adj.* pocheret
poacher *n.* krybskytte
pocket *v.* putte i lommen
pocket *n.* lomme
pod *n.* bælg
pod *v.* sætte bælg
podcast *n.* podcast
podcast *v.* podcaste
podcaster *n.* podcaster
podge *n.* fed person
podgy *adj.* fedladen
podiatric *adj.* fod-
podiatrist *n.* fodterapeut
podium *n.* podium
podium *v.* komme på sejrsskamlen
poem *n.* digt
poesy *n.* digt
poet *n.* digter

poetaster *n.* versemager
poetess *n.* digterinde
poetic *adj.* poetisk
poetics *n.* litteraturvidenskab
poetry *n.* poesi
poignacy *n.* skarphed
poignant *adj.* skarp
point *n.* spids
point *v.* pege
point blank *adv.* direkte
pointed *adj.* spids
pointedly *adv.* spidst
pointedness *n* skarphed
pointerless *adj.* pegefri
pointful *adj.* substantiel
pointillism *n.* pointillisme
pointillist *n.* pointillistisk
pointless *adj.* meningsløs
pointwork *n.* sporskiftearbejde
poise *n.* selvbeherskelse
poise *v.* balancere
poison *v.* forgifte
poison *n.* gift
poisonous *adj.* giftig
poke *n.* prik
poke *v.* prikke
poker *n.* ilddrager
polar *adj.* polar-
polarazing *adj.* polariserende
polarity *n.* polaritet
polarize *v.* polarisere
polaroid *n.* polaroidkamera
polary *adj.* pegende mod en pol
pole *v.* stage
pole *n.* stang
pole dancer *n.* pole dancer
polearm *n.* hellebard
polecat *n.* ilder
polemic *adj.* polemisk
polemic *n.* polemik
polenta *n.* polenta
police *n.* politi
police *v.* kontrollere

police beat *n.* lille politistation
policeboat *n.* politibåd
policeless *adj.* politifri
policeman *n.* politimand
policy *n.* politik
polish *n.* polsk
polish *v.* polsk
polite *adj.* høflig
politeness *n.* høflighed
politic *adj.* klog
political *adj.* politisk
politician *n.* politiker
politics *n.* politologi
polity *n.* statsform
poll *v.* spørge
poll *n.* meningsmåling
pollen *n.* pollen
pollute *v.* forurene
pollution *n.* forurening
polo *n.* polo
polyacetylene *n.* polyacetylen
polyander *n.* polyander
polyandrianism *n.* polyandri
polyandry *n.* polyandri
polybutene *n.* polybuten
polybutylene *n.* polybutylen
polycarbonate *n.* polycarbonat
polycentric *adj.* polycentrisk
polycentrism *n.* polycentrisme
polychrome *adj.* polykrom
polycracy *n.* polykrati
polyene *n.* polyen
polyform *n.* polyform
polygamous *adj.* polygam
polygamy *n.* polygami
polyglot *n.* polyglot
polyglot *adj.* polyglot
polyloquent *adj.* snakkesalig
polymath *n.* multitalent
polymer *n.* polymert stof
polymerize *v.* polymerisere
polymetallic *adj.* polymetallisk
polymethine *n.* polymethin

polymethylene *n.* polymethylen
polymicrobial *adj.* polymikrobisk
polymiotic *adj.* polymiotisk
polymolecular *adj.* polymolekulær
polymorph *n.* polymorf
polymorphic *adj.* polymorf
polymorphism *n.* polymorfisme
polymorphosis *n.* polymorfose
polynucleate *adj.* polynukleat
polypharmacal *adj.* polyfarmaceutisk
polypropylene *n.* polypropylen
polyprotein *n.* polyprotein
polysemia *n.* polysemi
polytechnic *adj.* polyteknisk
polytechnic *n.* polyteknisk læreanstalt
polytheism *n.* polyteisme
polytheist *n.* polyteist
polytheistic *adj.* polyteistisk
pomp *n.* pomp
pomposity *n.* opblæsthed
pompous *adj.* opblæst
pond *n.* dam
ponder *v.* fundere
pony *n.* pony
poor *adj.* fattig
pop *v.* knalde
pop *n.* knald
pope *n.* pave
poplar *n.* poppel
poplin *n.* poplin
populace *n.* befolkning
popular *adj.* populær
popularity *n.* popularitet
popularize *v.* popularisere
populate *v.* befolke
population *n.* befolkning
populous *adj.* folkerig
porcelain *n.* porcelæn
porch *n.* vindfang
pore *n.* pore
pork *n.* svinekød

porridge *n.* havregrød
port *n.* havneby
portable *adj.* bærbar
portage *n.* transport
portal *n.* portal
portend *v.* bebude
porter *n.* portner
portfolio *n.* portfolio
portico *n.* porticus
portion *n.* portion
portion *v.* fordele
portrait *n.* portræt
portraiture *n.* portrætmaleri
portray *v.* skildre
portrayal *n.* skildring
pose *v.* posere
pose *n.* positur
position *n.* position
position *v.* positionere
positive *adj.* positiv
possess *v.* besidde
possession *n.* besiddelse
possibility *n.* mulighed
possible *adj.* mulig
post *n.* post
post *v.* sende
post *adv.* efter-
post-date *v.* tilbagedatere
post-mortem *adj.* post mortem-
post-mortem *n.* post mortem
post-office *n.* postkontor
postage *n.* porto
postal *adj.* post-
poster *n.* plakat
posterity *n.* eftertiden
posthumous *adj.* posthum
postman *n.* postmand
postmaster *n.* postmester
postpone *v.* udsætte
postponement *n.* udsættelse
postscript *n.* efterskrift
posture *n.* holdning
pot *n.* potte

pot *v.* plante
potash *n.* potaske
potassium *n.* kalium
potato *n.* kartoffel
potency *n.* styrke
potent *adj.* virkningsfuld
potential *n.* potentiale
potential *adj.* potentiel
potentiality *n.* mulighed
potter *n.* pottemager
pottery *n.* lertøj
pouch *n.* pung
poultry *n.* fjerkræ
pounce *n.* klo
pounce *v.* slå kløerne i
pound *n.* pund
pound *v.* hamre (på)
pour *v.* hælde
poverty *n.* fattigdom
powder *v.* pudre
powder *n.* pulver
power *n.* kraft
powerful *adj.* kraftig
practicability *n.* gennemførlighed
practicable *adj.* gennemførlig
practical *adj.* praktisk
practically *adv.* praktisk taget
practice *n.* praksis
practise *v.* praktisere
practitioner *n.* udøver
pragmatic *adj.* pragmatisk
pragmatism *n.* pragmatisme
praise *n.* pris
praise *v.* prise
praiseworthy *adj.* prisværdig
pram *n.* pram
prank *n.* spøg
prattle *v.* plapren
prattle *n.* plapre
pray *v.* bede
prayer *n.* bøn
pre-eminence *n.* forrang
pre-eminent *adj.* førende

preach *v.* prædike
preacher *n.* prædikant
preamble *n.* præambel
precaution *n.* foldholdsregel
precautionary *adj.* sikkerheds-
precede *v.* komme før
precedence *n.* forrang
precedent *n.* præcedens
precept *n.* forskrift
preceptor *n.* rektor
precious *adj.* kostbar
precis *n.* resumé
precise *adj.* præcis
precision *n.* præcision
preclude *v.* forhindre
precursor *n.* forløber
predecessor *n.* forgænger
predestination *n.* forudbestemmelse
predetermine *v.* forudbestemme
predicament *n.* knibe
predicate *n.* prædikat
predict *v.* forudsige
prediction *n.* forudsigelse
predominance *n.* dominans
predominant *adj.* dominerende
predominate *v.* dominere
preemptive *adj.* forebyggende
preen *n.* pudseri
preen *v.* pudse
preexistence *n.* præeksistens
preface *n.* forord
preface *v.* indlede
prefect *n.* præfekt
prefer *v.* foretrække
preference *n.* præference
preferential *adj.* præference-
prefix *n.* præfiks
prefix *v.* sætte foran
pregnancy *n.* graviditet
pregnant *adj.* gravid
prehistoric *adj.* præhistorisk
prejudice *n.* fordom
prelate *n.* prælat

preliminary *adj.* indledende	**pressure** *n.* tryk
preliminary *n.* indledning	**pressurize** *v.* sætte under tryk
prelude *n.* optakt	**prestige** *n.* prestige
prelude *v.* indlede	**prestigious** *adj.* prestigefyldt
premarital *adj.* førægteskabelig	**presume** *v.* formode
premature *adj.* for tidlig	**presumption** *n.* formodning
premeditate *v.* planlægge	**presuppose** *v.* forudsætte
premeditation *n.* overlæg	**presupposition** *n.* forudsætning
premier *adj.* førende	**pretence** *n.* prætentioner
premier *n.* statsminister	**pretend** *v.* foregive
premiere *n.* premiere	**pretension** *n.* prætention
premium *n.* merpris	**pretentious** *adj.* prætentiøs
premonition *n.* forudanelse	**pretext** *n.* påskud
preoccupation *n.* optagethed	**prettiness** *n.* kønhed
preoccupy *v.* optage	**pretty** *adj.* køn
preparation *n.* forberedelse	**pretty** *adv.* temmelig
preparatory *adj.* forberedende	**prevail** *v.* sejre
prepare *v.* forberede	**prevalence** *n.* udbredelse
preponderance *n.* overvægt	**prevalent** *adj.* fremherskende
preponderate *v.* have overvægten	**prevent** *v.* forhindre
preposition *n.* præposition	**prevention** *n.* prævention
prerequisite *adj.* påkrævet	**preventive** *adj.* præventiv
prerequisite *n.* forudsætning	**previous** *adj.* tidligere
prerogative *n.* privilegium	**prey** *n.* bytte
prescience *n.* forudseenhed	**prey** *v.* jage
prescribe *v.* ordinere	**price** *n.* pris
prescription *n.* recept	**price** *v.* prissætte
presence *n.* tilstedeværelse	**prick** *v.* stikke
present *adj.* tilstedeværende	**prick** *n.* stik
present *n.* gave	**pride** *n.* stolthed
present *v.* forære	**pride** *v.* være stolt
presentation *n.* præsentation	**priest** *n.* præst
presently *adv.* for øjeblikket	**priestess** *n.* præstinde
preservation *n.* konservering	**priesthood** *n.* præsteskab
preservative *n.* konserveringsmiddel	**prima facie** *adv.* principielt
preservative *adj.* konserverende	**primarily** *adv.* primært
preserve *v.* bevare	**primary** *adj.* vigtigst
preserve *n.* syltetøj	**prime** *v.* præparere
preside *v.* præsidere	**prime** *adj.* vigtigst
president *n.* præsident	**prime** *n.* primtal
presidential *adj.* præsident-	**primer** *n.* grunding
press *v.* presse	**primeval** *adj.* oprindelig
press *n.* presse	**primitive** *adj.* primitiv

prince *n.* prins
princely *adj.* fyrstelig
princess *n.* prinsesse
principal *n.* principal
principal *adj.* vigtigst
principle *n.* princip
print *v.* udskrive
print *n.* kopi
printer *n.* printer
prior *adj.* tidligere
prior *n.* prior
prioress *n.* priorinde
priority *n.* prioritet
prison *n.* fængsel
prisoner *n.* fange
privacy *n.* uforstyrrethed
private *adj.* privat
privation *n.* afsavn
privilege *n.* privilegie
prize *n.* pris
prize *v.* vurdere højt
probability *n.* sandsynlighed
probable *adj.* sandsynlig
probably *adv.* sandsynligvis
probation *n.* prøvetid
probationer *n.* person på prøve
probe *v.* sondere
probe *n.* sonde
problem *n.* problem
problematic *adj.* problematisk
procedure *n.* procedure
proceed *v.* fortsætte
proceeding *n.* sagsanlæg
proceeds *n.* udbytte
process *n.* proces
procession *n.* procession
proclaim *v.* proklamere
proclamation *n.* proklamering
proclivity *n.* tilbøjelighed
procrastinate *v.* nøle
procrastination *n.* nølen
proctor *n.* proktor
proctor *v.* føre tilsyn med

procure *v.* skaffe
procurement *n.* fremskaffelse
prodigal *adj.* ødsel
prodigality *n.* ødselhed
produce *v.* producere
produce *n.* produkter
product *n.* produkt
production *n.* produktion
productive *adj.* produktiv
productivity *n.* produktivitet
profane *v.* krænke
profane *adj.* profan
profess *v.* erklære
profession *n.* profession
professional *adj.* professionel
professor *n.* professor
proficiency *n.* færdighed
proficient *adj.* kyndig
profile *n.* profil
profile *v.* lave profil af
profit *n.* overskud
profit *v.* gavne
profitable *adj.* lønnende
profiteer *n.* profitmager
profiteer *v.* lave profit
profligacy *n.* udsvævelser
profligate *adj.* ødsel
profound *adj.* dyb
profundity *n.* dybde
profuse *adj.* stærk
profusion *n.* overflod
progeny *n.* efterkommere
programme *n.* program
programme *v.* programmere
progress *n.* fremskridt
progress *v.* gøre fremskridt
progressive *adj.* progressiv
prohibit *v.* forbyde
prohibition *n.* forbud
prohibitive *adj.* prohibitiv
prohibitory *adj.* forbuds-
project *n.* projekt
project *v.* projektere

projectile *n.* projektil
projectile *adj.* projektil-
projection *n.* projektion
projector *n.* projektor
proliferate *v.* udbrede sig hastigt
proliferation *n.* hastig udbredelse
prolific *adj.* frodig
prologue *n.* prolog
prolong *v.* forlænge
prolongation *n.* forlængelse
prominence *n.* fremtrædende stilling
prominent *adj.* prominent
promise *v.* love
promise *n.* løfte
promising *adj.* lovende
promissory *adj.* solaveksel
promote *v.* fremme
promotion *n.* reklamefremstød
prompt *adj.* omgående
prompt *v.* fremkalde
prompter *n.* sufflør
prone *adj.* som ofte rammes af
pronoun *n.* pronomen
pronounce *v.* udtale
pronunciation *n.* udtale
proof *n.* bevis
proof *adj.* -tæt
prop *n.* rekvisit
prop *v.* afstive
propaganda *n.* propaganda
propagandist *n.* propagandist
propagate *v.* sprede
propagation *n.* forplantning
propel *v.* drive frem
proper *adj.* ordentlig
property *n.* ejendom
prophecy *n.* profeti
prophesy *v.* profetere
prophet *n.* profet
prophetic *adj.* profetisk
proportion *n.* proportion
proportion *v.* proportionere
proportional *adj.* proportional

proportionate *adj.* proportional
proposal *n.* forslag
propose *v.* foreslå
proposition *n.* forslag
propound *v.* fremlæge
proprietary *adj.* ejendoms-
proprietor *n.* ejer
propriety *n.* korrekthed
prorogue *v.* hjemsende
prosaic *adj.* prosaisk
prose *n.* prosa
prosecute *v.* anklage
prosecution *n.* retsforfølgning
prosecutor *n.* anklager
prosody *n.* prosodi
prospect *n.* prospekt
prospective *adj.* eventuel
prospectus *n.* prospekt
prosper *v.* blomstre
prosperity *n.* velstand
prosperous *adj.* velstående
prostitute *n.* prostitueret
prostitute *v.* prostituere
prostitution *n.* prostitution
prostrate *adj.* næstegrus
prostrate *v.* kaste sig på knæ
prostration *n.* knæfald
protagonist *n.* protagonist
protect *v.* beskytte
protection *n.* protektion
protective *adj.* beskyttende
protector *n.* protektor
protein *n.* protein
protest *n.* protest
protest *v.* protestere
protestation *n.* erklæring
prototype *n.* prototype
proud *adj.* stolt
prove *v.* bevise
proverb *n.* ordsprog
proverbial *adj.* som talemåden
provide *v.* skaffe
providence *n.* forsynet

provident *adj.* forudseende	**puddle** *v.* lave en pyt
providential *adj.* bestemt af forsynet	**puerile** *adj.* barnagtig
province *n.* forsyn	**puff** *n.* pust
provincial *adj.* provinsiel	**puff** *v.* puste
provincialism *n.* provinsialisme	**pull** *v.* trække
provision *n.* proviant	**pull** *n.* træk
provisional *adj.* provisorisk	**pulley** *n.* trisse
proviso *n.* klausul	**pullover** *n.* sweater
provocation *n.* provokation	**pulp** *n.* frugtkød
provocative *adj.* provokerende	**pulp** *v.* mose
provoke *v.* provokere	**pulpit** *adj.* prædikestol
prowess *n.* overlegenhed	**pulpy** *adj.* kødfuld
proximate *adj.* nærmest	**pulsate** *v.* pulsere
proximity *n.* nærhed	**pulsation** *n.* pulsering
proxy *n.* fuldmagt	**pulse** *n.* puls
prude *n.* snerpe	**pulse** *v.* pulsere
prudence *n.* omtanke	**pump** *n.* pumpe
prudent *adj.* forsigtig	**pump** *v.* pumpe
prudential *adj.* forsigtig	**pumpkin** *n.* græskar
prune *v.* beskære	**pun** *n.* pointe
pry *v.* snage	**pun** *v.* lave en pointe
psalm *n.* salme	**punch** *n.* punch
pseudonym *n.* pseudonym	**punch** *v.* slå
psyche *n.* psyke	**punctual** *adj.* punktlig
psychiatrist *n.* psykiater	**punctuality** *n.* punktualitet
psychiatry *n.* psykiatri	**punctuate** *v.* sætte tegn
psychic *adj.* synsk	**punctuation** *n.* tegnsætning
psychological *adj.* psykologisk	**puncture** *n.* punktering
psychologist *n.* psykolog	**puncture** *v.* punktere
psychology *n.* psykologi	**pungency** *n.* krashed
psychopath *n.* psykopat	**pungent** *adj.* kras
psychosis *n.* psykose	**punish** *v.* straffe
psychotherapy *n.* psykoterapi	**punishment** *n.* straf
puberty *n.* pubertet	**punitive** *adj.* straffende
public *adj.* offentlig	**puny** *adj.* splejset
public *n.* offentligheden	**pupil** *n.* elev
publication *n.* udgivelse	**puppet** *n.* marionetdukke
publicity *n.* omtale	**puppy** *n.* hundehvalp
publicize *v.* omtale	**purblind** *n.* svagsynet
publish *v.* offentliggøre	**purchase** *v.* købe
publisher *n.* forlægger	**purchase** *n.* køb
pudding *n.* dessert	**pure** *adj.* ren
puddle *n.* pyt	**purgation** *n.* purgation

purgative *n.* lavement
purgative *adj.* udrensende
purgatory *n.* Skærsilden
purge *v.* udrense
purification *n.* rensning
purify *v.* rense
purist *n.* purist
puritan *n.* puritaner
puritanical *adj.* puritansk
purity *n.* renhed
purple *adj./n.* lilla
purport *n.* betydning
purport *v.* foregive
purpose *n.* formål
purpose *v.* designe
purposely *adv.* bevidst
purr *n.* spinden
purr *v.* spinde
purse *v.* snerpe sammen
purse *n.* pengepung
pursuance *n.* udøvelse
pursue *v.* forfølge
pursuit *n.* forfølgelse
purview *n.* bestemmelser
pus *n.* materie
push *v.* skubbe
push *n.* skub
put *v.* sætte
put *n.* put
puzzle *n.* gåde
puzzle *v.* forundre
pygmy *n.* pygmæ
pyorrhoea *n.* pyorrhea
pyramid *n.* pyramide
pyre *n.* ligbål
pyromantic *adj.* pyroman-
pyromantic *n.* pyroman
python *n.* pytonslange

Q

quack *n.* kvaksalver
quack *v.* rappe
quackery *n.* kvaksalveri
quadrangle *n.* firkant
quadrangular *adj.* firkantet
quadrilateral *n.* firkant
quadrilateral *adj.* firkantet
quadruped *n.* firbenet dyr
quadruple *adj.* firdobbelt
quadruple *v.* firdoble
quail *n.* vagtel
quaint *adj.* løjerlig
quake *n.* jordskælv
quake *v.* skælve
qualification *n.* kvalifikation
qualify *v.* kvalificere
qualitative *adj.* kvalitativ
quality *n.* kvalitet
quandary *n.* forlegenhed
quantitative *adj.* kvantitativ
quantity *n.* kvantitet
quantum *n.* kvantum
quarrel *v.* skændes
quarrel *n.* skænderi
quarrelsome *adj.* krakilsk
quarry *v.* bryde
quarry *n.* stenbrud
quarter *v.* dele i fire dele
quarter *n.* kvart
quarterly *adj.* kvartalsvis
queen *n.* dronning
queer *adj.* sær
queer *v.* spolere
queer *n.* homoseksuel
quell *v.* dæmpe
quench *v.* slukke
query *v.* forespørge
query *n.* forespørgsel
quest *n.* søgen

quest v. søge
question v. udspørge
question n. spørgsmål
questionable adj. tvivlsom
questionnaire n. spørgeskema
queue n. kø
queue v. stå i/stille sig i kø
quibble v. give smålige bemærkninger
quibble n. petitesse
quick n. negleleje
quick adj. hurtig
quicksand n. kviksand
quicksilver n. kviksølv
quiet adj. stille
quiet n. stilhed
quiet v. gøre stille
quilt n. vattæppe
quinine n. kinin
quintessence n. kvintessens
quit v. droppe
quite adv. helt
quiver v. skælve
quiver n. skælven
quixotic adj. verdensfjern
quiz v. udspørge
quiz n. quiz
quorum n. quorum
quota n. kvote
quotation n. citat
quote v. citere
quotient n. kvotient

R

rabbi n. rabbiner
rabbit n. kanin
rabble n. hob
rabies n. hundegalskab

race v. fare
race n. kapløb
racial adj. race-
racialism n. racisme
racism n. racisme
racist adj. racistisk
rack n. stativ
rack v. plage
racket n. ketsjer
radiance n. udstråling
radiant adj. strålende
radiate v. udstråle
radiation n. radioaktiv stråling
radical adj. radikal
radio n. radio
radio v. sende over radio
radiogram n. radiogram
radiography n. radiografi
radiolocation n. radiopejling
radiology n. radiologi
radiomercury n. radioaktiv kviksølv
radiommunology n. radioimmunologi
radion n. radion
radiophone n. radiotelefon
radioscan n. røntgenskanning
radiotelegraphy n. radiotelegrafi
radious adj. strålende
radish n. radise
radium n. radium
radius n. radius
rag v. drille
rag n. klud
rage v. rase
rage n. raseri
raid v. angribe
raid n. overraskelsesangreb
rail v. sende med tog
rail n. skinne
railing n. rækværk
raillery n. drilleri
railway n. jernbane
rain n. regn

rain *v.* regne
rainy *adj.* regnfuld
raise *v.* hæve
raisin *n.* rosin
rally *n.* stævne
rally *v.* samle
ram *v.* vædre
ram *n.* vædder
ramble *n.* vrøvl
ramble *v.* vrøvle
rampage *n.* hærgen
rampage *v.* hærge
rampant *adj.* tiltagende
rampart *n.* vold
ranch *n.* ranch
ranch *v.* drive ranch
rancid *adj.* harsk
rancidify *v.* harskne
rancour *n.* had
random *adj.* tilfældig
randomise *v.* randomisere
range *n.* række
range *v.* strække
ranger *n.* skovfoged
rank *v.* opstille
rank *adj.* stinkende
rank *n.* rang
ransack *v.* endevende
ransom *v.* løskøbe
ransom *n.* løsepenge
rape *v.* voldtage
rape *n.* voldtægt
rapid *adj.* hurtig
rapidity *n.* hurtighed
rapier *n.* rapir
rapport *n.* rapport
rapt *adj.* henført
rapture *n.* ekstase
rare *adj.* sjælden
rarefy *v.* fortynde
rarely *adv.* sjældent
rareness *n.* sjældenhed
rarity *n.* sjældenhed

rascal *n.* bandit
rash *adj.* overilet
rash *n.* udslæt
rasp *n.* rasp
rasp *v.* raspe
raspberry *n.* hindbær
raspberry *adj.* hindbærfarvet
raspy *adj.* raspende
rasta *n.* rastafari
rasure *n.* sletning
rat *v.* forråde
rat *n.* rotte
rate *n.* takst
rate *v.* vurdere
rather *adv.* temmelig
ratify *v.* ratificere
ratio *n.* forhold
ration *n.* ration
rational *adj.* rationel
rationale *n.* rationale
rationality *n.* rationalitet
rationalize *v.* rationalisere
rattle *n.* klapren
rattle *v.* klapre
ravage *v.* rasere
ravage *n.* ravage
rave *v.* rable
raven *n.* ravn
ravine *n.* kløft
raw *adj.* rå
ray *n.* stråle
raze *v.* udslette
razor *n.* barberkniv
reabsorb *v.* resorbere
reabsorption *n.* resorption
reaccept *v.* genacceptere
reach *n.* rækkevidde
reach *v.* række
react *v.* reagere
reaction *n.* reaktion
reactionary *adj.* reaktionær
reactionist *n.* reaktionær
reactivate *v.* reaktivere

reactivation *n.* reaktivering	**reapproach** *v.* henvende sig igen
reactive *adj.* reaktiv	**reappropriate** *v.* reappropriere
reactor *n.* reaktor	**reapproval** *n.* gengodkendelse
read *v.* læse	**rear** *v.* opfostre
reader *n.* læser	**rear** *adv.* bagerste
readily *adv.* villigt	**rear** *n.* bagende
readiness *n.* villighed	**rear** *adj.* bag-
ready *adj.* klar	**rearrange** *v.* flytte om på
reak *n.* spøg	**rearticulate** *v.* omformulere
real *adj.* virkelig	**rearview** *adj.* bak-
realism *n.* realisme	**reason** *v.* argumentere
realist *n.* realist	**reason** *n.* grund
realistic *adj.* realistisk	**reasonable** *adj.* fornuftig
reality *n.* virkelighed	**reassure** *v.* forsikre
realization *n.* realisering	**rebate** *n.* rabat
realize *v.* realisere	**rebel** *v.* gøre oprør
reallocate *v.* reallokere	**rebel** *n.* oprører
reallocation *n.* reallokering	**rebellion** *n.* oprør
really *adv.* virkelig	**rebellious** *adj.* oprørsk
really *int.* virkelig	**rebirth** *n.* genfødsel
realm *n.* rige	**rebound** *v.* springe tilbage
realtor *n.* ejendomsmægler	**rebound** *n.* tilbagespring
realty *n.* fast ejendom	**rebuff** *v.* afvise
ream *n.* ris	**rebuff** *n.* afvisning
ream *v.* oprømme	**rebuke** *n.* irettesættelse
reamer *n.* rømmejern	**rebuke** *v.* irettesætte
reamplify *v.* reamplificere	**recall** *n.* genkaldelse
reamputation *n.* reamputering	**recall** *v.* genkalde
reanimate *adj.* genoplivet	**recede** *v.* trække sig tilbage
reanimate *v.* genoplive	**receipt** *n.* kvittering
reanimation *n.* genoplivning	**receive** *v.* modtage
reannex *v.* reannektere	**receiver** *n.* modtager
reannexation *n.* reannektering	**recent** *adj.* nylig
reap *n.* neg	**recently** *adv.* for nylig
reap *v.* høste	**reception** *n.* modtagelse
reaper *n.* mejemaskine	**receptive** *adj.* modtagelig
reappear *v.* dukke op igen	**recess** *n.* niche
reappearance *n.* genopdukken	**recession** *n.* recession
reapplication *n.* reapplikering	**recipe** *n.* opskrift
reapply *v.* reapplikere	**recipient** *n.* modtager
reappoint *v.* genudpege	**reciprocal** *adj.* gensidig
reappraisal *n.* revurdering	**reciprocate** *v.* gengælde
reappraise *v.* revurdere	**recital** *n.* oplæsning

recitation *n.* oplæsning
recite *v.* oplæse
reckless *adj.* dumdristig
reckon *v.* regne med
reclaim *v.* inddæmme
reclamation *n.* inddæmning
recluse *n.* eneboer
recognition *n.* genkendelse
recognize *v.* genkende
recoil *v.* rekylere
recoil *n.* rekyl
recollect *v.* erindre
recollection *n.* erindring
recommend *v.* anbefale
recommendation *n.* anbefaling
recompense *n.* godtgørelse
recompense *v.* godtgøre
reconcile *v.* forsone
reconciliation *n.* forsoning
recondensation *n.* rekondensering
recondense *v.* rekondensere
recondition *v.* renovere
reconductor *n.* rekonduktor
reconfigurate *v.* konfigurere
reconfiguration *n.* rekonfigurering
reconquer *v.* generobre
reconsider *v.* genoverveje
reconsolidate *v.* rekonsolidere
record *v.* optage
record *n.* optegnelse
recorder *n.* optager
recount *v.* genoptælling
recoup *v.* vinde ind igen
recourse *n.* regres
recover *v.* komme sig
recovery *n.* helbredelse
recreation *n.* rekreation
recreational *adj.* rekreativ
recreative *adj.* rekreativ
recriminate *v.* gengælde
recrimination *n.* gengældelse
recrudency *n.* genopblusning
recruit *v.* rekruttere

recruit *n.* rekrut
rectangle *n.* rektangel
rectangular *adj.* rektangulær
rectification *n.* rektificering
rectify *v.* rektificere
rectum *n.* rektum
recur *v.* vende tilbage
recurrence *n.* tilbagevenden
recurrent *adj.* tilbagevendende
red *n.* rød
red *adj.* rød
redden *v.* rødme
reddish *adj.* rødlig
redeem *v.* indfri
redemption *n.* indfrielse
redouble *v.* genfordoble
redress *n.* afhjælpning
redress *v.* afhjælpe
reduce *v.* reducere
reduction *n.* reducering
redundance *n.* redundans
redundant *adj.* redundant
reel *n.* spole
reel *v.* spole
refer *v.* henvise
referee *n.* dommer
reference *n.* reference
referendum *n.* afstemning
refine *v.* raffinere
refinement *n.* raffinering
refinery *n.* raffinaderi
reflect *v.* reflektere
reflection *n.* refleksion
reflective *adj.* reflekterende
reflector *n.* reflektor
reflex *adj.* refleks-
reflex *n.* refleks
reflexive *adj.* refleksmæssig
reform *n.* reform
reform *v.* reformere
reformation *n.* reformation
reformatory *n.* reformskole
reformatory *adj.* reformerende

reformer n. reformator
refrain n. refræn
refrain v. afstå
refresh v. genopfriske
refreshment n. genopfriskning
refrigerate v. køle
refrigeration n. køling
refrigerator n. køleskab
refuge n. tilflugtssted
refugee n. flygtning
refulgence n. stråling
refulgent adj. strålende
refund v. tilbagebetale
refund n. tilbagebetaling
refusal n. afslag
refuse v. afslå
refuse n. affald
refutation n. gendrivelse
refute v. gendrive
regal adj. kongelig
regard n. respekt
regard v. respektere
regenerate v. regenerere
regeneration n. regeneration
regicide n. kongemord
regime n. regime
regiment n. regiment
regiment v. disciplinere
region n. region
regional adj. regional-
register n. register
register v. registrere
registrar n. registrator
registration n. registrering
registry n. register
regret n. beklagelse
regret v. beklage
regular adj. regelmæssig
regularity n. regelmæssighed
regulate v. regulere
regulation n. regulering
regulator n. regulator
rehabilitate v. rehabilitere

rehabilitation n. rehabilitering
rehearsal n. prøve
rehearse v. øve
reign v. regere
reign n. regering
reimburse v. tilbagebetale
reimbursement n. tilbagebetaling
rein v. tøjle
rein n. tøjler
reinforce v. forstærke
reinforcement n. forstærkning
reinstate v. genindsætte
reinstatement n. genindsættelse
reiterate v. gentage
reiteration n. gentagelse
reject v. afvise
rejection n. afvisning
rejoice v. fryde sig
rejoin v. ripostere
rejoinder n. duplik
rejuvenate v. forynge
rejuvenation n. foryngelse
relapse n. tilbagefald
relapse v. få tilbagefald
relate v. relatere
relation n. relation
relative n. pårørende
relative adj. relativ
relax v. slappe af
relaxation n. afslapning
relay n. relæ
relay v. transmittere
release n. frigivelse
release v. frigive
relent v. give efter
relentless adj. ubarmhjertig
relevance n. relevans
relevant adj. relevant
reliable adj. pålidelig
reliance n. pålidelighed
relic n. levn
relief n. lindring
relieve v. lindre

religion *n.* religion
religious *adj.* religiøs
relinquish *v.* give afkald på
relish *n.* nydelse
relish *v.* nyde
reluctance *n.* modvillighed
reluctant *adj.* modvillig
rely *v.* være afhængig af
remain *v.* blive
remainder *n.* rest
remains *n.* rester
remand *n.* varetægtsfængsling
remand *v.* varetægtsfængsle
remark *v.* bemærke
remark *n.* bemærkning
remarkable *adj.* bemærkelsesværdig
remedial *adj.* hjælpe-
remedy *n.* kur
remedy *v.* kurere
remember *v.* huske
remembrance *n.* erindring
remind *v.* påminde
reminder *n.* påmindelse
reminiscence *n.* erindring
reminiscent *adj.* erindrende
remission *n.* remission
remit *v.* remittere
remit *n.* remit
remittance *n.* rimesse
remorse *n.* anger
remote *adj.* fjern
removable *adj.* som kan fjernes
removal *n.* fjernelse
remove *v.* fjerne
remunerate *v.* aflønne
remuneration *n.* løn
remunerative *adj.* aflønnende
renaissance *n.* renæssance
render *v.* rendere
rendezvous *n.* rendezvous
renew *v.* forny
renewal *n.* fornyelse
renounce *v.* opgive

renovate *v.* renovere
renovation *n.* renovation
renown *n.* berømmelse
renowned *adj.* berømt
rent *v.* leje
rent *n.* leje
renunciation *n.* afkald
repair *n.* reparation
repair *v.* reparere
repairable *adj.* kan repareres
repartee *n.* hurtig meningsudveksling
repatriate *v.* hjemsende
repatriate *n.* hjemsending
repatriation *n.* hjemsendelse
repay *v.* tilbagebetale
repayment *n.* tilbagebetaling
repeal *n.* ophævelse
repeal *v.* ophæve
repeat *v.* gentage
repel *v.* frastøde
repellent *n.* imprægneringsmiddel
repellent *adj.* frastødende
repent *v.* angre
repentance *n.* anger
repentant *adj.* angrende
repercussion *n.* eftervirkning
repetition *n.* gentagelse
replace *v.* erstatte
replacement *n.* erstatning
replenish *v.* forny
replete *adj.* mæt
replica *n.* kopi
reply *v.* svare
reply *n.* svar
report *n.* rapport
report *v.* rapportere
reporter *n.* reporter
repose *v.* hvile
repose *n.* hvile
repository *n.* opbevaringssted
represent *v.* repræsentere
representation *n.* repræsentation

representative *adj.* repræsenterende
representative *n.* repræsentant
repress *v.* undertrykke
repression *n.* undertrykkelse
reprimand *v.* reprimande
reprimand *n.* reprimandere
reprint *v.* genoptrykke
reprint *n.* genoptryk
reproach *n.* bebrejdelse
reproach *v.* bebrejde
reproduce *v.* reproducere
reproduction *n.* reproduktion
reproductive *adj.* reproduktiv
reproof *n.* irettesættelse
reptile *n.* krybdyr
republic *n.* republik
republican *n.* republikaner
republican *adj.* republikansk
repudiate *v.* fordømme
repudiation *n.* fordømmelse
repugnance *n.* afsky
repugnant *adj.* afskyelig
repulse *n.* afvisning
repulse *v.* frastøde
repulsion *n.* frastødning
repulsive *adj.* frastødende
reputation *n.* omdømme
repute *n.* omdømme
repute *v.* anerkende
request *n.* anmodning
request *v.* anmode
requiem *n.* rekviem
require *v.* kræve
requirement *n.* krav
requisite *n.* nødvendighed
requisite *adj.* nødvendig
requisition *n.* rekvisition
requisition *v.* rekvirere
requite *v.* gengælde
rescue *v.* redde
rescue *n.* redning
research *v.* forsk

research *n.* forskning
resemblance *n.* lighed
resemble *v.* ligne
resent *v.* være bitter
resentment *n.* bitterhed
reservation *n.* forbehold
reserve *v.* reservere
reservoir *n.* reservoir
reside *v.* bo
residence *n.* bolig
resident *adj.* bosat
resident *n.* beboer
residual *adj.* resterende
residue *n.* rest
resign *v.* fratræde
resignation *n.* fratræden
resist *v.* modstå
resistance *n.* modstand
resistant *adj.* modstandsdygtig
resolute *adj.* beslutsom
resolution *n.* beslutning
resolve *v.* løse
resonance *n.* resonans
resonant *adj.* resonant
resort *v.* ty
resort *n.* tilflugt
resound *v.* runge
resource *n.* ressource
resourceful *adj.* snarrådig
respect *v.* respektere
respect *n.* respekt
respectful *adj.* respektfuld
respective *adj.* respektive
respiration *n.* respiration
respire *v.* ånde
resplendent *adj.* strålende
respond *v.* svare
respondent *n.* respondent
response *n.* svar
responsibility *n.* ansvar
responsible *adj.* ansvarlig
rest *v.* hvile
rest *n.* hvile

restaurant *n.* restaurant
restive *adj.* urolig
restoration *n.* istandsættelse
restore *v.* istandsætte
restrain *v.* beherske
restrict *v.* begrænse
restriction *n.* begrænsning
restrictive *adj.* begrænsende
result *v.* resultere
result *n.* resultat
resume *v.* genoptage
resume *n.* sammendrag
resumption *n.* genoptagelse
resurgence *n.* genopstand
resurgent *adj.* fornyet
retail *v.* sælge
retail *n.* detailhandel
retail *adv.* en detail
retail *adj.* detail-
retailer *n.* detailhandler
retain *v.* bevare
retaliate *v.* gøre gengæld
retaliation *n.* gengældelse
retard *v.* sinke
retardation *n.* forsinkelse
retention *n.* bevarelse
retentive *adj.* velbevarende
reticence *n.* tilbageholdenhed
reticent *adj.* tilbageholdende
retina *n.* nethinde
retinue *n.* ledsagere
retire *v.* pensionere
retirement *n.* pensionering
retort *v.* svare igen
retort *n.* retort
retouch *v.* retouchere
retrace *v.* spore tilbage
retread *v.* vulkanisere
retread *n.* vulkaniseret dæk
retreat *v.* trække sig tilbage
retrench *v.* skære ned
retrenchment *n.* nedskæring
retrieve *v.* hente

retrospect *n.* tilbageblik
retrospection *n.* tilbageblik
retrospective *adj.* retrospektiv
return *v.* returnere
return *n.* tilbagevenden
revel *v.* svire
revel *n.* sviren
revelation *n.* åbenbaring
reveller *n.* svirebroder
revelry *n.* sviren
revenge *v.* hævne
revenge *n.* hævn
revengeful *adj.* hævngerrig
revenue *n.* indtægt
revere *v.* ære
reverence *n.* ærefrygt
reverend *adj.* ærværdig
reverent *adj.* ærbødig
reverential *adj.* ærbødig
reverie *n.* drømmeri
reversal *n.* omstødelse
reverse *adj.* omvendt
reverse *n.* bakgear
reverse *v.* vende
reversible *adj.* reversibel
revert *v.* vende tilbage
review *n.* gennemgang
review *v.* gennemgå
revise *v.* revidere
revision *n.* revision
revival *n.* genoplivelse
revive *v.* genoplive
revocable *adj.* kan kaldes tilbage
revocation *n.* tilbagekaldelse
revoke *v.* tilbagekalde
revolt *v.* oprøre
revolt *n.* oprør
revolution *n.* revolution
revolutionary *adj.* revolutionerende
revolutionary *n.* revolutionær
revolve *v.* dreje
revolver *n.* revolver
reward *n.* belønning

reward *v.* belønne	**ring** *n.* ring
rhetoric *n.* retorik	**ring** *v.* ringe
rhetorical *adj.* retorisk	**ringlet** *n.* slangekrølle
rheumatic *adj.* gigt-	**ringworm** *n.* ringorm
rheumatism *n.* gigt	**rinse** *v.* skylle
rhinoceros *n.* næsehorn	**riot** *n.* optøjer
rhyme *n.* rim	**riot** *v.* lave optøjer
rhyme *v.* rime	**rip** *v.* flænge
rhymester *n.* trubadur	**ripe** *adj.* moden
rhythm *n.* rytme	**ripen** *v.* modne
rhythmic *adj.* rytmisk	**ripple** *n.* krusning
rib *n.* ribben	**ripple** *v.* kruse sig
ribbon *n.* bånd	**rise** *v.* stige
rice *n.* ris	**rise** *n.* stigning
rich *adj.* rig	**risk** *v.* risikere
riches *n.* rigdomme	**risk** *n.* risiko
richness *adj.* rigdom	**risky** *adj.* risikabel
rick *n.* høstak	**rite** *n.* rite
rickets *n.* rakitis	**ritual** *n.* ritual
rickety *adj.* skrøbelig	**ritual** *adj.* rituel
rickshaw *n.* rickshaw	**rival** *n.* rival
rid *v.* befri	**rival** *v.* konkurrere med
riddle *n.* gåde	**rivalry** *n.* rivaliseren
riddle *v.* sortere	**river** *n.* flod
ride *n.* tur	**rivet** *n.* nitte
ride *v.* ride	**rivet** *v.* nitte
rider *n.* rytter	**rivulet** *n.* bæk
ridge *n.* højderyg	**roach** *n.* skalle
ridicule *v.* latterliggøre	**road** *n.* vej
ridicule *n.* latterliggørelse	**road race** *n.* landevejsræs
ridiculous *adj.* latterlig	**road rage** *n.* vejvrede
rifle *v.* røve	**roadblock** *n.* vejspærring
rifle *n.* riffel	**roadblock** *v.* sætte en vejspærring
rift *n.* kløft	**roadhouse** *n.* kro
right *adj.* rigtig	**roadkill** *n.* trafikdrab
right *adv.* rigtigt	**roadrunner** *n.* jordgøg
right *n.* højre	**roadshow** *n.* turne
right *v.* rette op	**roadster** *n.* roadster
righteous *adj.* retskaffen	**roam** *v.* strejfe
rigid *adj.* stiv	**roar** *n.* brøl
rigorous *adj.* streng	**roar** *v.* brøle
rigour *n.* strenghed	**roast** *v.* stege
rim *n.* rand	**roast** *adj.* stegt

roast *n.* steg
rob *v.* røve
robber *n.* røver
robbery *n.* røveri
robe *n.* slåbrok
robe *v.* iklæde
robot *n.* robot
robust *adj.* robust
rock *v.* vugge
rock *n.* klippe
rock climber *n.* klatrer
rock-bottom *v.* ramme allerlaveste punkt
rocker *n.* rocker
rocket *n.* raket
rocket scientist *n.* raketingeniør
rocketeer *n.* raketkonstruktør
rocketman *n.* raketmand
rockfall *n.* klippeskred
rockfish *n.* rødfisk
rocking *adj.* gyngende
rod *n.* stang
rodent *n.* gnaver
roe *n.* rogn
rogue *n.* gavtyv
roguery *n.* gavtyveri
roguish *adj.* gavtyveagtigt
role *n.* rolle
roll *n.* rulning
roll *v.* rulle
roll-call *n.* navneopråb
roller *n.* tromle
romance *n.* romance
romantic *adj.* romantisk
romp *v.* tumle
romp *n.* tumlen
rood *n.* korbuekrucifiks
roof *n.* tag
roof *v.* overdække
rook *n.* råge
rook *v.* flå
room *n.* værelse
roomy *adj.* rummelig

roost *n.* siddepind
roost *v.* hvile
root *n.* rod
root *v.* slå rod
rope *n.* reb
rope *v.* binde med reb
rosary *n.* rosenkrans
rose *n.* rose
roseate *adj.* rosenfarvet
rostrum *n.* podium
rosy *adj.* rosenrød
rot *n.* forrådnelse
rot *v.* rådne
rotary *adj.* roterende
rotate *v.* rotere
rotation *n.* rotation
rote *n.* terpen
rouble *n.* rubel
rough *adj.* grov
round *adj.* rund
round *adv.* rundt
round *n.* runde
round *v.* runde
rouse *v.* opildne
rout *v.* jage på flugt
rout *n.* vild flugt
route *n.* rute
routine *n.* rutine
routine *adj.* rutinemæssig
rove *v.* vandre
rover *n.* vandrer
row *n.* række
row *v.* skændes
rowdy *adj.* larmende
royal *adj.* kongelig
royalist *n.* royalist
royalty *n.* kongelige
rub *v.* gnide
rubber *n.* gummi
rubber bullet *n.* gummikugle
rubber duck *n.* badeand
rubber tree *n.* gummitræ
rubberneck *n.* nysgerrig person

rubberneck v. kigge nysgerrigt	**rumble** v. rumle
rubbing n. gnidebillede	**rumble** n. rumlen
rubbish n. affald	**ruminant** adj. drøvtyggende
rubble n. murbrokker	**ruminant** n. drøvtygger
rubblework n. stenmur	**ruminate** v. gruble
rubeola n. mæslinger	**rumination** n. grubleri
rubian n. krap	**rummage** v. gennemsøge
rubican adj. hvidplettet	**rummage** n. gennemsøgning
rubicon n. rubicon	**rummy** n. mærkelig
rubify v. rødme	**rumour** n. rygte
rubric n. rubrik	**rumour** v. rygte
rubricate v. lave rubrikker	**run** v. løbe
ruby n. rubin	**run** n. løb
ruck n. vrimmel	**runabout** n. omstrejfer
ruck v. krølle	**runaway** n. bortløber
rucksack n. rygsæk	**runback** n. runback
ruckus n. tumult	**runcation** n. luge
rudder n. ror	**rundown** n. gennemgang
rudderpost n. rorskaft	**rune** n. rune
ruddy adj. rødlig	**rung** n. trin
rude adj. uforskammet	**runner** n. løber
rudiment n. rudiment	**runs** n. diarré
rudimentary adj. rudimentær	**rupee** n. rupi
rue v. angre	**rupture** v. briste
rue n. rude	**rupture** n. brud
rueful adj. angerfuld	**rural** adj. landlig
ruffian n. bølle	**ruse** n. list
ruffle n. flæse	**rush** n. jag
ruffle v. pjuske	**rush** v. fare
rug n. tæppe	**rust** n. rust
rugged adj. barsk	**rust** v. ruste
ruin n. ruin	**rustic** adj. rustik
ruin v. ødelægge	**rustic** n. bonde
rule n. regering	**rusticate** v. landliggøre
rule v. regere	**rustication** n. landliggørelse
rulebook n. regelsamling	**rusticity** n. landlighed
rulebound adj. regelbundet	**rusty** adj. rusten
rulebraker n. regelbryder	**rut** adj. brunst-
rulebreaking n. regelbrud	**rut** n. brunst
ruler n. hersker	**ruthless** adj. ubarmhjertig
ruling n. kendelse	**rye** n. rug
rum n. rom	
rum adj. mærkelig	

S

sabbath *n.* sabbat
sabbatical *n.* sabbat
sabbatical *adj.* sabbat-
sabotage *n.* sabotage
sabotage *v.* sabotere
sabre *n.* sabel
sabre *v.* sable
saccharin *n.* sakkarin
saccharine *adj.* sukkersød
sack *n.* sæk
sack *v.* fyre
sacrament *n.* sakramente
sacred *adj.* hellig
sacrifice *n.* offer
sacrifice *v.* ofre
sacrificial *adj.* offer-
sacrilege *n.* helligbrøde
sacrilegious *adj.* profan
sacrosanct *adj.* sakrosankt
sad *adj.* bedrøvet
sadden *v.* bedrøve
saddle *n.* saddel
saddle *v.* sadle
sadism *n.* sadisme
sadist *n.* sadist
sadness *n.* sorg
safe *adj.* sikker
safe *n.* pengeskab
safe harbour *n.* safe port
safe-conduct *n.* sikker passage
safe-deposit *n.* bankboks
safebox *n.* pengeboks
safebraker *n.* pengeskabstyv
safecracker *n.* pengeskabstyv
safeguard *n.* beskyttelse
safeguard *v.* beskytte
safehouse *n.* sikkert opholdssted
safekeeping *n.* sikker opbevaring
safely *adv.* sikkert
safety *n.* sikkerhed
saffron *n.* safran
saffron *adj.* safrangul
sag *n.* hængen
sag *v.* hænge
saga *n.* saga
sagacious *adj.* klog
sagacity *n.* klogskab
sage *n.* salvie
sage *adj.* klog
sage-green *n.* grågrøn
sagebush *n.* bynke
sageness *n.* klogskab
saggy *adj.* hængende
sagittary *n.* kentaur
sahib *n.* sahib
sail *v.* sejle
sail *n.* sejl
sailboard *n.* surfbræt
sailboard *v.* windsurfe
sailboarder *n.* windsurfer
sailboat *n.* sejlbåd
sailboater *n.* sejlbådssejler
sailboating *n.* sejlbådssejlads
sailcraft *n.* sejlbåd
sailing *adj.* sejlende
sailing *n.* sejlads
sailor *n.* sejler
saint *n.* helgen
saintly *adj.* helgenagtig
sake *n.* sag
salable *adj.* salgbar
salad *n.* salat
salamander *n.* salamander
salamander *v.* brune i en salamandergrill
salary *n.* løn
sale *n.* udsalg
salebrosity *n.* ruhed
salesforce *n.* salgspersonale
salesman *n.* sælger
salient *adj.* fremtrædende

saline *adj.* salt-	**sandbank** *n.* sandbanke
salinity *n.* saltholdighed	**sandboard** *n.* sandboard
saliva *n.* spyt	**sandboard** *v.* sandboarde
sally *n.* udfald	**sandbox** *n.* sandkasse
sally *v.* gøre udfald	**sandcastle** *n.* sandslot
saloon *n.* salon	**sandfish** *n.* sandfisk
salt *n.* salt	**sandglass** *n.* timeglas
salt *v.* salte	**sandhill** *n.* klit
salty *adj.* salt	**sandpaper** *n.* sandpapir
salutary *adj.* sund	**sandpaper** *v.* slibe med sandpapir
salutation *n.* hilsen	**sandscape** *n.* landskab med sand
salute *v.* gøre honnør	**sandstorm** *n.* sandstorm
salute *n.* honnør	**sandwich** *n.* sandwich
salvage *n.* bjærgning	**sandwich** *v.* klemme
salvage *v.* bjærge	**sandy** *adj.* sandet
salvation *n.* redning	**sane** *adj.* fornuftig
samaritan *n.* samaritaner	**sanely** *adv.* fornuftigt
samba *n.* samba	**sanguine** *adj.* sangvinsk
samba *v.* danse samba	**sanitary** *adj.* sanitær
sambuca *n.* sambuca	**sanity** *n.* fornuft
same *adj.* samme	**sap** *n.* plantesaft
samely *adv.* ensartet	**sap** *v.* svække
samite *n.* samitum	**sapidity** *n.* velsmagenhed
samovar *n.* samovar	**sapience** *n.* visdom
sample *n.* prøve	**sapiens** *n.* intelligens
sample *v.* prøve	**sapient** *adj.* intelligent
sampler *n.* prøveudtager	**sapling** *n.* ungt træ
sampling *n.* sampling	**sapphire** *n.* safir
samsonite *n.* samsonit	**sarcasm** *n.* sarkasme
samurai *n.* samurai	**sarcastic** *adj.* sarkastisk
sanability *n.* helbredelighed	**sardonic** *adj.* sardonisk
sanatorium *n.* sanatorium	**satan** *n.* satan
sanctification *n.* helliggørelse	**satanic** *adj.* satanisk
sanctify *v.* hellige	**satanically** *adv.* satanisk
sanction *n.* sanktion	**satchel** *n.* skuldertaske
sanction *v.* sanktionere	**satellite** *n.* satellit
sanctity *n.* hellighed	**satiable** *adj.* mætbar
sanctuary *n.* tilflugtssted	**satiate** *v.* mætte
sand *n.* sand	**satiety** *n.* mæthed
sand *adj.* sandfarvet	**satin** *n.* satin
sand *v.* slibe	**satin** *adj.* satin-
sandal *n.* sandal	**satire** *n.* satire
sandalwood *n.* sandeltræ	**satirical** *adj.* satirisk

satirist *n.* satiriker
satirize *v.* satirisere
satisfaction *n.* tilfredshed
satisfactory *adj.* tilfredsstillende
satisfy *v.* tilfredsstille
saturate *v.* mætte
saturation *n.* mætning
Saturday *n.* lørdag
sauce *n.* sovs
sauce *v.* sovse
saucer *n.* underkop
saucy *adj.* vovet
sauna *n.* sauna
sauna *v.* gå i sauna
saunter *v.* slentre
saunter *n.* slentren
saunterer *n.* slendrian
sausage *n.* pølse
saute *v.* sautere
savable *adj.* salverbar
savage *adj.* vild
savage *n.* vild
savage *v.* skambide
savagely *adv.* vildt
savagery *n.* vildskab
savant *n.* lærd
save *v.* redde
save *prep.* undtagen
saviour *n.* frelser
savour *v.* nyde
savour *n.* smag, duft
saw *n.* sav
saw *v.* save
sawbench *n.* savebænk
sawbill *n.* rødbrystet skallesluger
sawbones *n.* kirurg
sawbuck *n.* savbunk
sawdust *n.* savsmuld
sawfish *n.* savrokke
sawgrass *n.* avneknippe
sawhorse *n.* savhest
sawmill *n.* savværk
sawpit *n.* savgrav

sawtooth *n.* savtand
sawyer *n.* savskærer
saxophone *n.* saxofon
saxophonist *n.* saxofonist
say *v.* sige
say *n.* medbestemmelse
say *adv.* lad os sige
scab *n.* sårskorpe
scab *v.* danne sårskorpe
scabbard *n.* skede
scabies *n.* fnat, skab
scaffold *n.* stillads
scale *n.* tandsten
scale *v.* fjerne tandsten
scalp *n.* hovedbund
scambling *n.* kryptering
scamper *v.* pile
scamper *n.* ilen
scan *v.* skanne
scan *n.* skanning
scandal *n.* skandale
scandalize *v.* skandalisere
scandalous *adj.* skandaløs
scandalously *adv.* skandaløst
scant *v.* spare på
scant *n.* sparsomhed
scant *adj.* sparsom
scanty *adj.* utilstrækkelig
scape *n.* stilk
scape *v.* undvige
scapegoat *v.* gøre til syndebuk
scapegoat *n.* syndebuk
scapeless *adj.* stilkløs
scapula *n.* skulderblad
scapular *n.* skapular
scapular *adj.* skulder-
scar *n.* ar
scar *v.* arre
scarab *n.* skarabæ
scarce *adj.* knap
scarcely *adv.* knap
scarcity *n.* knaphed
scare *n.* forskrækkelse

scare v. forskrække
scarf n. tørklæde
scatter v. sprede
scatterbrain n. forvirret person
scatterbrained adj. forvirret
scattered adj. spredt
scattergun n. haglbøsse
scatteringly adv. spredt
scattery adj. spredte
scatty adj. forvirret
scavenge v. søge efter ådsler
scavenger n. ådselæder
scenario n. scenarie
scenarist n. manuskriptforfatter
scene v. opsætte
scene n. scene
scenery n. kulisse
scenic adj. teater-
scent n. duft
scent v. dufte
sceptic n. skeptiker
sceptical adj. skeptisk
scepticism n. skepticisme
sceptre n. scepter
schedule n. tidsplan
schedule v. planlægge
schematic n. skitse
schematic adj. skematisk
schematically adv. skematisk
schematist n. planlægger
scheme n. ordning
scheme v. intrigere
schemer n. rænkesmed
schism n. skisma
schizophrenia n. skizofreni
schizophreniac adj. skizofren
schizophreniac n. skizofren
scholar n. forsker
scholarly adj. videnskabelig
scholarship n. stipendium
scholastic adj. skolastisk
school n. skole
school v. skole

schoolfellow n. skolekammerat
schoolhouse n. skolebygning
schoolmaster n. skoleinspektør
schoolmate n. skolekammerat
schoolteacher n. skolelærer
schoolyard n. skolegård
schooner n. skonnert
sciatic adj. hofte-
sciatica n. ischias
science n. videnskab
scientific adj. videnskabelig
scientist n. forsker
scintillate v. tindre
scintillation n. tindren
scissors n. saks
scoff n. forhånelse
scoff v. håne
scold v. skælde ud
scooter n. scooter
scope n. rammer
scorch v. afsvide
scorch n. afsvedet plet
score n. stilling
score v. score
scoreboard n. pointtavle
scorebook n. pointbog
scorebox n. pointboks
scorecard n. scorekort
scorekeeper n. pointtæller
scorekeeping n. pointtælling
scorepad n. pointblok
scorer n. pointscorer
scorn n. foragt
scorn v. foragte
scorpion n. skorpion
Scot n. skotte
scot n. skotte
scot-free adj. helskindet
scotch adj. skotsk
scotch n. whisky
scoundrel n. skurk
scourge n. plage
scourge v. plage

scout *n.* spejder
scout *v.* rekognoscere
scowl *v.* skule
scowl *n.* skulen
scragged *adj.* pjusket
scraggy *adj.* radmager
scramble *v.* kryptere
scramble *n.* kryptering
scrambled *adj.* krypteret
scrap *v.* skrotte
scrap *n.* skrot
scrapbook *n.* skrapbog
scrape *n.* afskrabning
scrape *v.* skrabe
scraper *n.* skraber
scratch *n.* kradsen
scratch *v.* kradse
scratch *adj.* improviseret
scratchboard *n.* kradsebræt
scratchbush *n.* brændenælde
scratched *adj.* kradset
scratchpad *n.* notesblok
scratchy *adj.* kradsende
scrawl *n.* kragetæer
scrawl *v.* kradse ned
scream *n.* skrig
scream *v.* skrige
screen *v.* screene
screen *n.* skærm
screen name *n.* brugernavn
screenable *adj.* kan screenes
screencast *n.* screen cast
screendoor *n.* netdør
screenprint *n.* screen print
screensaver *n.* screensaver
screenshot *n.* sceneshow
screenwork *n.* tv- og filmarbejde
screw *v.* skrue
screw *n.* skrue
scribble *n.* skriblen
scribble *v.* skrible
script *n.* manuskript
scripture *n.* hellig skrift

scroll *n.* skriftrulle
scrooge *n.* gnier
scrotum *n.* skrotum
scrub *n.* krat
scrub *v.* skure
scrub *adj.* kratbevokset
scrubby *adj.* kratbevokset
scruff *n.* nakkeskind
scruff *v.* løfte i nakkeskindet
scruffiness *n.* lurvethed
scrumble *n.* lap
scrump *v.* stjæle frugt fra en plantage
scrumptious *adj.* lækker
scruple *n.* skrupler
scruple *v.* have skrupler
scrupleless *adj.* skrupelløs
scrupulous *adj.* skrupuløs
scrupulously *adv.* skrupuløst
scrutinize *v.* granske
scrutiny *n.* granskning
scuffle *v.* slås
scuffle *n.* håndgemæng
sculpt *v.* forme
sculptor *n.* billedhugger
sculptural *adj.* skulpturel
sculpture *n.* skulptur
sculpturist *n.* skulptør
scum *n.* skum
scum *v.* skumme
scumbag *n.* møgsvin
scurry *v.* ile
scutllebutt *n.* sladder
scuttle *n.* pilen
scuttle *v.* pile
scythe *v.* slå med le
scythe *n.* le
sea *n.* hav
seabass *n.* havaborre
seabeach *n.* strand ved hav
seabird *n.* havfugl
seaboat *n.* havgående båd
seaborn *adj.* transporteret over hav

seacliff *n.* havudformet klippe	secession *n.* udtræden
seadog *n.* søulk	secessionist *n.* separatist
seafarer *n.* søfarer	seclude *v.* afskære
seafloor *n.* havbund	secluded *adj.* afsides
seafoam *n.* havskum	seclusion *n.* afsondrethed
seafood *n.* fisk og skaldyr	second *adj.* anden
seagull *n.* havmåge	second *n.* sekund
seajack *n.* pirateri	second *v.* sekundere
seajack *v.* kapre en båd	secondary *adj.* sekundær
seajacker *n.* pirat	seconder *n.* en der sekunderer
seajacking *n.* piratoverfald	secrecy *n.* hemmeligholdelse
seak *n.* sæbe	secret *n.* hemmelighed
seakeeping *n.* sødygtighed	secret *adj.* hemmelig
seal *v.* forsegle	secretariat *n.* sekretariat
seal *n.* sæl	secretary *n.* sekretær
sealab *n.* havlaboratorium	secrete *v.* udskille
sealability *n.* forseglingsevne	secretion *n.* sekret
sealant *n.* tætningsmateriale	secretive *adj.* hemmelig
sealed *adj.* forseglet	sect *n.* sekt
sealion *n.* søløve	sectarian *adj.* sekterisk
sealskin *n.* sælskind	section *n.* sektion
seam *v.* sammensy	sector *n.* sektor
seam *n.* sammensyning	secure *adj.* sikker
seamy *adj.* sammensyet	secure *v.* sikre
sear *n.* svitsning	security *n.* sikkerhed
sear *v.* svitse	sedan *n.* bærestol
search *v.* søge	sedate *v.* give beroligende middel
search *n.* søgning	sedate *adj.* rolig
search warrant *n.* ransagningskendelse	sedative *n.* beroligende middel
	sedative *adj.* beroligende
searchability *n.* søgbarhed	sedentary *adj.* stillesiddende
searching *n.* eftersøgning	sediment *n.* sediment
searching *adj.* grundig	sedition *n.* sedition
searchlight *n.* søgelys	seditious *adj.* seditiøs
seared *adj.* svitset	seduce *v.* forføre
seashore *n.* havbred	seduction *n.* forførelse
season *v.* krydre	seductive *adj.* forførende
season *n.* sæson	see *v.* se
seasonable *adj.* passende	seed *n.* frø
seasonal *adj.* sæson-	seed *v.* sætte frø
seat *v.* sætte	seek *v.* søge
seat *n.* sæde	seem *v.* synes
secede *v.* udtræde	seemly *adj.* anstændig

seep v. sive	**semicircle** n. halvcirkel
seer n. seer	**semiconductor** n. halvleder
seethe v. syde	**seminal** adj. skelsættende
segment v. segmentere	**seminar** n. seminar
segment n. segment	**senate** n. senat
segregate v. segregere	**senator** n. senator
segregation n. segregation	**senatorial** adj. senator-
seismic adj. seismisk	**send** v. sende
seismicity n. seismisk aktivitet	**senile** adj. senil
seismogram n. seismogram	**senility** n. senilitet
seismograph n. seismograf	**senior** n. senior
seismography n. seismografi	**senior** adj. senior-
seismologist n. seismolog	**seniority** n. anciennitet
seismology n. seismologi	**sensation** n. sensation
seismoscope n. seismoskop	**sensational** adj. sensationel
seize v. få et anfald	**sense** v. sanse
seizure n. anfald	**sense** n. sans
seldom adv. sjældent	**senseless** adj. sanseløs
select adj. udvalgt	**sensibility** n. følsomhed
select v. selektere	**sensible** adj. fornuftig
selection n. selektion	**sensitive** adj. følsom
selective adj. selektiv	**sensitivity** n. følsomhed
self n. selv	**sensual** adj. sensuel
self-abuse n. selvskade	**sensualist** n. sensualist
self-appointed adj. selvudnævnt	**sensuality** n. sensualitet
self-centered adj. selvcentreret	**sensuous** adj. sensuel
self-confident adj. selvsikker	**sentence** v. dømme
self-conscious adj. forlegen	**sentence** n. dom
self-control n. selvkontrol	**sentience** n. sanselighed
self-destruct v. selvdestruere	**sentient** adj. sansende
self-doubt n. tvivle på sig selv	**sentiment** n. anskuelse
selfie n. selfie	**sentimental** adj. sentimental
selfish adj. egoistisk	**sentinel** n. skildvagt
selfless adj. uselvisk	**sentry** n. skildvagt
sell v. sælge	**separable** adj. som kan adskilles
seller n. sælger	**separate** v. separat
semblance n. lighed	**separate** adj. separate
semen n. sæd	**separation** n. separation
semester n. semester	**sepsis** n. blodforgiftning
semi-finalist n. semifinalist	**September** n. september
semi-formal adj. halvformel	**septic** adj. septisk
semiamusing adj. halvsjovt	**sepulchre** n. grav
semiautomatic adj. halvautomatisk	**sepulture** n. grav

sequel *n.* fortsættelse	seven *adj.* syv
sequence *n.* sekvens	seven *n.* syvtal
sequester *v.* isolere	seventeen *n.* sytten
serendipitous *adj.* heldig	seventeenth *adj.* syttende
serendipity *n.* held	seventh *adj.* syvende
serene *adj.* afklaret	seventieth *adj.* halvfjerdsindstyvende
serenity *n.* afklarethed	
serf *n.* livegen	seventy *n.* halvfjerds
serge *n.* serges	sever *v.* rive af
sergeant *n.* sergent	several *adj.* adskillige
serial *n.* serie	severance *n.* adskillelse
serial *adj.* serie-	severe *adj.* alvorlig
series *n.* serie	severity *n.* alvorlighed
serious *adj.* alvorlig	sew *v.* sy
sermon *n.* prædiken	sewage *n.* spildevand
sermonize *v.* prædike	sewer *n.* kloak
serpent *n.* slange	sewerage *n.* kloakanlæg
serpentine *n.* serpentin	sex *v.* kønsbestemme
servant *n.* tjener	sex *n.* køn
serve *n.* serv	sexily *adv.* sexet
serve *v.* tjene	sexual *adj.* seksuel
service *v.* servicere	sexuality *n.* seksualitet
service *n.* service	sexy *adj.* sexet
serviceable *adj.* som kan repareres	shabby *adj.* lurvet
servile *adj.* servil	shack *n.* skur
servility *n.* servilitet	shack *v.* slå sig sammen
servitude *n.* slaveri	shackle *v.* lænke
sesame *n.* sesam	shackle *n.* lænke
sesamin *n.* sesamin	shade *v.* skygge for
session *n.* session	shade *n.* skygge
sessional *n.* midlertidig universitetsansat	shadow *v.* skygge
	shadow *n.* skygge
sessional *adj.* sessions-	shadowy *adj.* skyggeagtig
sessionless *adj.* uden session	shaft *n.* skaft
set *adj.* sat	shake *n.* rysten
set *n.* sæt	shake *v.* ryste
set *v.* sætte	shaky *adj.* rystende
setback *n.* tilbageslag	shallow *adj.* overfladisk
setlist *n.* spilleliste	sham *n.* humbug
settee *n.* sofa	sham *adj.* falsk
settle *v.* afgøre	sham *v.* lave humbug
settlement *n.* afgørelse	shaman *n.* shaman
settler *n.* den afgørende part	shamble *v.* tøfle

shambles *n.* virvar
shambolic *adj.* rodet
shame *v.* gøre skamfuld
shame *n.* skam
shameful *adj.* skamfuld
shameless *adj.* skamløs
shampoo *v.* vaske med shampoo
shampoo *n.* shampoo
shanty *adj.* fattig
shape *v.* forme
shape *n.* form
shapely *adj.* velformet
shapeshift *v.* skifte form
shapeshifter *n.* formskifter
shapeup *n.* daglejerarbejde
shard *n* skår
shard *v.* slå skår i
share *n.* del
share *v.* dele
sharebeam *n.* plovås
sharebroker *n.* aktiehandler
sharecrop *n.* forpagtning
shareholder *n.* aktionær
shareholding *adj.* aktiehavende
shareholding *n.* aktiebeholdning
sharemarket *n.* aktiemarked
shark *n.* haj
sharp *adv.* præcis
sharp *adj.* skarp
sharpen *v.* slibe
sharpener *n.* sliber
sharper *n.* svindler
shatter *v.* splintr
shave *n.* barbering
shave *v.* barbere
shaven *adj.* barberet
shaving *n.* barbering
shavings *n.* spåner
shawarma *n.* shawarma
shawl *n.* sjal
she *pron.* hun
sheading *n.* beklædning
sheaf *n.* bundt

shear *v.* klippe
shears *n.* saks
shearwall *n.* forskudt mur
sheat *n.* malle
sheath *n.* skede
sheath *v.* stikke i skeden
sheathe *v.* beklæde
shed *n.* skur
shed *v.* fælde
sheep *n.* får
sheepish *adj.* fåret
sheer *adj.* lutter
sheet *v.* dække
sheet *n.* ark
shelf *n.* hylde
shell *v.* afskalle
shell *n.* skal
shelter *v.* skærme
shelter *n.* læ
shelve *v.* skrinlægge
shepherd *n.* hyrde
shide *n.* planke
shield *v.* skærme
shield *n.* skjold
shift *n.* skift
shift *v.* skifte
shifty *adj.* upålidelig
shilling *n.* shilling
shilly-shally *v.* være ubeslutsom
shilly-shally *n.* ubeslutsomhed
shin *n.* skinneben
shine *n.* glans
shine *v.* skinne
shiny *adj.* glansende
ship *v.* sende
ship *n.* skib
shipboard *n.* skibsside
shipboard *adj.* skibs-
shipborne *adj.* transporteret med skib
shipbuilder *n.* skibsbygger
shiplap *n.* træliste
shipload *n.* skibsladning

shipmaster *n.* kaptajn
shipmate *n.* matros
shipment *n.* sending
shipowner *n.* reder
shipped *adj.* afsendt
shipping *n.* shipping
shipshape *adj.* i fin stand
shipwreck *n.* skibbrud
shipwreck *v.* forlise
shipyard *n.* værft
shire *n.* amt
shirk *v.* skulke
shirker *n.* skulker
shirt *n.* bluse
shive *n.* skive
shiver *v.* skælve
shoal *n.* stime
shock *v.* chokere
shock *n.* chock
shoe *v.* sko
shoe *n.* sko
shoot *n.* jag
shoot *v.* skyde
shop *v.* shoppe
shop *n.* butik
shopaholic *n.* indkøbsnarkoman
shopaholism *n.* indkøbsnarkomani
shopbook *n.* butiksbog
shopfloor *n.* butik
shopfront *n.* butiksfacade
shopkeep *n.* butiksdrift
shopkeeper *n.* butiksindehaver
shoplift *v.* stjæle fra en butik
shoplifter *n.* butikstyv
shopowner *n.* butiksejer
shore *n.* kyst
shore *v.* gå i land
shorefront *n.* ved kysten
shoreline *n.* kystlinje
shoreward *adj.* mod kysten
shoreward *adv.* mod kysten
shoreweed *n.* strandbo
short *adv.* brat

short *n.* kortslutning
short *adj.* kort
shortbread *n.* finskbrød
shortcake *n.* frugtkage
shortcoming *n.* mangel
shorten *v.* forkorte
shortening *n.* palmin
shortfall *n.* underskud
shorthand *n.* kort udtryk
shortish *adj.* lidt kort
shortlist *v.* slutliste
shortlisted *adj.* på slutlisten
shortly *adv.* kort
shorts *n. pl.* shorts
shot *n.* skud
shot *adj.* ødelagt
shot *int.* tak
shotgun *n.* haglbøsse
shotproof *adj.* skudsikker
shottie *n.* haglbøsse
should *v.* skulle
shoulder *v.* skuldre
shoulder *n.* skulder
shout *v.* råbe
shout *n.* råb
shove *n.* skub
shove *v.* skubbe
shovel *v.* skovle
shovel *n.* skovl
show *n.* udstilling
show *v.* udstille
shower *v.* regne
shower *n.* byge
showerhead *n.* brusehoved
showerless *adj.* regnløs
showerproof *adj.* regntæt
showery *adj.* regnfuld
showoff *n.* blærerøv
showpiece *n.* udstillingseksemplar
showstopper *n.* fantastisk præstation
showup *n.* konfrontationsparade
shrapnel *n.* granatsplinter

shred *n.* strimmel	side *v.* tage parti
shred *v.* makulere	side *n.* side
shredder *n.* makulator	sidearm *n.* sidevåben
shrew *n.* spidsmus	sidearm *v.* bære sidevåben
shrewd *adj.* dreven	sidearm *adj.* sidevåben-
shriek *v.* hyle	sideband *n.* sidebånd
shriek *n.* hyl	sidebar *n.* sidebar
shrill *adj.* skingrende	sideboard *n.* skænk
shrine *n.* helligdom	sidebox *n.* sidebox
shrink *v.* krympe	sideburn *n.* bakkenbart
shrinkage *n.* krympning	sideburns *n.* bakkenbarter
shroud *v.* indhylle	sidecar *n.* sidevogn
shroud *n.* ligklæde	sideline *n.* sidelinje
shrub *n.* busk	sideline *v.* putte på sidelinjen
shrug *n.* skuldertræk	sidereal *adj.* stjerne-
shrug *v.* trække på skuldrene	sidesaddle *n.* siddesadel
shudder *n.* skælven	sidesaddle *adv.* ride siddesadel
shudder *v.* skælve	sideshow *n.* biting
shuffle *n.* blanding	sidestream *n.* sidestrøm
shuffle *v.* blande	sidestroke *n.* sidetag
shun *v.* sky	sidetrack *n.* sidespor
shunt *v.* rangere	sidetrack *v.* aflede
shut *v.* lukke	sidewalk *n.* fortov
shutter *n.* lukker	sidewall *n.* sidevæg
shuttle *v.* pendle	sideway *n.* sidevej
shuttle *n.* pendultransport	sideway *adj.* side-
shuttlecock *n.* fjerbold	sideway *adv.* sidelæns
shy *v.* blive sky	sidewind *n.* sidevind
shy *n.* spring	siege *n.* belejring
siamese *adj.* siamesisk	siege *v.* belejre
sibilant *adj.* hvislende	siesta *n.* siesta
sibilate *v.* hvisle	sieve *v.* si
sibilating *n.* hvislen	sieve *n.* si
sich *n.* Sitj	sift *v.* sigte
sick *adj.* syg	sigh *v.* sukke
sickbag *n.* brækpose	sigh *n.* suk
sickbay *n.* infirmeri	sight *v.* observere
sickbed *n.* sygeleje	sight *n.* syn
sicken *v.* blive/gøre syg	sightly *adj.* tiltalende
sickened *adj.* syg	sign *v.* underskrive
sickle *n.* segl	sign *n.* tegn
sickly *adj.* sygelig	signal *adj.* markant
sickness *n.* sygdom	signal *v.* signalere

signal *n.* signal
signatory *n.* underskriver
signature *n.* underskrift
significance *n.* signifikans
significant *adj.* signifikant
signification *n.* betydning
signify *v.* betyde
silence *v.* gøre tavs
silence *n.* stilhed
silencer *n.* lyddæmper
silent *adj.* stille
silhouette *n.* silhuet
silica *n.* siliciumdioxid
silicene *n.* silicen
silicon *n.* silikone
silk *n.* silke
silken *adj.* silkeagtig
silky *adj.* silkeblød
silly *adj.* fjollet
silt *v.* dynde til
silt *n.* silt
silver *n.* sølv
silver *adj.* sølv-
silver *v.* sølvbelægge
similar *adj.* lignende
similarity *n.* lighed
simile *n.* simili
similitude *n.* lighed
simmer *v.* småkoge
simple *adj.* simpel
simpleton *n.* dumrian
simplicity *n.* enkelthed
simplification *n.* forenkling
simplify *v.* forenkle
simultaneous *adj.* simultan-
sin *v.* synde
sin *n.* synd
since *conj.* siden
since *adv.* siden
since *prep.* siden
sincere *adj.* oprigtig
sincerity *n.* oprigtighed
sinful *adj.* syndig

sing *v.* synge
singe *n.* sveden plet
singe *v.* svide
singer *n.* sanger
single *n.* enlig
single *v.* udtynde
single *adj.* enkelt
singular *adj.* enestående
singularity *n.* singularitet
singularly *adv.* egenhændigt
sinister *adj.* ildevarslende
sink *n.* synke
sink *v.* vask
sinner *n.* synder
sinuous *adj.* bugtet
sip *n.* slurk
sip *v.* nippe
sir *n.* hr.
siren *n.* sirene
sister *n.* søster
sisterhood *n.* nonneorden
sisterly *adj.* søsterlig
sit *v.* sidde
site *n.* plads
situation *n.* situation
six *n.* seks
sixteen *n., adj.* seksten
sixteenth *adj.* sekstende
sixth *adj.* sjette
sixtieth *adj.* tresindstyvendedel
sixty *n., adj.* tres
sizable *adj.* anselig
size *n.* størrelse
size *v.* skønne
sizzle *n.* syden
sizzle *v.* syde
skate *n.* skøjte
skate *v.* skøjte
skein *n.* garnnøgle
skeleton *n.* skelet
sketch *v.* skitsere
sketch *n.* skitse
sketchy *adj.* mangelfuld

skid *n.* gliden	**slay** *v.* slagte
skid *v.* glide	**sleek** *adj.* glinsende
skilful *adj.* dygtig	**sleep** *n.* søvn
skill *n.* dygtighed	**sleep** *v.* sove
skin *v.* flå	**sleeper** *n.* sovende
skin *n.* hud	**sleepy** *adj.* træt
skip *n.* hop	**sleeve** *n.* ærme
skip *v.* hoppe	**sleight** *n.* kunstgreb
skipper *n.* skipper	**slender** *adj.* slank
skirmish *v.* have et sammenstød	**slice** *v.* skære i skiver
skirmish *n.* sammenstød	**slice** *n.* skive
skirt *v.* ligge langs kanten	**slick** *adj.* glat
skirt *n.* nederdel	**slide** *n.* gliden
skit *n.* parodi	**slide** *v.* glide
skull *n.* kranium	**slight** *n.* krænkelse
sky *v.* skyde en højder	**slight** *v.* krænke
sky *n.* himmel	**slight** *adj.* let
slab *n.* plade	**slim** *v.* slanke
slack *adj.* slap	**slim** *adj.* slank
slacken *v.* slække	**slime** *n.* slim
slacks *n.* lange bukser	**slimy** *adj.* slimet
slake *v.* læske	**sling** *n.* sele
slam *n.* smæld	**slip** *n.* gliden
slam *v.* smække	**slip** *v.* glide
slander *n.* injurier	**slipper** *n.* tøffel
slander *v.* injuriere	**slippery** *adj.* glat
slanderous *adj.* injurierende	**slipshod** *adj.* skødesløs
slang *n.* slang	**slit** *v.* skære en revne
slant *n.* skråning	**slit** *n.* revne
slant *v.* skråne	**slogan** *n.* slogan
slap *v.* slå	**slope** *v.* skråne
slap *n.* slag	**slope** *n.* skråning
slash *n.* hug	**sloth** *n.* dovenskab
slash *v.* hugge	**slothful** *n.* doven
slate *n.* skifer	**slough** *v.* afkaste
slattern *n.* dulle	**slough** *n.* sump
slatternly *adj.* dulleagtig	**slovenly** *adj.* sjusket
slaughter *v.* slagte	**slow** *v.* sætte farten ned
slaughter *n.* slagtning	**slow** *adj.* langsom
slave *v.* slave	**slowly** *adv.* langsom
slave *n.* slave	**slowness** *n.* langsomhed
slavery *n.* slaveri	**sluggard** *n.* dovenlars
slavish *adj.* slavisk	**sluggish** *adj.* doven

sluice *n.* sluse	**snag** *n.* hindring
slum *n.* slum	**snail** *n.* snegl
slumber *n.* slummer	**snake** *v.* sno
slumber *v.* slumre	**snake** *n.* slange
slump *v.* synke sammen	**snap** *n.* smæld
slump *n.* lavkonjunktur	**snap** *adj.* pludselig
slur *n.* krænkende bemærkning	**snap** *v.* knække
slush *n.* sjap	**snare** *v.* fange i en snare
slushy *adj.* sjappet	**snare** *n.* snare
slut *n.* luder	**snarl** *v.* snerre
sly *adj.* snedig	**snarl** *n.* snerren
smack *v.* smække	**snatch** *n.* snuppen
smack *n.* sæk	**snatch** *v.* snuppe
small *n.* del	**sneak** *n.* luskebuks
small *adj.* lille	**sneak** *v.* snige
smallness *adv.* lidenhed	**sneer** *n.* vrængen
smallpox *n.* kopper	**sneer** *v.* vrænge
smart *v.* svie	**sneeze** *n.* nys
smart *n.* svien	**sneeze** *v.* nyse
smart *adj.* smart	**sniff** *n.* snøft
smash *n.* brag	**sniff** *v.* snøfte
smash *v.* smadre	**snob** *n.* snob
smear *n.* plet	**snobbery** *n.* snobberi
smear *v.* smøre	**snobbish** *v.* snobbet
smell *v.* lugte	**snore** *n.* snorken
smell *n.* lugt	**snore** *v.* snorke
smelt *v.* udsmelte	**snort** *n.* fnysen
smile *v.* smile	**snort** *v.* fnyse
smile *n.* smil	**snout** *n.* snude
smith *n.* smed	**snow** *v.* sne
smock *n.* kittel	**snow** *n.* sne
smog *n.* smog	**snowy** *adj.* snedækket
smoke *v.* ryge	**snub** *n.* afvisning
smoke *n.* røg	**snub** *adj.* kort
smoky *adj.* røget	**snub** *v.* afvise
smooth *v.* jævne	**snuff** *n.* snus
smooth *adj.* jævn	**snug** *n.* baglokale
smother *v.* kvæle	**so** *adv.* så
smoulder *v.* gløde	**so** *conj.* så
smug *adj.* selvtilfreds	**soak** *n.* udblødning
smuggle *v.* smugle	**soak** *v.* udbløde
smuggler *n.* smugler	**soap** *v.* indsæbe
snack *n.* snack	**soap** *n.* sæbe

soapy *adj.* sæbet
soar *v.* stige
sob *n.* hulk
sob *v.* hulke
sober *adj.* ædru
sobriety *n.* ædruelighed
sociability *n.* selskabelighed
sociable *adj.* selskabelig
social *n.* social
socialism *n.* socialisme
socialist *n.* socialist
society *n.* samfund
sociology *n.* sociologi
sock *n.* sok
socket *n.* sokkel
sod *n.* græstørv
sodomite *n.* sodomit
sodomy *n.* sodomi
sofa *n.* sofa
soft *adj.* blød
soften *v.* blødgøre
soil *v.* tilsvine
soil *n.* jord
sojourn *n.* ophold
sojourn *v.* opholde sig
solace *v.* trøste
solace *n.* trøst
solar *adj.* sol-
solder *v.* lodde
solder *n.* loddemetal
soldier *v.* kæmpe videre
soldier *n.* soldat
sole *v.* forsåle
sole *adj.* eneste
sole *n.* sål
solemn *adj.* højtidelig
solemnity *n.* højtidelighed
solemnize *v.* højtideligholde
solicit *v.* henvende
solicitation *n.* henvendelse
solicitor *n.* advokat
solicitous *adj.* omsorgsfuld
solicitude *n.* omsorg

solid *n.* fast stof
solid *adj.* solid
solidarity *n.* solidaritet
soliloquy *n.* monolog
solitary *adj.* enlig
solitude *n.* ensomhed
solo *adj.* solo-
solo *adv.* solo
solo *n.* solo
soloist *n.* solist
solubility *n.* opløselighed
soluble *adj.* opløselig
solution *n.* løsning
solve *v.* løse
solvency *n.* solvens
solvent *n.* opløsningsmiddel
solvent *adj.* solvent
sombre *adj.* dyster
some *pron.* nogle
some *adj.* nogen
somebody *n.* nogen
somebody *pron.* nogen
somehow *adv.* på en ellen anden måde
someone *pron.* nogen
somersault *v.* slå kolbøtter
somersault *n.* kolbøtte
something *adv.* noget
something *pron.* noget
sometime *adv.* engang
sometimes *adv.* undertiden
somewhat *adv.* noget
somewhere *adv.* et sted
somnambulism *n.* søvngængeri
somnambulist *n.* søvngænger
somnolence *n.* søvnighed
somnolent *adj.* søvnig
son *n.* søn
song *n.* sang
songster *n.* sangfugl
sonic *adj.* sonisk
sonnet *n.* sonet
sonority *n.* klangfuldhed

soon *adv.* snart	**span** *v.* spænde
soot *v.* tilsode	**span** *n.* spændvidde
soot *n.* sod	**Spaniard** *n.* spanier
soothe *v.* berolige	**spaniel** *n.* spaniel
sophism *n.* sofism	**Spanish** *n.* spansk
sophist *n.* sofist	**Spanish** *adj.* spansk
sophisticate *n.* sofistikeret person	**spanner** *n.* skruenøgle
sophisticated *adj.* sofistikeret	**spare** *adj.* ekstra
sophistication *n.* raffinement	**spare** *n.* reservedel
sorcerer *n.* troldmand	**spare** *v.* spare
sorcery *n.* trolddom	**spark** *v.* gnistre
sordid *adj.* snusket	**spark** *n.* gnist
sore *n.* sår	**sparkle** *n.* tindren
sore *adj.* øm	**sparkle** *v.* tindre
sorrow *v.* sorg	**sparrow** *n.* spurv
sorrow *n.* sørge	**sparse** *adj.* spredt
sorry *adj.* trist	**spasm** *n.* spasme
sort *n.* slags	**spasmodic** *adj.* rykvis
sort *v.* sortere	**spate** *n.* oversvømmelse
soul *n.* sjæl	**spatial** *adj.* rumlig
sound *v.* lyde	**spawn** *v.* gyde
sound *n.* lyd	**spawn** *n.* yngel
sound *adj.* sund	**speak** *v.* tale
soup *n.* suppe	**speaker** *n.* taler
sour *v.* blive sur	**spear** *v.* spyde
sour *adj.* sur	**spear** *n.* spyd
source *n.* kilde	**spearhead** *v.* gå i spidsen
south *n.* syd	**spearhead** *n.* spydspids
south *adj.* sydlig	**special** *adj.* speciel
south *adv.* sydpå	**specialist** *n.* specialist
southerly *adj.* sydlig	**speciality** *n.* specialitet
southern *adj.* sydlig	**specialization** *n.* specialisering
souvenir *n.* souvenir	**specialize** *v.* specialisere
sovereign *adj.* suveræn	**species** *n.* art
sovereign *n.* regent	**specific** *adj.* specifik
sovereignty *n.* suverænitet	**specification** *n.* specifikation
sow *v.* så	**specify** *v.* specificere
sow *n.* so	**specimen** *n.* eksemplar
space *v.* lave rum imellem	**speck** *n.* plet
space *n.* rummet	**spectacle** *n.* skue
spacious *adj.* rumlig	**spectacular** *adj.* spektakulær
spade *v.* vende med en spade	**spectator** *n.* tilskuer
spade *n.* spade	**spectre** *n.* spøgelse

speculate *v.* spekulere	**splash** *n.* plask
speculation *n.* spekulation	**splash** *v.* plaske
speech *n.* tale	**spleen** *n.* milt
speed *v.* fare	**splendid** *adj.* glimrende
speed *n.* hastighed	**splendour** *n.* pragt
speedily *adv.* hurtig	**splinter** *v.* splintre
speedy *adj.* hurtig	**splinter** *n.* splint
spell *v.* stave	**split** *n.* splittelse
spell *n.* fortryllelse	**split** *v.* splitte
spend *v.* bruge	**spoil** *v.* spolere
spendthrift *n.* ødeland	**spoil** *n.* udgravningsmateriale
sperm *n.* sædcelle	**spoke** *n.* ege
sphere *n.* sfære	**spokesman** *n.* talsmand
spherical *adj.* sfærisk	**sponge** *v.* suge
spice *v.* krydre	**sponge** *n.* svamp
spice *n.* krydderi	**sponsor** *v.* sponsorere
spicy *adj.* krydret	**sponsor** *n.* sponsor
spider *n.* edderkop	**spontaneity** *n.* spontanitet
spike *v.* spidde	**spontaneous** *adj.* spontan
spike *n.* spids	**spoon** *n.* ske
spill *n.* udslip	**spoon** *v.* spise med ske
spill *v.* spilde	**spoonful** *n.* skefuld
spin *n.* rotation	**sporadic** *adj.* sporadisk
spin *v.* dreje	**sport** *v.* fremvise
spinach *n.* spinat	**sport** *n.* sport
spinal *adj.* rygrads-	**sportive** *adj.* sportslig
spindle *n.* spindel	**sportsman** *n.* atlet
spine *n.* rygrad	**spot** *v.* øje
spinner *n.* spinder	**spot** *n.* sted
spinster *n.* pebermø	**spotless** *adj.* pletfri
spiral *adj.* spiralformet	**spousal** *adj.* ægteskabelig
spiral *n.* spiral	**spouse** *n.* ægtefælle
spirit *n.* ånd	**spout** *v.* sprøjte
spirited *adj.* livlig	**spout** *n.* tud
spiritual *adj.* spirituel	**sprain** *n.* forstuvning
spiritualism *n.* spiritisme	**sprain** *v.* forstuve
spiritualist *n.* spiritist	**spray** *v.* sprøjte
spirituality *n.* åndelighed	**spray** *n.* kvist
spit *n.* spyt	**spread** *n.* udbredelse
spit *v.* spytte	**spread** *v.* sprede
spite *n.* ondskabsfuldhed	**spree** *n.* -orgie
spittle *n.* spyt	**sprig** *n.* kvist
spittoon *n.* spyttebakke	**sprightly** *adj.* livlig

spring *n.* forår	**stadium** *n.* stadium
spring *v.* springe	**staff** *v.* skaffe personale
sprinkle *v.* drysse	**staff** *n.* personale
sprint *n.* sprint	**stag** *n.* hjort
sprint *v.* sprinte	**stage** *v.* opsætte
sprout *n.* spire	**stage** *n.* scene
sprout *v.* spire	**stagger** *n.* vaklen
spur *v.* anspore	**stagger** *v.* vakle
spur *n.* spore	**stagnant** *adj.* stagnerende
spurious *adj.* falsk	**stagnate** *v.* stagnere
spurn *v.* vrage	**stagnation** *n.* stagnation
spurt *n.* sprøjt	**staid** *adj.* adstadig
spurt *v.* sprøjte	**stain** *v.* plette
sputnik *n.* satellit	**stain** *n.* plet
sputum *n.* spyt	**stainless** *adj.* pletfri
spy *v.* spionere	**stair** *n.* stol
spy *n.* spion	**stake** *v.* satse
squad *n.* hold	**stake** *n.* pæl
squadron *n.* eskadron	**stale** *v.* forælde
squalid *adj.* ussel	**stale** *adj.* stillestående
squalor *n.* usselhed	**stalemate** *n.* dødvande
squander *v.* formøble	**stalk** *v.* skygge
square *adj.* firkantet	**stalk** *n.* stilk
square *v.* afregne	**stall** *v.* stoppe
square *n.* firkant	**stall** *n.* bod
squash *n.* courgette	**stallion** *n.* hingst
squash *v.* kvase	**stalwart** *adj.* trofast
squat *v.* gå på hug	**stalwart** *n.* trofast tilhænger
squeak *v.* pibe	**stamina** *n.* udholdenhed
squeak *n.* piben	**stammer** *v.* stamme
squeeze *v.* klemme	**stammer** *n.* stammer
squint *n.* skelen	**stamp** *v.* stemple
squint *v.* skele	**stamp** *n.* frimærke
squire *n.* væbner	**stampede** *v.* bisse
squirrel *n.* egern	**stampede** *n.* bissen
stab *n.* knivstik	**stand** *n.* standpunkt
stab *v.* stikke	**stand** *v.* stå
stability *n.* stabilitet	**standard** *adj.* standard
stabilization *n.* stabilisering	**standard** *n.* standard
stabilize *v.* stabilisere	**standardization** *n.* standardisering
stable *n.* stald	**standardize** *v.* standardisere
stable *v.* opstalde	**standing** *n.* status
stable *adj.* stabil	**standpoint** *n.* standpunkt

standstill *n.* stilstand
stanza *n.* strofe
staple *adj.* fast
staple *v.* sammenhæfte
staple *n.* hovedbestanddel
star *v.* spille en hovedrolle
star *n.* stjerne
starch *v.* stive
starch *n.* stivelse
stare *n.* stirren
stare *v.* stirre
stark *adj.* bart
stark *adv.* bar
starry *adj.* stjerneklar
start *n.* start
start *v.* starte
startle *v.* forskrække
starvation *n.* sult
starve *v.* sulte
state *v.* angive
state *n.* tilstand
stateliness *n.* statelighed
stately *adj.* statelig
statement *n.* erklæring
statesman *n.* statsmand
static *n.* statisk elektricitet
static *adj.* statisk
statics *n.* statik
station *n.* station
station *v.* udstationere
stationary *adj.* stationær
stationer *n.* papirhandler
stationery *n.* papirvarer
statistical *adj.* statistisk
statistician *n.* statistiker
statistics *n.* statistik
statue *n.* statue
stature *n.* statur
status *n.* status
statute *n.* statut
statutory *adj.* lovbestemt
staunch *adj.* pålidelig
stay *n.* ophold
stay *v.* blive
steadfast *adj.* standhaftig
steadiness *n.* standhaftighed
steady *v.* stabilisere
steady *adj.* stabil
steal *v.* stjæle
stealthily *adv.* snigende
steam *n.* damp
steam *v.* dampe
steamer *n.* damper
steed *n.* ganger
steel *n.* stål
steep *v.* udbløde
steep *adj.* stejl
steeple *n.* spir
steer *v.* styre
stellar *adj.* stjerne-
stem *v.* opdæmme
stem *n.* stilk
stench *n.* stank
stencil *v.* stencilere
stencil *n.* stencil
stenographer *n.* stenograf
stenography *n.* stenografi
step *v.* træde
step *n.* skridt
steppe *n.* steppe
stereotype *v.* sætte i bås
stereotype *n.* stereotyp
stereotyped *adj.* stereotyp
sterile *adj.* steril
sterility *n.* sterilitet
sterilization *n.* sterilisering
sterilize *v.* sterilisere
sterling *n.* sterling
sterling *adj.* sterling-
stern *n.* agterende
stern *adj.* streng
stethoscope *n.* stetoskop
stew *v.* småkoge
stew *n.* gryderet
steward *n.* steward
stick *v.* stikke

stick n. pind
sticker n. klistermærke
stickler n. pedant
sticky n. post-it
stiff n. lig
stiffen v. stivne
stifle v. undertrykke
stigma n. stigma
still adv. endnu
still v. dæmpe
still n. stillbillede
still adj. stille
stillness n. stilhed
stilt n. stylteløber
stimulant n. stimulant
stimulate v. stimulere
stimulus n. stimulus
sting n. brod
sting v. stikke
stingy adj. nærig
stink n. stank
stink v. stinke
stipend n. vederlag
stipulate v. stipulere
stipulation n. klausul
stir v. bevæge
stirrup n. stigbøjle
stitch v. sy
stitch n. sting
stock v. have/lægge på lager
stock adj. lager-
stock n. lager
stocking n. strømpe
stoic n. stoiker
stoke v. komme brændsel på
stoker n. stoker
stomach v. udholde
stomach n. mave
stone v. stene
stone n. sten
stony adj. stenet
stool n. taburet
stoop n. dørtrin

stoop v. bøje sig forover
stop n. standsning
stop v. standse
stoppage n. afbrydelse
storage n. lager
store v. lagre
store n. lager
storey n. etage
stork n. stork
storm v. storme
storm n. storm
stormy adj. stormende
story n. historie
stout adj. robust
stove n. komfur
stow v. stuve
straggle v. strejfe
straggler n. omstrejfer
straight adv. lige
straight adj. lige
straighten v. rette ud
straightforward adj. reel
straightway adv. direkte
strain n. belastning
strain v. belaste
strait n. stræde
straiten v. indsnævre
strand n. tråd
strand v. strande
strange adj. underlig
stranger n. fremmed
strangle v. kvæle
strangulation n. kvælning
strap v. spænde
strap n. strop
stratagem n. krigslist
strategic adj. strategisk
strategist n. strategiker
strategy n. strategi
stratum n. lag
straw n. strå
strawberry n. jordbær
stray adj. strejfende

stray *n.* bortløbent dyr	**struggle** *v.* kæmpe
stray *v.* strejfe	**strumpet** *n.* tøjte
stream *v.* strømme	**strut** *n.* skråstiver
stream *n.* å	**strut** *v.* spankulere
streamer *n.* vimpel	**stub** *n.* stump
streamlet *n.* bæk	**stubble** *n.* stubbe
street *n.* gade	**stubborn** *adj.* stædig
strength *n.* styrke	**stud** *v.* beslå med søm
strengthen *v.* styrke	**stud** *n.* søm
strenuous *adj.* anstrengende	**student** *n.* studerende
stress *v.* stresse	**studio** *n.* atelier
stress *n.* stress	**studious** *adj.* boglig
stretch *n.* strækning	**study** *n.* studium
stretch *v.* strække	**study** *v.* studere
stretcher *n.* båre	**stuff** *v.* proppe
strew *v.* strø	**stuff** *n.* ting
strict *adj.* streng	**stuffy** *adj.* indelukket
stricture *n.* kritik	**stumble** *n.* snumblen
stride *n.* langt skridt	**stumble** *v.* snuble
stride *v.* skridte	**stump** *v.* stampe
strident *adj.* skinger	**stump** *n.* stump
strife *n.* strid	**stun** *v.* bedøve
strike *v.* angribe	**stunt** *n.* stunt
strike *n.* angreb	**stunt** *v.* bremse
striker *n.* angriber	**stupefy** *v.* lamme
string *v.* opstrenge	**stupendous** *adj.* vældig
string *n.* streng	**stupid** *adj.* tåbelig
stringency *n.* strenghed	**stupidity** *n.* tåbelighed
stringent *adj.* stringent	**sturdy** *adj.* solid
strip *v.* fjerne	**sty** *n.* sti
strip *n.* strimmel	**stye** *n.* bygkorn
stripe *v.* lave striber	**style** *n.* stil
stripe *n.* stribe	**subdue** *v.* underkue
strive *v.* stræbe	**subject** *adj.* undertvungen
stroke *v.* få et slagtilfælde	**subject** *n.* subjekt
stroke *n.* slagtilfælde	**subject** *v.* undertvinge
stroll *n.* slentretur	**subjection** *n.* undertvingelse
stroll *v.* slentre	**subjective** *adj.* subjektiv
strong *adj.* stærk	**subjudice** *adj.* endnu ikke dømt
stronghold *n.* fæstning	**subjugate** *v.* undertvinge
structural *adj.* strukturel	**subjugation** *n.* undertvingelse
structure *n.* struktur	**sublet** *v.* fremleje
struggle *n.* kamp	**sublimate** *v.* sublimere

sublime *n.* sublime	succeed *v.* lykkes
sublime *adj.* sublim	success *n.* succes
sublimity *n.* sublimitet	successful *adj.* vellykket
submarine *adj.* undersøisk	succession *n.* række
submarine *n.* ubåd	successive *adj.* efterfølgende
submerge *v.* dykke	successor *n.* efterfølger
submission *n.* underkastelse	succour *v.* hjælpe
submissive *adj.* underdanig	succour *n.* hjælp
submit *v.* anføre	succumb *v.* bukke under
subordinate *adj.* underordnet	such *pron.* sådan
subordinate *n.* underordnet	such *adj.* sådan
subordinate *v.* underordne	suck *n.* sugen
subordination *n.* underordning	suck *v.* suge
subscribe *v.* abonnere	suckle *v.* amme
subscription *n.* abonnement	suckling *n.* spædbarn
subsequent *adj.* efterfølgende	sudden *n.* overraskelse
subservience *n.* servilitet	suddenly *adv.* pludseligt
subservient *adj.* servil	sue *v.* sagsøge
subside *v.* fortage sig	suffer *v.* lide
subsidiary *adj.* underordnet	suffice *v.* være tilstrækkelig
subsidize *v.* subsidiere	sufficiency *n.* tilstrækkelighed
subsidy *n.* subsidier	sufficient *adj.* tilstrækkelig
subsist *v.* eksistere	suffix *v.* ende
subsistence *n.* eksistens	suffix *n.* endelse
substance *n.* stof	suffocate *v.* kvæle
substantial *adj.* betydelig	suffocation *n.* kvælning
substantially *adv.* betydeligt	suffrage *n.* stemmeret
substantiate *v.* underbygge	sugar *v.* sukre
substantiation *n.* underbygning	sugar *n.* sukker
substitute *v.* erstatte	suggest *v.* foreslå
substitute *n.* erstatning	suggestion *n.* foreslå
substitution *n.* substitution	suggestive *adj.* suggestiv
subterranean *adj.* underjordisk	suicidal *adj.* suicidal
subtle *adj.* diskret	suicide *n.* selvmord
subtlety *n.* finesse	suit *v.* passe
subtract *v.* fratrække	suit *n.* jakkesæt
subtraction *n.* fratrækning	suitability *n.* egnethed
suburb *n.* forstad	suitable *adj.* egnet
suburban *adj.* forstads-	suite *n.* suite
subversion *n.* undergravende virksomhed	suitor *n.* bejler
	sullen *adj.* tvær
subversive *adj.* undergravende	sulphur *n.* svovl
subvert *v.* undergrave	sulphuric *adj.* svovl-

sultry *adj.* lummer
sum *v.* opsummere
sum *n.* beløb
summarily *adv.* uden videre
summarize *v.* opsummere
summary *adj.* summarisk
summary *n.* referat
summer *n.* sommer
summit *n.* top
summon *v.* indkalde
summons *n.* indkaldelse
sumptuous *adj.* prægtig
sun *v.* sole
sun *n.* sol
Sunday *n.* søndag
sunder *v.* dele
sundry *adj.* diverse
sunny *adj.* solrig
sup *v.* tage en slurk
sup *n.* slurk
superabundance *n.* overflod
superabundant *adj.* som findes i overflod
superb *adj.* fremragende
superficial *adj.* overfladisk
superficiality *n.* overfladiskhed
superfine *adj.* superfin
superfluity *n.* overflødighed
superfluous *adj.* overflødig
superhuman *adj.* overmenneskelig
superintend *v.* føre tilsyn
superintendence *n.* tilsyn
superintendent *n.* tilsynsførende
superior *adj.* overlegen
superiority *n.* overlegenhed
superlative *adj.* ypperlig
superlative *n.* superlativ
superman *n.* supermand
supernatural *adj.* overnaturlig
supersede *v.* afløse
supersonic *adj.* overlyds-
superstition *n.* overtro
superstitious *adj.* overtroisk

supertax *n.* topskat
supervise *v.* vejled
supervision *n.* vejledning
supervisor *n.* vejleder
supper *n.* aftensmad
supple *adj.* spændstig
supplement *n.* supplement
supplement *v.* supplere
supplementary *adj.* supplerende
supplier *n.* leverandør
supply *n.* beholdning
supply *v.* levere
support *n.* støtte
support *v.* støtte
suppose *v.* formode
supposition *n.* formodning
suppress *v.* undertrykke
suppression *n.* undertrykkelse
supremacy *n.* overlegenhed
supreme *adj.* overlegen
surcharge *v.* lægge tillægsafgift på
surcharge *n.* tillægsafgift
sure *adj.* sikker
surely *adv.* forhåbentlig
surety *n.* kaution
surf *n.* brænding
surf *v.* surfe
surface *n.* overflade
surface *v.* komme til overfladen
surfeit *n.* overflod
surge *v.* stige
surge *n.* brodsø
surgeon *n.* kirurg
surgery *n.* kirurgi
surmise *v.* formode
surmise *n.* formodning
surmount *v.* overvinde
surname *n.* efternavn
surpass *v.* overgå
surplus *n.* overskud
surprise *v.* overraske
surprise *n.* overraskelse
surrender *n.* overgivelse

surrender v. overgive
surround v. omgive
surroundings n. omgivelser
surtax n. ekstraskat
surveillance n. overvågning
survey n. undersøgelse
survey v. undersøge
survival n. overlevelse
survive v. overleve
suspect n. mistænkte
suspect v. mistænke
suspect adj. mistænkelig
suspend v. suspendere
suspense n. spænding
suspension n. suspension
suspicion n. mistanke
suspicious adj. mistænkelig
sustain v. opretholde
sustenance n. underhold
swagger n. spankuleren
swagger v. spankulere
swallow n. synken
swallow v. synke
swamp v. oversvømme
swamp n. sump
swan n. svane
swarm v. sværme
swarm n. sværm
swarthy adj. mørkhudet
sway n. magt
sway v. svaje
swear v. sværge
sweat v. svede
sweat n. sved
sweater n. sweater
sweep n. fejen
sweep v. feje
sweeper n. sweeper
sweet n. slikstykke
sweet adj. sød
sweeten v. søde
sweetmeat n. lækkerbisken
sweetness n. sødme

swell n. svulmen
swell v. svulme
swift adj. hurtig
swim n. svømmetur
swim v. svømme
swimmer n. svømmer
swindle n. svindel
swindle v. svindle
swindler n. svindler
swine n. svin
swing n. sving
swing v. svinge
Swiss adj. svejtsisk
Swiss n. svejtser
switch v. skifte
switch n. afbryder
swoon v. dåne
swoon n. besvimelse
swoop v. styrtdykke
swoop n. nedslag
sword n. sværd
sycamore n. ahorn
sycophancy n. spytslikkeri
sycophant n. spytslikker
syllabic adj. stavelses-
syllable n. stavelse
syllabus n. pensum
sylph n. sylfide
sylviculturist n. skovbruger
symbiosis n. symbiose
symbiote n. symbiot
symbol n. symbol
symbolic adj. symbolsk
symbolism n. symbolisme
symbolize v. symbolisere
symmetrical adj. symmetrisk
symmetry n. symmetri
sympathetic adj. sympatisk
sympathize v. sympatisere
sympathy n. sympati
symphony n. symfoni
symposium n. symposium
symptom n. symptom

symptomatic *adj.* symptomatisk
synergy *n.* synergi
synonym *n.* synonym
synonymous *adj.* synonymt
synopsis *n.* synopsis
syntax *n.* syntaks
synthesis *n.* syntese
synthetic *n.* syntetisk stof
synthetic *adj.* syntetisk
syringe *v.* sprøjte
syringe *n.* sprøjte
syrup *n.* sirup
system *n.* system
systematic *adj.* systematisk
systematize *v.* systematisere

T

table *v.* fremsætte
table *n.* tabel
tablet *n.* tablet
tablet *v.* danne tabletter
tabloid *n.* tabloidavis
taboo *adj.* tabu-
taboo *v.* tabuisere
taboo *n.* tabu
tabular *adj.* tabellarisk
tabulate *v.* tabellere
tabulation *n.* tabellering
tabulator *n.* tabulator
tacit *adj.* stiltiende
taciturn *adj.* fåmælt
tack *n.* stift
tack *v.* hæfte med stifter
tackle *v.* tackle
tackle *n.* udstyr
tact *n.* takt
tactful *adj.* taktfuld
tactician *n.* taktiker
tactics *n.* taktik

tactile *adj.* taktil
tag *n.* etiket
tag *v.* mærke
tail *n.* hale
tail *v.* skygge
tailor *v.* skræddersy
tailor *n.* skrædder
taint *v.* plette
taint *n.* plet
take *v.* tage
takeable *adj.* kan tages
takeaway *adj.* takeaway-
takeaway *n.* takeaway
taken *adj.* forgabt
takeoff *n.* takeoff
takeout *adj.* takeaway-
takeout *n* takeaway
takeover *n.* overtagelse
taker *n.* aftager
tala *n.* tala
talbot *n.* talbot
talc *n.* talkum
tale *n.* fortælling
talebear *v.* sladre
talebearer *n.* sladrehank
talebearing *n.* sladren
talebook *n.* eventyrbog
talent *n.* talent
talisman *n.* talisman
talk *n.* snakken
talk *v.* snakke
talkative *adj.* snakkesalig
talkatively *adv.* snakkesaligt
talkativeness *n.* snakkesalighed
talkback *n.* samtaleanlæg
talkboard *n.* opslagstavle
tall *adj.* høj
tallow *n.* talg
tally *v.* tælle sammen
tally *adj.* tælle-
tally *n.* score
talon *n.* klo
taloned *adj.* klobesat

tamarind *n.* tamarinde	**taper** *n.* tælleprås
tame *v.* tæmme	**taper** *v.* aftrappe
tame *adj.* tam	**tapestry** *n.* gobelin
tamper *v.* pille	**tar** *v.* tjære til
tamper *n.* pilfinger	**tar** *n.* tjære
tamperproof *adj.* sikret imod manipulation	**taramite** *n.* taramit
	tarantism *n.* tarantisme
tampon *n.* tampon	**tardiness** *n.* sendrægtighed
tampon *v.* lægge kompres	**tardy** *adj.* sendrægtig
tan *adj.* gulbrun	**target** *n.* mål
tan *v.* garve	**tariff** *n.* takst
tan *n.* solbrændthed	**tarnish** *v.* plette
tanbark *n.* garvebark	**task** *v.* anstrenge
tandem *n.* tandem	**task** *n.* opgave
tandem *adv.* tandem-	**taste** *v.* smage
tandem *adj.* tandem-	**taste** *n.* smag
tandoor *n.* tandoor	**tasteful** *adj.* smagfuld
tang *n.* tang	**tasty** *adj.* velsmagende
tang *v.* lave en tang	**tatter** *v.* rive til laser
tanged *adj.* med tang	**tatter** *n.* laser
tangent *n.* tangent	**tattoo** *v.* tatovere
tangible *adj.* håndgribelig	**tattoo** *n.* tatovering
tangle *v.* sammenfiltre	**taunt** *n.* spydighed
tangle *n.* sammenfiltret klump	**taunt** *v.* håne
tango *n.* tango	**taunter** *n.* håner
tango *v.* danse tango	**taunting** *adj.* hånende
tank *n.* tank	**tauntingly** *adv.* hånende
tankard *n.* ølkrus	**tauromachy** *n.* tyrefægtning
tanker *n.* tanker	**taut** *adj.* stram
tanner *n.* garver	**tautly** *adv.* stramt
tannery *n.* garveri	**tavern** *n.* kro
tantalize *v.* friste	**taverner** *n.* krogæst
tantamount *adj.* ensbetydende	**tavernkeeper** *n.* krovært
tantamount *v.* være det samme som	**taw** *v.* garve
	taw *n.* garvning
tantra *n.* tantra	**tawer** *n.* garver
tantric *adj.* tantrisk	**tax** *v.* beskatte
tap *n.* vandhane	**tax** *n.* skat
tap *v.* tappe	**taxable** *adj.* skattepligtig
tape *v.* klistre med klisterbånd	**taxation** *n.* beskatning
tape *n.* klisterbånd	**taxi** *v.* taxie
tape player *n.* båndafspiller	**taxi** *n.* taxi
tapeless *adj.* båndfri	**taxibus** *n.* taxibus
tapeline *n.* afspærring med bånd	

taxicab *n.* taxi
taxidermal *adj.* konserverende
taxidermic *adj.* konserverings-
taxidermist *n.* dyreudstopper
taxidermy *n.* udstopning
T-bone *n.* T-bone
T-bone *v.* udskære T-bone
tchick *n.* click
tchick *v.* clicke med tungen
tea *v.* drikke te
tea *n.* te
teabag *n.* tebrev
teabox *n.* teæske
teacake *n.* tekage
teach *v.* undervise
teacheable *adj.* lærevillig
teacher *n.* lærer
teachercentric *adj.* lærercentrisk
teachings *n.* lære
teacup *n.* tekop
teagle *n.* elevator
teahouse *n.* tehus
teak *n.* teaktræ
team *v.* danne hold
team *n.* hold
teamaker *n.* tebrygger
teambuilding *n.* teambuilding
teamed *adj.* på hold med
teammate *n.* holdkammerat
teamwise *adv.* holdmæssig
teamwork *n.* gruppearbejde
teapot *n.* tepotte
tear *n.* flænge
tear *v.* flænge
tear *n.* tåre
tearful *adj.* grådkvalt
tease *v.* drille
tease *n.* drillepind
teaser *n.* teaser
teasing *n.* drilleri
teasingly *adv.* drillende
teat *n.* dievorte
technical *adj.* teknisk

technicality *n.* teknikalitet
technician *n.* tekniker
technique *n.* teknik
technological *adj.* teknologisk
technologist *n.* teknolog
technology *n.* teknologi
technomad *n.* teknologinørd
technomania *n.* teknomani
technomusic *n.* teknomusik
technophile *n.* teknofil
technophobe *n.* teknofob
techy *n.* tekniker
tect *adj.* skjult
tect *n.* tag
tectonic *adj.* tektonisk
tedious *adj.* trættende
tedium *n.* kedsomhed
teem *v.* vrimle
teenager *n.* teenager
teens *n. pl.* teenagere
teethe *v.* ved at få tænder
teetotal *adj.* afholdende
teetotaller *n.* afholdsmand
telebanking *n.* telebanking
telecast *n.* fjernsynsprogram
telecast *v.* sende i fjernsynet
telecommunications *n.* telekommunikation
telecomputing *n.* telecomputing
teleconference *n.* telekonference
telecopier *n.* telekopimaskine
telecourse *n.* telefonkursus
telefax *n.* telefax
telegram *n.* telegram
telegraph *v.* telegrafere
telegraph *n.* telegraf
telegraphic *adj.* telegrafisk
telegraphist *n.* telegrafist
telegraphy *n.* telegrafi
teleguide *n.* teleguide
telejournalism *n.* telejournalistik
telekinesis *n.* telekinese
telekinetic *adj.* telekinesisk

telemarket v. markedsføre via telefon
telemarketing n. telemarketing
telematic adj. telematisk
telemetry n. telemetri
teleologic adj. teleologisk
teleologist n. teleolog
teleology n. teleologi
teleoperator n. teleoperatør
telepathic adj. telepatisk
telepathist n. telepatiker
telepathy n. telepati
telephone n. telefon
telephone v. telefonere
teleport v. teleportere
teleport n. teleport
teleportation n. teleportation
teleprint v. fjernskrive
teleprinter n. fjernskriver
teleprompter n. teleprompter
telescope n. teleskop
telescopic adj. teleskopisk
telescopy n. teleskopisk
teleshopper n. teleshopper
teleshopping n. teleshopping
teletext n. teletext
televise v. sende i fjernsynet
television n. fjernsyn
tell v. fortælle
teller n. fortæller
telling adj. sigende
telling n. fortællen
telling-off n. opsang
telltale n. sladderhank
telltale adj. afslørende
tellural adj. jordisk
telluric adj. jordlig
temeritous adj. skamløs
temerity n. skamløshed
temper v. moderere
temper n. temperament
temperament n. temperament

temperamental adj. temperamentsfuld
temperance n. afholdenhed
temperate v. temperere
temperate adj. tempereret
temperature n. temperatur
tempest n. storm
tempestuous adj. stormende
templar n. advokat
template v. lave efter skabelon
template n. skabelon
temple n. tempel
temporal adj. tids-
temporary adj. midlertidig
tempt v. friste
temptation n. fristelse
tempter n. frister
ten n. ti
tenable adj. holdbar
tenacious adj. vedholdende
tenacity n. vedholdenhed
tenancy n. lejemål
tenant n. lejer
tend v. passe
tendency n. tendens
tender v. indgive
tender adj. øm
tender n. licitationstilbud
tenderfoot n. nybegynder
tenderhearted adj. varmhjertet
tenderize v. mørne
tenderizer n. mørner
tenderly adv. ømt
tenderness n. ømhed
tendinitis n. senebetændelse
tendon n. sene
tendril n. klatretråd
tenebrose adj. dyster
tenebrosity n. dysterhed
tenebrous adj. dyster
tenent n. maksime
tenet n. læresætning
tenfold adj. tidobbelt

tenfold *adv.* ti gang	**termination** *n.* afslutning
tennis *n.* tennis	**terminological** *adj.* terminologisk
tenor *n.* tenor	**terminology** *n.* terminologi
tenor *adj.* tenor-	**terminus** *n.* endestation
tense *v.* spænde	**termite** *n.* termit
tense *adj.* spændt	**termiticide** *n.* termitdræbende
tense *n.* tid	middel
tensely *adv.* spændt	**terp** *n.* oversætter
tensible *adj.* strækbar	**terp** *v.* oversætte
tensile *adj.* strækbar	**terrace** *n.* terrasse
tensility *n.* strækbarhed	**terrace** *v.* lave en terrasse
tension *n.* spænding	**terracotta** *n.* terrakotta
tension *v.* skabe spænding	**terracotta** *adj.* terrakotta-
tensioned *adj.* spændt	**terraforming** *n.* gøre beboelig for
tensor *n.* tensor	mennesker
tensor *adj.* spænde-	**terrain** *n.* terræn
tensor *v.* spænde	**terrestrial** *n.* jordbo
tent *n.* telt	**terrestrial** *adj.* jordisk
tentative *adj.* foreløbig	**terrible** *adj.* frygtelig
tentative *n.* eksperiment	**terrier** *n.* terrier
tentativeness *n.* foreløbighed	**terrific** *adj.* fantastisk
tenth *adj.* tiende	**terrify** *v.* forfærde
tentmaker *n.* teltproducent	**territorial** *adj.* territorial
tentpole *n.* teltstang	**territory** *n.* territorium
tenue *n.* holdning	**terror** *n.* rædsel
tenuous *adj.* spinkel	**terrorism** *n.* terrorisme
tenuously *adv.* spinkelt	**terrorist** *n.* terrorist
tenure *v.* fastansætte	**terrorize** *v.* terrorisere
tenure *n.* fastansættelse	**terse** *adj.* kortfattet
tepid *adj.* lunken	**tersely** *adv.* kortfattet
tepidity *n.* lunkenhed	**tertian** *adj.* tertiansk
tepidly *adv.* lunkent	**tertian** *n.* tertianfeber
tequila *n.* tequila	**tertiary** *n.* tertiær
terabase *n.* terabase	**tertiary** *adj.* tredje
terabit *n.* terabit	**tesseract** *n.* tesserakt
terabyte *n.* terabyt	**test** *n.* test
terajoule *n.* terajoule	**test** *v.* teste
term *n.* periode	**testament** *n.* testamente
term *v.* kalde	**testicle** *n.* testikel
terminable *adj.* opsigelig	**testify** *v.* vidne
terminal *n.* terminal	**testimonial** *n.* erklæring
terminal *adj.* dødelig	**testimony** *n.* vidneudsagn
terminate *v.* afslutte	**testosterone** *n.* testosteron

tete-a-tete *n.* samtale under fire øjne	**theorem** *n.* teorem
tether *v.* tøjre	**theoretical** *adj.* teoretisk
tether *n.* tøjr	**theorist** *n.* teoretiker
tetra *n.* tetrafisk	**theorize** *v.* teoretisere
text *n.* tekst	**theory** *n.* teori
textbook *n.* lærebog	**therapy** *n.* terapi
textbook *adj.* typisk	**there** *adv.* der
textbookish *adj.* lærebogs-	**thereabouts** *adv.* deromkring
textile *n.* tekstil	**thereafter** *adv.* derefter
textile *adj.* tekstil-	**thereby** *adv.* derved
textual *adj.* tekst-	**therefore** *adv.* derfor
texture *n.* tekstur	**thermal** *adj.* varme-
thank *v.* takke	**thermometer** *n.* termometer
thankful *adj.* taknemmelig	**thermos (flask)** *n.* termoflaske
thankless *adj.* utaknemmelig	**thesis** *n.* afhandling
thanks *n.* tak	**thick** *adj.* tyk
that *dem. pron.* den, det, denne, dette	**thick** *n.* tykning
that *rel. pron.* der, som	**thick** *adv.* tykt
that *adv.* så	**thicken** *v.* jævne
that *conj.* at	**thicket** *n.* vildnis
thatch *v.* tække	**thief** *n.* tyv
thatch *n.* stråtag	**thigh** *n.* lår
thaw *v.* tø	**thimble** *n.* fingerbøl
thaw *n.* tøvejr	**thin** *v.* fortynde
theatre *n.* teater	**thin** *adj.* tynd
theatrical *adj.* teater-	**thing** *n.* ting
theft *n.* tyveri	**think** *v.* tænke
their *adj.* deres	**thinker** *n.* tænker
theirs *pron.* deres	**third** *n.* treer
theism *n.* teisme	**third** *adj.* tredje
theist *n.* teist	**thirdly** *adv.* for det tredje
them *pron.* dem	**thirst** *v.* tørste
thematic *adj.* tematisk	**thirst** *n.* tørst
theme *n.* tema	**thirsty** *adj.* tørstig
then *adj.* daværende	**thirteen** *n.* trettental
then *adv.* da	**thirteenth** *n.* trettendedel
thence *adv.* derfra	**thirteenth** *adj.* trettende
theocracy *n.* teokrati	**thirtieth** *n.* tredivtedel
theologian *n.* teolog	**thirtieth** *adj.* tredivte
theological *adj.* teologisk	**thirty** *n.* tredive
theology *n.* teologi	**thistle** *n.* tidsel
	thither *adv.* did
	thorax *n.* brystkasse

thorn *n.* torn	throughout *adv.* helt igennem
thorny *adj.* tornet	throw *n.* kast
thorough *adj.* grundig	throw *v.* kast
thoroughfare *n.* færdselsåre	thrust *n.* stød
though *adv.* men	thrust *v.* støde
though *conj.* skønt	thud *v.* bumpe
thought *n.* tanke	thud *n.* bump
thoughtful *adj.* tankefuld	thug *n.* bølle
thousand *n.* tusind	thumb *v.* bruge tommelen
thousandth *adj.* tusinde	thumb *n.* tommelfinger
thrall *n.* træl	thump *v.* dunke
thralldom *n.* trældom	thump *n.* dunk
thrash *v.* tærske	thunder *v.* tordne
thread *v.* træde	thunder *n.* torden
thread *n.* tråd	thunderous *adj.* tordnende
threadbare *adj.* forslidt	Thursday *n.* torsdag
threat *n.* trussel	thus *adv.* således
threaten *v.* true	thwart *v.* forpurre
three *n.* tretal	tiara *n.* tiara
thresh *v.* tærske	tick *v.* tikke
thresher *n.* tærsker	tick *n.* tikken
threshold *n.* tærskel	ticket *n.* billet
thrice *adv.* trefold	tickle *v.* kilde
thrift *n.* sparsommelighed	ticklish *adj.* kilden
thrifty *adj.* sparsommelig	tidal *adj.* tidevands-
thrill *v.* begejstre	tide *n.* tidevand
thrill *n.* begejstring	tidiness *n.* ordentlighed
thrive *v.* trives	tidings *n. pl.* tidender
throat *n.* hals	tidy *v.* rydde op
throaty *adj.* guttural	tidy *adj.* ryddelig
throb *n.* dunken	tie *v.* binde
throb *v.* dunke	tie *n.* slips
throe *n.* kval	tier *n.* niveau
throne *v.* sætte på tronen	tiger *n.* tiger
throne *n.* trone	tight *adj.* tæt
throng *n.* flok	tighten *v.* stramme
throng *v.* flokkes	tigress *n.* huntiger
throttle *v.* kvæle	tile *v.* lægge fliser
throttle *n.* speeder	tile *n.* flise
through *adv.* igennem	till *conj.* indtil
through *adj.* færdig	till *v.* opdyrke
through *prep.* gennem	till *n.* kasseapparat
throughout *prep.* helt igennem	till *prep.* til

tilt *v.* vippe	toga *n.* toga
tilt *n.* hældning	together *adv.* sammen
timber *n.* tømmer	toil *v.* slide
time *v.* tage tid	toil *n.* slid
time *n.* tid	toilet *n.* toilet
timely *adj.* rettidig	toils *n. pl.* snare
timid *adj.* sky	token *n.* symbol
timidity *n.* skyhed	tolerable *adj.* tålelig
timorous *adj.* frygtsom	tolerance *n.* tolerance
tin *v.* putte på dåse	tolerant *adj.* tolerant
tin *n.* dåse	tolerate *v.* tolerere
tincture *v.* tinte	toleration *n.* tolerance
tincture *n.* tinktur	toll *v.* ringe
tinge *v.* tone	toll *n.* afgift
tinge *n.* skær	tomato *n.* tomat
tinker *n.* kedelflikker	tomb *n.* gravmæle
tinsel *n.* flitterstads	tomboy *n.* drengepige
tint *v.* farve	tomcat *n.* hankat
tint *n.* farvetone	tome *n.* tome
tiny *adj.* lillebitte	tomorrow *adv.* i morgen
tip *v.* vippe	tomorrow *n.* morgendagen
tip *n.* spids	ton *n.* ton
tip-off *v.* advare	tone *n.* tone
tipsy *adj.* bedugget	tone *v.* tone
tirade *n.* tirade	tongs *n. pl.* tang
tire *v.* trætte	tongue *n.* tunge
tire *n.* dæk	tonic *n.* opkvikker
tiresome *adj.* trættende	tonic *adj.* opkvikkende
tissue *n.* væv	tonight *adv.* i aften
titanic *adj.* titanisk	tonight *n.* i aften
tithe *n.* tiende	tonne *n.* ton
title *n.* titel	tonsil *n.* mandel
title *v.* benævne	tonsure *n.* tonsur
titular *adj.* titulær	too *adv.* også
toad *n.* tudse	tool *n.* værktøj
toast *v.* skåle	tooth *n.* tand
toast *n.* skål	toothache *n.* tandpine
tobacco *n.* tobak	toothsome *adj.* appetitlig
today *n.* i dag	top *v.* toppe
today *adv.* i dag	top *n.* top
toe *v.* give en tå	topaz *n.* topas
toe *n.* tå	topic *n.* emne
toffee *n.* flødekaramel	topical *adj.* aktuel

topographer n. topograf	tower n. tårn
topographical adj. topografisk	town n. by
topography n. topografi	township n. bydistrikt
topple v. vælte	toxemia n. blodforgiftning
topsy turvy adj. rodet	toxic adj. giftig
topsy turvy adv. på hovedet	toxicity n. giftighed
torch n. fakkel	toxicologist n. toksikolog
torment n. pine	toxicology n. toksikologi
torment v. pine	toxification n. toksifikation
tornado n. tornado	toxin n. toksin
torpedo v. torpedere	toy v. lege med
torpedo n. torpedo	toy n. legetøj
torrent n. strøm	toyhouse n. legehus
torrential adj. voldsom	toymaker n. legetøjsmager
torrid adj. lidenskabelig	toyseller n. legetøjssælger
tortoise n. landskildpadde	toystore n. legetøjsbutik
tortuous adj. kringlet	trace v. spore
torture v. torturere	trace n. spor
torture n. tortur	traceable adj. sporbar
toss n. lodtrækning	trachea n. trakea
toss v. smide	tracheal adj. luftrørs-
total n. total	tracheole n. luftrør
total v. udgøre	tracheoscopy n. trakeoskopi
total adj. samlet	track v. spore
totalitarian adj. totalitær	track n. spor
totality n. totalitet	trackable adj. sporbar
touch n. berøring	trackback n. trackback
touch v. berøre	trackball n. styrekugle
touchy adj. ømskindet	tracker n. sporer
tough adj. sej	tracklist n. spilleliste
toughen v. hærde	tracksuit n. træningsdragt
tour v. rejse rundt i	tract n. egn
tour n. rundrejse	traction n. trækkraft
tourism n. turisme	tractor n. traktor
tourist n. turist	trade v. handle
tournament n. turnering	trade n. erhverv
tow n. bugsering	trader n. handlende
tow v. bugsere	tradesman n. handlende
towards prep. imod	tradition n. tradition
towboat n. bugserbåd	traditional adj. traditionel
towel v. tørre med håndklæde	traffic v. handle ulovligt
towel n. håndklæde	traffic n. trafik
tower v. knejse	tragedian n. tragiker

tragedy *n.* tragedie
tragic *adj.* tragisk
trail *v.* spore
trail *n.* sti
trailer *n.* trailer
train *v.* træne
train *n.* tog
trainee *n.* praktikant
training *n.* træning
trait *n.* karaktertræk
traitor *n.* forræder
tram *n.* sporvogn
trample *v.* trampe
trance *n.* trance
tranquil *adj.* rolig
tranquility *n.* stilhed
tranquillize *v.* berolige
tranquillizer *n.* beroligende middel
transact *v.* udføre
transaction *n.* transaktion
transborder *adj.* grænse-
transboundary *adj.* grænse-
transceive *v.* transceive
transceiver *n.* transceiver
transcend *v.* transcendere
transcendent *adj.* transcendent
transcendental *adj.* transcendental
transcendentalize *v.* transcendentalisere
transcendentally *adv.* transcendentalt
transcendingly *adv.* transcenderende
transcribe *v.* transskribere
transcriber *n.* renskriver
transcription *n.* transskription
transfer *v.* overføre
transfer *n.* overførsel
transferable *adj.* som kan overføres
transfiguration *n.* transfiguration
transfigure *v.* forvandle
transform *v.* omforme
transformation *n.* omdannelse

transgress *v.* overtræde
transgression *n.* overtrædelse
transit *n.* transit
transit *v.* passere
transition *n.* overgang
transitive *adj.* transitiv
transitory *adj.* forbigående
translate *v.* oversætte
translation *n.* oversættelse
transmigration *n.* sjælevandring
transmission *n.* transmission
transmit *v.* transmittere
transmitter *n.* sender
transparent *adj.* gennemsigtig
transplant *v.* transplantere
transplant *n.* transplantation
transplantation *n.* transplantation
transplantee *n.* transplantationspatient
transport *n.* transport
transport *v.* transportere
transportation *n.* transport
trap *v.* fange
trap *n.* fælde
trapdoor *n.* faldlem
trapeze *n.* trapez
trapeze *v.* gynge i trapez
trapezist *n.* trapezkunstner
trapezoid *n.* trapez
trapline *n.* snubletråd
trash *n.* møg
trashed *adj.* beruset
trauma *n.* traume
traumatic *adj.* traumatisk
traumatism *n.* skade som følge af traume
traumatology *n.* traumatologi
traunch *n.* tranche
traunch *v.* opdele i trancher
traunch *adj.* tranche-
travel *v.* rejse
travel *n.* rejse
traveller *n.* rejsende

travelogue *n.* rejsebeskrivelse	**tribe** *n.* stamme
traveltime *n.* rejsetid	**tribulation** *n.* prøvelse
traversable *adj.* krydsningsbar	**tribunal** *n.* domstol
traverse *v.* krydse	**tributary** *n.* biflod
traverse *n.* travers	**tributary** *adj.* biflods-
trawl *n.* trawl	**tribute** *n.* hyldest
trawl *v.* trawle	**trick** *v.* snyde
trawlboat *n.* trawler	**trick** *n.* trick
tray *v.* sætte på en bakke	**trickery** *n.* snyd
tray *n.* bakke	**trickle** *v.* risle
treacherous *adj.* forræderisk	**trickle** *n.* rislen
treachery *n.* forræderi	**trickster** *n.* fupmager
tread *n.* skridt	**tricky** *adj.* drilagtig
tread *v.* træde	**tricolour** *n.* trikolore
treader *n.* træder	**tricolour** *adj.* trefarvet
treadmill *n.* trædemølle	**tricycle** *n.* trehjulet cykel
treadplate *n.* trædeplade	**trifle** *v.* bagatellisere
treadwheel *n.* trædemølle	**trifle** *n.* bagatel
treason *n.* forræderi	**trigger** *n.* aftrækker
treasure *v.* sætte meget højt	**trigger** *v.* udløse
treasure *n.* skat	**trim** *n.* trimning
treasurer *n.* kasserer	**trim** *v.* trimme
treasury *n.* skatkammer	**trim** *adj.* sirlig
treat *n.* godbid	**trinity** *n.* treenighed
treat *v.* behandle	**trio** *n.* trio
treatise *n.* afhandling	**trip** *n.* tur
treatment *n.* behandling	**trip** *v.* snuble
treaty *n.* traktat	**tripartite** *adj.* tresidig
tree *n.* træ	**triple** *adj.* tredobbelt
trek *n.* vandretur	**triple** *v.* tredoble
trek *v.* vandre	**triplicate** *n.* tredobbelt kopi
tremble *v.* skælve	**triplicate** *v.* kopiere i tre eksemplarer
tremendous *adj.* kolossal	
tremor *n.* rysten	**triplicate** *adj.* i tre eksemplarer
trench *v.* grave skyttegrav	**triplication** *n.* tredobling
trench *n.* skyttegrav	**tripod** *n.* trefod
trend *n.* tendens	**triumph** *v.* triumfere
trespass *n.* ulovlig indtrængen	**triumph** *n.* triumf
trespass *v.* indtrænge ulovligt	**triumphal** *adj.* triumf-
trial *n.* prøve	**triumphant** *adj.* sejrende
triangle *n.* trekant	**trivial** *adj.* triviel
triangular *adj.* trekantet	**troop** *v.* gå i flok
tribal *adj.* stamme-	**troop** *n.* trop

trooper *n.* kavalerist	**tumultuous** *adj.* tumultagtig
trophy *n.* trofæ	**tune** *v.* stemme
tropic *n.* vendekreds	**tune** *n.* melodi
tropical *adj.* tropisk	**tunnel** *v.* grave en tunnel
trot *n.* trav	**tunnel** *n.* tunnel
trot *v.* trave	**turban** *n.* turban
trouble *v.* bekymre	**turbine** *n.* turbine
trouble *n.* problemer	**turbulence** *n.* turbulens
troublesome *adj.* bekymrende	**turbulent** *adj.* turbulent
troupe *n.* trup	**turf** *n.* territorium
trousers *n. pl.* bukser	**turkey** *n.* kalkun
trowel *n.* planteske	**turmeric** *n.* gurkemeje
truce *n.* våbenstilstand	**turmoil** *n.* oprør
truck *n.* lastbil	**turn** *n.* drejning
true *adj.* sand	**turn** *v.* dreje
trump *v.* overtrumfe	**turner** *n.* drejer
trump *n.* trumf	**turnip** *n.* majroe
trumpet *v.* udbasunere	**turpentine** *n.* terpentin
trumpet *n.* trompet	**turtle** *n.* havskildpadde
trunk *n.* træstamme	**tusk** *n.* stødtand
trust *v.* stole på	**tussle** *v.* slås
trust *n.* tillid	**tussle** *n.* slagsmål
trustee *n.* administrator	**tutor** *n.* vejleder
trustful *adj.* tillidsfuld	**tutorial** *n.* vejledning
trustworthy *adj.* pålidelig	**tutorial** *adj.* lærer-
trusty *adj.* trofast	**twelfth** *n.* tolvtedel
truth *n.* sandhed	**twelfth** *adj.* tolvte
truthful *adj.* sand	**twelve** *n.* tolv
try *n.* forsøg	**twentieth** *n.* tyvendedel
try *v.* forsøge	**twentieth** *adj.* tyvende
trying *adj.* anstrengende	**twenty** *n.* tyve
tryst *n.* stævnemøde	**twice** *adv.* to gange
tub *n.* bæger	**twig** *n.* kvist
tube *n.* tube	**twilight** *n.* skumring
tuberculosis *n.* tuberkulose	**twin** *adj.* tvillinge-
tubular *adj.* rørformet	**twin** *n.* tvilling
tug *v.* rykke	**twinkle** *n.* tindren
tuition *n.* undervisning	**twinkle** *v.* tindre
tumble *n.* tumlen	**twist** *n.* snoning
tumble *v.* tumle	**twist** *v.* sno
tumbler *n.* tumler	**twitter** *v.* kvidre
tumour *n.* svulst	**twitter** *n.* kvidren
tumult *n.* tumult	**two** *n.* to

twofold *adj.* tofoldig
type *v.* skrive
type *n.* type
typhoid *n.* tyfus
typhoon *n.* tyfon
typhus *n.* tyfus
typical *adj.* typisk
typify *v.* symbolisere
typist *n.* maskinskriver
tyranny *n.* tyranni
tyrant *n.* tyran
tyre *n.* dæk

U

uber *adj.* über-
uber *adv.* über-
ubergeek *n.* übernørd
uberous *adj.* rigelig
ubersexual *n.* überseksuel person
ubersexual *adj.* überseksuel
ubicity *n.* lokation
ubiquitous *adj.* allestedsnærværende
ubiquity *n.* allestedsnærværelse
udder *n.* yver
ufo *n.* ufo
ufologist *n.* ufolog
ufology *n.* ufologi
uglify *v.* gøre grim
ugliness *n.* grimhed
ugly *adj.* grim
ukelele *n.* ukulele
ukeleleist *n.* ukulelespiller
ulcer *n.* kronisk sår
ulcerous *adj.* ulcerøs
ulterior *adj.* skjult
ultimate *adj.* endelig
ultimately *adv.* ultimativ
ultimatum *n.* ultimatum

ultracasual *adj.* ultracasual
ultracompact *adj.* ultrakompakt
ultraconservative *adj.* ultrakonservativ
ultraconservative *n.* ultrakonservativ
ultrasecure *adj.* ultrasikker
ultrasonic *adj.* ultrasonisk
ultrasonics *n.* ultralyd
ultraviolet *adj.* ultraviolet
ultraviolet *n.* ultraviolet
ululate *v.* tude
ululation *n.* tuden
umbrella *n.* paraply
umpire *n.* dommer
umpire *v.* dømme
unabashed *adj.* skamløs
unabashedly *adv.* skamløst
unable *adj.* ude af stand
unabridged *adj.* uforkortet
unacceptable *adj.* uacceptabel
unaccessible *adj.* ufremkommelig
unaccommodating *adj.* umedgørlig
unaccurate *adj.* uakkurat
unachievable *adj.* uopnåelig
unacquainted *adj.* ukendt
unadapted *adj.* utilpasset
unaffected *adj.* upåvirket
unaffectionate *adj.* ukærlig
unajusted *adj.* utilpasset
unambiguous *adj.* utvetydig
unambivalence *n.* uambivalent
unamused *adj.* ufornøjet
unanimity *n.* enstemmighed
unanimous *adj.* enstemmig
unannounced *adj.* uanmeldt
unappealing *adj.* uindbydende
unapproved *adj.* ikke godkendt
unavoidable *adj.* uundgåelig
unaware *adj.* uvidende
unawares *adv.* overrumplende
unburden *v.* betro
uncanny *adj.* uhyggelig

uncertain *adj.* usikker
uncle *n.* onkel
uncouth *adj.* ukultiveret
under *prep.* under
under *adv.* under
under *adj.* under-
undercurrent *n.* understrøm
underdog *n.* underlegen
undergo *v.* gennemgå
undergraduate *n.* studerende
underhand *adj.* underhånds-
underline *v.* understrege
undermine *v.* underminere
underneath *adv.* nedenunder
underneath *prep.* under
underneath *adj.* under-
understand *v.* forstå
undertake *v.* påtage
undertone *n.* undertone
underwear *n.* undertøj
underworld *n.* underverden
undo *v.* omgøre
undue *adj.* unødig
undulate *v.* bølge
undulation *n.* bølgen
unearth *v.* afdække
uneasy *adj.* urolig
unfair *adj.* uretfærdig
unfold *v.* udfolde
unfortunate *adj.* uheldig
ungainly *adj.* uskøn
unhappy *adj.* ulykkelig
unification *n.* forening
union *n.* union
unionist *n.* fagforeningsmedlem
unique *adj.* unik
unison *n.* samstemmighed
unit *n.* enhed
unite *v.* forene
unity *n.* enhed
universal *adj.* universel
universality *n.* almindelighed
universe *n.* univers

university *n.* universitet
unjust *adj.* uretfærdig
unless *conj.* medmindre
unlike *adj.* ulig
unlike *prep.* i modsætning til
unlikely *adj.* usandsynlig
unmanned *adj.* ubemandet
unmannerly *adj.* umanerlig
unprincipled *adj.* principløs
unreliable *adj.* upålidelig
unrest *n.* uro
unruly *adj.* urolig
unsettle *v.* gøre urolig
unsheathe *v.* drage
until *prep.* indtil
until *conj.* indtil
untoward *adj.* upassende
unwell *adj.* utilpas
unwittingly *adv.* uvillig
up *adv.* op
up *prep.* op ad
up-to-date *adj.* opdateret
upbraid *v.* irettesætte
upheaval *n.* omvæltning
uphold *v.* opretholde
upkeep *n.* underhold
uplift *v.* opløfte
uplift *n.* opløft
upon *prep.* på
upper *adj.* øvre
upright *adj.* opretstående
uprising *n.* opstand
uproar *n.* larm
uproarious *adj.* larmende
uproot *v.* løsrive
upset *v.* forstyrre
upshot *n.* resultat
upstart *n.* opkomling
upward *adj.* opadgående
upwards *adv.* opad
urban *adj.* by-
urbane *adj.* høflig
urbanity *n.* høflighed

urchin *n.* unge
urge *v.* tilskynde
urge *n.* drift
urgency *n.* hastesag
urgent *adj.* påtrængende
urinal *n.* urinal
urinary *adj.* urin-
urinate *v.* urinere
urination *n.* urination
urine *n.* urin
urn *n.* urne
usage *n.* brug
use *n.* brug
use *v.* bruge
useful *adj.* anvendelig
usher *n.* tjener
usher *v.* betjene
usual *adj.* almindelig
usually *adv.* sædvanligvis
usurer *n.* ågerkarl
usurp *v.* tilrane
usurpation *n.* tilranelse
usury *n.* åger
utensil *n.* redskab
uterus *n.* livmoder
utilitarian *adj.* brugs-
utility *n.* anvendelighed
utilization *n.* anvendelse
utilize *v.* anvende
utmost *adj.* yderst
utmost *n.* yderste
utopia *n.* utopi
utopian *adj.* utopisk
utter *v.* ytre
utter *adj.* fuldkommen
utterance *n.* ytring
utterly *adv.* fuldstændig

V

vacancy *n.* ledig plads
vacant *adj.* tom
vacate *v.* fraflytte
vacation *n.* ferie
vaccinate *v.* vaccinere
vaccination *n.* vaccination
vaccinator *n.* vaccinator
vaccine *n.* vaccinere
vacillate *v.* vakle
vacuum *n.* vakuum
vacuum *v.* støvsuge
vagabond *adj.* vagabond-
vagabond *n.* vagabond
vagary *n.* grille
vagina *n.* skede
vague *adj.* uklar
vagueness *n.* uklarhed
vain *adj.* forfængelig
vainglorious *adj.* forfængelig
vainglory *n.* forfængelighed
vainly *adv.* forfængeligt
vale *n.* dal
valiant *adj.* tapper
valid *adj.* gyldig
validate *v.* validere
validity *n.* validitet
valley *n.* dal
valour *n.* tapperhed
valuable *adj.* værdifuld
valuation *n.* vurdering
value *v.* værdsætte
value *n.* værdi
valve *n.* ventil
van *n.* varevogn
vanish *v.* forsvinde
vanity *n.* forfængelighed
vanquish *v.* besejre
vaporize *v.* fordampe

vaporous *adj.* tåget
vapour *n.* damp
variable *adj.* variabel
variance *n.* vekslen
variation *n.* variation
varied *adj.* varieret
variety *n.* variation
various *adj.* forskellige
varnish *v.* lakere
varnish *n.* lak
vary *v.* veksle
vase *n.* vase
vasectomy *n.* vasektomi
vaseline *n.* vaseline
vast *adj.* enorm
vault *v.* springe
vault *n.* hvælving
vector *n.* vektor
vector *v.* dirigere til en vektor
vectorial *adj.* vektor-
vegan *n.* veganer
vegan *adj.* veganisk
vegetable *adj.* grøntsags-
vegetable *n.* grøntsag
vegetarian *n.* vegetar
vegetarian *adj.* vegetarisk
vegetation *n.* vegetation
vehemence *n.* heftighed
vehement *adj.* heftig
vehicle *n.* køretøj
vehicular *adj.* kørende
veil *v.* tilsløre
veil *n.* slør
vein *n.* blodåre
vein *v.* male årer
velocity *n.* hastighed
velvet *n.* fløjl
velvety *adj.* fløjls-
venal *adj.* bestikkelig
venality *n.* bestikkelighed
vendor *n.* sælger
venerable *adj.* ærværdig
venerate *v.* ære

veneration *n.* ærbødighed
vengeance *n.* hævn
venial *adj.* tilgivelig
venom *n.* gift
venomous *adj.* giftig
vent *n.* udluftningsrist
ventilate *v.* ventilere
ventilation *n.* ventilation
ventilator *n.* ventilator
ventriloquism *n.* bugtalerkunst
ventriloquist *n.* bugtaler
ventriloquistic *adj.* bugtaler-
ventriloquize *v.* bugtale
venture *v.* vove
venture *n.* vovestykke
venturesome *adj.* dristig
venturous *adj.* dristig
venue *n.* lokalitet
veracity *n.* sandfærdighed
veranda *n.* veranda
verb *n.* udsagnsord
verbal *adj.* verbal
verbally *adv.* verbalt
verbatim *adj.* ordret
verbose *adj.* ordrig
verbosity *n.* ordrigdom
verdant *adj.* frodig
verdict *n.* kendelse
verge *n.* kant
verification *n.* verificering
verify *v.* verificere
verisimilitude *n.* sandsynlighed
veritable *adj.* veritabel
vermillion *adj.* cinnoberrød
vermillion *n.* cinnober
vernacular *adj.* dialekt-
vernacular *n.* dialekt
vernal *adj.* forårsagtig
versatile *adj.* alsidig
versatility *n.* alsidighed
verse *n.* vers
versed *adj.* velbevandret
versification *n.* versifikation

versify v. versificere	**videogaming** n. videogaming
version n. version	**videotape** n. videobånd
versus prep. kontra	**videotape** v. optage på videobåd
vertical adj. lodret	**videotelephone** n. videotelefon
verve n. livskraft	**vie** v. kappes
very adj. meget	**view** n. udsigt
vessel n. beholder	**view** v. se
vest v. iføre sig vest	**vigil** n. vagt
vest n. vest	**vigilance** n. vagtsomhed
vested adj. absolut	**vigilant** adj. vagtsom
vestige n. rudiment	**vigorous** adj. energisk
vestment n. messedragt	**vile** adj. modbydelig
veteran adj. veteran-	**vilify** v. nedgøre
veteran n. veteran	**villa** n. villa
veterinary adj. dyrlæge	**village** n. landsby
veto v. nedlægge veto mod	**villager** n. landsbybo
veto n. veto	**villain** n. skurk
vex v. ærgre	**vindicate** v. retfærdiggøre
vexation n. ærgrelse	**vindication** n. retfærdiggørelse
via prep. via	**vine** n. vinstok
viable adj. levedygtig	**vinegar** n. eddike
vial n. flakon	**vintage** n. årgang
vibrate v. vibrere	**violate** v. overtræde
vibration n. vibration	**violation** n. overtrædelse
vicar n. sognepræst	**violence** n. vold
vicarious adj. indirekte	**violent** adj. voldelig
vice n. skruestik	**violet** n. violet
vice-versa adv. omvendt	**violin** n. violin
viceroy n. vicekonge	**violinist** n. violinist
vicinity n. nærheden	**virgin** adj. jomfruelig
vicious adj. ondskabsfuld	**virgin** n. jomfru
vicissitude n. omskiftelse	**virginity** n. jomfruelighed
victim n. offer	**virile** adj. viril
victimize v. gøre til offer	**virility** n. virilitet
victor n. vinder	**virtual** adj. reel
victorious adj. sejrende	**virtue** n. dyd
victory n. sejr	**virtuous** adj. retskaffen
victuals n. pl proviant	**virulence** n. virulerːs
video n. video	**virulent** adj. virulent
video v. videooptage	**virus** n. virus
videoblogger n. videoblogger	**visage** n. ansigt
videobook n. videobog	**visibility** n. synlighed
videocassette n. videokassette	**visible** adj. synlig

vision *n.* vision
visionary *n.* visionær
visionary *adj.* visionær
visit *n.* besøg
visit *v.* besøge
visitor *n.* besøgende
vista *n.* udsigt
visual *adj.* syns-
visualize *v.* visualisere
vital *adj.* vital
vitality *n.* vitalitet
vitalize *v.* sætte liv i
vitamin *n.* vitamin
vitiate *v.* gøre ugyldig
viva voce *adj.* mund til mund-
viva voce *n.* mund til mund
viva voce *adv.* mund til mund-
vivacious *adj.* livlig
vivacity *n.* livlighed
vivid *adj.* klar
vixen *n.* hunræv
vocabulary *n.* ordforråd
vocal *adj.* stemme-
vocalist *n.* sanger
vocation *n.* kald
vogue *n.* mode
voice *v.* udtrykke
voice *n.* stemme
void *v.* annullere
void *n.* tomrum
void *adj.* ugyldig
volcanic *adj.* vulkansk
volcano *n.* vulkan
volition *n.* vilje
volley *v.* flugte
volley *n.* byge
volt *n.* volt
voltage *n.* spænding
volume *n.* volume
voluminous *adj.* voluminøs
voluntarily *adv.* frivilligt
voluntary *adj.* frivillig
volunteer *v.* melde sig frivilligt

volunteer *n.* frivillig
voluptuary *n.* vellystning
voluptuous *adj.* frødig
vomit *n.* opkast
vomit *v.* kaste op
voracious *adj.* grådig
vortex *n.* hvirvel
votary *n.* tilbeder
vote *v.* stemme
vote *n.* stemme
voter *n.* vælger
vouch *v.* garantere
voucher *n.* værdikupon
vouchsafe *v.* nedlade
vow *v.* aflægge løfte
vow *n.* løfte
vowel *n.* vokal
voyage *v.* rejse
voyage *n.* lang rejse
voyager *n.* rejsende
voyeur *n.* voyeur
voyeurism *n.* voyeurisme
vulgar *adj.* vulgær
vulgarity *n.* vulgaritet
vulnerable *adj.* sårbar
vulture *n.* grib

W

wabble *v.* vakle
wabbly *adj.* vaklende
wack *adj.* skør
wack *n.* særling
wacko *adj.* tosset
wacko *n.* særling
waddle *v.* vralte
wade *v.* vade
waft *n.* viften
waft *v.* vifte
wag *n.* logren

wag v. logre
wage n. løn
wage v. føre
wager v. vædde
wager n. væddemål
wagon n. vogn
wail n. jammer
wail v. jamre
wain n. vogn
waist n. talje
waistband n. linning
waistcoat n. vest
wait n. ventetid
wait v. vente
waiter n. tjener
waitress n. tjener
waive v. frafalde
waiver n. afkald
wake n. kølvand
wake v. vågne
wakeful adj. søvnløs
walk n. gåtur
walk v. gå
wall v. mure inde
wall n. mur
wallet n. pengepung
wallop v. banke
wallow v. bank
walnut n. valnød
walrus n. hvalros
wan adj. gusten
wand n. tryllestav
wander v. flakke
wane n. aftagende
wane v. aftage
want n. mangel
want v. ønske
wanton adj. tankeløs
war v. erklære krig
war n. krig
warble n. trille
warble v. slå triller
warbler n. sanger

ward v. afværge
ward n. sengeafsnit
warden n. opsynshaver
warder n. fængselsbetjent
wardrobe n. garderobe
wardship n. værgemål
ware n. vare
warehouse n. varehus
warfare n. krigsførelse
warlike adj. krigsagtig
warm adj. varm
warm v. varme
warmth n. varme
warn v. advare
warning n. advarsel
warrant v. berettige
warrant n. retskendelse
warrantee n. garantihaver
warrantor n. garantistiller
warranty n. garanti
warren n. kaninbo
warrior n. kriger
wart n. vorte
wary adj. forsigtig
wash n. vask
wash v. vaske
washable adj. vaskbar
washer n. vaskemaskine
wasp n. hveps
waspish adj. giftig
wassail n. drikkelag
wastage n. spild
waste n. spild
waste v. spilde
waste adj. øde
wasteful adj. ødsel
watch n. ur
watch v. se
watchful adj. årvågen
watchword n. nøgleord
water v. vande
water n. vand
water-melon n. vandmelon

waterfall *n.* vandfald	**wedge** *n.* kile
waterproof *n.* regnfrakke	**wedlock** *n.* ægtestand
waterproof *v.* imprægnere	**Wednesday** *n.* onsdag
waterproof *adj.* vandtæt	**weed** *v.* luge
watertight *adj.* vandtæt	**weed** *n.* ukrudt
watery *adj.* vandet	**week** *n.* uge
watt *n.* watt	**weekly** *adv.* ugentligt
wave *v.* vinke	**weekly** *n.* ugeblad
wave *n.* bølge	**weekly** *adj.* ugentlig
waver *v.* vakle	**weep** *v.* græde
wavy *adj.* bølget	**weevil** *n.* snudebille
wax *v.* vokse	**weigh** *v.* veje
wax *n.* voks	**weight** *n.* vægt
way *n.* vej	**weightage** *n.* vægtning
wayfarer *n.* vejfarende	**weighty** *adj.* vægtig
waylay *v.* lave bagholdsangreb	**weir** *n.* dæmning
wayward *adj.* uberegnelig	**weird** *adj.* mærkelig
weak *adj.* svag	**welcome** *n.* velkommen
weaken *v.* svække	**welcome** *v.* byde velkommen
weakling *n.* svækling	**welcome** *adj.* velkommen
weakness *n.* svaghed	**weld** *n.* svejsning
weal *n.* strime	**weld** *v.* svejse
wealth *n.* rigdom	**welfare** *n.* velfærd
wealthy *adj.* velhavende	**well** *adv.* godt
wean *v.* vænne fra	**well** *n.* brønd
weapon *n.* våben	**well** *v.* vælde
wear *v.* slid	**well** *adj.* rask
weary *adj.* udmattet	**well-known** *adj.* velkendt
weary *v.* trætte	**well-read** *adj.* belæst
weather *n.* vejr	**well-timed** *adj.* veltimet
weather *v.* klare sig	**well-to-do** *adj.* velbjærget
weave *v.* væve	**wellington** *n.* gummistøvle
weaver *n.* væver	**welt** *n.* strime
web *n.* spind	**welter** *n.* virvar
webby *adj.* fuld af spind	**wen** *n.* cyste
webcam *n.* webcam	**wench** *n.* tøs
webcasting *n.* webcasting	**west** *adj.* vestlig
webinar *n.* webinar	**west** *adv.* vestpå
webisode *n.* webisode	**west** *n.* vest
webmaster *n.* webmaster	**westerly** *adv.* vestpå
wed *v.* ægte	**westerly** *adj.* vestlig
wedding *n.* bryllup	**western** *adj.* vesterlandsk
wedge *v.* kile	**wet** *v.* gøre våd

wet *adj.* våd	**whip** *n.* pisk
wetness *n.* vådhed	**whip** *v.* piske
whack *v.* smæk	**whipcord** *n.* piskesnor
whale *n.* hval	**whir** *n.* hvirvlen
wharfage *n.* kajplads	**whirl** *n.* hvirvlen
what *adj.* hvad	**whirl** *v.* hvirvle
what *pron.* hvad	**whirligig** *n.* snurretop
what *interj.* hvad	**whirlpool** *n.* malstrøm
whatever *pron.* alt hvad	**whirlwind** *n.* hvirvelvind
wheat *n.* hvede	**whisk** *n.* piskeris
wheedle *v.* smigre	**whisk** *v.* piske
wheel *v.* køre	**whisker** *n.* knurhår
wheel *n.* hjul	**whisky** *n.* whisky
whelm *v.* vælde	**whisper** *n.* hvisker
whelp *n.* hvalp	**whisper** *v.* hviske
when *conj.* da	**whistle** *n.* fløjte
when *adv.* hvornår	**whistle** *v.* fløjte
whence *adv.* hvorfra	**white** *n.* hvid
whenever *conj.* hver gang	**white** *adj.* hvid
whenever *adv.* hvornår	**whiten** *v.* hvidte
where *conj.* hvor	**whitewash** *v.* hvidvaske
where *adv.* hvor	**whitewash** *n.* hvidvask
whereabout *adv.* hvor omtrent	**whither** *adv.* hvorhen
whereabout *n.* opholdssted	**whitish** *adj.* hvidlig
whereas *conj.* hvorimod	**whittle** *v.* snitte
whereat *conj.* hvoraf	**whiz** *v.* suse
wherein *adv.* hvorimod	**who** *pron.* hvem
whereupon *conj.* hvorefter	**whoever** *pron.* hvem som helst
wherever *adv.* hvor som helst	**whole** *n.* helhed
whet *v.* hvæsse	**whole** *adj.* hel
whether *conj.* om	**whole-hearted** *adj.* helhjertet
which *pron.* som	**wholesale** *adj.* en gros-
which *adj.* hvilken	**wholesale** *adv.* en gros
whichever *pron.* hvilken som helst	**wholesale** *n.* en gros-handel
whiff *n.* pust	**wholesaler** *n.* grosserer
while *conj.* imens	**wholesome** *adj.* gavnlig
while *v.* fordrive	**wholly** *adv.* fuldstændig
while *n.* tid	**whom** *pron.* hvem
whim *n.* grille	**whore** *n.* hore
whimper *v.* klynke	**whose** *pron.* hvis
whimsical *adj.* lunefuld	**why** *adv.* hvorfor
whine *n.* piven	**wick** *n.* væge
whine *v.* pive	**wicked** *adj.* ond

wicker *n.* kurveflet	**winter** *v.* overvintre
wicket *n.* gærde	**winter** *n.* vinter
wide *adv.* bredt	**wintry** *adj.* vinterlig
wide *adj.* bred	**wipe** *n.* vådserviet
widen *v.* udvide	**wipe** *v.* tørre
widespread *adj.* udbredt	**wire** *v.* trække ledninger
widow *v.* enke	**wire** *n.* ledning
widow *n.* enke	**wireless** *n.* radio
widower *n.* enkemand	**wireless** *adj.* trådløs
width *n.* bredde	**wiring** *n.* ledningsinstallation
wield *v.* udøve	**wisdom** *n.* visdom
wife *n.* hustru	**wisdom-tooth** *n.* visdomstand
wig *n.* paryk	**wise** *adj.* vis
wigwam *n.* wigwam	**wish** *v.* ønske
wild *adj.* vild	**wish** *n.* ønske
wilderness *n.* ødemark	**wishful** *adj.* ønske-
wile *n.* kneb	**wisp** *n.* dusk
will *v.* testamentere	**wistful** *adj.* vemodig
will *n.* testamente	**wit** *n.* vid
willing *adj.* villig	**witch** *n.* heks
willingness *n.* villighed	**witchcraft** *n.* heksekunst
willow *n.* piletræ	**witchery** *n.* hekseri
wily *adj.* snedig	**with** *prep.* med
wimble *n.* krusning	**withal** *adv.* desuden
win *n.* sejr	**withdraw** *v.* trække tilbage
win *v.* vinde	**withdrawal** *n.* tilbagetrækning
wince *v.* fortrække nervøst	**withe** *n.* vidje
winch *n.* hejsespil	**wither** *v.* visne
wind *v.* vikle	**withhold** *v.* tilbageholde
wind *n.* vind	**within** *adv.* indenfor
windbag *n.* pralhals	**within** *prep.* inden i
winder *n.* spole	**without** *adv.* uden
windlass *n.* ankerspil	**without** *prep.* uden
windmill *n.* vindmølle	**withstand** *v.* modstå
window *n.* vindue	**witless** *adj.* tåbelig
windy *adj.* blæsende	**witness** *v.* bevidne
wine *n.* vin	**witness** *n.* vidne
wing *n.* vinge	**witticism** *n.* vittighed
wink *v.* blinke	**witty** *adj.* vittig
wink *n.* blink	**wizard** *n.* troldmand
winner *n.* vinder	**wobble** *v.* rokke
winnow *v.* fjerne avner	**woe** *n.* sorg
winsome *adj.* vindende	**woebegone** *adj.* sørgmodig

woeful *n.* sørgelig	**worsen** *v.* forværre
wolf *n.* ulv	**worship** *v.* tilbede
woman *n.* kvinde	**worship** *n.* tilbedelse
womanhood *n.* kvindelighed	**worshipper** *n.* troende
womanise *v.* jage skørter	**worst** *n.* værste
womaniser *n.* skørtejæger	**worst** *adj.* værst
womanish *adj.* kvindagtig	**worst** *v.* besejre
womb *n.* livmoder	**worsted** *n.* kamgarn
wonder *v.* spekulere	**worth** *adj.* værd
wonder *n.* vidunder	**worth** *n.* værdi
wonderful *adj.* vidunderlig	**worthless** *adj.* værdiløs
wondrous *adj.* forunderlig	**worthy** *adj.* værdig
wont *n.* vane	**would-be** *adj.* wannabe
wont *adj.* sædvanlig	**wound** *v.* såre
wonted *adj.* sædvanlig	**wound** *n.* sår
woo *v.* bejle til	**wrack** *n.* klørtang
wood *n.* træ	**wraith** *n.* ånd
wooden *adj.* træ-	**wrangle** *n.* skænderi
woodland *n.* skovområde	**wrangle** *v.* skændes
woods *n.* skov	**wrap** *n.* indpakningspapir
woof *n.* vov	**wrap** *v.* indpakke
wool *n.* uld	**wrapper** *n.* papir
woollen *n.* uldvare	**wrath** *n.* vrede
woollen *adj.* ulden	**wreath** *n.* hvirvl
word *v.* formulere	**wreathe** *v.* hvirvle
word *n.* ord	**wreck** *v.* ødelægge
wordy *adj.* ordrig	**wreck** *n.* vrag
work *v.* arbejde	**wreckage** *n.* vragrester
work *n.* arbejde	**wrecker** *n.* ødelægger
workable *adj.* gennemførlig	**wren** *n.* gærdesmutte
workaday *adj.* hverdagsagtig	**wrench** *v.* vride
worker *n.* arbejder	**wrench** *n.* skruenøgle
workman *n.* arbejder	**wrest** *v.* vriste
workmanship *n.* håndværk	**wrestle** *v.* brydes
workshop *n.* workshop	**wrestler** *n.* bryder
world *n.* verden	**wretch** *n.* skrog
worldling *n.* verdensbarn	**wretched** *adj.* ynkelig
worldly *adj.* livsklog	**wrick** *n.* vrikke
worm *n.* orm	**wriggle** *n.* vriden
wormwood *n.* malurt	**wriggle** *v.* vride
worn *adj.* slidt	**wring** *v.* vride
worry *v.* bekymre sig	**wrinkle** *v.* rynke
worry *n.* bekymring	**wrinkle** *n.* rynke

wrist *n.* vrist
writ *n.* stævning
write *v.* skrive
writer *n.* forfatter
writhe *v.* vride
wrong *adv.* forkert
wrong *v.* forurette
wrong *adj.* forkert
wrongful *adj.* uretmæssig
wry *adj.* spydig

X

xenobiology *n.* xenobiologi
xenogenesis *n.* xenogenese
xenomania *n.* xenomani
xenomorph *n.* xenomorf
xenophile *n.* xenofil
xenophobe *n.* xenofob
xenophobia *n.* xenofobi
xerox *n.* fotokopimaskine
xerox *v.* fotokopiere
Xmas *n.* jul
x-ray *n.* røntgenfotografi
x-ray *v.* røntgenfotografere
An *adj.* træædende
xylophilous *adj.* xylofil
xylophone *n.* xylofon

Y

yacht *n.* lystyacht
yacht *v.* sejle lystyacht
yak *n.* yakokse
yak *v.* plapre
yap *n.* plapren
yap *v.* plapre

yard *n.* -plads
yarn *n.* garn
yawn *v.* gabe
yawn *n.* gab
year *n.* år
yearly *adj.* årlig
yearly *adv.* årligt
yearn *v.* længes
yearning *n.* længsel
yeast *n.* gær
yell *v.* råbe
yell *n.* råb
yellow *adj.* gul
yellow *n.* gult
yellow *v.* gulne
yellowish *adj.* gullig
Yen *n.* yen
yen *v.* længes
yes *adv.* ja
yesterday *n.* i går
yesterday *adv.* i går
yet *adv.* endnu
yet *conj.* dog
yield *v.* give
yield *n.* udbytte
yodle *n.* jodlen
yodle *v.* jodle
yoga *n.* yoga
yoghurt *n.* yoghurt
yogi *n.* yogi
yoke *n.* åg
yoke *v.* forbinde
yolk *n.* æggeblomme
yonder *adj.* derhenne
yonder *adv.* derhenne
yonder *n.* derhenne
young *adj.* ung
young *n.* unger
youngster *n.* ungt menneske
youth *n.* ungdom
youthful *adj.* ungdommelig

Z

zany *n.* tosse
zany *adj.* tosset
zeal *n.* nidkærhed
zealot *n.* fanatiker
zealous *adj.* nidkær
zebra *n.* zebra
zenith *n.* zenit
zephyr *n.* zefyr
zero *n.* nul
zest *n.* skal
zest *v.* rive skal
zesty *adj* krydret
zig *n.* zig
zig *v.* zigge
zigzag *n.* zigzaglinje
zigzag *adj.* zigzag-
zigzag *adv.* zigzag-
zigzag *v.* zigzagge
zinc *n.* zink
zip *n.* lynlås
zip *v.* lyne
zipper *n.* lynlås
zodiac *n.* stjernetegn
zonal *adj.* zone-
zone *n.* zone
zoo *n.* zoologisk have
zoological *adj.* zoologisk
zoologist *n.* zoolog
zoology *n.* zoologi
zoom *n.* zoom
zoom *v.* zoome

Danish - English

A

abbed *n.* abbot
abbedi *n.* abbey
abe *n.* monkey
abelignende *adj.* apish
abnorm *adj.* abnormal
abnormalt *adv.* abnormally
abnormitet *n.* abnormality
abolitionisme *n.* abolitionism
abonnement *n.* subscription
abonnere *v.* subscribe
aboriginere *n. pl.* aborigines
abort *n.* abortion
abortere *v.* miscarry
abrikos *n.* apricot
absolut *adj.* absolute
absolut *adv.* absolutely
absorbere *v.* absorb
absorbering *n.* absorption
absorberingsevne *n.* absorptivity
abstrakt *adj.* abstract
abstraktion *n.* abstraction
absurd *adj.* absurd
absurditet *n.* absurdity
accelerator *n.* accelerator
accelerere *v.* accelerate
accent *n.* accent
accept *n.* acceptance
acceptabelt *adj.* acceptable
acceptere *v.* accept
acetat *n.* acetate
acetone *n.* acetone
ad hoc *adj.* ad hoc
adel *n.* nobility
adelig *adj.* noble
adeligt *adv.* nobly
adelskrone *n.* coronet
adelsmand *n.* nobleman
adfærdsvanskelighed *n.* maladjustment
adgang *n.* access
adgang *n.* admission
adgang *n.* admittance
adgangskort *n.* access pass
adjektiv *n.* adjective
adle *v.* ennoble
adlyde *v.* obey
administrations- *adj.* administrative
administrator *n.* administrator
administrator *n.* trustee
administrere *v.* administrate
admiral *n.* admiral
admiralitet *n.* admiralty
adoptere *v.* adopt
adoption *n.* adoption
adoptiv- *adj.* adoptive
adræt *adj.* nimble
adrenalin *n.* adrenaline
adressat *n.* addressee
adresse *v.* address
adskillelse *n.* severance
adskillige *adj.* several
adskilt *adv.* asunder
adsorbering *n.* adsorption
adstadig *adj.* staid
advare *v.* warn
advarsel *n.* warning
adverbiel *adj.* adverbial
adverbium *n.* adverb
advokat *n.* attorney
aerobic *n.* aerobics
aerobiologi *n.* aerobiology
aerobiologisk *adj.* aerobiological
aerodynamisk *adj.* aerodynamic
aerostatik *n.* aerostatics
aerostatisk *adj.* aerostatic
af *prep.* of
af sted *adv.* along
afasi *n.* aphasia
afbetaling *n.* amortization
afbilde *v.* depict

afbildning *n.* depiction	**afmaskulinisere** *n.* demasculinization
afbøje *v.* deflect	
afbøjning *n.* deflection	**aforisme** *n.* aphorism
afbryde *v.* interrupt	**afparere** *n.* parry
afbrydelse *n.* interruption	**afparering** *v.* parry
afbryder *n.* switch	**afregne** *v.* square
afdække *v.* unearth	**afrivning** *n.* avulsion
afdeling *n.* department	**afrustning** *n.* disarmament
afdød *adj.* deceased	**afsætte** *v.* dethrone
afdrag *n.* instalment	**afsalte** *v.* desalt
affære *n.* affair	**afsavn** *n.* privation
affald *n.* refuse	**afsendt** *adj.* shipped
affaldscontainer *n.* dumpster	**afsides** *adj.* secluded
afførende *adj.* laxative	**afskære** *v.* seclude
afføringsmiddel *n.* laxative	**afskaffe** *v.* abolish
affugte *v.* dehumidify	**afskaffelse** *n.* abolishment
afgå *v.* depart	**afskaffer** *n.* abolisher
afgang *n.* departure	**afskalle** *v.* shell
afgift *n.* toll	**afsked** *n.* goodbye
afgiftning *n.* detoxication	**afskove** *v.* deforest
afgjort *adj.* decided	**afskrabning** *n.* scrape
afgjort *adv.* decidedly	**afsky** *v.* abhor
afgøre *v.* settle	**afsky** *n.* abhorrence
afgørelse *n.* settlement	**afskyelig** *adj.* abominable
afgørende *adj.* crucial	**afskyeligt** *adv.* abominably
afgrænse *v.* delimit	**afslå** *v.* refuse
afgrænse *v.* delimitate	**afslag** *n.* refusal
afgrænsning *n.* delimitation	**afslapning** *n.* relaxation
afgrøde *n.* crop	**afslappet** *adj.* casual
afgrund *n.* abyss	**afsløre** *v.* reveal
afgudsdyrker *n.* idolater	**afslørende** *adj.* revealing
afhænde *v.* dispose	**afslutning** *n.* end
afhændelse *n.* disposal	**afslutte** *v.* finish
afhænge *v.* depend	**afsondrethed** *n.* seclusion
afhængig *adj.* dependent	**afspærre** *v.* cordon
afhængighed *n.* dependence	**afspærring** *n.* cordon
afhandling *n.* thesis	**afspærringslinje** *n.* tapeline
afhjælpe *v.* redress	**afspilning** *n.* playback
afhjælpning *n.* redress	**afspore** *v.* derail
afholde *v.* hold	**afsporing** *n.* derailment
afholdende *adj.* teetotal	**afstå** *v.* refrain
afholdenhed *n.* abstinence	**afstamning** *n.* lineage
afmagnetisere *v.* demagnetize	**afstand** *n.* distance

afstandtagen *n.* disapproval
afstemning *n.* referendum
afstive *v.* prop
afstøbning *n.* cast
afstresse *v.* destress
afsværge *v.* abjure
afsværger *n.* abjurer
afsvedet *adj.* scorched
afsvide *v.* scorch
aftage *v.* decrease
aftagen *n.* decrease
aftagende *adv.* decreasingly
aftagende *n.* wane
aftager *n.* taker
aftale *n.* accord
aftale *v.* contract
aftale *n.* deal
aften *n.* evening
aftensmad *n.* dinner
aftrækker *n.* trigger
aftrappe *v.* taper
aftryk *n.* imprint
afvæbne *v.* disarm
afvænning *n.* weaning
afværge *v.* ward
afvente *v.* await
afvige *v.* deviate
afvigelse *n.* deviation
afvigende *adj.* deviant
afvise *v.* dismiss
afvise *v.* reject
afvisning *n.* rejection
agape *n.* agape
agent *n.* agent
agermåne *n.* clive
agern *n.* acorn
aggression *n.* aggression
aggressiv *adj.* aggressive
agitere *v.* commove
agnosticisme *n.* agnosticism
agonist *n.* agonist
agrarisk *adj.* agrarian
agte *v.* esteem

agtelse *n.* esteem
agter *n.* aft
agterende *n.* stern
agterude *adv.* aft
agurk *n.* cucumber
ahorn *n.* sycamore
ak *interj.* alas
akacie *n.* acacia
akademi *n.* academy
akademisk *adj.* academic
akavet *adj.* awkward
akklimatisere *v.* acclimatise
akkord *n.* chord
akkreditere *v.* accredit
akkreditering *n.* accreditation
akkumulere *v.* accrue
akkuratesse *n.* nicety
akrobat *n.* acrobat
akrobatik *n.* acrobatics
akrobatisk *adj.* acrobatic
akropolis *n.* acropolis
akrostikon *n.* acrostic
akryl- *adj.* acrylic
akse *n.* axis
aksel *n.* axle
aksial *adj.* axial
aktiebeholdning *n.* shareholding
aktiehandler *n.* sharebroker
aktiehavende *adj.* shareholding
aktiemarked *n.* sharemarket
aktionær *n.* shareholder
aktiv *adj.* active
aktiv *n.* asset
aktivere *v.* activate
aktivist *n.* activist
aktivitet *n.* activity
aktuel *adj.* topical
akupunktør *n.* acupuncturist
akupunktur *n.* acupuncture
akustik *n.* acoustics
akustisk *adj.* acoustic
akut *adj.* acute
akvædukt *n.* aqueduct

akvarium *n.* aquarium
al *adj.* all
alabast *n.* alabaster
alabaster- *adj.* alabaster
alarm *n.* alarm
albino *n.* albino
albue *n.* elbow
album *n.* album
aldeles *adv.* altogether
alder *n.* age
aldrig *adv.* never
alene *adj.* alone
alf *n.* elf
alfa *n.* alpha
alfabet *n.* alphabet
alfabetiseret *adj.* literate
alfabetisering *n.* literacy
alfabetisk *adj.* alphabetical
alge- *adj.* algal
algebra *n.* algebra
alger *n.* algae
alias *adv.* alias
alibi *n.* alibi
alikvot *n.* aliquot
alkærlig *adj.* omnibenevolent
alkærlighed *n.* omnibenevolence
alkohol *n.* alcohol
alkoholisk *n.* alcoholic
alkoholisme *n.* alcoholism
alkove *n.* alcove
alkymi *n.* alchemy
alkymist *n.* alchemist
alle *adj.* every
alle *pron.* everybody
allegori *n.* allegory
allegorisk *adj.* allegorical
allerede *adv.* already
allergi *n.* allergy
allestedsnærværelse *n.* ubiquity
allestedsnærværende *adj.* ubiquitous
alliance *n.* alliance
alliancefrihed *n.* non-alignment

alliere *v.* ally
allieret *n.* ally
alligator *n.* alligator
alligevel *adv.* anyway
almægtig *adj.* almighty
almindelig *adj.* common
almindelighed *n.* universality
almindeligvis *adv.* generally
almisse *n.* alms
alpe *n.* alp
alpin *adj.* alpine
alsidig *adj.* versatile
alsidighed *n.* versatility
alt *pron.* all
alt *pron.* everything
alt hvad *pron.* whatever
altædende *adj.* omnivorous
altafgørende *adj.* paramount
alter *n.* altar
alternativ *n.* alternative
alternativ *adj.* alternative
altet *n.* allness
altid *adv.* always
altruisme *n.* altruism
altruist *n.* altruist
altruistisk *adj.* altruistic
altsanger *n.* alto
aluminere *v.* aluminate
aluminium *n.* aluminium
alvidende *adj.* omniscient
alvidenhed *n.* omniscience
alvorlig *adj.* serious
analogi *n.* analogy
analyse *n.* analysis
analysere *v.* analyse
analytiker *n.* analyst
analytisk *adj.* analytical
anamorfose *adj.* anamorphosis
ananas *n.* pineapple
anarki *n.* anarchy
anarkisme *n.* anarchism
anarkist *n.* anarchist
anatomi *n.* anatomy

anbefale *v.* recommend
anbefalende *adj.* credential
anbefaling *n.* recommendation
anciennitet *n.* seniority
and *n.* duck
anden *pron.* other
anden *adj.* second
anderledes *adv.* otherwise
andet *adj.* other
androide *n.* droid
anekdote *n.* anecdote
anelse *n.* inkling
anerkende *v.* acclaim
anerkende *v.* acknowledge
anerkende *v.* repute
anerkendelse *n.* acknowledgement
anfald *n.* seizure
anføre *v.* submit
anfører *n.* captain
anger *n.* remorse
anger *n.* repentance
angerfuld *adj.* rueful
angiografi *n.* angiogram
angive *v.* canary
angive *v.* state
angiveligt *adv.* ostensibly
angre *v.* repent
angreb *n.* attack
angrende *adj.* repentant
angribe *v.* attack
angriber *n.* attacker
angst *n.* anxiety
anholde *v.* arrest
anholdelse *n.* arrest
anisfrø *n.* aniseed
ankel *n.* ankle
ankelsok *n.* anklet
anker *n.* anchor
ankerplads *n.* anchorage
ankerspil *n.* windlass
anklage *n.* accusation
anklage *v.* accuse
anklagede *n.* accused

anklager *n.* prosecutor
ankomme *v.* arrive
ankomst *n.* arrival
anliggende *n.* concern
anmode *v.* request
anmodning *n.* request
anneks *v.* annex
annektering *n.* annexation
annonce *v.* advert
annoncere *v.* advertise
annoncering *n.* announcement
annullere *v.* annul
annullering *n.* annulment
anonym *adj.* anonymous
anonymhed *n.* anonymosity
anonymitet *n.* anonymity
anorak *n.* anorak
anorektisk *adj.* anorexic
ansat *n.* employee
anse *v.* deem
anseelse *n.* cachet
anselig *adj.* sizable
ansigt *n.* face
ansigts- *adj.* facial
ansigtsløftning *n.* facelift
anskuelse *n.* sentiment
ansøge *v.* apply
ansøger *n.* applicant
ansøgning *n.* application
anspore *v.* spur
ansporing *n.* goad
anstændig *adj.* decent
anstændighed *n.* decency
anstrenge *v.* endeavour
anstrengelse *n.* effort
anstrengende *adj.* arduous
anstrengt *adj.* laboured
ansvar *n.* responsibility
ansvarlig *adj.* responsible
ansvarlighed *n.* accountability
antænde *v.* kindle
antændelse *n.* ignition
antage *v.* assume

antagelse *n.* assumption
antaste *v.* accost
antastet *adj.* accosted
antenne *n.* aerial
antibiotikum *n.* antibiotic
antik *adj.* antique
antikvar *n.* antiquary
antikvarisk *adj.* antiquarian
antikveret *adj.* antiquated
antikvitet *n.* antiquity
antikvitetskyndig *n.* antiquarian
antilope *n.* antelope
antimoni *n.* antinomy
antipati *n.* dislike
antipoder *n.* antipodes
antiseptisk *adj.* antiseptic
antiteisme *n.* antitheism
antiteist *n.* antitheist
antitese *n.* antithesis
antologi *n.* anthology
antonym *n.* antonym
antyde *v.* imply
antyde *adj.* indicative
antydning *n.* indication
anvende *v.* utilize
anvendelig *adj.* useful
anvendelighed *n.* utility
anvendelse *n.* application
apati *n.* apathy
apnø *n.* apnoea
apolog *n.* apologue
apostel *n.* apostle
apostrof *n.* apostrophe
apotek *n.* pharmacy
apoteker *n.* pharmaceutist
apparat *n.* device
apparatur *n.* apparatus
appel *n.* appeal
appellant *n.* appellant
appellere *v.* appeal
appelsin *n.* orange
appetit *n.* appetite
appetitlig *adj.* toothsome
appetitvækkende *n.* appetence
appetitvækker *n.* appetizer
april *n.* April
ar *n.* scar
araber *n.* Arab
arabisk *n.* Arabic
arabisk *adj.* Arabic
arbejde *n.* work
arbejde *v.* work
arbejder *n.* worker
arbejdsbænk *n.* benchwork
arbejdsgiver *n.* employer
arbejdsløshedsunderstøttelse *n.* unemployment benefit
arbejdsom *adj.* industrious
arbitrær *adj.* arbitrary
arena *n.* arena
argonaut *n.* argonaut
argument *n.* argument
argumentere *v.* reason
aristokrat *n.* aristocrat
aristokrati *n.* aristocracy
ark *n.* sheet
arkade *n.* arcade
arkæologi *n.* archaeology
arkitekt *n.* architect
arkitektur *n.* architecture
arkiv *n.* archive
arkivere *v.* file
arm *n.* arm
armada *n.* armada
armbånd *n.* bracelet
armhule *n.* armpit
armring *n.* bangle
arne *n.* hearth
aromaterapi *n.* aromatherapy
aromatisk *adj.* aromatic
arrangement *n.* arrangement
arrangere *v.* arrange
arre *v.* scar
arrogant *adj.* arrogant
arsenal *n.* armoury
arsenal *n.* arsenal

arsenik *n.* arsenic
art *n.* species
arterie *n.* artery
artikel *n.* article
artikulation *n.* enunciation
artikulere *v.* enunciate
artikulerende *adj.* enunciatory
artilleri *n.* artillery
artiskok *n.* artichoke
arv *n.* inheritance
arve *v.* inherit
arvelig *adj.* hereditary
arvelighed *n.* heredity
arvelighedsforsker *n.* geneticist
arving *n.* heir
asbest *n.* asbestos
aseksualitet *n.* asexuality
askegrå *adj.* ashen
asket *n.* ascetic
asketisk *adj.* ascetic
asketræ *n.* ash
asparges *n.* asparagus
aspirant *n.* aspirant
assimilation *n.* assimilation
assimilere *v.* assimilate
assistance *n.* assistance
assistent *n.* assistant
assistere *v.* assist
asterisme *n.* asterism
asteroide *v.* asteroid
astma *n.* asthma
astrolabium *n.* astrolabe
astrolog *n.* astrologer
astrologi *n.* astrology
astronaut *n.* astronaut
astronom *n.* astronomer
astronomi *n.* astronomy
asyl *n.* asylum
asymmetrisk *adj.* asymmetrical
at *conj.* that
ateisme *n.* atheism
ateist *n.* atheist
atelier *n.* studio
atlas *n.* atlas
atlet *n.* athlete
atletik *n.* athletics
atletisk *adj.* athletic
atmosfære *n.* atmosphere
atmosfærisk *adj.* atmospheric
atol *n.* atoll
atom *n.* atom
atom- *adj.* nuclear
atomisk *adj.* atomic
atopisk *adj.* atopic
atropin *n.* atropine
attaché *n.* attache
atten *n.* eighteen
attestere *v.* certify
attrå *v.* covet
atypisk *adj.* atypic
aubergine *n.* aubergine
audiovisuel *adj.* audiovisual
august *n.* August
auktion *n.* auction
auktionere *v.* auction
autentisk *adj.* authentic
autograf *n.* autograph
automatisk *adj.* automatic
automobil *n.* automobile
autorisere *v.* authorize
autoritativ *adj.* authoritative
autoritet *n.* authority
av *int.* ouch
av *n.* ouch
aversion *n.* aversion
avisand *n.* canard
avle *v.* breed
avne *n.* husk
avneknippe *n.* sawgrass
azot *n.* azote
azur *n.* azure
azurblå *adj.* azure

B

babyansigt *n.* babyface
babysitting *n.* babysitting
bacon *n.* bacon
bade *v.* bathe
badeand *n.* rubber duck
badekar *n.* bath
badminton *n.* badminton
bag *n.* behind
bag *prep.* behind
bag- *adj.* back
bagage *n.* uggage
bagatel *n.* trifle
bagatellisere *v.* trifle
bage *v.* bake
bagefter *adv.* afterwards
bagende *n.* rear
bager *n.* baker
bageri *n.* bakery
bagerste *adv.* rear
baggrund *n.* background
baghold *n.* ambush
bagholdsangreb *n.* ambuscade
baghånd *n.* backhand
baglokale *n.* snug
baglys *n.* backlight
baglæns *adv.* backward
baglæns- *adj.* backward
baglås *n.* deadlock
baglåse *v.* deadlock
bagside *n.* back
bagtale *v.* malign
bagtrappe *n.* backstairs
bagvaske *v.* calumniate
bagvaskelse *n.* calumny
bagvej *n.* backtrack
bajonet *n.* bayonet
bak- *adj.* rearview
bakgear *n.* reverse
bakke *v.* back
bakke *n.* hill
bakkenbarter *n.* sideburns
bakse *v.* manhandle
bakterie *n.* bacteria
balance *n.* balance
balancere *v.* balance
baldakin *n.* canopy
balde *n.* buttock
balkon *n.* balcony
balle *n.* bale
ballet *n.* ballet
ballistik *n.* ballistics
ballon *n.* balloon
ballonsprøjte *n.* aurilave
balsam *n.* balsam
balsamere *v.* embalm
balsamering *n.* embalming
balsamisk *adj.* balsamic
bambus *n.* bamboo
banalitet *n.* banality
banalt *adj.* banal
banan *n.* banana
bande *v.* curse
bande *n.* gang
bandit *n.* bandit
bane *n.* pitch
bane *n.* playfield
bang *n.* bang
bang! *int.* boom
bange *adj.* afraid
baniantræ *n.* banyan
banjo *n.* banjo
bank *n.* bank
bank *v.* wallow
bankboks *n.* safe-deposit
banke *v.* knock
bankier *n.* banker
banner *n.* banner
bar *n.* bar
bar *adj.* bare
bar *adv.* stark
barbar *n.* barbarian

barbari *n.* barbarism
barbarisk *adj.* barbarian
barber *n.* barber
barbere *v.* shave
barberet *adj.* shaven
barbering *n.* shave
barbering *n.* shaving
barberkniv *n.* razor
bare *conj.* only
baret *n.* beret
barfodet *adj.* barefoot
barium *n.* barium
bark *n.* bark
barm *n.* bosom
barmhjertig *adj.* merciful
barmhjertighed *n.* mercy
barn *n.* child
barnagtig *adj.* puerile
barndom *n.* childhood
barnemord *n.* infanticide
barnepige *n.* nanny
barnevogn *n.* perambulator
barnlig *adj.* childish
barok *adj.* baroque
barometer *n.* barometer
baron *n.* baron
barriere *n.* barrier
barrikade *n.* barricade
bars *n.* bass
barsk *adj.* rugged
bart *adj.* stark
bartender *n.* bartender
baryton *n.* baritone
basar *n.* bazaar
base *n.* alkali
basere *v.* base
basilikum *n.* basil
basis *n.* base
basisk *adj.* alkaline
basketball *n.* basketball
bassin *n.* basin
bastard *n.* mongrel
bastion *n.* bastion

bataljon *n.* battalion
batteri *n.* battery
bavian *n.* baboon
bebo *v.* inhabit
beboelig *adj.* habitable
beboelse *n.* habitation
beboer *n.* resident
bebrejde *v.* blame
bebrejdelse *n.* reproach
bebrillet *adj.* bespectacled
bebude *v.* portend
bebyrde *v.* burden
bede *v.* pray
bedøve *v.* stun
bedøvelse *n.* anaesthesia
bedøvelsesmiddel *n.* anaesthetic
bedrag *n.* deception
bedrage *v.* deceive
bedrager *n.* fraudster
bedrageri *n.* fraud
bedragerisk *adj.* fraudulent
bedre *adj.* better
bedre *adv.* better
bedrift *n.* accomplishment
bedrøve *v.* sadden
bedrøvet *adj.* sad
bedugget *adj.* tipsy
befale *v.* command
befolke *v.* populate
befolkning *n.* population
befri *v.* rid
befrielse *n.* liberation
befrier *n.* liberator
befrugte *v.* fertilize
befrugtning *n.* fecundation
befæste *v.* fortify
begå *v.* commit
begær *n.* lust
begære *v.* hanker
begæring *n.* petition
begærlighed *n.* cupidity
begavet *adj.* gifted
begejstre *v.* thrill

begejstring *n.* thrill	**belagt** *adj.* encrusted
begge *adj.* both	**belaste** *v.* strain
begge *pron.* both, either	**belastning** *n.* strain
begge *adv.* both, either	**belejlig** *adv.* pat
begivenhed *n.* event	**belejre** *v.* besiege
begrave *v.* bury	**belejring** *n.* siege
begravelse *n.* funeral	**belyse** *v.* elucidate
begravelsesplads *n.* cemetery	**belægge** *v.* coat
begribe *v.* comprehend	**belægning** *n.* coating
begrænse *v.* limit	**belæst** *adj.* well-read
begrænsende *adj.* restrictive	**beløb** *n.* amount
begrænset *adj.* limited	**belønne** *v.* reward
begrænsning *n.* restriction	**belønning** *n.* reward
begynde *v.* commence	**belåne** *v.* mortgage
begyndelse *n.* commencement	**bemærke** *v.* note
begyndende *n.* beginning	**bemærkelsesværdig** *adj.* notable
begynder *n.* beginner	**bemærkning** *n.* remark
behændig *adj.* deft	**bemande** *v.* man
behagelig *adj.* pleasant	**ben** *n.* leg
behandle *v.* treat	**benfri** *adj.* boneless
behandling *n.* treatment	**benzidin** *n.* benzidine
beherske *v.* restrain	**benzin** *n.* gasoline
beholde *v.* keep	**benzol** *n.* benzene
beholder *n.* vessel	**benådning** *n.* pardon
beholdning *n.* supply	**benægte** *v.* deny
behøve *v.* need	**benægtelse** *n.* denial
bejle *v.* court	**benævne** *v.* title
bejler *n.* suitor	**beredvillig** *adj.* alacrious
bekæmpe *v.* combat	**beredvillighed** *n.* alacrity
bekendt *n.* acquaintance	**beregne** *v.* calculate
beklæde *v.* clothe	**beregnende** *adj.* mercenary
beklædning *n.* apparel	**beretning** *n.* chronicle
beklædningsgenstand *n.* garment	**berettige** *v.* entitle
beklage *v.* regret	**berettigelse** *n.* eligibility
beklagelse *n.* regret	**berettiget** *adj.* eligible
bekræfte *v.* confirm	**berige** *v.* enrich
bekræftelse *n.* confirmation	**berolige** *v.* soothe
bekræftende *adj.* affirmative	**beroligende** *adj.* sedative
bekvem *adj.* convenient	**bersærk** *n.* berserk
bekvemmelighed *n.* convenience	**bersærker** *n.* beserker
bekymre *v.* trouble	**beruse** *v.* intoxicate
bekymrende *adj.* troublesome	**beruset** *adj.* drunk
bekymring *n.* worry	**berygtet** *adj.* notorious

berygtethed *n.* notoriety	**bestemme** *v.* assign
beryllium *n.* beryllium	**bestemmelser** *n.* purview
berømmelse *n.* fame	**bestemt** *adj.* decided
berømt *adj.* famous	**bestialsk** *adj.* bestial
berøre *v.* touch	**bestige** *v.* mount
berøring *n.* touch	**bestikke** *v.* bribe
berøve *v.* bereave	**bestikkelig** *adj.* venal
besætning *n.* crew	**bestikkelighed** *n.* venality
besætte *v.* occupy	**bestikkelse** *n.* bribe
besættelse *n.* occupation	**bestille** *v.* book
besejre *v.* defeat	**bestride** *v.* dispute
besidde *v.* possess	**bestyre** *v.* manage
besiddelse *n.* possession	**bestyrelses-** *adj.* managerial
besk *adj.* acrid	**bestyrtelse** *n.* dismay
beskadige *v.* damage	**bestråle** *v.* irradiate
beskadigelse *n.* breakage	**bestrø** *v.* bestrew
beskatning *n.* taxation	**besudle** *v.* define
beskatte *v.* tax	**besvær** *n.* botheration
besked *n.* message	**besværlig** *adj.* onerous
beskeden *adj.* modest	**besvime** *v.* faint
beskedenhed *n.* modesty	**besvimelse** *n.* swoon
beskidt *adj.* filthy	**besynderlighed** *n.* oddity
beskriv *v.* describe	**beta** *n.* beta
beskrivelse *n.* description	**beta-** *adj.* beta
beskrivende *adj.* descriptive	**betage** *v.* enamour
beskyldning *n.* allegation	**betagelse** *n.* enamourment
beskytte *v.* protect	**betaget** *adj.* enamoured
beskyttelse *n.* protection	**betalbar** *adj.* payable
beskyttelsesbriller *n.* safety goggles	**betale** *v.* pay
beskyttende *adj.* protective	**betaler** *n.* payee
beskæftige *v.* occupy	**betaling** *n.* pay
beskæftigelse *n.* employment	**betaling** *n.* payment
beskære *v.* prune	**betegne** *v.* denote
beslutning *n.* decision	**betel** *n.* betel
beslutsom *adj.* decisive	**betelnød** *n.* areca
beslutsomhed *n.* determination	**betingelse** *n.* condition
beslutte *v.* decide	**betinget** *adj.* conditional
beslægtet *adj.* akin	**betjene** *v.* serve
besøg *n.* visit	**beton** *n.* concrete
besøge *v.* visit	**betone** *v.* accent
besøgende *n.* visitor	**betragtelig** *adj.* appreciable
bestå af/i *v.* consist	**betro** *v.* confide
bestandig *adj.* perennial	**better** *n.* bettor

betyde v. signify
betydelig adj. substantial
betydeligt adv. substantially
betydning n. meaning
betændelse n. inflammation
betændelses- adj. inflammatory
betænkelighed n. misgiving
beundring n. admiration
beundringsværdig adj. admirable
bevare v. retain
bevarelse n. retention
bevidne v. witness
bevidst adj. aware
bevidst adv. purposely
bevidsthed n. awareness
bevidstløs adj. unconscious
bevilge v. allocate
bevilling n. allocation
bevillingshaver n. licensee
bevinget adj. aliferous
bevis n. evidence
bevise v. prove
bevogte n. guard
bevæbne v. arm
bevæge v. move
bevægelig adj. movable
bevægelse n. movement
bi n. bee
biaksial adj. biaxial
biavl n. apiculture
biavler n. beekeeper
bibel n. bible
bibliograf n. bibliographer
bibliografi n. bibliography
bibliotek n. library
bibliotekar n. librarian
bicellulær adj. bicellular
biceps n. biceps
bid n. bite
bide v. bite
bidet n. bidet
bidimensionel adj. bidimensional
bidrag n. contribution

bidrage v. contribute
bifald n. applause
bifalde v. applaud
biflod n. tributary
biflods- adj. tributary
bigami n. bigamy
bigamist n. bigamist
bigamistisk adj. bigamous
bigård n. apiary
bikage n. honeycomb
bikini n. bikini
bikube n. beehive
bikube n. hive
bil n. car
bilateral adj. bilateral
bilist n. motorist
bille n. beetle
billede n. image
billedhugger n. sculptor
billedsprog n. imagery
billet n. ticket
billiard n. billiard
billig adj. cheap
billigelse n. approval
billighedsret n. chancery
binde v. tie
binde v. bind
binding adj. binding
binokulær adj. binocular
binær adj. binary
bioabsorption n. bioabsorption
biograf n. cinema
biografi n. biography
biokemisk adj. biochemical
bioklima n. bioclimate
biolog n. biologist
biologi n. biology
biologisk adj. biological
biomasse n. biomass
biometrisk adj. biometric
bionisk adj. bionic
biopsi n. biopsy
bioskop n. bioscope

bioskopi *n.* bioscopy
bip *n.* blip
bippe *v.* blip
biprodukt *n.* by-product
birk *n.* birch
birolle *n.* cameo
biseksualitet *n.* bisexuality
biseksuel *adj.* bisexual
biseksuel *n.* bisexual
biskop *n.* bishop
bison *n.* bison
bison *n.* buffalo
bispehue *n.* mitre
bisse *v.* stampede
bissen *n.* stampede
bistro *n.* bistro
biting *n.* sideshow
bitter *adj.* bitter
bitterhed *n.* acrimony
bitterhed *n.* resentment
bivej *n.* byway
bizar *adj.* bizarre
bjerg *n.* mountain
bjergbestiger *n.* mountain climber
bjergrig *adj.* mountainous
bjælke *n.* beam
bjærge *v.* salvage
bjærgning *n.* salvage
bjørn *n.* bear
blad *n.* leaf
bladformet *adj.* foliate
bladrig *adj.* leafy
bladselleri *n.* celery
blafre *v.* flap
blafrende *adj.* flapping
blande *v.* mix
blanding *n.* compound
blasert *adj.* blasé
ble *n.* diaper
bleg *adj.* pale
blege *v.* bleach
blegemiddel *n.* bleach
bleghed *n.* paleness

blegne *v.* blanch
blid *adj.* gentle
blik *n.* look
blikfang *n.* eyecatcher
blikkenslager *n.* plumber
blind *adj.* blind
blindeskrift *n.* braille
blindgyde *n.* dead-end
blindgyde- *adj.* dead-end
blindhed *n.* ablepsy
blindhed *n.* blindness
blindtarm *n.* appendix
blindtarmsbetændelse *n.* appendicitis
blingbling *n.* bling
blink *n.* wink
blinke *v.* blink
blishøne *n.* coot
blitzpære *n.* flashbulb
blive *v.* remain
blod *n.* blood
blodåre *n.* vein
blodforgiftning *n.* sepsis
blodig *adj.* bloody
blodmangel *n.* anaemia
blodsudgydelse *n.* bloodshed
blok *n.* block
blokere *v.* block
blokering *n.* blockade
blomkål *n.* cauliflower
blomme *n.* plum
blomst *n.* flower
blomsteragtig *adj.* flowery
blomsterhandler *n.* florist
blomstre *v.* bloom
blomstring *n.* bloom
blonder *n.* lace
blotlægge *v.* denude
blotte *v.* bare
blotter *n.* flasher
blottet *adj.* bare
bluffe *v.* bluff
bluffe *v.* hoodwink

blunde *v.* doze
bluse *n.* shirt
blusse *v.* flame
bly *n.* lead
blyant *n.* pencil
blytung *adj.* leaden
blæk *n.* ink
blæksprutte *n.* octopus
blænde *v.* blind
blændende *adj.* glaring
blændende *adv.* dazzlingly
blære *n.* bladder
blærerøv *n.* showoff
blæse *v.* blow
blæsebælg *n.* bellows
blæsende *adj.* windy
blød *adj.* soft
bløddyr *n.* mollusc
bløddyrs- *adj.* molluscous
bløde *v.* bleed
blødgøre *v.* soften
blåt *n.* blue
blåt *adj.* blue
bo *v.* live
boaslange *n.* boa constrictor
boble *n.* bubble
bod *n.* stall
bodyboard *n.* bodyboard
bodyboarde *v.* bodyboard
bog *n.* book
boghandler *n.* book-seller
bogholder *n.* book-keeper
bogholderi *n.* book-keeping
boglig *adj.* bookish
boglig *adj.* studious
bogmærke *n.* bookmark
bogorm *n.* book worm
bogstavelig *adj.* literal
bogstavrim *n.* alliteration
bogstavrime *v.* alliterate
boheme *n.* bohemian
bohemeagtig *adj.* bohemian
boks *n.* box

boksning *n.* boxing
bold *n.* ball
bolero *n.* bolero
bolig *n.* residence
bolte *v.* bolt
boltre *v.* cavort
bolværk *n.* bulwark
bombardere *v.* bombard
bombe *n.* bomb
bombe *v.* bomb
bombemand/bombekvinde *n.* bomber
bomme *v.* cadge
bommert *n.* gaffe
bomuld *n.* cotton
bonde *n.* farmer
bondegård *n.* farm
bondestand *n.* peasantry
bonus *n.* bonus
bor *n.* drill
borbardement *n.* bombardment
bordel *n.* brothel
bordelmutter *n.* bawd
bore *v.* drill
borg *n.* castle
borger *n.* citizen
borgerlig *adj.* civil
borgerskab *n.* bourgeoise
borgmester *n.* mayor
boring *n.* bore
bort *n.* braid
borte *adv.* væk
bortfalde *v.* lapse
bortføre *v.* abduct
bortførelse *n.* abduction
bortfører *n.* abductor
bortførte *n.* abductee
bortgang *n.* decease
bortløben *adj.* fugitive
bortløber *n.* runaway
bortvisning *n.* expulsion
bosat *adj.* resident
botanik *n.* botany

bouillon *n.* broth	**brodermord** *n.* fratricide
boykot *v.* boycott	**broderskab** *n.* fraternity
boykot *n.* boycott	**brodsø** *n.* surge
brag *n.* bang	**broget** *adj.* motley
brainstorm *n.* brainstorm	**brok** *n.* hernia
brainstorme *v.* brainstorm	**brokade** *n.* brocade
brakjord *n.* fallow	**brokke** *v.* grumble
brandbil *n.* firetruck	**bromid** *n.* bromite
branding *n.* branding	**bronkial** *adj.* bronchial
brandmand *n.* firefighter	**bronze** *n.* bronze
brandsår *n.* burn	**bronzere** *adj.* bronze
brandsikker *adj.* fireproof	**bror** *n.* brother
brandsikre *v.* fireproof	**brosten** *n.* cobblestone
brandslange *n.* firehose	**brud** *n.* bride
brandstation *n.* firehouse	**brudgom** *n.* bridegroom
brandstiftelse *n.* arson	**brug** *n.* usage
brandy *n.* brandy	**bruge** *v.* use
brat *adj.* abrupt	**brugernavn** *n.* username
brat *adv.* short	**brugervejledning** *n.* manual
brathed *n.* abruption	**brugs-** *adj.* utilitarian
bred *adj.* wide	**brumme** *v.* mutter
bredde *n.* width	**brun** *adj.* brown
breddegrad *n.* latitude	**brune** *v.* brown
bredt *adv.* wide	**brunkul** *n.* lignite
bregne *n.* fern	**brunst** *n.* must
bremse *n.* brake	**brunst-** *adj.* rut
bremse *v.* brake	**brunt** *n.* brown
bremseklap *n.* airbrake	**brus** *n.* fizz
brev *n.* letter	**bruse** *v.* fizz
brigade *n.* brigade	**brusehoved** *n.* showerhead
brigadegeneral *n.* brigadier	**brusk** *n.* cartilage
briket *n.* briquet	**brutal** *adj.* brutal
bringe *v.* bring	**brutalisere** *v.* brutify
brise *n.* breeze	**bryde** *v.* breach
briste *v.* rupture	**bryder** *n.* wrestler
bristepunkt *n.* breakpoint	**brydes** *v.* grapple
britisk *adj.* british	**bryg** *n.* brew
bro *n.* bridge	**brygge** *v.* brew
broccoli *n.* broccoli	**bryggeri** *n.* brewery
brochure *n.* brochure	**bryllup** *n.* wedding
brod *n.* sting	**bryllups-** *adj.* nuptial
broderi *n.* embroidery	**bryllupsrejse** *n.* honeymoon
broderlig *adj.* fraternal	**bryst** *n.* breast

bryst- *adj.* mammary	**buk** *n.* bow
brystkasse *n.* thorax	**buket** *n.* bouquet
brystværn *n.* battlement	**bukke** *v.* bow
brystvorte *n.* nipple	**bukser** *n. pl.* trousers
bræge *v.* bleat	**bulder** *n.* din
brægen *n.* bleat	**bulimi** *n.* bulimia
brækjern *n.* crowbar	**bulldog** *n.* bulldog
brække *v.* break	**bump** *n.* thud
brække *v.* fracture	**bumpe** *v.* thud
brækpose *n.* sickbag	**bums** *n.* pimple
brændbar *adj.* combustible	**bumser** *n.* acne
brændbar *adj.* inflammable	**bund** *n.* bottom
brænde *v.* burn	**bundet** *adj.* bound
brænde *v.* nettle	**bundethed** *n.* bondage
brændeknippe *n.* faggot	**bundt** *n.* bunch
brændenælde *n.* nettle	**bundt** *n.* bundle
brænding *n.* surf	**bundt** *n.* sheaf
brændingsovn *n.* kiln	**bungalow** *n.* bungalow
brændstof *n.* fuel	**bunke** *n.* heap
bræt *n.* board	**bunker** *n.* bunker
brød *n.* bread	**bur** *n.* cage
brøk *n.* fraction	**burde** *v.* ought
brøle *v.* roar	**bure inde** *v.* encage
brøler *n.* blunder	**bureau** *n.* bureau
brønd *n.* well	**bureaukrat** *n.* bureaucrat
bud *n.* commandment	**bureaukrati** *n.* bureacracy
bud *n.* messenger	**bus** *n.* bus
budbringer *n.* herald	**buse** *v.* blurt
budget *n.* budget	**busk** *n.* bush
bue *n.* arch	**butik** *n.* shop
bue *v.* curve	**butiksbog** *n.* shopbook
bueskydning *n.* archery	**butiksdrift** *n.* shopkeep
bueskytte *n.* archer	**butiksejer** *n.* shopowner
bugserbåd *n.* towboat	**butiksfacade** *n.* shopfront
bugsere *v.* tow	**butiksindehaver** *n.* shopkeeper
bugsering *n.* tow	**butikstyv** *n.* shoplifter
bugt *n.* bay	**buttet** *adj.* chubby
bugtale *v.* ventriloquize	**by** *n.* town
bugtaler *n.* ventriloquist	**by-** *adj.* urban
bugtaler- *adj.* ventriloquistic	**bydistrikt** *n.* township
bugtalerkunst *n.* ventriloquism	**byg** *n.* barley
bugte *v.* meander	**byge** *n.* shower
bugtet *adj.* sinuous	**bygge** *v.* build

bygkorn *n.* stye
bygning *n.* building
bygningsværk *n.* edifice
byld *n.* abscess
bynke *n.* sagebush
bypassoperation *n.* bypass operation
byrde *n.* burden
byte *n.* byte
bytte *n.* prey
byttehandel *n.* barter
bæger *n.* tub
bæk *n.* creek
bælg *n.* pod
bælte *n.* belt
bænk *n.* bench
bær *n.* berry
bærbar *adj.* portable
bære *v.* bear
bærebjælke *n.* girder
bærestol *n.* sedan
bæst *n.* beast
bæver *n.* beaver
bæverskind *n.* beaverskin
bøddel *n.* executioner
bøde *n.* fine
bøf *n.* beef
bøg *n.* beech
bøje *v.* bend
bøje *n.* buoy
bøjelig *adj.* limber
bøjet *adj.* bent
bøjning *n.* bend
bølge *v.* undulate
bølge *n.* wave
bølgen *n.* undulation
bølget *adj.* wavy
bølle *n.* thug
bøn *n.* prayer
bønfalde *v.* implore
bønfaldelse *n.* beseech
bønne *n.* bean
bønnebog *n.* breviary

børnehave *n.* kindergarten
børnehjem *n.* orphanage
børste *n.* brush
børste *v.* brush
børstehår *n.* bristle
bøvs *n.* belch
bøvse *v.* belch
båd *n.* boat
både *conj.* both
bådehus *n.* boathouse
bådfører *n.* boatman
bål *n.* bonfire
bånd *n.* bond
båndafspiller *n.* tape player
båndfri *adj.* tapeless
båre *n.* stretcher
båret *adj.* borne

C

campingvogn *n.* caravan
campist *n.* camper
cateringfirma *n.* caterer
ceder *n.* cedar
celle *n.* cell
celle- *adj.* cellular
cello *n.* cello
celsius *adj.* centigrade
cement *n.* cement
cementere *v.* cement
censor *n.* censor
censur *n.* censorship
censurere *v.* censor
cent *n.* cent
center *n.* center
central *adj.* central
centrifugal *adj.* centrifugal
centrisk *adj.* centrical
centrum *n.* centrum
centrumløs *adj.* acentric

ceremoni *n.* ceremony
ceremoniel *adj.* ceremonial
certifikat *n.* certificate
cerut *n.* cheroot
chance *n.* chance
charme *n.* charm
charmere *v.* beguile
charmere *v.* charm
charmerende *adj.* beguiling
chauffør *n.* chauffeur
chauvinisme *n.* chauvinism
chauvinist *n.* chauvinist
chauvinistisk *adj.* chauvinist
check *n.* cheque
chef *n.* boss
chikanere *v.* harass
chiliade *n.* chiliad
chilipeber *n.* chilli
chimpanse *n.* chimpanzee
chock *n.* shock
chokere *v.* shock
chokolade *n.* chocolate
ciffer *n.* digit
cigaret *n.* cigarette
cikade *n.* cicada
cinnober *n.* vermillion
cinnoberrød *adj.* vermillion
cirkel *n.* circle
cirkulær *adj.* circular
cirkulære *n.* circular
cirkulation *n.* circulation
cirkulere *v.* circulate
cirkus *n.* circus
cirrose *n.* cirrhosis
cirrotisk *adj.* cirrhotic
cisterne *n.* cistern
citat *n.* quotation
citere *v.* quote
citrin *n.* citrine
citron *n.* lemon
citronsyrlig *adj.* citric
citrus *n.* citrus
civil *n.* civilian

civilisation *n.* civilization
civilisere *v.* civilize
cølibat *n.* celibacy
computerkundskab *n.* computeracy
courgette *n.* squash
crepe *n.* crepe
cyanblå *n.* cyan
cyanblå *adj.* cyan
cyanid *n.* cyanide
cyber- *adj.* cyber
cyberkriminalitet *n.* cybercrime
cykel *n.* bicycle
cykle *v.* cycle
cyklisk *adj.* cyclic
cyklist *n.* cyclist
cyklon *n.* cyclone
cyklus *n.* cycle
cylinder *n.* cylinder
cylindrisk *adj.* cylindrical
cypres *n.* cypress
cyste *n.* wen

D

da *adv.* then
da *conj.* when
dag *n.* day
dagblad *n.* daily
dagbog *n.* diary
dagdriver *n.* loafer
dagdrøm *n.* daydream
dagdrømme *v.* daydream
daggert *n.* dagger
daggry *n.* dawn
daglig *adv.* daily
daglig *adj.* everyday
daglig- *adj.* daily
dagslys *n.* daylight
dagsorden *n.* agenda
dal *n.* valley

dam *n.* pond
damask *n.* damask
damask- *adj.* damask
dame *n.* dame
dameskrædder *n.* dressmaker
damp *n.* steam
dampe *v.* steam
damper *n.* steamer
damspil *n.* checkers
dandy *n.* dandy
danne *v.* form
dannelse *n.* formation
dans *n.* dance
danse *v.* dance
dansende *adj.* dancing
danser *n.* dancer
dart *n.* dart
dase *v.* bask
data *n.* data
database *n.* database
datasamling *n.* databank
datere *v.* date
dateret *adj.* dated
dato *n.* date
datter *n.* daughter
daværende *adj.* then
deaktivator *n.* deactivator
deaktivere *v.* deactivate
deaktivering *n.* deactivation
dealer *n.* dealer
debat *n.* debate
debattere *v.* debate
debet *n.* debit
debitere *v.* debit
debitor *n.* debtor
debutant *n.* debutant
deceleration *n.* deceleration
decelerere *v.* decelerate
december *n.* december
decentraliseret *adj.* decentralized
decentrere *v.* decentre
dechifrere *v.* decipher
decibel *n.* decibel

decillion *n.* decillion
decimal- *adj.* decimal
decimere *v.* decimate
decimeter *n.* decimetre
dedikation *n.* dedication
dedikations- *adj.* dedicatory
dedikere *v.* dedicate
defekt *n.* defect
defekt *adj.* faulty
definition *n.* definition
deflation *n.* deflation
deflorere *v.* deflower
deformere *v.* deform
deformitet *n.* deformity
defragmentere *v.* defragment
defragmentering *n.* defragmentation
degenerere *v.* degenerate
degenerering *n.* degenerate
dehydrere *v.* dehydrate
dehydrering *n.* dehydration
deisme *n.* deism
deist *n.* deist
dej *n.* dough
dejlig *adj.* lovely
dekadent *adj.* decadent
dekan *n.* dean
dekompression *n.* decompression
dekomprimere *v.* decompress
dekonstruere *v.* deconstruct
dekonstruktion *n.* deconstruction
dekonstruktiv *adv.* deconstructively
dekoration *n.* decoration
dekorativ *adj.* decorative
dekorere *v.* decorate
dekret *n.* decree
dekryptere *v.* decrypt
dekryptering *n.* decryption
del *n.* part
dele *v.* divide
delegation *n.* delegation
delegere *v.* delegate
delegeret *n.* delegate

delegering *n.* delegacy
delfin *n.* dolphin
deling *n.* platoon
delinkvent *n.* delinquent
delipidere *v.* delipidate
delipideret *adj.* delipidate
delipidering *n.* delipidation
deliriant *n.* deliriant
delta *n.* delta
deltage *v.* participate
deltagelse *n.* participation
deltager *n.* participant
deltamuskel *n.* deltoid
delvis *adj.* partial
dem *pron.* them
demagog *n.* demagogue
demagogi *n.* demagogy
dematerialisere *v.* dematerialize
dematerialisering *n.* dematerialisation
dement *v.* dement
demilitariseret *adj.* demilitarized
demobilisere *v.* demobilize
demobilisering *n.* demobilization
demokrati *n.* democracy
demokratisk *adj.* democratic
demonitisere *v.* demonetize
demonstration *n.* demonstration
demonstrere *v.* demonstrate
demoralisere *v.* demoralize
denominere *v.* denominate
deodorant *n.* deodorant
deontologi *n.* deontology
deontologisk *adj.* deontological
deoxidering *n.* deoxidation
deoxy- *adj.* deoxy
depolarisere *v.* depolarize
deponere *v.* escrow
deportere *v.* deport
depot *n.* cache
depreciere *v.* depreciate
deprecierende *adj.* depreciating
depression *n.* depression

deprimere *v.* depress
deputation *n.* deputation
der *adv.* there
der, som *rel. pron.* that
derefter *adv.* thereafter
deres *adj.* their
deres *pron.* theirs
derfor *adv.* therefore
derfra *adv.* thence
derhenne *adj.* yonder
derhenne *adv.* yonder
derhenne *n.* yonder
dermabrasion *n.* dermabrasion
dermatolog *n.* dermatologist
dermisk *adj.* dermic
dernæst *adv.* next
deromkring *adv.* thereabouts
derved *adv.* thereby
design *n.* design
designe *v.* design
desinfektionsmiddel *n.* germicide
desktop *n.* desktop
desocialisering *n.* desocialization
desodorisk *adj.* deodorant
desolvatisere *v.* desolvate
desperat *adj.* desperate
despot *n.* despot
dessert *n.* pudding
destabilisere *v.* destabilize
destabilisering *n.* destabilization
destillere *v.* distil
destilleri *n.* distillery
destination *n.* destination
destroyer *n.* destroyer
desuden *adv.* besides
detail- *adj.* retail
detailhandel *n.* retail
detailhandler *n.* retailer
detalje *n.* detail
detektiv *n.* detective
detonere *v.* detonate
devaluere *v.* devaluate
diæt *n.* diet

diagnose *n.* diagnosis
diagnosticere *v.* diagnose
diagram *n.* chart
diakon *n.* deacon
diakoni *n.* deaconship
dialekt *n.* vernacular
dialekt- *adj.* vernacular
dialog *n.* dialogue
diamant *n.* diamond
diameter *n.* diameter
diarré *n.* diarrhea
didaktisk *adj.* didactic
dieselolie *n.* diesel
dievorte *n.* teat
diffus *adj.* diffuse
digital *adj.* digital
digt *n.* poem
digter *n.* poet
digterinde *n.* poetess
diktator *n.* autocrat
diktator *n.* dictator
diktatorisk *adj.* autocratic
diktaturstat *n.* autocracy
diktere *v.* dictate
diktering *n.* dictation
diktion *n.* diction
diktum *n.* dictum
dilemma *n.* dilemma
dille *n.* craze
dimension *n.* dimension
diminutiv *adj.* diminutive
dimittere *v.* graduate
dims *n.* gizmo
dingle *v.* dangle
dinglende *adj.* dangling
dioxin *n.* dioxide
diplom *n.* diploma
diplomat *n.* diplomat
diplomati *n.* diplomacy
diplomatisk *adj.* diplomatic
direkte *adj.* direct
direkte *adv.* point blank
direktør *n.* director

dirigere *v.* direct
dis *n.* haze
discipel *n.* disciple
disciplin *n.* discipline
disciplinere *v.* regiment
diset *adj.* misty
diskret *adj.* subtle
diskrimination *n.* discrimination
diskriminere *v.* discriminate
diskurs *n.* discourse
diskutere *v.* discuss
diskvalificere *v.* disqualify
diskvalificering *n.* disqualification
dissekere *v.* dissect
dissektion *n.* dissection
distribuere *v.* distribute
distribution *n.* distribution
distrikt *n.* district
ditto *n.* ditto
diverse *adj.* miscellaneous
division *n.* division
djævel *n.* devil
dobbelt *adj.* dual
dobbeltform *n.* biformity
dobbeltgænger *n.* double
dobbeltspil *n.* duplicity
dobbelttydig *adj.* equivocal
docent *n.* docent
docerende *adj.* docent
dog *conj.* yet
dogmatisk *adj.* dogmatic
dogme *n.* dogma
dok *n.* dock
dokke *v.* dock
doktor *n.* doctor
doktorgrad *n.* doctorate
doktrin *n.* doctrine
dokument *n.* document
dokumentar *n.* documentary
dokumenterende *adj.* documentary
dollar *n.* dollar
dom *n.* sentence
domæne *n.* domain

domfælde v. convict
domicil n. domicile
domicileret adj. domiciled
dominans n. predominance
dominere v. dominate
dominerende adj. dominant
domino n. domino
dommedag n. doomsday
dommedags- adj. doomsday
dommer n. judge
domsfældelse n. conviction
domstol n. court
domstolene n. judiciary
donation n. donation
donere v. donate
donkraft n. jack
donor n. donor
donut n. doughnut
dope v. dope
dopet adj. doped
dosis n. dosage
doven adj. lazy
dovne v. lounge
drab n. homicide
drage n. dragon
drage v. unsheathe
drakonisk adj. draconic
dram n. dram
drama n. drama
dramatiker n. dramatist
dramatisk adj. dramatic
dranker n. drunkard
drap n. drab
drapere v. drape
draperi adj. drapery
drastisk n. drastic
dreje v. turn
drejebænk n. lathe
drejer n. turner
drejning n. turn
dreng n. boy
drengeår n. boyhood
drengepige n. tomboy

drenget adj. boyish
dreven adj. shrewd
drift n. urge
drik n. beverage
drikke v. drink
drikkelag n. bacchanal
drikkelags- adj. bacchanal
drilagtig adj. tricky
drille v. tease
drillende adv. teasingly
drillepind n. tease
drilleri n. teasing
drillesyg adj. mischievous
drilsk adj. arch
dristig adj. bold
dristighed n. audacity
dristigt adv. boldly
drive v. drift
driven n. drift
drivende adv. afloat
drivert n. idler
drivhus n. glasshouse
drone n. drone
dronning n. queen
dronte n. dodo
dropout n. dropout
droppe v. quit
druide n. druid
drukne v. drown
dryp n. drip
dryppe v. drip
drys n. dawdler
drysse v. sprinkle
dråbe n. drop
dræbe v. kill
dræning n. drainage
dualitet n. duality
due n. pigeon
duel n. duel
duellere v. duel
duet n. duet
duft n. scent
dufte v. scent

duftende *adj.* fragrant
dug *n.* dew
dukat *n.* ducat
dukke *n.* doll
dulle *n.* slattern
dulleagtig *adj.* slatternly
dulme *v.* dull
dum *adj.* daft
dumdristig *adj.* reckless
dummy *n.* dummy
dumpe *v.* dump
dumpekarakter *n.* fail
dumrian *n.* blockhead
dun *n.* fuzz
dunet *adj.* fuzzy
dunk *n.* thump
dunke *v.* dunk
dunkel *adj.* gloomy
dunkelhed *n.* gloom
dunkelt *adv.* dimly
dunken *n.* throb
duo *n.* duo
dupleks *n.* duplex
duplik *n.* rejoinder
duplikere *v.* cyclostyle
duplikeringsmaskine *n.* cyclostyle
dusin *n.* dozen
dusk *n.* wisp
dusør *n.* bounty
dvæle *v.* linger
dværg *n.* dwarf
dværg- *adj.* dwarf
dværghøne *n.* bantam
dvale *n.* hibernation
dyb *adj.* deep
dybde *n.* depth
dygtig *adj.* adept
dygtighed *n.* skill
dykke *v.* submerge
dynamik *n.* dynamics
dynamisk *adj.* dynamic
dynamit *n.* dynamite
dynamo *n.* dynamo

dynasti *n.* dynasty
dyne *n.* duvet
dynge *adv.* aheap
dyp *n.* dip
dyppe *v.* dip
dyppefiske *v.* dap
dyr *n.* animal
dyr *adj.* expensive
dyretæmmer *n.* domesticator
dyreudstopper *n.* taxidermist
dyrisk *adj.* brutish
dyrkbar *adj.* arable
dyrker *n.* grower
dyrkning *n.* cultivation
dyrlæge *adj.* veterinary
dysenteri *n.* dysentery
dyster *adj.* tenebrous
dysterhed *n.* tenebrosity
dystopia *n.* dystopia
dyvelsdræk *n.* asafoetida
dæk *n.* tire
dække *v.* cover
dæknavn *n.* alias
dækning *n.* cover
dæmning *n.* dam
dæmon *n.* demon
dæmonisk *adj.* ghoulish
dæmpe *v.* dim
dæmper *n.* muffler
dø *v.* die
døbe *v.* baptize
død *adj.* dead
død *n.* death
dødbider *n.* deadbeat
dødbringende *adj.* lethal
dødelig *n.* mortal
dødelig *adj.* terminal
dødelighed *n.* mortality
dødningeagtig *adj.* cadaverous
døds- *adj.* obituary
dødsannonce *n.* orbituary
dødsdømt *adj.* doomed
dødsfald *n.* bereavement

dødsleje *n.* deathbed
dødsoffer *n.* fatality
dødsstød *n.* deathblow
dødtræt *adj.* deadbeat
dødvande *n.* impasse
dødvande *n.* stalemate
døende *adj.* moribund
dømme *v.* judge
dømmesyg *adj.* censorious
dør *n.* door
dørhåndtag *n.* doorknob
dørklokke *n.* doorbell
dørmand *n.* bouncer
dørmåtte *n.* doormat
dørtrin *n.* stoop
døsig *adj.* dopey
døv *adj.* deaf
døvende *adj.* deafening
då *n.* doe
dåb *n.* baptism
dådyrskind *n.* doeskin

E

ebbe *n.* ebb
ebbe *v.* ebb
e-bog *n.* e-book
ed *n.* oath
edderkop *n.* spider
eddike *n.* vinegar
eddikestof *n.* acetifier
edsbrydende *adj.* oathbreaking
edsbryder *n.* oathbreaker
efemer *adj.* ephemeral
efemera *n.* ephemera
efemerisk *adj.* ephemeric
efeu *n.* ivy
effekt *n.* effect
effektiv *adj.* efficient
effektivitet *n.* efficiency

effektjageri *n.* gimmickry
efter *prep.* after
efter *adv.* after
efter *adj.* behind
efter *conj.* after
efter- *adv.* post
efterabe *v.* ape
efterår *n.* autumn
efterfølgende *adj.* subsequent
efterfølger *n.* successor
efterforske *v.* investigate
efterforskning *n.* investigation
eftergivende *adj.* indulgent
eftergivenhed *n.* indulgence
efterkommer *n.* descendant
efterkommere *n.* progeny
efterkontrol *n.* checkup
efterkontrollere *v.* checkup
efterladte *adj.* bereaved
efterligne *v.* impersonate
eftermiddag *n.* afternoon
efternavn *n.* surname
efterskrift *n.* postscript
efterspørgsel *n.* demand
eftersynkronisere *v.* dub
eftersøgning *n.* searching
eftertanke *n.* afterthought
eftertiden *n.* posterity
eftertryk *n.* emphasis
eftertrykkelig *adj.* emphatic
eftervækst *n.* aftergrowth
eftervirkning *n.* aftereffect
eg *n.* oak
ege *n.* spoke
egen *adj.* own
egenhændigt *adv.* singularly
egenskab *n.* attribute
egentlig *adv.* actually
egern *n.* squirrel
egetræ *n.* oaktree
egn *n.* tract
egnet *adj.* suitable
egnethed *n.* suitability

ego *n.* ego
egocentrisk *adj.* egocentric
egoisme *n.* egotism
egoistisk *adj.* selfish
ehandel *n.* e-commerce
ejakulation *n.* ejaculation
ejakulere *v.* ejaculate
ejakulerende *adj.* ejaculatory
eje *v.* own
ejendele *n.* belongings
ejendom *n.* property
ejendoms- *adj.* proprietary
ejendomsmægler *n.* realtor
ejer *n.* owner
ejerskab *n.* ownership
ekko *n.* echo
ekkokardiogram *n.* echocardiogram
eklampsi *n.* eclampsia
eklektiker *n.* eclectic
eklektisk *adj.* eclectic
eksaminand *n.* examinee
eksaminator *n.* examiner
eksekution *n.* execution
eksekvere *v.* execute
eksem *n.* eczema
eksempel *n.* example
eksemplar *n.* specimen
eksil *n.* exile
eksistens *n.* existence
eksistentialisme *n.* existentialism
eksistentiel *adj.* existential
eksistere *v.* exist
ekskommunikere *v.* excommunicate
ekspandere *v.* expand
ekspansion *n.* expansion
ekspedition *n.* expedition
eksperiment *n.* experiment
ekspert *n.* expert
ekspert- *adj.* expert
eksplicit *adj.* explicit
eksplodere *v.* explode
eksploration *n.* exploration
eksplorere *v.* explore

eksplosion *n.* explosion
eksport *n.* export
eksportere *v.* export
ekstase *n.* ecstasy
ekstatisk *adj.* ecstatic
ekstra *adj.* extra
ekstra *adv.* extra
ekstrakt *n.* extract
ekstraordinær *adj.* extraordinary
ekstrapolation *n.* extrapolation
ekstrapolere *v.* extrapolate
ekstraskat *n.* surtax
ekstravagance *n.* extravagance
ekstravagant *adj.* extravagant
ekstrem *adj.* extreme
ekstremist *n.* extremist
ekstremitet *n.* extremity
ekstrinsisk *adj.* extrinsic
ekstrinsisk *adv.* extrinsically
ekstrovert *n.* extrovert
ektopi *n.* ectopia
ektoplasma *n.* ectoplasm
elasticitet *n.* elasticity
elastisk *adj.* elastic
elefant *n.* elephant
elefantagtig *adj.* elephantine
elefantfører *n.* mahout
elefanthue *n.* balaclava
elegance *n.* elegance
elegant *adj.* elegant
elegi *n.* elegy
elektricitet *n.* electricity
elektrificere *v.* electrify
elektrisk *adj.* electric
elektrolyt *n.* electrolyte
elektron *n.* electron
elektronisk *adj.* electronic
element *n.* element
elementær *adj.* elementary
elendig *adj.* miserable
elendighed *n.* misery
elev *n.* pupil
elevation *n.* elevation

elevator *n.* lift
elevere *v.* elevate
elfenben *n.* ivory
elg *n.* elk
eliksir *n.* elixir
elimination *n.* elimination
eliminator *n.* eliminator
eliminere *v.* eliminate
eliminerende *adj.* eliminatory
elision *n.* elision
elite *n.* elite
elite- *adj.* elite
elitisme *n.* elitism
elitist *n.* elitist
ellers *adj.* else
ellers *adv.* else
elletræ *n.* orl
elleve *n.* eleven
ellipse *n.* ellipse
elliptisk *adj.* elliptic
elokvens *n.* eloquence
elokvent *adj.* eloquent
elske *v.* love
elskelig *adj.* lovable
elsker *n.* lover
elskerinde *n.* mistress
elsket *adj.* beloved
elskværdig *adj.* amiable
elskværdighed *adj.* affable
elskværdighed *n.* amiability
elskværdigt *adv.* benignly
email *n.* email
emalje *n.* enamel
emancipation *n.* emancipation
emancipere *v.* emancipate
emballage *n.* packing
embargo *n.* embargo
embedsmisbrug *n.* misconduct
emblem *n.* emblem
embryo *n.* embryo
embryonisk *adj.* embryonic
emigration *n.* emigration
emigrere *v.* emigrate

emission *n.* emission
emne *n.* topic
emoji *n.* emoji
emotikon *n.* emoticon
empat *n.* empath
empati *n.* empathy
empatisk *adj.* empathic
empirisk *adj.* empirical
empirisme *n.* empiricism
empirist *n.* empiricist
emsig *adj.* officious
emulere *v.* emulate
emulgator *n.* emulsifier
emulgere *v.* emulsify
emulgering *n.* emulation
ende *n.* end
ende *v.* suffix
endelig *adj.* definite
endelig *adv.* lastly
endeløs *adj.* endless
endelse *n.* suffix
endemi *n.* endemic
endemiologi *n.* endemiology
endemisk *adj.* endemic
endestation *n.* terminus
endetarms- *adj.* anal
endetarmsåbning *n.* anus
endevende *v.* ransack
endnu *adv.* yet
endoskopi *n.* endoscopy
endoskopisk *adj.* endoscopic
endossement *n.* endorsement
endossent *n.* endorser
endossere *v.* endorse
endvidere *adv.* moreover
ene- *adj.* exclusive
eneboer *n.* recluse
energi *n.* energy
energisk *adj.* energetic
enestående *adj.* singular
eneste *adj.* sole
enevælde *n.* absolutism
eng *n.* meadow

engagement *n.* gig
engagere *v.* engage
engagerende *adj.* engaging
engang *adv.* sometime
engel *n.* angel
engelsk *n.* English
enhed *n.* unit
enhedsskole *n.* coeducation
enhver *pron.* everyone
enig *adj.* consensual
enigma *n.* enigma
enigmatisk *adj.* enigmatic
enigmatisk *adv.* enigmatically
enke *v.* widow
enkel *adj.* plain
enkelt *adj.* single
enkelthed *n.* simplicity
enkemand *n.* widower
enlig *n.* single
enlig *adj.* solitary
enorm *adj.* enormous
ens *adj.* alike
ens *adv.* alike
ensartet *adv.* samely
ensbetydende *adj.* tantamount
ensom *adj.* lonely
ensomhed *n.* loneliness
enstavelses- *adj.* monosyllabic
enstavelsesord *n.* monosyllable
enstemmig *adj.* unanimous
enstemmighed *n.* unanimity
entitet *n.* entity
entomologi *n.* entomology
entrehage *n.* grapple
entreprenør *n.* contractor
entropi *n.* entropy
entropisk *adj.* entropic
entusiasme *n.* enthusiasm
entusiastisk *adj.* enthusiastic
enzym *n.* enzyme
enzym- *adj.* enzymic
epicentrum *n.* epicentre
epidemi *n.* epidemic

epidemisk *adj.* epidemical
epiduralbedøvelse *n.* epidural
epiglottis *n.* epiglottis
epigram *n.* epigram
epikuræer *n.* epicurean
epikuræisk *adj.* epicurean
epilepsi *n.* epilepsy
epileptiker *n.* epileptic
epileptisk *adj.* epileptic
epilog *n.* epilogue
episk *adj.* epical
episode *n.* episode
epitaf *n.* epitaph
epoke *n.* epoch
epos *n.* epic
erektil *adj.* erectile
erektion *n.* erection
eremit *n.* hermit
eremitage *n.* hermitage
erhverv *n.* trade
erhverve *v.* acquire
erhvervelse *n.* acquisition
erhververen *n.* assignee
erindre *v.* recollect
erindrende *adj.* reminiscent
erindring *n.* recollection
erkendtlighed *n.* gratuity
erklære *v.* declare
erklæring *n.* declaration
ernære *v.* nourish
ernæring *n.* nutrition
ernærings- *adj.* nutritive
erobre *v.* conquer
erobrer *n.* conquerer
erobring *n.* conquest
erodere *v.* erode
eroderende *adj.* erosive
erosion *n.* erosion
erotik *n.* eroticism
erotika *n.* erotica
erotisere *v.* eroticize
erotisk *adj.* erotic
erstatning *n.* substitute

erstatte *v.* replace
es *n.* ace
escargot *n.* escargot
eskadron *n.* squadron
eskapisme *n.* escapism
eskapist *n.* escapist
eskorte *n.* escort
eskortere *v.* escort
eskorteret *adj.* escorted
esoterisk *adj.* esoteric
esoterisme *n.* esoterism
essay *n.* essay
essayforfatter *n.* essayist
esse *n.* forge
essens *n.* essence
essentiel *adj.* essential
estimat *n.* estimate
estimere *v.* estimate
estimerende *adj.* estimative
estimering *n.* estimation
estragon *n.* estragon
etage *n.* storey
etiket *n.* tag
etikette *n.* etiquette
etisk *adj.* ethical
etnicitet *n.* ethnicity
etnisk *adj.* ethnic
etos *n.* ethos
etymologi *n.* etymology
eufemistisk *adj.* euphemistic
eufori *n.* euphoria
eukalyptus *n.* eucalypt
eunuk *n.* eunuch
evakuere *v.* evacuate
evakuering *n.* evacuation
evaluere *v.* evaluate
evangelisk *adj.* evangelic
evangelist *n.* evangel
evangelium *n.* gospel
eventualitet *n.* contingency
eventuel *adj.* prospective
eventyr *n.* adventure
eventyrbog *n.* talebook

eventyrlig *adj.* adventurous
evergreen *n.* evergreen
evig *adj.* eternal
evighed *n.* eternity
evigt *adv.* eternally
evisceration *n.* evisceration
eviscerere *v.* eviscerate
evne *n.* ability
evolution *n.* evolution
evolutions- *adv.* evolutionary
Excellence *n.* excellency
excellence *n.* lordship
excellens *n.* excellence
excentrisk *adj.* eccentric
exceptionel *adj.* exceptional
extranet *n.* extranet
extraspecial *adj.* extraspecial

F

fabel *n.* fable
fabelagtig *adj.* fabulous
fabrik *n.* factory
fabrikant *n.* maker
fabrikat *n.* make
fabrikation *n.* fabrication
fabrikere *v.* fabricate
facade *n.* facade
facet *n.* facet
facettere *v.* facet
facilitere *v.* facilitate
facilitet *n.* facility
fad *n.* dish
fader *n.* father
faderlig *adj.* paternal
fadermord *n.* patricide
fag- *adj.* phagic
fagfælle *n.* peer
fagforeningsmedlem *n.* unionist
fakkel *n.* torch

faksimile *n.* facsimile	**fantasi** *n.* imagination
faktisk *adj.* actual	**fantasifuld** *adj.* imaginative
faktor *n.* factor	**fantasmagori** *n.* phantasmagoria
faktum *n.* fact	**fantastisk** *adj.* fantastic
faktura *n.* invoice	**fantom** *n.* phantom
fakturerbar *adj.* billable	**far** *n.* dad
fakultet *n.* faculty	**farbar** *adj.* navigable
falanks *n.* phalanx	**farce** *n.* farce
fald *n.* fall	**fare** *n.* danger
falde *v.* fall	**fare** *v.* dart
faldgrube *n.* pitfall	**farlig** *adj.* dangerous
faldlem *n.* trapdoor	**farmaceut** *n.* pharmacist
faldne *adj.* fallen	**farmaceutisk** *adj.* pharmaceutic
faldne *n.* fallen	**farmand** *n.* daddy
faldskærm *n.* parachute	**farvand** *n.* waters
faldskærmstrop *n.* airborne	**farve** *n.* colour
faldskærmsudspringer *n.* parachutist	**farve** *v.* dye
falk *n.* falcon	**farveblind** *adj.* colour-blind
falkejæger *n.* hawker	**farvel** *interj.* farewell
fallisk *adj.* phallic	**farvel** *n.* good-bye
fallocentrisk *adj.* phallocentric	**farvelægge** *v.* colour
fallos *n.* phallus	**farveløs** *adj.* colourless
false *v.* groove	**farverig** *adj.* colourful
falset *n.* falsetto	**farvetone** *n.* tint
falsk *adj.* fake	**fascination** *n.* fascination
falskhed *n.* perfidy	**fascinere** *v.* fascinate
familie *n.* family	**fase** *n.* phase
familie- *adj.* ancestral	**fast** *adj.* firm
famle *v.* fumble	**fastansætte** *v.* tenure
fan *n.* fan	**fastansættelse** *n.* tenure
fanatiker *n.* fanatic	**faste** *n.* fast
fanatiker *n.* zealot	**faste** *v.* fast
fanatisk *adj.* fanatic	**faster** *n.* aunt
fandens *adv.* damn	**fastgøre** *v.* fasten
fandens *int.* damn	**fasthed** *n.* firmness
fange *n.* prisoner	**fatal** *adj.* fatal
fange *v.* entrap	**fatalisme** *n.* fatalism
fangehul *n.* dungeon	**fatning** *n.* composure
fangenskab *n.* captivity	**fatte** *v.* apprehend
fanget *adj.* captive	**fattig** *adj.* poor
fangevogter *n.* jailer	**fattigdom** *n.* poverty
fangst *n.* catch	**fattigfødt** *adj.* baseborn
	fauna *n.* fauna

favn *n.* fathom	**fersken** *n.* peach
favorabel *adj.* favourable	**fertil** *adj.* fertile
favorit *n.* favourite	**fertilitet** *n.* fertility
fax *n.* fax	**fest** *n.* party
faxe *v.* fax	**festival** *n.* festival
fe *n.* fairy	**festlig** *adj.* festive
feber *n.* fever	**festlighed** *n.* festivity
febril *adj.* feverish	**festmiddag** *n.* banquet
febrilsk *adj.* febrile	**feston** *n.* festoon
februar *n.* February	**fetich** *n.* fetish
fed *adj.* fat	**fetichisme** *n.* fetishism
fedladen *adj.* podgy	**feudal** *adj.* feudal
fedme *n.* obesity	**feudalisme** *n.* feudalism
fedt *n.* fat	**fiasko** *n.* fiasco
fedte *v.* grease	**fiber** *n.* fibre
fedterøv *n.* brownnoser	**fibrom** *adj.* fibroid
fedtet *adj.* greasy	**fibromuskulær** *adj.* fibromuscular
fedtprocent *n.* adiposity	**fibrøs** *adj.* fibrous
feinschmecker *n.* epicure	**fibrose** *n.* fibrosis
fej *adj.* cowardly	**fidus** *n.* dodge
fejde *n.* feud	**figen** *n.* fig
feje *v.* sweep	**figur** *n.* figure
fejen *n.* sweep	**figurativ** *adj.* figurative
fejhed *n.* cowardice	**fiks** *adj.* neat
fejl *n.* error	**fikse** *v.* fix
fejlagtig *adj.* erroneous	**fiktion** *n.* fiction
fejlbedømme *v.* misjudge	**fiktions-** *adj.* fictitious
fejlberegne *v.* miscalculate	**fiktiv** *adj.* fictional
fejlberegning *n.* miscalculation	**filament** *n.* filament
fejle *v.* fail	**filamentarisk** *adj.* filamented
fejlernæring *n.* malnutrition	**filamentering** *n.* filamentation
fejlfortolke *v.* misconstrue	**filantropi** *n.* philanthropy
fejlslutning *n.* fallacy	**filatelist** *n.* philalethist
fejre *v.* celebrate	**filet** *n.* fillet
fellatio *n.* fellatio	**filetere** *v.* fillet
fem *n.* five	**filial** *n.* branch
feminin *adj.* feminine	**film** *n.* film
feminist *n.* feminist	**filme** *v.* film
feministisk *adj.* feminist	**filmskaber** *n.* filmmaker
femkant *n.* pentagon	**filolog** *n.* philologist
femten *n.* fifteen	**filologi** *n.* philology
ferie *n.* vacation	**filologisk** *adj.* philological
fermentere *v.* ferment	**filosof** *n.* philosopher

filosofi *n.* philosophy
filosofisk *adj.* philosophical
filter *n.* filter
filtrere *v.* filter
fin *adj.* fine
financier *n.* financier
finans- *adj.* fiscal
finansiel *adj.* financial
finansiere *v.* finance
finansiering *n.* finance
finde *v.* find
finesse *n.* subtlety
finger *n.* finger
fingerbøl *n.* thimble
fingere *v.* finger
fingermaling *n.* fingerpaint
fingernegl *n.* fingernail
fingerprikker *n.* fingerstick
finne *n.* fin
finskbrød *n.* shortbread
firben *n.* lizard
firbenet dyr *n.* quadruped
firdobbelt *adj.* quadruple
firdoble *v.* quadruple
fire *n.* four
firkant *n.* square
firkantet *adj.* square
firma *n.* firm
firmament *n.* firmament
firs *n.* eighty
firsårig *n.* octogenarian
firsårig *adj.* octogenarian
fisk *n.* fish
fisk og skaldyr *n.* seafood
fiske *v.* fish
fisker *n.* fisherman
fiskeyngel *n.* fry
fistel *n.* fistula
fit *adj.* fit
fjantet *adj.* frivolous
fjende *n.* enemy
fjendskab *n.* animosity
fjendtlig *adj.* hostile

fjendtlighed *n.* hostility
fjer *n.* feather
fjerbold *n.* shuttlecock
fjerdedelsnode *n.* crotchet
fjerkræ *n.* poultry
fjern *adj.* remote
fjerne *v.* remove
fjernelse *n.* removal
fjernende *adj.* ablative
fjernskrive *v.* teleprint
fjernskriver *n.* teleprinter
fjernsyn *n.* television
fjernsynsprogram *n.* telecast
fjernt *adv.* afar
fjervildt *n.* fowl
fjervildtsjæger *n.* fowler
fjog *n.* goof
fjoge *v.* goof
fjoget *adj.* goofy
fjols *n.* fool
fjorten *n.* fourteen
fjorten dage *n.* fort-night
flå *v.* skin
flabet *adj.* impertinent
flabethed *n.* flippancy
flad *adj.* flat
fladt land *n.* flatland
fladtop *n.* benchtop
flag *n.* flag
flage *n.* flake
flagermus *n.* bat
flagrant *adj.* flagrant
flagre *v.* flutter
flagren *n.* flutter
flakke *v.* flicker
flakken *n.* flicker
flakon *n.* vial
flambere *v.* flambé
flamberende *adj.* flambé
flambering *n.* flambé
flamboyant *adj.* flamboyant
flamme *v.* blaze
flamme *n.* flame

flammehav *n.* blaze	**flute** *n.* baguette
flammende *adj.* blazing	**fly** *n.* aeroplane
flammetræ *n.* flamboyant	**flybesætning** *n.* aircrew
flanere *v.* philander	**flyde** *v.* float
flaneren *n.* philandry	**flydeevne** *n.* buoyancy
flanke *n.* flank	**flydende** *adj.* fluent
flankere *v.* flank	**flygte** *v.* flee
flankerende *adj.* flank	**flygtig** *adj.* elusive
flanør *n.* philanderer	**flygtning** *n.* fugitive
flap *n.* flap	**flytning** *n.* escapee
flappende *v.* flapping	**flytte** *v.* move
flapper *n.* flapper	**flyve** *v.* fly
flapperi *n.* flapping	**flyvemaskine** *n.* aircraft
flashback *n.* flashback	**flyveplads** *n.* aerodrome
flaske *n.* bottle	**flænge** *n.* gash
flaskeånd *n.* genie	**flænge** *v.* tear
flatulens *n.* flatulence	**flænge** *n.* tear
flatulent *adj.* flatulent	**flæse** *n.* ruffle
fleksibel *adj.* flexible	**fløde** *n.* cream
flerkoneri *n.* concubinage	**flødekaramel** *n.* toffee
flertals- *adj.* plural	**fløjl** *n.* velvet
flertydig *adj.* ambiguous	**fløjls-** *adj.* velvety
flertydighed *n.* ambiguity	**fløjte** *v.* whistle
flette *v.* braid	**fløjte** *n.* whistle
flikke *v.* cobble	**flåde** *n.* navy
flimre *v.* fibrillate	**flåde-** *adj.* naval
flippe *v.* freak	**fnat** *n.* scabies
flirt *n.* flirt	**fnise** *v.* giggle
flirte *v.* flirt	**fnyse** *v.* snort
flis *n.* chip	**fnysen** *n.* snort
flise *n.* tile	**fod** *n.* foot
flitterstads *n.* tinsel	**fod-** *adj.* podiatric
flod *n.* river	**fodarbejde** *n.* footwork
flodmunding *n.* estuary	**fodbold** *n.* football
flok *n.* herd	**foder** *n.* fodder
flora *n.* flora	**foder** *n.* forage
flot *adj.* handsome	**fodfæste** *n.* foothold
flov *adj.* ashamed	**fodgænger** *n.* pedestrian
flovt *adj.* embarrassing	**fodlænke** *n.* fetter
flue *n.* fly	**fodre** *v.* feed
flugt *n.* escape	**fodring** *n.* feed
flugte *v.* volley	**fodterapeut** *n.* podiatrist
flugtmulighed *n.* escapability	**foged** *n.* bailiff

foged *n.* evictor
fokal *adj.* focal
fokalisere *v.* focalize
fokalisering *n.* focalization
fokus *n.* focus
fokusere *v.* focus
fokuserende *adj.* focusing
fokuseret *adj.* focused
fold *n.* crease
folde *v.* furl
folder *n.* leaflet
foldholdsregel *n.* precaution
foldning *n.* folding
fole *v.* foal
foliation *n.* foliation
folin- *adj.* folic
folio *n.* folio
folioark *n.* foolscap
folk *n.* people
folke- *adj.* folk
folkeafstemning *n.* plebiscite
folkedrab *n.* genocide
folkemængde *n.* crowd
folkerig *adj.* populous
folketælling *n.* census
folkevise *n.* ballad
folklore *n.* folklore
folklorisk *adj.* folkloric
fond *n.* foundation
fondant *n.* fondant
fonetik *n.* phonetics
fonetisk *adj.* phonetic
fontæne *n.* fountain
for *conj.* for
for- *adj.* front
for... siden *adv.* ago
forælde *v.* stale
forælder *n.* parent
forældermord *n.* parricide
forældet *adj.* obsolete
forældre- *adj.* parental
forældreløs *n.* orphan
forære *v.* present

foragt *n.* contempt
foragte *v.* despise
foragtelig *adj.* despicable
forandre *v.* change
forandring *n.* change
foranledige *v.* occasion
forår *n.* spring
forargelse *n.* indignation
forarget *adj.* indignant
forårsage *v.* cause
forårsagtig *adj.* vernal
forbande *v.* bane
forbandelse *n.* curse
forbandet *adj.* accursed
forbavse *v.* amaze
forbavselse *n.* amazement
forbavse *v.* marvel
forbedre *v.* improve
forbedring *n.* improvement
forbehold *n.* reservation
forben *n.* foreleg
forbene *v.* ossify
forberede *v.* prepare
forberedelse *n.* preparation
forberedende *adj.* preparatory
forbi *prep.* past
forbier *n.* miss
forbigående *adj.* transitory
forbinde *v.* connect
forbindelse *n.* connection
forbindende *adj.* annectent
forbinding *n.* bandage
forbitrelse *n.* ire
forbjerg *n.* cape
forblindende *adj.* abland
forblive *v.* abide
forblivende *adj.* abideable
forbløffe *v.* astonish
forbløffelse *n.* astonishment
forbrænde *v.* combust
forbrænding *n.* combustion
forbrændingskammer *n.* combustor
forbrug *n.* expenditure

forbrugsafgift *n.* excise	**forestilling** *v.* envision
forbrydelses *n.* crime	**foretage** *v.* perform
forbryder *n.* malefactor	**foretagende** *n.* enterprise
forbryderisk *adj.* nefarious	**foretrække** *v.* prefer
forbud *n.* prohibition	**forfader** *n.* ancestor
forbuds- *adj.* prohibitory	**forfængelig** *adj.* vain
forbudt *adj.* forbidden	**forfængelighed** *n.* vanity
forbyde *v.* prohibit	**forfængeligt** *adv.* vainly
forceps *n.* forceps	**forfærde** *v.* terrify
fordampe *v.* evaporate	**forfærdelig** *adj.* awful
fordel *n.* benefit	**forfærdeligt** *adv.* dreadfully
fordelagtig *adj.* advantageous	**forfærdet** *adj.* aghast
fordele *v.* portion	**forfald** *n.* decay
fordi *conj.* because	**forfalske** *adj.* counterfeit
fordoble *v.* double	**forfalske** *v.* falsify
fordøje *v.* digest	**forfalsker** *n.* counterfeiter
fordøjelse *n.* digestion	**forfalsket** *adj.* doctored
fordøjelsesbesvær *n.* indigestion	**forfalskning** *n.* forgery
fordom *n.* prejudice	**forfatter** *n.* author
fordømme *v.* damn	**forfremmelse** *n.* advancement
fordømmelse *n.* damnation	**forfølge** *v.* pursue
fordømt *adj.* damned	**forfølgelse** *n.* pursuit
fordreje *v.* distort	**forføre** *v.* mack
fordringshaver *n.* claimant	**forføre** *v.* seduce
fordrive *v.* oust	**forførelse** *n.* seduction
forebyggende *adj.* preemptive	**forførende** *adj.* seductive
foregive *v.* pretend	**forgabelse** *n.* infatuation
foregribe *n.* antedate	**forgabt** *adj.* taken
forekomme *v.* occur	**forgældet** *adj.* indebted
forelæse *v.* lecture	**forgænger** *n.* predecessor
forelæser *n.* lecturer	**forgæves** *adj.* futile
forelæsning *n.* lecture	**forgasning** *n.* gasification
foreløbig *adj.* tentative	**forgasse** *v.* gasify
foreløbighed *n.* tentativeness	**forgasset** *adj.* gasified
forene *v.* unite	**forgifte** *v.* poison
forening *n.* unification	**forgrene** *v.* branch
forenkle *v.* simplify	**forgylde** *v.* gild
forenkling *n.* simplification	**forhandle** *v.* negotiate
foreslå *v.* propose	**forhandler** *n.* negotiator
foreslå *n.* suggestion	**forhandling** *n.* negotiation
forespørge *v.* inquire	**forhånelse** *n.* scoff
forespørgsel *n.* inquiry	**forhekse** *v.* bewitch
forestille *v.* picture	**forhekselse** *n.* bewitching

forheksende *adj.* bewitching
forhekset *adj.* bewitched
forhindre *v.* prevent
forhindring *n.* obstacle
forhold *n.* ratio
forhøje *v.* heighten
forhåbentlig *adv.* surely
forhåbningsfuld *adj.* hopeful
foring *n.* lining
forkastelig *adj.* objectionable
forkastning *n.* fault
forkert *adv.* wrong
forklæde *n.* apron
forklædning *n.* disguise
forklare *v.* explain
forklaring *n.* explanation
forkludre *v.* bungle
forkorte *v.* shorten
forkortelse *n.* abbreviation
forkulle *v.* carbonize
forkulning *n.* carbonization
forkæle *v.* pamper
forkølelse *n.* cold
forlade *v.* leave
forlange *v.* demand
forlegen *adj.* self-conscious
forlegenhed *n.* embarrassment
forlise *v.* shipwreck
forlovede *n.* fiancé
forlydende *n.* hearsay
forlægge *v.* misplace
forlægger *n.* publisher
forlænge *v.* extend
forlængelse *n.* prolongation
forløb *n.* course
forløbe *v.* elapse
forløber *n.* precursor
form *n.* form
form *n.* shape
format *n.* format
forme *v.* shape
formel *adj.* formal
formidabel *adj.* formidable

formiddag *n.* forenoon
formilde *v.* placate
formildende *adj.* placatory
formindske *v.* diminish
formindskelse *n.* abatement
formindskelsen *n.* decrement
formode *v.* presume
formodning *n.* presumption
formskifter *n.* shapeshifter
formue *n.* fortune
formulere *v.* articulate
formøble *v.* squander
formørke *v.* eclipse
formørkelse *n.* eclipse
formørkes *v.* darken
formørket *adv.* darkly
formål *n.* purpose
fornem *adj.* genteel
fornemmelse *n.* hunch
fornuft *n.* sense
fornuftig *adj.* sensible
fornuftigt *adv.* sensibly
forny *v.* renew
fornyelse *n.* renewal
fornyet *adj.* resurgent
fornægte *v.* abnegate
fornærme *v.* offend
fornærmelse *n.* offence
fornøjelig *adj.* enjoyable
fornøjelighed *n.* enjoyability
fornøjelse *n.* pleasure
forord *n.* foreword
forordne *v.* enact
forordning *n.* ordinance
forpagtning *n.* sharecrop
forplantning *n.* propagation
forpligte *v.* commit
forpligtelse *n.* obligation
forpost *n.* outpost
forpurre *v.* foil
forrang *n.* precedence
forretning *n.* business
forretningsmand *n.* businessman

forringe v. debase
forråde v. betray
forrådnelse n. rot
forræder n. traitor
forræderi n. treachery
forræderisk adj. treacherous
forsåle v. sole
forsamling n. assembly
forseelse n. misdemeanour
forsegle v. seal
forseglet adj. sealed
forseglingsevne n. sealability
forsigtig adj. cautious
forsigtighed n. caution
forsikre v. assure
forsikring n. insurance
forsinke v. delay
forsinkelse n. delay
forsinket adj. belated
forskallingsbræt n. lath
forskanse v. entrench
forskansning n. entrenchment
forske v. research
forskel n. difference
forskellig adj. different
forsker n. scholar
forskning n. research
forskrift n. precept
forskrække v. scare
forskrækkelse n. scare
forskønne v. beautify
forslag n. proposal
forslidt adj. threadbare
forsone v. reconcile
forsonende adj. placative
forsoning n. reconciliation
forstad n. suburb
forstads- adj. suburban
forstokket adj. obdurate
forstokkethed n. obduracy
forstoppelse n. constipation
forstuve v. sprain
forstuvning n. sprain

forstyrre v. disturb
forstyrrelse n. intrusion
forstærke v. reinforce
forstærkelse n. amplification
forstærkende adj. adjuvant
forstærker n. amplifier
forstærkning n. reinforcement
forstørre v. enlarge
forstå v. understand
forståelig adj. intelligible
forståelse n. comprehension
forsvar n. defence
forsvare v. defend
forsvars- adj. defensive
forsvarsløs adj. defenceless
forsvinde v. disappear
forsvinden n. disappearance
forsyn n. province
forsynet n. providence
forsøg n. attempt
forsøge v. try
forsømme v. neglect
forsømmelig adj. negligent
forsømmelighed n. negligence
fort n. fort
fortage v. subside
fortaler n. advocate
forte n. forte
fortid n. past
fortjene v. deserve
fortjene v. merit
fortjeneste n. gain
fortjenstfuld adj. meritorious
fortolke v. interpret
fortov n. pavement
fortrolig n. confidant
fortrolig adj. confidential
fortrylle v. enchant
fortryllelse n. spell
fortrænge v. displace
fortsætte v. proceed
fortsættelse n. continuation
fortvivle v. despair

fortvivlelse *n.* despair
fortvivlet *adj.* forlorn
fortynde *v.* dilute
fortyndet *adj.* dilute
fortælle *v.* narrate
fortælle- *adj.* narrative
fortællekunst *n.* narrative
fortællen *n.* telling
fortæller *n.* narrator
fortælling *n.* tale
fortøje *v.* moor
fortøjningsplads *n.* moorings
forudanelse *n.* premonition
forudbestemme *v.* predetermine
forudbestemmelse *n.* predestination
forude *adv.* ahead
foruden *prep.* besides
forudgående *adj.* antecedent
forudindtaget *adj.* biased
forudse *v.* anticipate
forudseende *adj.* provident
forudseenhed *n.* foresight
forudsige *v.* predict
forudsigelse *n.* prediction
forudsætning *n.* presupposition
forudsætte *v.* presuppose
forudviden *n.* foreknowledge
forulykke *v.* crash
forulykket *n.* crasher
forum *n.* forum
forunderlig *adj.* wondrous
forundre *v.* puzzle
forurene *v.* contaminate
forurening *n.* pollution
forurette *v.* wrong
forurolige *v.* alarm
foruroligende *adj.* alarming
forvaltning *n.* administration
forvandle *v.* transfigure
forvanske *v.* misrepresent
forvaring *n.* custody
forvente *v.* expect

forventning *n.* anticipation
forvirre *adj.* addle
forvirre *v.* baffle
forvirrende *adj.* baffling
forvirret *adj.* scatterbrained
forvirring *n.* confusion
forvise *v.* banish
forvisning *n.* banishment
forværre *v.* worsen
forværrelse *n.* aggravation
forynge *v.* rejuvenate
foryngelse *n.* rejuvenation
forøge *v.* augment
forøgelse *n.* augmentation
fosfat *n.* phosphate
fosfor *n.* phosphorus
fossil *n.* fossil
foster- *adj.* fetal
foto *n.* photo
fotograf *n.* photographer
fotografere *v.* photograph
fotografi *n.* photograph
fotografisk *adj.* photographic
fotokopiere *v.* xerox
fotokopimaskine *n.* xerox
fouragere *v.* forage
fouragerende *n.* forager
fouragering *n.* foraging
fra *prep.* from
fra hinanden *adv.* apart
fra nu af *adv.* henceforward
fradrag *n.* deduction
frækkert *n.* minx
frafalde *v.* waive
fraflytte *v.* vacate
fragment *n.* fragment
fragt *n.* freight
frakke *n.* coat
fraktion *n.* faction
franchise *n.* franchise
fransk *adj.* French
fransk *n.* French
fraråde *v.* dehort

fraråde v. dissuade	**fremskridt** n. progress
fraseologi n. phraseology	**fremskynde** v. expedite
frasige v. abdicate	**fremstå** v. appear
frasigelse n. abdication	**fremstille** v. make
frastøde v. repel	**fremstilling** n. manufacture
frastødende adj. repellent	**fremstormen** n. onrush
frastødning n. repulsion	**fremtid** n. future
fratage v. deprive	**fremtidig** adj. future
fratræde v. resign	**fremtræden** n. bearing
fratræden n. resignation	**fremtrædende** adj. eminent
fratrække v. deduct	**fremtvinge** v. enforce
fratrækning n. subtraction	**fremvise** v. sport
fravær n. absence	**freske** n. mural
fraværende adj. absent	**fri** adj. free
fraværende n. absentee	**frigid** adj. frigid
fred n. peace	**frigive** v. release
fredag n. Friday	**frigivelse** n. release
fredelig adj. peaceful	**frigøre** v. detach
fredsdommer n. magistrate	**frigørelse** n. detachment
fredsommelig adj. placid	**frihed** n. freedom
frekvens n. frequency	**frihed** n. liberty
frelser n. saviour	**frikende** v. acquit
frem adv. forward	**frikendelse** n. acquittal
fremad adj. forward	**friktion** n. friction
fremad adv. onwards	**frimærke** n. stamp
frembringe v. elicitate	**frisindethed** n. liberality
fremdrift n. momentum	**frisk** adj. fresh
fremherskende adj. prevalent	**friste** v. tempt
fremhæve v. emphasize	**fristelse** n. temptation
fremkalde v. prompt	**frister** n. tempter
fremkaldelse n. evocation	**fritage** v. exempt
fremkaldelse v. evoke	**fritaget** adj. exempt
fremlægge v. exhibit	**fritid** n. leisure
fremlæggelse n. exhibition	**fritidsbeskæftigelse** n. pastime
fremleje v. sublet	**fritte** n. ferret
fremme v. promote	**frivillig** adj. voluntary
fremmed adj. foreign	**frivillig** n. volunteer
fremmed n. foreigner	**frivilligt** adv. voluntarily
fremmedartet adj. outlandish	**frodig** adj. voluptuous
fremmedgøre v. alienate	**frodighed** n. luxuriance
fremragende adj. outstanding	**frokost** n. lunch
fremsætte v. table	**from** adj. pious
fremskaffelse n. procurement	**fromhed** n. piety

front *n.* front
frost *n.* frost
frue *n.* lady
frugt *n.* fruit
frugtbar *adj.* fruitful
frugtkage *n.* shortcake
frugtkød *n.* pulp
frugtplantage *n.* orchard
frustration *n.* frustration
frustrere *v.* frustrate
fryd *n.* delight
fryde *v.* delight
frygt *n.* fear
frygte *v.* fear
frygtelig *adj.* terrible
frygtsom *adj.* timorous
fryse *v.* freeze
frø *n.* frog
fråse *v.* gorge
fugl *n.* bird
fuglebur *n.* birdcage
fugleklister *n.* birdlime
fuglelokker *n.* decoyman
fugleunge *n.* nestling
fugt *n.* damp
fugte *v.* moisten
fugtig *adj.* humid
fugtighed *n.* moisture
fuld *adj.* full
fuldføre *v.* complete
fuldførelse *n.* completion
fuldkommen *adj.* utter
fuldmagt *n.* proxy
fuldmagtsgiveren *n.* delegator
fuldstændig *adj.* complete
fuldstændig *adv.* utterly
fuldstændighed *n.* abjection
fuldstændigt *adv.* fully
fundamental *adj.* fundamental
fundere *v.* ponder
fungere *v.* function
funktion *n.* function
funktionær *n.* official

fup *n.* bluff
fupmager *n.* trickster
fupnummer *n.* hoax
fuppe *v.* hoax
furlong *n.* furlong
fusion *n.* fusion
futuristisk *adj.* futuristic
futurologi *n.* futurology
fy! *interj.* fie
fylde *v.* plug
fyr *n.* beacon
fyre *v.* sack
fyrre *n.* forty
fyrretræ *n.* pine
fyrstelig *adj.* princely
fyrværkeri *n.* fireworks
fysik *n.* physics
fysiker *n.* physicist
fysiognomi *n.* physiognomy
fysisk *adj.* physical
fæces *n.* feces
fægte *v.* fence
fægter *n.* fencer
fæhoved *n.* bonehead
fækal *adj.* fecal
fæl *adj.* foul
fælde *v.* shed
fælde *n.* trap
fælle *n.* fellow
fælles *adj.* joint
fælles *adv.* jointly
fællesskab *n.* coven
fængsel *n.* prison
fængselsbetjent *n.* warder
fængsle *v.* imprison
fænomen *n.* phenomenon
fænomenal *adj.* phenomenal
færdig *adj.* through
færdighed *n.* proficiency
færdselsåre *n.* thoroughfare
færge *n.* ferry
færge *v.* ferry
færgebåd *n.* ferryboat

fæste v. pin
fæstning n. fortress
fætter n. cousin
førnævnte adj. aforementioned
føde- adj. natal
føderal adj. federal
føderation n. federation
fødsel n. birth
fødselsdato n. birthdate
født adj. born
føje v. comply
føjelig adj. compliant
føl n. foal
føle v. feel
følelse n. feeling
følelser n. emotion
følelsesladet adj. emotive
følelsesløs adj. numb
følelsesmæssig adj. emotional
følge v. follow
følger n. acolyte
følsom adj. sensitive
følsomhed n. sensitivity
før prep. before
før adv. before
førægteskabelig adj. premarital
føre v. lead
førende adj. premier
fører n. guide
førerskab n. captaincy
først adj. first
første n. first
førstnævnte pron. former
få adj. few
få v. get
fåmælt adj. taciturn
får n. sheep
fårekød n. mutton
fårekylling n. cricket
fåresyge n. mumps
fåret adj. sheepish

G

gab n. yawn
gabe v. yawn
gabende adj. gashing
gade n. street
gaffeldeling n. bifurcation
galakse n. galaxy
galaktisk adj. galactic
galant adj. gallant
galde n. bile
gale v. crow
galeanstalt n. nuthouse
galehus n. madhouse
galge n. gallows
galla n. gala
galla- adj. gala
galleri n. gallery
gallon n. gallon
galop n. gallop
galopere v. gallop
galvanisere v. galvanize
galvanometer n. galvanometer
galvanoskop n. galvanoscope
gambit n. gambit
gamespace n. gamespace
gamma n. gamma
gammel n. old
gammel adj. old
gammeldags adj. archaic
gane n. palate
gane- adj. palatal
gang n. gait
ganger n. steed
gangræn n. gangrene
gangster n. gangster
garage n. garage
garantere v. guarantee
garanti n. warranty
garantihaver n. warrantee

garantistiller *n.* warrantor
garderobe *n.* wardrobe
gardin *n.* curtain
garn *n.* yarn
garnere *v.* garnish
garnering *n.* garnishment
garnison *n.* garisson
garnnøgle *n.* skein
garrotte *n.* garrotte
garrottere *v.* garrotte
gartner *n.* gardener
garve *v.* tan
garvebark *n.* tanbark
garver *n.* tanner
garveri *n.* tannery
garvning *n.* tanning
gas *n.* gas
gase *n.* gander
gasfyldt *adj.* gassy
gasmaske *n.* gasmask
gastrisk *adj.* gastric
gastronomi *n.* gastronomy
gave *n.* gift
gavmild *adj.* munificent
gavmildhed *n.* largesse
gavne *v.* benefit
gavnlig *adj.* beneficial
gavtyv *n.* rogue
gavtyveagtigt *adj.* roguish
gavtyveri *n.* roguery
gazelle *n.* gazelle
gazette *n.* gazette
gear *n.* gear
gearing *n.* leverage
gearkasse *n.* gearbox
ged *n.* goat
gedehams *n.* hornet
geisha *n.* geisha
gejser *n.* geyser
gejstlig *n.* ecclesiast
gejstlig *adj.* ecclesiastical
gejstlige *n.* clergy
gel *n.* gel

gelatine *n.* gelatin
gelatinere *v.* gelatinize
gelatinøs *adj.* gelatinous
gelé *n.* jelly
geminere *v.* geminate
gemineret *adj.* geminal
gemme *v.* hide
gen *n.* gene
genacceptere *v.* reaccept
gendrive *v.* refute
gendrivelse *n.* refutation
gene *n.* discomfort
genealogi *n.* genealogy
genealogisk *adj.* genealogical
generation *n.* generation
generator *n.* generator
genere *v.* bother
generere *v.* generate
generobre *v.* reconquer
generøs *adj.* generous
generøsitet *n.* generosity
genert *adj.* bashful
genetisk *adj.* genetic
genfødsel *n.* rebirth
genfordoble *v.* redouble
gengælde *v.* reciprocate
gengældelse *n.* retaliation
gengodkendelse *n.* reapproval
geni *n.* genius
genindsætte *v.* reinstate
genindsættelse *n.* reinstatement
genkalde *v.* recall
genkaldelse *n.* recall
genkende *v.* recognize
genkendelse *n.* recognition
gennem *prep.* through
gennembore *v.* gore
gennemførlig *adj.* workable
gennemførlighed *n.* practicability
gennemgang *n.* review
gennemgang *n.* rundown
gennemgå *v.* undergo
gennemhegle *v.* lambaste

gennemhulle v. hole	**geopolitisk** adj. geopolitical
gennemlyse v. candle	**geranium** n. geranium
gennemløb n. culvert	**germin** n. germin
gennemsigtig adj. transparent	**gerning** n. deed
gennemsnit n. mean	**gerningsmand** n. doer
gennemsnitlig adj. average	**gesimsbeslag** n. ancon
gennemsøge v. rummage	**gestus** n. gesture
gennemsøgning n. rummage	**gevir** n. antler
gennemtræk n. draught	**ghetto** n. ghetto
gennemtrænge v. pierce	**ghostwriter** n. ghostwriter
gennemtrængende adj. piercing	**gibbonabe** n. gibbon
gennemvæde v. drench	**gidsel** n. hostage
genom n. genome	**gift** n. poison
genopblusning n. recrudency	**gifte** v. marry
genopdukken n. reappearance	**giftefærdig** adj. marriageable
genopfriske v. refresh	**giftig** adj. toxic
genopfriskning n. refreshment	**giftighed** n. toxicity
genoplive v. revive	**gigabit** n. gigabit
genoplivelse n. revival	**gigabyte** n. gigabyte
genoplivet adj. reanimate	**gigantisk** adj. gigantic
genoplivning n. reanimation	**gigt** n. arthritis
genopstand n. resurgence	**gigt-** adj. rheumatic
genoptælling v. recount	**gilde** n. feast
genoptage v. resume	**gimmick** n. gimmick
genoptagelse n. resumption	**gimp** n. gimp
genoptryk n. reprint	**gimpe** v. gimp
genoptrykke v. reprint	**gin** n. gin
genoverveje v. reconsider	**giraf** n. giraffe
genre n. genre	**gisp** n. gasp
gensidig adj. reciprocal	**gispe** v. pant
gensplejsning n. bioengineering	**gispen** n. pant
gentage v. repeat	**give** v. give
gentagelse n. repetition	**glad** adj. glad
gentleman n. gentleman	**glad** n. joyous
genudpege v. reappoint	**gladiator** n. gladiator
geograf n. geographer	**gladiator-** adj. gladiatorial
geografi n. geography	**glæde** v. gladden
geografisk adj. geographical	**glæde** n. joy
geolog n. geologist	**glædelig** adj. joyful
geologi n. geology	**glædesløs** adj. cheerless
geologisk adj. geological	**glædessang** n. carol
geometri n. geometry	**glamour** n. glamour
geometrisk adj. geometrical	**glamourøs** adj. glam

glane v. gawk
glanen n. gawk
glans n. shine
glansende adj. shiny
glansløs adj. lacklustre
glarmester n. glazier
glas n. glass
glasere v. glaze
glasfiber n. fiberglass
glaspuster n. glassmaker
glasskår n. cullet
glasur n. glaze
glat adj. slippery
glemme v. forget
glemsel n. oblivion
glemsom adj. forgetful
glente n. kite
gletsjer n. glacier
glide v. glide
gliden n. glide
glimmer n. glimmer
glimrende adj. splendid
glimt n. flash
glimte v. flash
glinsende adj. sleek
glitre v. glitter
glitter n. glitter
global adj. global
glorificere v. glorify
glorificering n. glorification
glosar n. glossary
glukose n. glucose
glycerin n. glycerine
gløde v. glow
glødende adv. aglow
gnave v. gnaw
gnaven adj. morose
gnaver n. rodent
gnide v. rub
gnidebillede n. rubbing
gnier n. miser
gnieragtig adj. niggardly
gnist n. spark

gnistre v. spark
gnom n. midget
gnægge v. cackle
gobelin n. tapestry
god adj. good
god n. good
godartet adj. benign
godbid n. treat
godgørende adj. benevolent
godgørenhed n. benevolence
godhed n. goodness
godkende v. approve
godkendelse n. approval
gods n. manor
gods- adj. manorial
godsejer n. lord
godt adv. well
godtgøre v. compensate
godtgørelse n. compensation
gok n. biff
gokke v. biff
golf n. golf
gondol n. gondola
gongong n. gong
goodwill n. goodwill
google v. google
gorilla n. gorilla
gotik n. gothic
gotisk adj. gothic
goudaost n. gouda
grad n. degree
gradering n. gradation
graduel adj. gradual
graduere v. grade
grafisk adj. graphic
gram n. gramme
grammatik n. grammar
grammatiker n. grammarian
grammofon n. gramophone
gran n. fir
granat n. grenade
granatsplinter n. shrapnel
granske v. scrutinize

granskning *n.* scrutiny	**gryderet** *n.* stew
gratis *adv.* gratis	**grynt** *n.* grunt
grav *n.* grave	**grynte** *v.* grunt
gravekasse *n.* blindage	**græde** *v.* cry
gravid *adj.* pregnant	**grænse** *n.* border
graviditet *n.* pregnancy	**grænse-** *adj.* transboundary
gravkiste *n.* cist	**grænsedragning** *n.* demarcation
gravmæle *n.* tomb	**grænseløs** *adj.* limitless
greb *n.* grip	**græs** *n.* grass
gren *n.* bough	**græsk** *n.* Greek
grevinde *n.* countess	**græsk** *adj.* Greek
grib *n.* vulture	**græskar** *n.* pumpkin
gribe *v.* grab	**græsmark** *n.* pasture
gribe *v.* grip	**græsplæne** *n.* lawn
grille *n.* whim	**græsse** *v.* graze
grim *adj.* ugly	**græstørv** *n.* sod
grimhed *n.* ugliness	**grævling** *n.* badger
griskhed *n.* avarice	**grød** *n.* mush
groft *adv.* coarse	**grøft** *n.* ditch
gros *n.* gross	**grøn** *adj.* green
grosserer *n.* wholesaler	**grønt** *n.* green
grotesk *adj.* grotesque	**grøntsag** *n.* vegetable
grov *adj.* rough	**grøntsags-** *adj.* vegetable
grovsmed *n.* blacksmith	**gråd** *n.* cry
grovæder *n.* glutton	**grådig** *adj.* greedy
gruble *v.* ruminate	**grådighed** *n.* gluttony
grubleri *n.* rumination	**grådkvalt** *adj.* tearful
grufuld *adj.* ghastly	**grågrøn** *n.* sage-green
grund *n.* reason	**gråt** *adj.* grey
grund- *adj.* basal	**guava** *n.* guava
grundig *adj.* thorough	**gud** *n.* god
grunding *n.* primer	**guddom** *n.* deity
grundlag *n.* basis	**guddommelig** *adj.* divine
grundlovsforhør *n.* habeas corpus	**guddommelighed** *n.* divinity
grundlægge *v.* found	**gudinde** *n.* goddess
grundlæggende *adj.* basic	**guerillasoldat** *n.* guerilla
gruppe *n.* group	**guffe** *v.* gobble
gruppearbejde *n.* teamwork	**guirlande** *n.* garland
gruppere *v.* group	**guitar** *n.* guitar
gruppering *n.* aggroupment	**gul** *adj.* yellow
grusom *adj.* atrocious	**gulbrun** *adj.* tan
grusomhed *n.* atrocity	**guld** *n.* gold
gryderet *n.* casserole	**guldsmed** *n.* goldsmith

gulerod *n.* carrot
gullig *adj.* yellowish
gulne *v.* yellow
gulsot *n.* jaundice
gult *n.* yellow
gulv *n.* floor
gumle *v.* munch
gumme *n.* gum
gummi *n.* rubber
gummikugle *n.* rubber bullet
gummistøvle *n.* wellington
gummistrop *n.* bungee
gummitræ *n.* rubber tree
gunst *n.* favour
gunstig *adj.* auspicious
gurgle *v.* gargle
gurkemeje *n.* turmeric
gusten *adj.* wan
gut *n.* dude
guttural *adj.* guttural
guvernante *n.* governess
guvernør *n.* governor
gyde *v.* spawn
gylden *adj.* golden
gyldig *adj.* valid
gylt *adj.* gilt
gymnast *n.* gymnast
gymnastik *n.* gymnastics
gymnastiksal *n.* gymnasium
gymnatisk *adj.* gymnastic
gyngende *adj.* rocking
gyser *n.* dreadful
gæld *n.* debt
gær *n.* yeast
gærde *n.* wicket
gærdesmutte *n.* wren
gæring *n.* ferment
gæring *n.* fermentation
gæst *n.* guest
gæstfri *adj.* hospitable
gæstfrihed *n.* hospitality
gæt *n.* guess
gætte *v.* guess

gætteri *n.* conjecture
gø *v.* bark
gøde *v.* manure
gødning *n.* fertilizer
gøg *n.* cuckoo
gøre *v.* do
gå *v.* walk
gåde *n.* conundrum
gårdsplads *n.* courtyard
gås *n.* goose
gåtur *n.* walk

H

habitat *n.* habitat
hacke *v.* hack
hacker *n.* hacker
had *n.* hate
hade *v.* hate
hage *n.* chin
hagesmæk *n.* bib
hagl *n.* hail
haglbøsse *n.* shotgun
hagle *v.* hail
haj *n.* shark
hak *n.* peck
hakke *v.* peck
hakke *n.* pick
hale *n.* tail
hale- *adj.* caudal
hals *n.* neck
halsbrækkende *adj.* breakneck
halshugge *v.* behead
halskæde *n.* necklace
halt *adj.* gimp
halv *adj.* half
halvautomatisk *adj.* semiautomatic
halvcirkel *n.* semicircle
halvdel *n.* half
halvdød *adj.* alamort

halvfems *n.* ninety
halvfemsindstyvende *adj.* ninetieth
halvfjerds *n.* seventy
halvfjerdsindstyvende *adj.* seventieth
halvformel *adj.* semi-formal
halvleder *n.* semiconductor
halvnode *n.* minim
halvsjovt *adj.* semiamusing
halvtreds *n.* fifty
halvvoksen *adj.* adolescent
halvårlig *adj.* biannual
halvårligt *adv.* biannually
ham *pron.* him
hammer *n.* hammer
hamp *n.* hemp
hamre *v.* hammer
han *pron.* he
handel *n.* commerce
handels- *adj.* commercial
handicap *n.* disability
handicappe *v.* disable
handicappet *adj.* disabled
handle *v.* act
handlende *n.* trader
handler *n.* monger
handling *n.* action
hane *n.* cock
hankat *n.* tomcat
hanrej *n.* cuckold
hans *pron.* his
hare *n.* hare
harmdirrede *adj.* irate
harme *n.* outrage
harme *v.* outrage
harmoni *n.* harmony
harmonisk *adj.* harmonious
harmonium *n.* harmonium
harpe *n.* harp
harpiks *n.* lac, lakh
harsk *adj.* rancid
harskne *v.* rancidify
hasard *n.* gamble

hasardspiller *n.* gambler
haste *v.* hasten
hastesag *n.* urgency
hastig *adj.* hasty
hastighed *n.* velocity
hastværk *n.* haste
hat *n.* hat
hattefremstilling *n.* millinery
hav *n.* sea
hav- *adj.* oceanfront
havaborre *n.* seabass
havbred *n.* seashore
havbund *n.* seafloor
have *n.* garden
have *v.* have
havebrug *n.* horticulture
havforsker *n.* oceanographer
havforsknings- *adj.* oceanographic
havfrue *n.* mermaid
havfugl *n.* seabird
havgående *adj.* seaworthy
havlaboratorium *n.* sealab
havmand *n.* merman
havmåge *n.* seagull
havn *n.* harbour
havnearbejder *n.* dockworker
havneby *n.* port
havnemester *n.* dockmaster
havre *n.* oat
havregryn *n.* oatmeal
havregynsfarvet *adj.* oatmeal
havregrød *n.* porridge
havside *n.* oceanfront
havskildpadde *n.* turtle
havskum *n.* seafoam
hede *n.* moor
hedensk *adj.* pagan
hedenskab *n.* paganism
hedge *v.* hedge
hedning *n.* pagan
heftig *adj.* hefty
heftighed *n.* vehemence
hegn *n.* fence

hej *interj.* hello
hejse *v.* hoist
hejsespil *n.* winch
heks *n.* witch
heksekedel *n.* cauldron
heksekunst *n.* witchcraft
hekseri *n.* witchery
hektar *n.* acre
hektisk *adj.* frantic
hel *adj.* whole
helbred *n.* health
helbrede *v.* cure
helbredelig *adj.* curable
helbredelighed *n.* curability
helbredelse *n.* recovery
helbredende *adj.* curative
held *n.* luck
heldig *adj.* fortunate
heldigvis *adv.* luckily
hele *n.* all
helgen *n.* saint
helgenagtig *adj.* saintly
helhed *n.* whole
helhjertet *adj.* whole-hearted
hellebard *n.* polearm
heller ikke *conj.* neither, nor
hellig *adj.* sacred
helligbrøde *n.* sacrilege
helligdag *n.* holiday
helligdom *n.* shrine
hellige *v.* sanctify
helliggøre *v.* hallow
helliggørelse *n.* sanctification
hellighed *n.* sanctity
helskindet *adj.* scot-free
helt *adv.* entirely
helt *n.* hero
helt igennem *adv.* throughout
helt igennem *prep.* throughout
helt sikkert *adv.* certainly
heltemod *n.* heroism
heltinde *n.* heroine
helvede *n.* hell

hemisfære *n.* hemisphere
hemmelig *adj.* secret
hemmelighed *n.* secret
hemmeligholdelse *n.* secrecy
hen *adv.* by
hende *pron.* her
hendes *adj.* her
henfalde *v.* decay
henført *adj.* rapt
hengive *v.* devote
hengiven *adj.* affectionate
hengivenhed *n.* affection
henlægge *v.* burke
henrivende *adj.* darling
henrykt *adv.* delightedly
henrykt *adj.* overjoyed
hensætte *v.* appropriate
hensættelse *n.* appropriation
hensigt *n.* intention
hensigtsmæssig *adj.* expedient
hensynsfuld *adj.* considerate
hentæres *v.* pine
hente *v.* retrieve
hentyde *v.* allude
hentydning *n.* allusion
henvende *v.* solicit
henvendelse *n.* solicitation
henvise *v.* refer
heppekor *n.* claque
her *adv.* here
herberg *n.* hostel
herefter *adv.* hereafter
herkomst *n.* parentage
herlig *adj.* delightful
heroisk *adj.* heroic
heromkring *adv.* hereabouts
herredømme *n.* dominion
hersker *n.* ruler
hertug *n.* duke
hertuginde *n.* duchess
hest *n.* horse
hesteflue *n.* gadfly
hestehandler *n.* coper

hestevogn *n.* limber	**hjulnav** *n.* hub
heureka *int.* eureka	**hjælp** *n.* help
hid *adv.* hither	**hjælpe** *v.* help
hidtil *adv.* hitherto	**hjælpe-** *adj.* remedial
hierarki *n.* hierarchy	**hjælpeløs** *adj.* helpless
hikke *n.* hiccup	**hjælpemiddel** *n.* aid
hilse *v.* greet	**hjælper** *n.* helper
hilsen *n.* salutation	**hjælpsom** *adj.* helpful
himlen *n.* heaven	**hjørne** *n.* corner
himmel *n.* sky	**hob** *n.* rabble
himmel- *adj.* celestial	**hobby** *n.* hobby
himmelsk *adj.* heavenly	**hockey** *n.* hockey
hindbær *n.* raspberry	**hofmand** *n.* courtier
hindbærfarvet *adj.* raspberry	**hofte** *n.* hip
hindre *v.* hinder	**hofte-** *adj.* sciatic
hindring *n.* hindrance	**hold** *n.* team
hingst *n.* stallion	**holdbar** *adj.* tenable
hinsides *n.* otherworld	**holde** *v.* keep
hirse *n.* millet	**holdkammerat** *n.* teammate
historie *n.* story	**holdmæssig** *adv.* teamwise
historiker *n.* historian	**holdning** *n.* opinion
historisk *adj.* historic	**holdningsløs** *adj.* opinionless
hjelm *n.* helmet	**hommage** *n.* homage
hjelmhue *n.* coif	**homogen** *adj.* homogeneous
hjem *n.* home	**homoseksuel** *adj.* gay
hjemmehørende *adj.* native	**homoseksuel** *n.* gay
hjemsende *v.* repatriate	**homøopat** *n.* homeopath
hjemsendelse *n.* repatriation	**homøopati** *n.* homeopathy
hjemsending *n.* repatriate	**honning** *n.* honey
hjemsøge *v.* haunt	**honnør** *n.* salute
hjerne *n.* brain	**honorar** *n.* fee
hjerne- *adj.* cerebral	**hooligan** *n.* hooligan
hjerneformet *adj.* cephaloid	**hop** *n.* jump
hjerneløs *adj.* brainless	**hoppe** *v.* jump
hjernespinds- *adj.* phantasmal	**hoppe** *n.* mare
hjerte *n.* heart	**hopskud** *n.* dunk
hjerte- *adj.* cardio	**horde** *n.* horde
hjerteformet *adj.* cordate	**hore** *n.* whore
hjertekrampe *n.* angina	**horisont** *n.* horizon
hjertelig *adj.* cordial	**horn** *n.* cornicle
hjertelig *adv.* heartily	**hornhinde** *n.* cornea
hjort *n.* deer	**hospital** *n.* hospital
hjul *n.* wheel	**hospitalsapotek** *n.* dispensary

hoste *n.* cough
hoste *v.* cough
hotel *n.* hotel
hov *n.* hoof
hoved *n.* head
hoved- *adj.* main
hovedbestanddel *n.* staple
hovedbog *n.* ledger
hovedbund *n.* scalp
hovedkuls *adv.* headlong
hovedledning *n.* main
hovedløs *adj.* acephalous
hovedløshed *n.* acephaly
hovedpine *n.* headache
hovedpulsåre *n.* aorta
hovedsagelig *adv.* mainly
hovedsalat *n.* butterhead
hovedstad *n.* capital
hovedtørklæde *n.* kerchief
hoven *adj.* haughty
hovere *v.* gloat
hoveren *n.* gloat
hoverende *adv.* gloatingly
hr. *n.* sir
hud *n.* skin
hudafskrabning *n.* abrasion
hudfarve *n.* complexion
hug *n.* slash
hugge *v.* chop
hugorm *n.* adder
huje *v.* hoot
hujen *n.* hoot
hukommelse *n.* memory
hukommelsestab *n.* amnesia
hul *n.* hole
hul *adj.* hollow
hule *n.* den
hulk *n.* sob
hulke *v.* sob
hulning *n.* hollow
hulrum *n.* cavity
human *adj.* humane
humanisere *v.* humanize

humanitær *adj.* humanitarian
humbug *n.* sham
hummer *n.* lobster
humor *n.* humour
humorist *n.* humorist
humoristisk *adj.* humorous
humør *n.* mood
hun *pron.* she
hund *n.* dog
hunde- *adj.* canine
hundefanger *n.* dogcatcher
hundegalskab *n.* rabies
hundehul *n.* doghole
hundehus *n.* doghouse
hundehvalp *n.* puppy
hundeånde *n.* dogbreath
hundredårig *n.* centenarian
hundredårsfejring *n.* centennial
hundrede *n.* hundred
hundredfold *adj.* centuple
hungersnød *n.* famine
hungrende *adj.* appetent
hunræv *n.* vixen
huntiger *n.* tigress
hurdle *n.* hurdle
hurlumhej *n.* hubbub
hurra *n.* cheer
hurra *interj.* hurrah
hurtig *adj.* fast
hurtig *adv.* speedily
hurtighed *n.* rapidity
hurtigrute *n.* express
hurtigt *adv.* fast
hus *n.* house
hus- *adj.* domestical
huse *v.* house
huske *v.* remember
huskekort *n.* flashcard
husmandssted *n.* croft
hustru *n.* wife
hvad *adj.* what
hvad *pron.* what
hvad *interj.* what

hval *n.* whale
hvalbarde *n.* baleen
hvalp *n.* whelp
hvalros *n.* walrus
hvede *n.* wheat
hvem *pron.* who
hvem som helst *pron.* anyone
hvem som helst *adv.* anywho
hveps *n.* wasp
hver *adj.* each
hver *adv.* each
hver *pron.* each
hverdagsagtig *adj.* mundane
hverdagsgrå *adj.* drab
hvid *adj.* white
hvid *n.* white
hvidhval *n.* beluga
hvidlig *adj.* whitish
hvidløg *n.* garlic
hvidløgs- *adj.* garlicky
hvidplettet *adj.* rubican
hvidte *v.* whiten
hvidvask *n.* whitewash
hvidvaske *v.* launder
hvile *v.* rest
hvile *n.* rest
hvilen *n.* abeyance
hvilende *adj.* abeyant
hvilken *adj.* which
hvilken som helst *pron.* whichever
hvilket sted som helst *pron.* anyplace
hvirvel *n.* vortex
hvirvelvind *n.* whirlwind
hvirvl *n.* wreath
hvirvle *v.* whirl
hvirvlen *n.* whirl
hvis *conj.* if
hvis *pron.* whose
hviske *v.* whisper
hvisker *n.* whisper
hvisle *v.* hiss
hvislen *n.* hiss
hvislende *adj.* hissing
hvor *adv.* where
hvor *conj.* where
hvor end *adv.* however
hvor omtrent *adv.* whereabout
hvor som helst *adv.* anywhere
hvor som helst *adv.* wherever
hvoraf *conj.* whereat
hvordan *adv.* how
hvorefter *conj.* whereupon
hvorfor *adv.* why
hvorfra *adv.* whence
hvorhen *adv.* whither
hvorimod *conj.* whereas
hvorimod *adv.* wherein
hvornår *adv.* when
hvorom alting er *conj.* however
hvælving *n.* vault
hvæsse *v.* whet
hybrid *n.* hybrid
hybrid- *adj.* hybrid
hydrogen *n.* hydrogen
hyggelig *adj.* cosy
hygiejne *n.* hygiene
hygiejnisk *adj.* hygienic
hygsom *adj.* comfy
hykler *n.* hypocrite
hykleri *n.* hypocrisy
hyklerisk *adj.* hypocritical
hyl *n.* shriek
hylde *n.* acclaim
hylde *n.* shelf
hyldest *n.* tribute
hyle *v.* howl
hylen *n.* howl
hymne *n.* hymn
hymne *n.* laud
hyperbel *n.* hyperbole
hypnotisere *v.* hypnotize
hypnotisme *n.* hypnotism
hypotese *n.* hypothesis
hypotetisk *adj.* hypothetical
hyppig *n.* frequent

hyrde *n.* herdsman
hyrde *n.* shepherd
hysteri *n.* hysteria
hysterisk *adj.* hysterical
hytte *n.* cottage
hyæne *n.* hyena
hæder *n.* glory
hæderlig *adj.* honourable
hæk *n.* hedge
hækle *v.* crochet
hæl *n.* heel
hælde *v.* pour
hældning *n.* tilt
hæmme *v.* impede
hæmmende *adj.* debilitating
hæmmer *n.* debilitant
hæmning *n.* inhibition
hæmorroider *n.* piles
hændelse *n.* occurrence
hænge *v.* hang
hængen *n.* droop
hængende *adj.* saggy
hær *n.* army
hærde *v.* toughen
hærge *v.* rampage
hærgen *n.* rampage
hærget *adj.* haggard
hæs *adj.* husky
hæslig *adj.* hideous
hætte *n.* hood
hævde *v.* assert
hæve *v.* raise
hævn *n.* revenge
hævne *v.* avenge
hævngerrig *adj.* revengeful
hø *n.* hay
høflig *adj.* polite
høflighed *n.* courtesy
høg *n.* hawk
høj *n.* mound
høj *adj.* tall
højde *n.* height
højdemeter *n.* altimeter

højdepunkt *n.* apotheosis
højdepunkt *n.* peak
højderyg *n.* ridge
højesteretsadvokat *n.* barrister
højforræderisag *n.* impeachment
Højhed *n.* Highness
højre *n.* right
højrødt *n.* crimson
højrøstet *adj.* boisterous
højt *adv.* highly
højtidelig *adj.* solemn
højtidelighed *n.* solemnity
højtideligholde *v.* solemnize
hørfrø *n.* linseed
hørlig *adj.* audible
hørlige *adj.* auditive
høst *n.* harvest
høstak *n.* rick
høste *v.* harvest
høvding *n.* chieftain
høvl *n.* plane
høvle *v.* plane
håb *n.* hope
håbe *v.* hope
håbløs *adj.* hopeless
håndøkse *n.* hatchet
håndrods- *adj.* carpal
handske *n.* glove
hån *n.* mockery
hånd *n.* hand
hånd- *adj.* manual
håndarbejde *n.* handicraft
håndbog *n.* handbook
håndflade *n.* palm
håndfuld *n.* handful
håndgemæng *n.* scuffle
håndgribelig *adj.* tangible
håndjern *n.* handcuff
håndklæde *n.* towel
håndtag *n.* handle
håndtere *v.* handle
håndvægt *n.* dumbell
håndværk *n.* craft

håndværker *n.* artisan
håndværkertilbud *n.* fixer-upper
håne *v.* mock
hånende *adj.* taunting
hånende *adv.* tauntingly
håner *n.* taunter
hånlig *adj.* contemptuous
hår *n.* hair
hård *adj.* hard
hårdfør *adj.* hardy
hårdt *adv.* hard
hårfjernende *adj.* depilatory

I

i *prep.* at, in
ibenholt *n.* ebony
iblandt *prep.* amongst
iboende *adj.* inherent
idé *n.* idea
ideal *n.* ideal
idealisere *v.* idealize
idealisme *n.* idealism
idealist *n.* idealist
idealistisk *adj.* idealistic
ideel *adj.* ideal
identificere *v.* identify
identifikation *n.* identification
identisk *adj.* identical
identitet *n.* identity
idiom *n.* idiom
idiomatisk *adj.* idiomatic
idiot *n.* idiot
idioti *n.* idiocy
idiotisk *adj.* idiotic
idol *n.* idol
igen *adv.* again
igennem *adv.* through
igle *n.* leech
iglo *n.* igloo

ignorere *adj.* blank
ignorere *v.* ignore
ikke *adv.* not
iklæde *v.* garb
ikon *n.* icon
ikonisk *adj.* iconic
ikonoklastisk *adj.* iconoclastic
ild *n.* fire
ilddrager *n.* poker
ilder *n.* polecat
ildevarslende *adj.* ominous
ildkamp *n.* firefight
ildkugle *n.* fireball
ildsted *n.* firepit
ildtang *n.* loggerhead
ile *v.* dash
ilen *n.* scamper
illegal *adj.* illegal
illoyal *adj.* disloyal
illusion *n.* illusion
illustration *n.* illustration
illustrere *v.* illustrate
illustreret *adj.* pictorial
ilt *n.* oxygen
ilte *v.* oxygenate
iltet *adj.* oxygenated
iltkrævende *adj.* aerobic
iltning *n.* oxygenation
imaginær *adj.* imaginary
imellem *prep.* betwixt
imens *adv.* meanwhile
imens *conj.* while
imitation *n.* mimicry
imitator *n.* mimic
imitere *v.* imitate
imiterende *adj.* mimic
immatrikulation *n.* matriculation
immun *adj.* immune
immunisere *v.* immunize
immunitet *n.* immunity
imod *adj.* against
imod *prep.* towards
imødegå *v.* counter

imødegåelse *n.* interception	**indenlandsk** *adj.* inland
imødekomme *v.* accommodate	**indenrigs-** *adj.* domestic
imødekommende *adj.* complaisant	**inderside** *n.* inside
imødekommenhed *n.* complaisance	**inderst** *adj.* innermost
imperativ *adj.* imperative	**indespærring** *n.* confinement
imperialisme *n.* imperialism	**indflydelse** *n.* influence
implementere *v.* implement	**indflydelsesrig** *adj.* influential
implicere *v.* implicate	**indfødt** *adj.* aboriginal
implicit *adj.* implicit	**indfri** *v.* redeem
implikation *n.* implication	**indfrielse** *n.* redemption
imponere *v.* impress	**indgang** *n.* entrance
imponerende *adj.* impressive	**indgive** *v.* tender
import *n.* import	**indgravere** *v.* engrave
importere *v.* import	**indgribe** *v.* mesh
imposant *adj.* imposing	**indgriben** *n.* interference
impotens *n.* impotence	**indgroet** *adj.* ingrained
impotent *adj.* impotent	**indhegne** *v.* enclose
improviseret *adj.* scratch	**indhegning** *n.* enclosure
imprægnere *v.* waterproof	**indhold** *n.* content
imprægneringsmiddel *n.* repellent	**indhylle** *v.* shroud
impuls *n.* impulse	**indhylning** *n.* envelopment
impulsiv *adj.* impulsive	**indiansk** *adj.* Indian
incitament *n.* incentive	**indigo** *n.* indigo
ind *prep.* in	**indikation** *n.* indication
ind i *prep.* into	**indikator** *n.* indicator
indad *adv.* inwards	**indikere** *v.* indicate
indbildskhed *n.* conceit	**indirekte** *adj.* indirect
indbrud *n.* burglary	**indisk** *adj.* Indian
indbrudstyv *n.* burglar	**indiskret** *adj.* indiscreet
inddækning *n.* flashing	**indiskretion** *n.* indiscretion
inddæmme *v.* reclaim	**indisponeret** *adj.* indisposed
inddæmning *n.* containment	**individualisme** *n.* individualism
inde i *prep.* inside	**individualitet** *n.* individuality
indeholde *v.* contain	**indkalde** *v.* summon
indeks *n.* index	**indkaldelse** *n.* summons
indelukket *adj.* stuffy	**indkapsle** *v.* encase
indemnitet *n.* indemnity	**indkomst** *n.* income
inden *conj.* before	**indkøbscenter** *n.* mart
inden døre *adv.* indoors	**indkøbsnarkoman** *n.* shopaholic
inden i *prep.* within	**indkøbsnarkomani** *n.* shopaholism
indendørs- *adj.* indoor	**indlede** *v.* initiate
indenfor *adv.* inside	**indledende** *adj.* preliminary
indenlands *n.* midland	**indledning** *n.* instigation

indlogere *v.* lodge
indlysende *adj.* evident
indpakke *v.* wrap
indpakningspapir *n.* gift-wrap
indpode *v.* instil
indre *adj.* inner
indretning *n.* decor
indrullere *v.* enlist
indrømme *v.* concede
indrømmelse *n.* concession
indsæbe *v.* soap
indsamle *v.* gather
indsat *n.* inmate
indsigt *n.* insight
indskærpe *v.* inculcate
indskrænke *v.* confine
indskrive *v.* enrol
indskud *n.* deposit
indsnævre *v.* narrow
indsprøjte *v.* inject
indsprøjtning *n.* injection
indstille *v.* discontinue
indstilling *n.* attitude
indstillingsknap *n.* dial
indstrømning *n.* influx
indsætte *v.* insert
indsættelse *n.* induction
indsættelse *n.* insertion
indtaste *v.* enter
indtil *prep.* until
indtil *conj.* until
indtrængende *adj.* intent
indtryk *n.* impression
indtægt *n.* revenue
indtægtsgivende *adj.* gainful
inducere *v.* induce
industri *n.* industry
industriel *adj.* industrial
industrimagnat *n.* magnate
indvandre *v.* immigrate
indvandrer *n.* immigrant
indvandring *n.* immigration
indvarsle *v.* herald

indvendig *adj.* inside
indvending *n.* objection
indvie *v.* consecrate
indvielsesceremoni *n.* inauguration
indvilge *v.* acquiesce
indvirkning *n.* impact
indvolde *n.* entrails
ineffektiv *adj.* ineffective
inerti *n.* inertia
infanteri *n.* infantry
infektion *n.* infection
infernalsk *adj.* infernal
inficere *v.* attaint
inficere *v.* infect
infirmeri *n.* sickbay
inflation *n.* inflation
influenza *n.* influenza
influere *v.* influence
informant *n.* informer
information *n.* information
informativ *adj.* informative
informere *v.* inform
infusion *n.* infusion
ingefær *n.* ginger
ingefær- *adj.* ginger
ingen *adj.* no
ingen *pron.* none
ingeniør *n.* engineer
ingeniørarbejde *n.* engineering
ingrediens *n.* ingredient
inhalere *v.* inhale
initial *n.* initial
initiativ *n.* initiative
injurier *n.* libel
injuriere *v.* slander
injurierende *adj.* slanderous
inklination *n.* inclination
inklinere *v.* incline
inkludere *v.* include
inklusion *n.* inclusion
inklusiv *adj.* inclusive
inkompetent *adj.* incompetent
inkorporere *v.* incorporate

inkorporeret *adj.* incorporate
inkorporering *n.* incorporation
inkubere *v.* incubate
inning *n.* innings
innovation *n.* innovation
innovator *n.* innovator
innovere *v.* innovate
input *n.* input
insekt *n.* insect
insektgift *n.* insecticide
insinuation *n.* insinuation
insinuere *v.* insinuate
insistere *v.* insist
insisteren *n.* insistence
inskription *n.* inscription
insolvens *n.* insolvency
insolvent *adj.* insolvent
inspektion *n.* inspection
inspektør *n.* inspector
inspicere *v.* inspect
inspiration *n.* inspiration
inspirere *v.* inspire
installation *n.* installation
installere *v.* install
instinkt *n.* instinct
instinktiv *adj.* instinctive
institut *n.* institute
institution *n.* institution
instruere *v.* instruct
instruktion *n.* instruction
instruktør *n.* instructor
instrument *n.* instrument
instrument- *adj.* instrumental
instrumentalist *n.* instrumentalist
intakt *adj.* intact
integreret *adj.* integral
integritet *n.* integrity
intellekt *n.* intellect
intellektuel *adj.* intellectual
intellektuel *n.* intellectual
intelligens *n.* intelligence
intelligent *adj.* intelligent
intelligentsia *n.* intelligentsia

intens *adj.* intense
intensitet *n.* intensity
intensiv- *adj.* intensive
intensivere *v.* intensify
interessant *adj.* interesting
interesse *n.* interest
interesseret *adj.* interested
interiør *n.* interior
international *adj.* international
interval *n.* interval
intervenere *v.* intervene
intervention *n.* intervention
interview *n.* interview
interviewe *v.* interview
intet *adv.* nothing
intetsteds *adv.* nowhere
intim *adj.* intimate
intimidere *v.* intimidate
intimidering *n.* intimidation
intimitet *n.* intimacy
intolerance *n.* bigotry
intolerant *adj.* intolerant
intransitiv *adj.* intransitive
intrige *n.* intrigue
intrigere *v.* scheme
introducere *v.* introduce
introducerende *adj.* introductory
introduktion *n.* introduction
introspektion *n.* introspection
intuition *n.* intuition
intuitiv *adj.* intuitive
invadere *v.* invade
invalid *adj.* invalid
invalid *n.* invalid
invasion *n.* invasion
invektiv *n.* invective
investere *v.* invest
investering *n.* investment
invitation *n.* invitation
invitere *v.* invite
involvere *v.* involve
iøjnefaldende *adj.* conspicuous
irettesætte *v.* admonish

irettesættelse *n.* admonition
irettesætter *n.* admonisher
ironi *n.* irony
ironisk *adj.* ironical
irrationel *adj.* irrational
irregularitet *n.* irregularity
irregulær *adj.* irregular
irrelevant *adj.* irrelevant
irritabel *adj.* irritable
irritament *n.* irritant
irritation *n.* irritation
irritationsmoment *n.* annoyance
irritere *v.* irritate
irriterende *adj.* irritant
irsk *adj.* Irish
irsk *n.* Irish
is *n.* ice
is- *adj.* iced
isbjerg *n.* iceberg
isblok *n.* iceblock
isbryder *n.* icebreaker
ischias *n.* sciatica
ise *v.* ice
iset *adj.* icy
iskappe *n.* icecap
isobar *n.* isobar
isolation *n.* isolation
isolator *n.* insulator
isolere *v.* insulate
isoleret *adj.* insular
isolerethed *n.* insularity
isolering *n.* insulation
istandsætte *v.* restore
istandsættelse *n.* restoration
istap *n.* icicle
italiensk *adj.* Italian
italiensk *n.* Italian
iver *n.* ardour
iver *adv.* avidity
ivrig *adj.* ardent
ivrigt *adv.* avidly

J

ja *adv.* yes
jade *n.* jade
jag *n.* shoot
jage *v.* hunt
jagt *n.* hunt
jagtfører *n.* huntsman
jakke *n.* jacket
jakkesæt *n.* suit
jalousi *n.* jealousy
jaloux *adj.* jealous
jambisk *adj.* iambic
jammer *n.* lamentation
jammerlig *adj.* lamentable
jamre *v.* wail
jamren *n.* groan
januar *n.* January
jargon *n.* jargon
jasmin *n.* jasmine
jeans *n.* jeans
jeg *pron.* I
jern *n.* iron
jernbane *n.* railway
jernbanefløjl *n.* corduroy
jet *n.* jet
jetmotor *n.* aeropulse
job *n.* job
jodle *v.* yodle
jodlen *n.* yodle
jøde *n.* jew
jogge *v.* jog
joke *n.* joke
joke *v.* joke
joker *n.* joker
jomfru *n.* virgin
jomfru- *adj.* maiden
jomfruelig *adj.* virgin
jomfruelighed *n.* virginity
jonglere *v.* juggle

jonglør *n.* juggler
jord *n.* soil
jord- *adj.* earthen
jordbær *n.* strawberry
jordbo *n.* terrestrial
jordbor *n.* auger
jorde *v.* ground
jordemoder *n.* midwife
Jorden *n.* Earth
jordgøg *n.* roadrunner
jordisk *adj.* earthly
jordlig *adj.* telluric
jordskælv *n.* earthquake
jordtilliggende *n.* acreage
jota *n.* jot
journalist *n.* journalist
journalistik *n.* journalism
jovial *adj.* jovial
jovialitet *n.* joviality
jubel *n.* jubilation
jubilæum *n.* jubilee
juice *n.* juice
jul *n.* Christmas
jungle *n.* jungle
junior *n.* junior
Jupiter *n.* Jupiter
jurist *n.* jurist
jury *n.* jury
jute *n.* jute
juvel *n.* jewel
juvelér *n.* jeweller
jæger *n.* hunter
jævn *adj.* even
jævnbyrdig *n.* equal
jævndøgn *n.* equinox
jævne *v.* level
jævnt *adv.* evenly

K

kabaret *n.* cabaret
kabel *n.* cable
kabine *n.* cabin
kadence *n.* cadence
kadet *n.* cadet
kadmium *n.* cadmium
kaffe *n.* coffee
kage *n.* cake
kagecreme *n.* custard
kajplads *n.* berth
kakerlak *n.* cockroach
kaki *n.* kaki
kaktus *n.* cactus
kalabas *n.* gourd
kalcit *n.* calcite
kalcium *n.* calcium
kald *n.* vocation
kalde *v.* call
kalechevogn *n.* barouche
kalender *n.* calendar
kalibrere *v.* calibrate
kalibrering *n.* calibration
kalium *n.* potassium
kalk *n.* lime
kalke *v.* lime
kalkulere *v.* cost
kalkun *n.* turkey
kalligrafi *n.* calligraphy
kalorie *n.* calorie
kalorie- *adj.* calorific
kam *n.* crest
kamel *n.* camel
kameluldtekstil *n.* camlet
kamera *n.* camera
kamfer *n.* camphor
kamgarn *n.* worsted
kaminhylde *n.* mantel
kammer *n.* chamber

kammerat *n.* mate
kammeratskab *n.* comeradery
kammerherre *n.* chamberlain
kamp *n.* fight
kampagne *n.* campaign
kampesten *n.* boulder
kamplysten *adj.* combative
kamuflage *n.* camouflage
kamuflere *v.* camouflage
kamufleret *adj.* camouflaged
kan *v.* can
kanal *n.* channel
kanalisere *v.* duct
kanariefugl *n.* canary
kanarisk *adj.* canary
kande *n.* pitcher
kandidat *n.* graduate
kandidatur *n.* candidacy
kandisere *v.* candy
kanel *n.* cinnamon
kanin *n.* rabbit
kaninbo *n.* warren
kannibal *n.* cannibal
kannibalisere *v.* cannibalise
kannibalisme *n.* cannibalism
kanon *n.* cannon
kanonade *v.* cannonade
kanonisere *v.* canonize
kansler *n.* chancellor
kant *n.* edge
kante *v.* line
kantet *adj.* angular
kantine *n.* canteen
kanton *n.* canton
kaos *n.* chaos
kaotisk *adv.* chaotic
kapacitet *n.* capacity
kapel *n.* chapel
kapillær *n.* capillary
kapillær- *adj.* capillary
kapitalist *n.* capitalist
kapitel *n.* chapter
kapitulere *v.* capitulate
kapløb *n.* race
kappe *n.* mantle
kappes *v.* vie
kapre *v.* hijack
kapsel *n.* capsule
kapsel- *adj.* capsular
kaptajn *n.* shipmaster
karak *n.* carrack
karakter *n.* character
karaktertræk *n.* trait
karat *n.* carat
karbid *n.* carbide
kardemomme *n.* cardamom
kardinal *n.* cardinal
kardiologi *n.* cardiology
karikatur *n.* caricature
karisma *n.* charisma
karismatisk *adj.* charismatic
kariøs *adj.* carious
karl *n.* carl
karneval *n.* carnival
karpe *n.* carp
karriere *n.* career
kartoffel *n.* potato
kartograf *n.* cartographer
karton *n.* carton
kaserne *n.* casern
kashmir *n.* cashmere
kasino *n.* casino
kaskade *n.* cascade
kasse *n.* box
kasseapparat *n.* till
kassere *v.* discard
kasserer *n.* treasurer
kassette *n.* cassette
kast *n.* throw
kastanje *n.* chestnut
kastanjebrun *adj.* auburn
kaste *n.* caste
kaste *v.* throw
kastel *n.* citadel
kastellan *n.* castellan
kastevind *n.* gust

kastrere *n.* neuter
kastreret *adj.* neuter
kastrering *n.* emasculation
kat *n.* cat
kataklysme *n.* cataclysm
katakombe *n.* catacomb
katalog *n.* catalogue
katalogisere *v.* catalogue
katalysator *n.* catalyst
katapult *n.* catapult
katarsis *n.* catharsis
katastrofal *adj.* disastrous
katastrofe *n.* disaster
katedral *n.* cathedral
kategori *n.* category
kategorisk *adj.* categorical
katolicisme *n.* catholicism
katolsk *adj.* catholic
katteagtig *adj.* feline
katteagtighed *n.* felinity
katteslagsmål *n.* catfight
kausal *adj.* causal
kaution *n.* bail
kautionere *v.* bail
kautions- *adj.* bailable
kavaleri *n.* cavalry
kavalerist *n.* trooper
kaviar *n.* caviar
kedel *n.* kettle
kedeldragt *n.* overall
kedelflikker *n.* tinker
kedelig *adj.* dull
kedsomhed *n.* tedium
kegle *n.* cone
kejser *n.* emperor
kejser- *adj.* imperial
kejserinde *n.* empress
kejsersnit *n.* cesarean
kejsersnit- *adj.* cesarean
kemi *n.* chemistry
kemikalie *n.* chemical
kemiker *n.* chemist
kemisk *adj.* chemical

kendelse *n.* ruling
kendemærke *n.* hallmark
kender *n.* connaisseur
kennel *n.* kennel
kentaur *n.* sagittary
keramik *n.* ceramics
kerne *n.* core
kerub *n.* cherub
ketchup *n.* ketchup
ketsjer *n.* racket
kidnappe *v.* kidnap
kig *n.* peep
kigge *v.* peep
kikke *v.* glance
kikkert *n.* binoculars
kiks *n.* cracker
kilde *n.* source
kilde *v.* tickle
kilden *adj.* ticklish
kile *n.* wedge
kile *v.* wedge
killing *n.* kitten
kilo *n.* kilo
kilogram *n.* kilogram
kilometerstand *n.* mileage
kilometertæller *n.* odometer
kilt *n.* kilt
kilte *v.* kilt
kim *n.* germ
kimære *n.* chimera
Kina *n.* China
kind *n.* cheek
kindtand *n.* molar
kinetisk *adj.* kinetic
kinin *n.* quinine
kirke *n.* church
kirkegård *n.* churchyard
kirketjener *n.* beadle
kiromant *n.* palmist
kiromanti *n.* palmistry
kirsebær *n.* cherry
kirsebærrød *adj.* cherry
kirtel *n.* gland

kirurg *n.* surgeon
kirurgi *n.* surgery
kiste *n.* chest
kittel *n.* gown
kjole *n.* frock
klage *v.* complain
klage *n.* complaint
klam *adj.* dank
klangfuldhed *n.* sonority
klap *n.* pat
klap- *adj.* foldup
klappe *v.* clap
klapre *v.* rattle
klapren *n.* rattle
klapse *v.* cuff
klar *adj.* clear
klarhed *n.* clarity
klarinet *n.* clarinet
klart *adv.* clearly
klasse *n.* class
klassificere *v.* classify
klassificering *n.* classification
klassiker *n.* classic
klassisk *adj.* classical
klat *n.* blob
klatre *v.* climb
klatrer *n.* climber
klatretråd *n.* tendril
klatring *n.* climb
klatte *v.* blot
klattet *adj.* blotted
klausul *n.* stipulation
klemme *n.* clip
klemme *v.* squeeze
kliché *n.* cliché
klient *n.* client
klik *n.* click
klikke *v.* click
klima *n.* climate
klimaks *n.* climax
klinge *n.* blade
klinik *n.* clinic
klinisk *adj.* clinical

klippe *n.* cliff
klippe *v.* shear
klipper *n.* cutter
klippeskred *n.* rockfall
klirren *n.* clink
klisterbånd *n.* tape
klistermærke *n.* sticker
klistre *v.* paste
klit *n.* dune
klo *n.* claw
kloak *n.* sewer
kloakanlæg *n.* sewerage
klobesat *adj.* taloned
klode *n.* globe
klods *n.* block
klodset *adj.* clumsy
klodsmajor *n.* dub
klog *adj.* wise
klogskab *n.* wisdom
klokke *n.* bell
klor *n.* chlorine
kloroform *n.* chloroform
kloster *n.* convent
kloster *n.* monastery
klosterkirke *n.* minster
klostervæsen *n.* monasticism
klovn *n.* clown
klud *n.* rag
kludder *n.* bungle
kludderhoved *n.* butterfingers
klukle *v.* chuckle
klummeskriver *n.* columnist
klump *n.* lump
klumpe *v.* clot
klynge *n.* cluster
klynke *v.* whimper
klæbe *v.* cling
klæbemasse *n.* adhesive
klæbende *adj.* adhesive
klæbestof *n.* adhesion
klæde *n.* cloth
klædning *n.* garb
klø *v.* itch

kløe *n.* itch
kløft *n.* ravine
klørtang *n.* wrack
knald *n.* pop
knalde *v.* pop
knap *n.* button
knap *adj.* scarce
knap *adv.* scarcely
knaphed *n.* scarcity
knappe *v.* button
knase *v.* crunch
knasen *n.* crunch
knast *n.* gnarl
kneb *n.* wile
knejse *v.* tower
knibe *v.* pinch
knibe *n.* predicament
knippel *n.* cudgel
knips *n.* flip
knirke *v.* creak
knirken *n.* creak
knitre *v.* crackle
knitren *n.* crepitation
kniv *n.* knife
knivstik *n.* stab
kno *n.* knuckle
knockoute *v.* floor
knogle *n.* bone
knoglefisk *n.* bonefish
knop *n.* bud
knude *n.* knot
knudre *v.* gnarl
knuge *v.* clasp
knurhår *n.* whisker
knuse *v.* crush
knæ *n.* knee
knæbukser *n.* breeches
knæfald *n.* prostration
knægt *n.* lad
knække *v.* snap
knæle *v.* kneel
ko *n.* cow
koagulere *v.* curd

koala *n.* koala
koalition *n.* coalition
kobber *n.* copper
kobber- *adj.* coppery
koble *v.* couple
kobling *n.* clutch
kobolt *n.* cobalt
kobra *n.* cobra
kode *n.* code
kode *v.* code
kodning *n.* coding
koefficient *n.* coefficient
kofanger *n.* bumper
koge *v.* boil
kogge *n.* cog
kognitiv *adj.* cognitive
kohorte *n.* cohort
koi-karpe *n.* koi
kok *n.* cook
kokain *n.* cocaine
kokain- *adj.* coky
koket *adj.* coy
kokosbast *n.* coir
kokosnød *n.* coconut
kolbøtte *n.* somersault
kold *adj.* cold
kolera *n.* cholera
kollega *n.* colleague
kollektiv *adj.* collective
kollokvialisme *n.* colloquialism
koloni *n.* colony
koloni- *adj.* colonial
kolossal *adj.* tremendous
koma *n.* coma
komatøs *adj.* comatose
kombattant *n.* combatant
kombination *n.* combination
kombinere *v.* combine
komedie *n.* comedy
komediespil *n.* charade
komet *n.* comet
komfort *n.* comfort
komfortabel *adj.* comfortable

komfur *n.* stove
komiker *n.* comedian
komisk *adj.* comical
komma *n.* comma
kommandant *n.* commandant
kommando *n.* command
komme *v.* come
kommende *adj.* forthcoming
kommentar *n.* comment
kommentator *n.* commentator
kommentere *v.* annotate
kommissær *n.* commissioner
kommission *n.* commission
kommunal *adj.* municipal
kommune *n.* municipality
kommunikation *n.* communication
kommuniké *n.* communiqué
kommunikere *v.* communicate
kommunisme *n.* communism
kommunist *n.* communist
kompagnon *n.* copartner
kompakt *adj.* compact
kompas *n.* compass
kompetence *n.* competence
kompetent *adj.* competent
kompilation *n.* compilation
kompilere *v.* compile
kompleks *adj.* complex
kompleks *n.* complex
komplement *n.* complement
komplementær *adj.* complementary
komplet *adj.* downright
komplicere *v.* complicate
komplikation *n.* complication
kompliment *n.* compliment
komplimentere *v.* compliment
komponent *adj.* component
komponere *v.* compose
komposition *n.* composition
kompost *n.* compost
komprimere *v.* compress
kompromis *n.* compromise
koncentration *n.* concentration

koncentrere *v.* concentrate
koncept *n.* concept
koncert *n.* concert
koncipist *adj.* draftsman
koncis *adj.* concise
kondensation *n.* condensate
kondensere *v.* condense
konditionstræning *n.* cardio
kondolence *n.* condolence
kondolere *v.* condole
kondor *n.* condor
kone *n.* wife
konfekt *n.* comfit
konfekture *n.* confectionery
konfekturehandler *n.* confectioner
konference *n.* conference
konferere *v.* confer
konfiguration *n.* configuration
konfigurere *v.* configure
konfiskation *n.* forfeiture
konfiskere *v.* confiscate
konfiskering *n.* confiscation
konflikt *n.* conflict
konformitet *n.* conformity
konfrontation *n.* confrontation
konfrontationsparade *n.* showup
konge *n.* king
kongelig *adj.* royal
kongelige *n.* royalty
kongemord *n.* regicide
kongerige *n.* kingdom
konglomerat *n.* conglomerate
kongres *n.* congress
kongruent *adj.* congruent
konisk *adj.* conical
konjugere *v.* conjugate
konjugeret *adj.* conjunct
konjunktion *n.* conjunction
konkav *adj.* concave
konkludere *v.* conclude
konklusion *n.* conclusion
konkret *adj.* concrete
konkurrence *n.* competition

konkurrence- *adj.* competitive
konkurrere *v.* compete
konkurs *n.* bankruptcy
konkylie *n.* conch
konsekvens *n.* consequence
konsensus *n.* consensus
konservativ *adj.* conservative
konservativ *n.* conservative
konserverende *adj.* preservative
konserverende *adj.* taxidermal
konservering *n.* preservation
konserverings- *adj.* taxidermic
konserveringsmiddel *n.* preservative
konsistens *n.* consistency
konsistent *adj.* consistent
konsol *n.* corbel
konsolidere *v.* consolidate
konsolidering *n.* consolidation
konsonans *n.* consonance
konsonant *n.* consonant
konspiration *n.* connivance
konspirere *v.* conspire
konspirerende *adj.* conniving
konstant *adj.* constant
konstatere *v.* ascertain
konstellation *n.* constellation
konstituent *n.* constituent
konstituere *v.* constitute
konstituerende *adj.* constituent
konstituering *n.* constituency
konstitution *n.* constitution
konstruere *v.* construct
konstruktion *n.* construction
konsultation *n.* consultation
konsultere *v.* consult
konsumere *v.* consume
konsumering *n.* consumption
kontakt *n.* contact
kontakte *v.* contact
kontanter *n. pl.* cash
kontekst *n.* context
kontinent *n.* continent
kontinental *adj.* continental
kontinuerlig *adj.* continuous
kontinuitet *n.* continuity
kontinuum *n.* continuum
konto *n.* account
kontor *n.* office
kontor- *adj.* clerical
kontorassistent *n.* clerk
kontra *prep.* versus
kontraalt *n.* contralto
kontrakt *n.* contract
kontrasignere *v.* countersign
kontrast *n.* contrast
kontrol *n.* control
kontrollere *v.* control
kontrolpost *n.* checkpoint
kontrær *adj.* contrary
kontur *n.* outline
konvention *n.* convention
konventionel *adj.* conventional
konvergens *n.* convergence
konvergere *adj.* convergent
konvertere *v.* convert
konvertering *n.* conversion
konvertibel *adj.* convertible
konvertit *n.* convert
konvoj *n.* convoy
konvolut *n.* envelope
koordinere *v.* coordinate
koordineret *adj.* coordinated
koordinering *n.* coordination
kop *n.* cup
kopi *n.* copy
kopiere *v.* copy
kopieret *adj.* duplicate
kopimaskine *n.* copier
kopist *n.* copist
kopper *n.* smallpox
kopulere *v.* copulate
kor *n.* choir
koral *n.* coral
korbuekrucifiks *n.* rood
korend *n.* currant
koriander *n.* coriander

kork *n.* cork	**kradsende** *adj.* scratchy
korn *n.* grain	**kradset** *adj.* scratched
korn- *adj.* cereal	**kraft** *n.* force
kornet *n.* cornet	**kraftfuld** *adj.* forceful
kornmagasin *n.* granary	**kraftig** *adj.* powerful
korps *n.* corps	**krage** *n.* crow
korrekt *adj.* correct	**kragetæer** *n.* scrawl
korrekthed *n.* propriety	**krakilsk** *adj.* quarrelsome
korrelation *n.* correlation	**kram** *n.* cuddle
korrelere *v.* correlate	**kramme** *v.* cuddle
korrespondance *n.* correspondence	**krampetrækning** *n.* convulsion
korrespondent *n.* correspondent	**kran** *n.* crane
korrespondere *v.* correspond	**kranium** *n.* skull
korridor *n.* corridor	**krap** *n.* rubian
korrumpere *v.* corrupt	**kras** *adj.* pungent
korrupt *adj.* corrupt	**krashed** *n.* pungency
korruption *n.* corruption	**krasis** *n.* crasis
kors *n.* cross	**krat** *n.* scrub
korsfarer *n.* crusader	**kratbevokset** *adj.* scrubby
korsfæste *v.* crucify	**krater** *n.* crater
korsfæstet *adj.* crucified	**krav** *n.* requirement
korstog *n.* crusade	**krave** *n.* collar
kort *adj.* brief	**kravle** *v.* crawl
kort *n.* card	**kravlen** *n.* crawl
kortfattet *adj.* terse	**kreativ** *adj.* creative
kortfattet *adv.* tersely	**krebs** *n.* crayfish
kortfattethed *n.* brevity	**kredit** *n.* credit
kortlægge *v.* map	**kreditor** *n.* creditor
kortslutning *n.* short	**kredsløb** *n.* circuit
kosmetik *n.* cosmetic	**kredsløbs-** *adj.* orbital
kosmetisk *adj.* cosmetic	**krematorium** *n.* crematorium
kosmisk *adj.* cosmic	**kremere** *v.* cremate
kosmopolitisk *adj.* cosmopolitan	**kremering** *n.* cremation
kosmos *n.* cosmos	**kreoler** *n.* creole
kost *n.* broom	**kretiner** *n.* cretin
kostald *n.* byre	**kridt** *n.* chalk
kostbar *adj.* precious	**kridte** *v.* chalk
kostume *n.* costume	**kridtstøv** *n.* chalkdust
krabbe *n.* crab	**krig** *n.* war
kradse *v.* scratch	**kriger** *n.* warrior
kradse ned *v.* scrawl	**krigerisk** *adj.* bellicose
kradsebræt *n.* scratchboard	**krigs-** *adj.* martial
kradsen *n.* scratch	**krigsagtig** *adj.* warlike

krigsførelse n. warfare	**krus** n. mug
krigslist n. stratagem	**krusning** n. ripple
krigsmagt n. armament	**krybbe** n. crib
krigsmateriel n. munitions	**krybdyr** n. reptile
krigszone n. battlezone	**krybe** v. creep
krill n. krill	**krybskytte** n. poacher
kriminel adj. criminal	**krydderi** n. spice
kringlet adj. intricate	**kryddernellike** n. clove
krise n. crisis	**krydre** n. flavour
kristen n. Christian	**krydre** v. season
kristen adj. Christian	**krydret** adj. spicy
kristendom n. Christianity	**kryds** n. crossing
kristenheden n. Christendom	**krydse** v. cross
Kristus n. Christ	**krydser** n. plyer
kriterie n. criterion	**krydsfiner** n. plywood
kritik n. criticism	**krydsforhør** n. inquisition
kritiker n. critic	**krydsild** n. crossfire
kritisere v. criticize	**krydsningsbar** adj. traversable
kritisk adj. critical	**krykke** n. crutch
kro n. tavern	**krympe** n. crimp
krog n. hook	**krympe** v. shrink
kroge v. crome	**krympning** n. shrinkage
krogæst n. taverner	**kryoteknologi** n. cryogenics
krokodille n. crocodile	**kryptere** v. encrypt
krom n. chrome	**krypteret** adj. encrypted
kromosom n. chromosome	**kryptering** n. encryption
kronblad n. petal	**kryptografi** n. cryptography
krone n. crown	**krystal** n. crystal
krone v. crown	**krystallisere** v. crystalize
kronet adj. crowned	**kræft** n. cancer
kronikør n. annalist	**kræftfremkaldende** adj. cancerogenic
kroning n. coronation	**krænge** v. lurch
kronisk adj. chronic	**krængen** n. lurch
kronograf n. chronograph	**krænke** v. mortify
kronologi n. chronology	**krænkelse** n. slight
kronologisk n. chronological	**kræve** v. require
krop n. body	**krølle** v. crankle
krovært n. tavernkeeper	**krølle** n. curl
krucifiks n. crucifix	**krøllet** adj. curly
krukkeri n. affectation	**kråse** n. craw
krum adj. crooked	**kue** v. cow
krumme n. crumb	**kugle** n. bullet
krumning n. curvature	

kuglepen *n.* ballpoint	**kvaksalveri** *n.* quackery
kugleramme *n.* abacus	**kval** *n.* throe
kujon *n.* coward	**kvalificere** *v.* qualify
kul *n.* coal	**kvalifikation** *n.* credential
kuld *n.* brood	**kvalifikation** *n.* qualification
kuldegysning *n.* chill	**kvalitativ** *adj.* qualitative
kulisse *n.* scenery	**kvalitet** *n.* quality
kulminere *v.* culminate	**kvalme** *n.* nausea
kulstof *n.* carbon	**kvantitativ** *adj.* quantitative
kult *n.* cult	**kvantitet** *n.* quantity
kultivere *v.* cultivate	**kvantum** *n.* quantum
kultur *n.* culture	**kvart** *n.* quarter
kulturel *adj.* cultural	**kvartalsvis** *adj.* quarterly
kumpan *n.* consort	**kvase** *v.* squash
kun *adj.* mere	**kvidder** *n.* chirp
kun *adv.* only	**kvidre** *v.* chirp
kunde *n.* customer	**kvidren** *n.* twitter
kundskab *n.* cognizance	**kvik** *adj.* agile
kunne *v.* could	**kvikhed** *n.* agility
kunst *n.* art	**kviksand** *n.* quicksand
kunstfærdig *adj.* artful	**kviksølv** *n.* mercury
kunstgreb *n.* sleight	**kvindagtig** *adj.* womanish
kunstig *adj.* artificial	**kvinde** *n.* woman
kunstner *n.* artist	**kvindelig** *adj.* female
kunstnerisk *adj.* artistic	**kvindelighed** *n.* womanhood
kup *n.* coup	**kvintessens** *n.* quintessence
kupon *n.* coupon	**kvist** *n.* twig
kuppel *n.* dome	**kvittering** *n.* receipt
kur *n.* remedy	**kvote** *n.* quota
kurer *n.* courier	**kvotient** *n.* quotient
kurere *v.* remedy	**kvæg** *n.* cattle
kurmageri *n.* courtship	**kvægtyv** *n.* abactor
kurre *v.* coo	**kvægtyveri** *n.* abaction
kurren *n.* coo	**kvækken** *n.* croak
kursiv *adj.* italic	**kvæle** *v.* suffocate
kursiv *n.* italics	**kvælning** *n.* suffocation
kurtisane *n.* courtesan	**kvælstof** *n.* nitrogen
kurv *n.* basket	**kværn** *n.* grinder
kurve *n.* curve	**kværne** *v.* grind
kurveflet *n.* wicker	**kværulere** *v.* cavil
kusine *n.* cousin	**kvæste** *v.* injure
kusk *n.* coachman	**kvæstelse** *n.* contusion
kvaksalver *n.* quack	**kyklop** *n.* cyclops

kyle *v.* hurl
kylling *n.* chicken
kyndig *adj.* proficient
kyniker *n.* cynic
kynisk *adj.* cynical
kys *n.* kiss
kysk *adj.* chaste
kyskhed *n.* chastity
kysse *v.* kiss
kyssende *adj.* osculant
kyst *n.* shore
kyst- *adj.* coastal
kystbræmme *adj.* littoral
kystlinje *n.* shoreline
kæbe *n.* jaw
kæbeben *n.* maxilla
kæde *n.* chain
kælder *n.* basement
kæledyr *n.* pet
kælen *n.* fondler
kæleri *n.* fondling
kæltring *n.* knave
kæltringestreg *n.* knavery
kæmpe *v.* fight
kæmpe *n.* giant
kæmpe- *adj.* mammoth
kæmpekvinde *n.* giantess
kænguru *n.* kangaroo
kæntre *v.* capsize
kæphest *n.* hobbyhorse
kær *adj.* dear
kæreste *n.* beloved
kærlig *adj.* loving
kærlighed *n.* love
kærlighedsaffære *n.* amour
kærne *v.* churn
kærnemælk *n.* buttermilk
kærtegn *n.* endearment
kærtegne *v.* caress
kø *n.* queue
køb *n.* purchase
købe *v.* buy
køber *n.* buyer

købmand *n.* grocer
købmandsforretning *n.* grocery
kød *n.* meat
kødæder *n.* carnivore
kødelig *adj.* carnal
kødfuld *adj.* beefy
køje *n.* bunk
køkken *n.* kitchen
køkkenchef *n.* chef
køle *v.* cool
kølebeholder *n.* cooler
kølerhjelm *n.* bonnet
køleskab *n.* refrigerator
kølig *adj.* cool
køling *n.* refrigeration
kølle *n.* club
kølvand *n.* wake
køn *n.* gender
køn *adj.* pretty
kønhed *n.* prettiness
køns- *adj.* genital
kønsbestemme *v.* sex
kønskirtler *n.* gonads
kønsløs *adj.* epicene
kønsorganer *n.* genitalia
køre *v.* drive
kørende *adj.* vehicular
køresyg *adj.* carsick
køresyge *n.* carsickness
køretøj *n.* vehicle
køretur *n.* drive
kørsel *n.* cartage
kål *n.* cabbage
kålorm *n.* caterpillar

L

labial *adj.* labial
laboratorie *n.* laboratory
labyrint *n.* maze

lad *n.* flatbed
lad- *adj.* flatbed
lade *n.* barn
lade *v.* allow
lag *n.* layer
lage *n.* pickle
lagen *n.* bedsheet
lager *n.* storage
lager- *adj.* stock
lagre *v.* store
lagune *n.* lagoon
lak *n.* varnish
lakaj *n.* footman
lakaj *n.* lackey
lakere *v.* varnish
lakonisk *adj.* laconic
laktere *v.* lactate
laktometer *n.* lactometer
laktose *n.* lactose
lakune *n.* lacuna
lam *n.* lambkin
lam *adj.* paralytic
lama *n.* lama
laminere *v.* laminate
lamme *v.* stupefy
lammelse *n.* paralysis
lampe *n.* lamp
lamslå *v.* astound
lancet- *adj.* lancet
land *n.* country
landbrug *n.* agriculture
landbrug *n.* husbandry
landbruger *n.* agriculturist
landbrugs- *adj.* agricultural
landbrugsvidenskab *n.* agrology
lande *v.* land
landevej *n.* highway
landevejsræs *n.* road race
landfæste *n.* abutment
landing *n.* landing
landlig *adj.* rural
landliggøre *v.* rusticate
landliggørelse *n.* rustication
landlighed *n.* rusticity
landsbybo *n.* villager
landsforvise *v.* exile
landskab *n.* landscape
landskildpadde *n.* tortoise
lang *adj.* long
langs *prep.* along
langsom *adj.* slow
langsom *adv.* slowly
langsomhed *n.* slowness
langt *adv.* far
langtrukken *adj.* lengthy
lanse *n.* lance
lap *n.* patch
lappe *v.* patch
lapsus *n.* lapse
larm *n.* noise
larme *v.* clamour
larmende *adj.* noisy
laser *n.* tatter
last *n.* cargo
lastbil *n.* lorry
laste *v.* load
lastrum *n.* hold
latent *adj.* latent
latrine *n.* latrine
latter *n.* laughter
latterlig *adj.* ridiculous
latterliggøre *v.* ridicule
latterliggørelse *n.* ridicule
laurbær *n.* laurel
lav *n.* guild
lav *adj.* low
lava *n.* lava
lavadel *n.* gentry
lavement *n.* purgative
lavendel *n.* lavender
lavkonjunktur *n.* slump
lavt *adv.* low
lavtryk *n.* low
le *v.* laugh
le *n.* scythe
leasingtager *n.* lessee

led *n.* joint
lede *v.* head
ledelse *n.* governance
ledelse *n.* management
ledende *adj.* leading
leder *n.* leader
lederskab *n.* leadership
ledestjerne *n.* leadstar
ledig *adj.* vacant
lediggang *n.* idleness
ledning *n.* wire
ledningsinstallation *n.* wiring
ledsage *v.* accompany
ledsager *n.* companion
ledsagere *n.* retinue
leg *n.* play
legal *adj.* legal
lege *v.* play
legeaftale *n.* playdate
legehus *n.* playhouse
legemlig *adv.* bodily
legemlig *adj.* corporal
legemliggørelse *n.* embodiment
legendarisk *adj.* legendary
legende *n.* legend
legeplads *n.* playground
legering *n.* alloy
legesyg *adj.* playful
legetøj *n.* toy
legetøjsbutik *n.* toystore
legetøjsmager *n.* toymaker
legetøjssælger *n.* toyseller
legion *n.* legion
legionær *n.* legionary
legitim *adj.* legitimate
legitimitet *n.* legitimacy
leguan *n.* goanna
leje *n.* rent
leje *v.* rent
lejekontrakt *n.* lease
lejemål *n.* tenancy
lejer *n.* tenant
lejesvend *n.* henchman

lejlighed *n.* flat
lejlighedsvis *adj.* occasional
lejlighedsvis *adv.* occasionally
lejr *n.* camp
lejrbål *n.* campfire
lejrplads *n.* campsite
leksikografi *n.* lexicography
leksikon *n.* lexicon
lektion *n.* lesson
lem *n.* limb
lemlæste *v.* mutilate
lemlæstelse *n.* mutilation
leopard *n.* leopard
ler *n.* clay
lertøj *n.* pottery
let *adj.* easy
let *adv.* lightly
letargi *n.* lethargy
letargisk *adj.* lethargic
lethed *n.* ease
letsindighed *n.* levity
lette *v.* alleviate
lettroende *adj.* credulous
lettroenhed *n.* credulity
leve *v.* live
levebrød *n.* livelihood
levedygtig *adj.* viable
levende *adj.* living
lever *n.* liver
leverandør *n.* supplier
levere *v.* supply
levering *n.* delivery
levetid *n.* longevity
levn *n.* relic
liberal *adj.* liberal
liberalise *n.* liberalism
libertiner *n.* libertine
licitationstilbud *n.* tender
lide *v.* suffer
lidelse *n.* ailment
lidende *adj.* afflictive
lidenhed *adv.* smallness
lidenskab *n.* passion

lidenskabelig *adj.* passionate
liderlig *adj.* licentious
lidt *adv.* little
liflighed *n.* delectability
lig *n.* corpse
liga *n.* league
ligbål *n.* pyre
lige *adv.* straight
lige *adj.* equal
ligefrem *adv.* downright
ligefremt *adv.* bluntly
ligeglad *adj.* oblivious
ligegyldig *adj.* indifferent
ligegyldighed *n.* indifference
ligeledes *adv.* likewise
ligesidet *adj.* equilateral
ligesom *adv.* as
ligesom *conj.* as
ligestille *v.* equalize
liggesår *n.* bedsore
lighed *n.* resemblance
lighter *n.* lighter
lighus *n.* mortuary
ligkiste *n.* coffin
ligklæde *n.* shroud
ligne *v.* resemble
lignelse *n.* parable
lignende *adj.* similar
ligning *n.* equation
likvidation *n.* liquidation
likvidere *v.* liquidate
lilje *n.* lily
lilla *adj.* purple
lille *adj.* small
lille *n.* little
lillebitte *adj.* tiny
lim *n.* glue
lime *v.* glue
limonade *n.* lemonade
limopløsning *n.* deglutination
lindre *v.* relieve
lindrende *adj.* balmlike
lindring *n.* relief

lingvist *n.* linguist
lingvistik *n.* linguistics
lingvistisk *adj.* linguistic
linje *n.* line
linned *n.* linen
linning *n.* waistband
linse *n.* lens
list *n.* ruse
liste *n.* list
listig *adj.* crafty
liter *n.* litre
litteratur *n.* literature
litteraturelsker *n.* litterateur
litteraturvidenskab *n.* poetics
litterær *adj.* literary
liturgisk *adj.* liturgical
liv *n.* life
livegen *n.* serf
livlig *adj.* lively
livlighed *n.* ebullience
livløs *adj.* lifeless
livmoder *n.* uterus
livmoderhals- *adj.* cervical
livré *n.* livery
livsklog *adj.* worldly
livskraft *n.* verve
livslang *adj.* lifelong
livsstil *n.* lifestyle
livvagt *n.* bodyguard
lobby *n.* lobby
lodde *v.* solder
loddemetal *n.* solder
lodret *adj.* vertical
lodtrækning *n.* toss
loft *n.* ceiling
logaritme *n.* logarithm
logi *n.* lodging
logik *n.* logic
logiker *n.* logician
logisk *adj.* logical
logre *v.* wag
logren *n.* wag
lokal *n.* native

lokal- *adj.* local
lokalisere *v.* locate
lokalitet *n.* venue
lokallov *n.* bylaw
lokalsamfund *n.* community
lokation *n.* ubicity
lokke *v.* lure
lokkemad *n.* lure
lokkemiddel *n.* decoy
lokkende *adj.* enticing
lokker *n.* enticer
lokomotiv *n.* locomotive
lokution *n.* locution
lomme *n.* pocket
lommetørklæde *n.* handkerchief
loppe *n.* flea
lossebom *n.* derrick
losseplads *n.* dump
lotion *n.* lotion
lotteri *n.* lottery
lotus *n.* lotus
lov *n.* law
lovbestemt *adj.* statutory
love *v.* promise
lovende *adj.* promising
lovgive *v.* legislate
lovgiver *n.* legislator
lovgivning *n.* legislation
lovgivningsmæssig *adj.* legislative
lovlig *adj.* lawful
lovliggøre *v.* legalize
lovlighed *n.* legality
lovløs *n.* outlaw
lovlydig *adj.* law-abiding
lovovertrædelse *n.* delinquency
lovovertræder *n.* offender
lovprise *v.* exalt
loyal *adj.* loyal
loyalitet *n.* loyalty
lucerne *n.* lucerne
luder *n.* slut
ludfattig *adj.* penniless
luffe *n.* mitten

luft- *adj.* aerial
luftbro *n.* airlift
luftbåren *adj.* airborne
luftduel *n.* dogfight
luftfart *n.* aviation
luftform *adj.* aeriform
luftformig *adj.* gaseous
luftfugtighed *n.* humidity
luftig *adj.* airy
luftrør *n.* tracheole
luftrørs- *adj.* tracheal
luftspejling *n.* mirage
luftværns- *adj.* anti-aircraft
luge *n.* hatch
luge *v.* weed
lugt *n.* smell
lugte *v.* smell
lugte- *adj.* olfactory
lukke *v.* close
lukker *n.* shutter
lukning *n.* closure
lukrativ *adj.* lucrative
luksuriøs *adj.* luxurious
luksus *n.* luxury
luksus- *adj.* plush
lummer *adj.* muggy
lune *n.* caprice
lunefuld *adj.* whimsical
lunge *n.* lung
lungebetændelse *n.* pneumonia
lungebetændelses- *adj.* pneumonic
lunken *adj.* tepid
lunkenhed *n.* tepidity
lunkent *adv.* tepidly
lunte *n.* fuse
lur *n.* nap
lure *v.* lurk
lurvet *adj.* shabby
lurvethed *n.* scruffiness
lus *n.* louse
luskebuks *n.* sneak
lut *n.* lute
lutter *adj.* sheer

lyd *n.* sound
lyddæmper *n.* silencer
lyde *v.* sound
lydig *adj.* obedient
lydighed *n.* obedience
lydighedsnægtelse *n.* insubordination
lygte *n.* lantern
lykke *n.* happiness
lykkelig *adj.* happy
lykkes *v.* succeed
lykønske *v.* congratulate
lykønskning *n.* congratulation
lyn *n.* lightening
lynche *v.* lynch
lyne *v.* zip
lynlås *n.* zipper
lyre *n.* lyre
lyrisk *adj.* lyrical
lys *adj.* bright
lys *n.* light
lyse *v.* light
lysende *adj.* lucent
lyserød *adj.* pinkish
lysne *v.* lighten
lysning *n.* glade
lysskær *n.* flare
lyst *adj.* light
lyste *v.* crave
lysten *adj.* lustful
lystig *adj.* merry
lystighed *n.* merriment
lystyacht *n.* yacht
lytte *v.* listen
lytter *n.* listener
lyve *v.* lie
læ *n.* shelter
læbe *n.* lip
læder *n.* leather
læg *n.* calf
læg *adj.* lay
læge *v.* heal
læge *n.* physician

lægende *adj.* medicinal
lægge *v.* lay
lægmand *n.* layman
læk *n.* leak
lækage *n.* leakage
lække *v.* leak
lækker *adj.* delicious
lækkerbisken *n.* dainty
læmme *v.* lame
læne *v.* lean
længde *n.* length
længdegrad *n.* longitude
længe *adv.* long
længes *v.* yearn
længsel *n.* yearning
lænke *v.* chain
lænke *n.* shackle
lærd *adj.* learned
lærd *n.* savant
lære *v.* learn
lære *n.* teachings
læreanstalt *n.* college
lærebog *n.* textbook
lærebogs- *adj.* textbookish
lærer *n.* teacher
lærer- *adj.* tutorial
lærercentrisk *adj.* teachercentric
læresætning *n.* tenet
lærevillig *adj.* teachable
læring *n.* learning
lærke *n.* lark
lærling *n.* apprentice
lærred *n.* canvas
læse *v.* read
læselig *adj.* legible
læseligt *adv.* legibly
læser *n.* reader
læske *v.* slake
læspe *v.* lisp
læspen *n.* lisp
læst *n.* last
løb *n.* run
løbe *v.* run

løber *n.* runner
løbeseddel *n.* handbill
løft *n.* boost
løfte *v.* lift
løfte *n.* promise
løg *n.* onion
løgn *n.* lie
løgnagtig *adj.* mendacious
løgner *n.* liar
løje *n.* bleak
løjerlig *adj.* quaint
løjtnant *n.* lieutenant
løkke *n.* loop
løn *n.* remuneration
lønnende *adj.* profitable
lørdag *n.* Saturday
løs *adj.* loose
løsarbejder *n.* jobber
løse *v.* solve
løsepenge *n.* ransom
løskøbe *v.* ransom
løsne *v.* loosen
løsning *n.* solution
løsøre *n.* movables
løsrive *v.* uproot
løssluppenhed *n.* hilarity
løv *n.* foliage
løve *n.* lion
løve- *adj.* leonine
Løven *n.* Leo
løvinde *n.* lioness
låg *n.* lid
lån *n.* loan
låne *v.* borrow
lår *n.* thigh
lårben *n.* femur
lås *n.* lock
låse *v.* lock
låsesmed *n.* locksmith

M

macadamianødder *n.* macadamia
mad *n.* food
maddike *n.* maggot
madding *n.* bait
madeiravin *n.* malmsey
madras *n.* mattress
madvare *n.* eatable
mafia *n.* mafia
magasin *n.* magazine
mage *n.* like
magelig *adj.* leisurely
mageligt *adv.* leisurely
mager *adj.* gaunt
magi *n.* magic
magisk *adj.* magical
magma *n.* magma
magnet *n.* magnet
magnetisk *adj.* magnetic
magnetisme *n.* magnetism
magnetjernsten *n.* loadstone
magt *n.* might
magte *v.* cope
mahogni *n.* mahogany
maj *n.* May
majestæt *n.* majesty
majestætisk *adj.* majestic
major *n.* major
majoritet *n.* majority
majroe *n.* turnip
majs *n.* maize
makro *n.* macro
makro- *adj.* macro
makrobiotisk *adj.* macrobiotic
makrocephali *n.* macrocephaly
makrofiber *n.* macrofibre
makrosfære *n.* macrosphere
maksime *n.* tenent
maksimere *v.* maximize

maksimum *adj.* maximum
maksimum *n.* maximum
makulator *n.* shredder
makulere *v.* shred
malaria *n.* malaria
malariafeber *n.* ague
male *v.* paint
maler *n.* painter
maleri *n.* painting
malestok *n.* maulstick
maling *n.* paint
malke *v.* milk
malke- *adj.* milch
malle *n.* catfish
malm *n.* ore
malstrøm *n.* whirlpool
malt *n.* malt
maltraktere *v.* maul
malurt *n.* wormwood
mammon *n.* mammon
mammut *n.* mammoth
man *pron.* one
mand *n.* man
mandag *n.* Monday
mandat *n.* mandate
manddom *n.* manhood
mandehul *n.* manhole
mandel *n.* tonsil
mandig *adj.* manly
mandighed *n.* manliness
mandlig *adj.* male
manér *n.* mannerism
mangan *n.* manganese
mange *adj.* many
mangeartet *n.* multiform
mangel *n.* deficiency
mangelfuld *adj.* sketchy
mangfoldig *adj.* multifarious
mangfoldighed *n.* plurality
mangle *v.* lack
mangofrugt *n.* mango
mangust *n.* mongoose
mani *n.* mania

manicure *n.* manicure
manifest *n.* manifesto
manifestation *n.* manifestation
manifestere *v.* manifest
manifold *adj.* manifold
manipulation *n.* manipulation
manipulere *v.* manipulate
manke *n.* mane
manna *n.* manna
mannequin *n.* mannequin
manufakturhandler *n.* draper
manuskript *n.* manuscript
manuskript *n.* script
manuskriptforfatter *n.* scenarist
manøvre *n.* manoeuvre
manøvrere *v.* manoeuvre
maraton *n.* marathon
march *n.* march
marchere *v.* march
mareridt *n.* nightmare
margarine *n.* margarine
margen *n.* margin
marginal *adj.* marginal
marin- *adj.* marine
marionet *n.* marionette
marionetdukke *n.* puppet
maritim *adj.* maritime
mark *n.* field
markant *adj.* signal
marked *n.* market
markedsføre *v.* market
markør *n.* marker
marmelade *n.* marmalade
marmor *n.* marble
marodør *n.* marauder
Mars *n.* Mars
marsk *n.* bog
marskal *n.* marshal
marskeng *n.* boglet
marskland *n.* bogland
marts *n.* March
martyr *n.* martyr
martyrium *n.* martyrdom

marv *n.* marrow
maske *n.* mask
maskerade *n.* masquerade
maskere *v.* mask
maskin- *adj.* enginous
maskinarbejder *n.* machinist
maskine *n.* machine
maskineri *n.* machinery
maskinskriver *n.* typist
maskot *n.* mascot
maskulin *adj.* masculine
massage *n.* massage
massakre *n.* massacre
massakrere *v.* massacre
masse *n.* mass
masseødelæggelse *n.* mass destruction
massere *v.* massage
massiv *adj.* massive
massør *n.* masseur
mast *n.* mast
masturbere *v.* masturbate
matador *n.* matador
matche *v.* match
matematik *n.* mathematics
matematiker *n.* mathematician
matematisk *adj.* mathematical
materiale *n.* material
materialisere *v.* materialise
materialisme *n.* materialism
materie *n.* pus
materiel *adj.* material
matiné *n.* matinee
matriark *n.* matriarch
matrice *n.* matrix
matros *n.* shipmate
mausoleum *n.* mausoleum
mave *n.* stomach
med *prep.* with
med- *adj.* associate
medalje *n.* medal
medaljevinder *n.* medallist
medaljon *n.* locket

medbestemmelse *n.* say
meddelagtighed *n.* abetment
meddele *v.* impart
meddelelse *n.* notice
medfødt *adj.* innate
medfølelse *n.* compassion
medgift *n.* dowery
medgørlig *adj.* docile
medhjælper *n.* aide
medhustru *n.* concubine
median *adj.* median
medicin *n.* medicine
medicinalvare- *adj.* pharmaceutical
medicinalvarer *n.* pharmaceutical
medicinsk *adj.* medical
meditation *n.* meditation
meditativ *adj.* meditative
meditere *v.* meditate
medium *n.* medium
medlem *n.* member
medlemsskab *n.* membership
medlidenhed *n.* pity
medmindre *conj.* unless
medskyldig *n.* accomplice
medvirkende *n.* performer
megafon *n.* megaphone
megalistisk *adj.* megalithic
megalit *n.* megalith
meget *adj.* very
mejemaskine *n.* reaper
mejeri *n.* dairy
mejsel *n.* chisel
mejsle *v.* chisel
mekanik *n.* mechanics
mekaniker *n.* mechanic
mekanisk *adj.* mechanical
mekanisme *n.* mechanism
mel *n.* flour
melankoli *n.* melancholia
melankoli *n.* melancholy
melankolsk *adj.* melancholic
melasse *n.* molasses
melbanan *n.* plantain

meldug *n.* mildew
melet *adj.* mealy
mellem *prep.* between
mellem- *adj.* medium
mellemgulvet *n.* antecardium
mellemhandler *n.* middleman
mellemled *n.* intermediary
mellemliggende *adj.* intermediate
mellemspil *n.* interlude
melodi *n.* tune
melodiøs *adj.* melodious
melodrama *n.* melodrama
melodramatisk *adj.* melodramatic
melon *n.* melon
membran *n.* membrane
memorandum *n.* memorandum
men *conj.* but
men *adv.* though
mene *v.* mean
mened *n.* perjury
mening *n.* meaning
meningitis *n.* meningitis
meningsfuld *adj.* meaningful
meningshaver *n.* opinator
meningsløs *adj.* meaningless
meningsmåling *n.* poll
menneskeabe *n.* ape
menneskeædere *n. pl.* androphagi
menneskeheden *n.* humanity
menneskelig *adj.* human
menneskelignende *adj.* anthropoid
menstruation *n.* menstruation
menstruations- *adj.* menstrual
mental *adj.* mental
mentalitet *n.* mentality
mentor *n.* mentor
menu *n.* menu
mercerisere *v.* mercerise
mere *adj.* more
mere *adv.* more
mergel *n.* marl
merkantil *adj.* mercantile
merpris *n.* premium

mesalliance *n.* misalliance
mesmerisme *n.* mesmerism
messe *v.* chant
messedragt *n.* vestment
messen *n.* chant
messias *n.* messiah
messing *n.* brass
messing- *adj.* brazen
mest *adv.* most
mest *adj.* most
mester *n.* master
mesterlig *adj.* masterly
mesterværk *n.* masterpiece
mestre *v.* master
metabolisme *n.* metabolism
metafor *n.* metaphor
metafysik *n.* metaphysics
metafysisk *adj.* metaphysical
metal *n.* metal
metallisk *adj.* metallic
metallurgi *n.* metallurgy
metamorfose *n.* metamorphosis
meteor *n.* meteor
meteorisk *adj.* meteoric
meteorolog *n.* meteorologist
meteorologi *n.* meteorology
meter *n.* meter
metode *n.* method
metodisk *adj.* methodical
metrisk *adj.* metric
metrisk *adj.* metrical
metropolis *n.* metropolis
metropolit *n.* metropolitan
metropolsk *adj.* metropolitan
mezzanin *n.* mezzanine
middag *n.* midday
middag *n.* noon
middel *adj.* middle
middelalderlig *adj.* medieval
middelmådig *adj.* mediocre
middelmådighed *n.* mediocrity
mide *n.* mite
midler *n.* means

midlertidig *n.* interim
midlertidig *adj.* temporary
midnat *n.* midnight
midsommer *n.* midsummer
midt i *prep.* amid
midt- *adj.* mid
midte *n.* centre
midtergang *n.* aisle
midterpost *n.* mullion
midterskib *n.* nave
mig *pron.* me
mig selv *pron.* myself
migræne *n.* migraine
migrant *n.* migrant
migration *n.* migration
migrere *v.* migrate
mikrobølge *n.* microwave
mikrofilm *n.* microfilm
mikrofon *n.* microphone
mikrologi *n.* micrology
mikrometer *n.* micrometer
mikroskop *n.* microscope
mikroskopisk *adj.* microscopic
mil *n.* mile
mild *adj.* mild
mildhed *n.* lenience
milepæl *n.* milestone
militær *n.* military
militær- *adj.* military
militærlejr *n.* cantonment
militant *adj.* militant
milits *n.* militia
miljø *n.* environment
miljø- *adj.* environmental
miljøaktivist *n.* environmentalist
miljøbevidsthed *n.* environmentalism
milliard *n.* billion
milliardær *n.* billionaire
million *n.* million
millionær *n.* millionaire
milt *n.* spleen
miltbrand *n.* anthrax

mime *v.* mouth
mimesis *n.* mimesis
mimiker *n.* mime
min *pron.* mine
min *adj.* my
minaret *n.* minaret
minde- *adj.* memorial
mindehøjtidelighed *n.* commemoration
mindes *v.* commemorate
mindeværdig *adj.* memorable
mindre *adj.* less
mindre *n.* less
mindre *adv.* less
mindre *adj.* lesser
mindreårig *n.* minor
mindreværdig *adj.* menial
mindske *v.* lessen
mindskes *v.* dwindle
mindst *adj.* least
mindst *adv.* least
mine *n.* mine
minearbejder *n.* miner
mineral *n.* mineral
mineralog *n.* mineralogist
mineralogi *n.* mineralogy
mineralsk *adj.* mineral
miniature *n.* miniature
miniature- *adj.* miniature
minimal *adj.* minimal
minimere *v.* minimize
minimum *n.* minimum
minimum *adj.* minimum
minister *n.* minister
ministerium *n.* ministry
mink *n.* mink
minoritet *n.* minority
minus *prep.* minus
minus *n.* minus
minuskel *adj.* minuscule
minut *n.* minute
minutiøst *adv.* minutely
mirakel *n.* miracle

mirakuløs *adj.* miraculous	**mod** *prep.* against
misantrop *n.* misanthrope	**mod** *pref.* anti
misbrug *n.* misuse	**mod** *n.* courage
misbruge *v.* misuse	**modalitet** *n.* modality
misbruger *n.* addict	**modarbejde** *v.* antagonize
misdæder *n.* miscreant	**modbeskyldning** *n.* countercharge
misfornøjede *adj.* malcontent	**modbevise** *v.* disprove
misfornøjethed *n.* malcontent	**modbevise** *v.* negative
misforstå *v.* misunderstand	**modbydelig** *adj.* nasty
misforståelse *n.* misunderstanding	**mode** *n.* fashion
mishag *n.* displeasure	**model** *n.* model
mishage *v.* displease	**modellere** *v.* model
mishandle *v.* abuse	**moden** *adj.* mature
mishandling *n.* mal-treatment	**modenhed** *n.* maturity
miskreditere *v.* discredit	**moderagtig** *adj.* motherlike
mislykket *adv.* abortive	**moderat** *adj.* moderate
missil *n.* missile	**moderation** *n.* moderation
mission *n.* mission	**moderere** *v.* temper
missionær *n.* missionary	**moderfår** *n.* ewe
mistanke *n.* suspicion	**moderigtig** *adj.* fashionable
miste *v.* lose	**moderkage** *n.* placenta
mistelten *n.* mistletoe	**moderlig** *adj.* maternal
mistillid *n.* distrust	**modermærke** *n.* birthmark
mistro *n.* mistrust	**modermærke** *n.* mole
mistro *v.* mistrust	**modermord** *n.* matricide
mistænke *v.* suspect	**modermords-** *adj.* matricidal
mistænkelig *adj.* suspicious	**moderne** *adj.* modern
mistænkte *n.* suspect	**modernisere** *v.* modernize
misunde *v.* envy	**modernisering** *n.* modernization
misundelig *adj.* envious	**modernitet** *n.* modernity
misundelsesværdig *adj.* enviable	**moderskab** *n.* maternity
misundende *adj.* begrudging	**modgang** *n.* adversity
misvisende *adj.* misleading	**modgift** *n.* antidote
mjave *v.* mew	**modificere** *v.* modify
mjaven *n.* mew	**modificering** *n.* modification
mjød *n.* mead	**modig** *adj.* brave
mnemonik *n.* mnemonic	**modist** *n.* milliner
mnemoteknisk *adj.* mnemonic	**modne** *v.* ripen
mobbe *v.* bully	**modreaktion** *n.* backlash
mobber *n.* bully	**modregne** *v.* offset
mobil *adj.* mobile	**modregning** *n.* offset
mobilisere *v.* mobilize	**modsætningsforhold** *n.* antagonism
mobilitet *n.* mobility	**modsat** *adj.* opposite

modsige *v.* contradict
modsigelse *n.* contradiction
modstand *n.* resistance
modstander *n.* adversary
modstandsdygtig *adj.* resistant
modstykke *n.* counterpart
modstå *v.* resist
modtage *v.* receive
modtagelig *adj.* receptive
modtagelse *n.* reception
modtager *n.* receiver
modul *n.* module
modulere *v.* modulate
modvilje *n.* antipathy
modvillig *adj.* reluctant
modvillighed *n.* reluctance
modvirke *v.* counteract
modvirke *v.* militate
molar- *adj.* molar
molekylær *adj.* molecular
molekyle *n.* molecule
monark *n.* monarch
monarki *n.* monarchy
monetær *adj.* monetary
monitor *n.* monitor
monodi *n.* monody
monogam *adj.* monogynous
monogami *n.* monogamy
monograf *n.* monograph
monogram *n.* monogram
monokel *n.* monocle
monokromatisk *adj.* monochromatic
monolatri *n.* monolatry
monolit *n.* monolith
monolog *n.* monologue
monopol *n.* monopoly
monopolisere *v.* monopolize
monopolist *n.* monopolist
monoteisme *n.* monotheism
monoteist *n.* monotheist
monoton *adj.* monotonous
monotoni *n.* monotony
monoøstrus *adj.* monoestrous

monster *n.* monster
monstrøs *adj.* monstrous
monsun *n.* monsoon
montør *n.* fitter
monument *n.* memorial
monumental *adj.* monumental
mop *n.* mop
moppe *v.* mop
mor *n.* mother
moral *n.* moral
moralisere *v.* moralize
moralist *n.* moralist
morallære *n.* ethics
moralsk *adj.* moral
morbid *adj.* morbid
morbiditet *n.* morbidity
morbær *n.* mulberry
mord *n.* murder
morder *n.* murderer
morderisk *adj.* murderous
more *v.* amuse
morf *n.* morph
morfe *v.* morph
morfin *n.* morphine
morfologi *n.* morphology
morganatisk *adj.* morganatic
morgen *n.* morning
morgendag *n.* morrow
morgendagen *n.* tomorrow
morgenkåbe *n.* bedrobe
morgenmad *n.* breakfast
morskab *n.* amusement
mos *n.* moss
mosaik *n.* mosaic
mose *v.* mash
mose *n.* mire
moske *n.* mosque
moskovit *n.* muscovite
moskus *n.* musk
moster *n.* aunt
motel *n.* motel
motiv *n.* motive
motivation *n.* motivation

motivere v. motivate
motor n. motor
motorcykel n. bike
motorcyklist n. biker
motto n. motto
mousserende adj. fizzy
mudder n. mud
mudre til v. bemire
muggen adj. mouldy
muhe v. moo
mulat n. mulatto
muld n. mould
muldyr n. mule
mule n. muzzle
mulig adj. possible
muliggøre v. enable
mulighed n. opportunity
mulighed n. potentiality
muligt adj. doable
mullah n. mullah
multilateral adj. multilateral
multipara adj. multiparous
multipleks adj. multiplex
multiplicere v. multiply
multiplikand n. multiplicand
multiplikation n. multiplication
multiplum n. multiple
multitalent n. polymath
mumie n. mummy
mumle v. mumble
mumlen n. murmur
mummer n. mummer
mund n. mouth
mund- adj. oscular
mundfuld n. mouthful
mundhugges v. bicker
mundspærre n. gag
mundtlig adj. oral
mundtligt adv. orally
munk n. monk
munter adj. merry
munterhed n. merriment
mur n. wall

mur- adj. mural
murbrokker n. rubble
murer n. mason
murerarbejde n. masonry
mursten n. brick
mus n. mouse
muse n. muse
museum n. museum
musik n. music
musikalsk adj. musical
musiker n. musician
muskatblomme n. mace
muskatnød n. nutmeg
muskel n. muscle
musket n. musket
musketer n. musketeer
muskuløs adj. muscular
muslimsk adj. muslim
musling n. clam
musselin n. muslin
mustang n. mustang
mutation n. mutation
mutations- adj. mutative
myalgi n. myalgia
myg n. mosquito
mynde n. greyhound
myopi n. myopia
myose n. myosis
myrde v. murder
myre n. ant
myriade n. myriad
myrra n. myrrh
myrte n. myrtle
mysterium n. mystery
mysticisme n. mysticism
mystificere v. mystify
mystiker n. mystic
mystisk adj. mysterious
myte n. myth
mytisk adj. mythical
mytologi n. mythology
mytologisk adj. mythological
mytteri n. mutiny

mæcen *n.* patron	**mønster** *n.* pattern
mægle *v.* arbitrate	**mønstre** *v.* muster
mægle *v.* conciliate	**mønstring** *n.* muster
mægle *v.* mediate	**mønt** *n.* coin
mægler *n.* broker	**møntprægning** *n.* coinage
mægler *n.* matchmaker	**mørbrad** *n.* loin
mægler *n.* mediator	**mørk** *adj.* dark
mægling *n.* mediation	**mørke** *n.* darkness
mægtig *adj.* mighty	**mørkhudet** *adj.* swarthy
mælk *n.* milk	**mørne** *v.* tenderize
mælkeagtig *adj.* milky	**mørner** *n.* tenderizer
mælkebøtte *n.* dandelion	**mørtle** *v.* mortar
mærkbar *adj.* perceptible	**møtrik** *n.* bolt
mærke *n.* brand	**må** *v.* may, must
mærke *n.* label	**måbe** *v.* gape
mærke *v.* label	**måbende** *adj.* agape
mærke *n.* mark	**måde** *n.* manner
mærke *v.* mark	**måge** *n.* gull
mærke *v.* tag	**mål** *n.* objective
mærkelig *adj.* odd	**måle** *v.* measure
mærkelig *adj.* peculiar	**målelig** *adj.* measurable
mærkelig *adj.* rum	**måler** *n.* gauge
mærkelig *n.* rummy	**måling** *n.* measurement
mærkelig *adj.* weird	**målløs** *adj.* dumbfounded
mæslinger *n.* measles	**målmand** *n.* goalkeeper
mæslinger *n.* rubeola	**målscoring** *n.* goalscoring
mæt *adj.* replete	**målstolpe** *n.* goalpost
mætbar *adj.* satiable	**måltid** *n.* meal
mæthed *n.* satiety	**måne** *n.* moon
mætning *n.* saturation	**måne-** *adj.* lunar
mætte *v.* satiate	**måned** *n.* month
mætte *v.* saturate	**månedlig** *adj.* monthly
mø *n.* maiden	**månedligt** *adv.* monthly
møbler *n.* furniture	**månedligt** *n.* monthly
møde *v.* meet	**mår** *n.* marten
møde *n.* meeting	**måske** *adv.* perhaps
mødeindkalder *n.* convener	**måtte** *n.* mat
møg *n.* filth	
møgkælling *n.* bitch	
møgsvin *n.* scumbag	
møgunge *n.* brat	
mølle *n.* mill	
møller *n.* miller	

N

nabo *n.* neighbour
nabob *n.* nabob
nabolag *n.* neighbourhood
nacho *n.* nacho
nadir *n.* nadir
nag *n.* grudge
nage *v.* fester
nagende *adj.* nagging
naiv *adj.* naive
naivitet *n.* naivete
nakke *n.* nape
nakkeben *n.* occipital
nakkebens- *adj.* occipital
nakkeskind *n.* scruff
nanisme *n.* nanism
nano *n.* nano
nanobiologi *n.* nanobiology
nanobot *n.* nanobot
nanochip *n.* nanochip
nanocomputer *n.* nanocomputer
nanohertz *n.* nanohertz
nanoingeniør *n.* nanoengineer
nanokomponent *n.* nanocomponent
nanokredsløb *n.* nanocircuitry
nanomekanik *n.* nanomechanics
nanopartikel *n.* nanoparticle
nanoplasma *n.* nanoplasma
nanotransistor *n.* nanotransistor
nappe *v.* nip
når som helst *adv.* anytime
narcis *n.* narcissus
narcissisme *n.* narcissism
narkose *n.* narcosis
narkotisk *n.* narcotic
narre *v.* outwit
narrestreg *n.* antic
nasal *n.* nasal
nat *n.* night
nation *n.* nation
national *adj.* national
nationalisere *v.* nationalize
nationalisering *n.* nationalization
nationalisme *n.* nationalism
nationalist *n.* nationalist
nationalitet *n.* nationality
nationaløkonomi *n.* economics
natkjole *n.* nightie
natlig *adj.* nocturnal
natsværmer *n.* moth
natte- *adj.* overnight
natten over *adv.* overnight
nattergal *n.* nightingale
natur *n.* nature
naturalisere *v.* naturalize
naturalist *n.* naturalist
naturlig *adj.* natural
naturligvis *adv.* naturally
nautisk *adj.* nautic(al)
navigation *n.* navigation
navigatør *n.* navigator
navigere *v.* navigate
navn *n.* name
navnefælle *n.* namesake
navneopråb *n.* roll-call
navneord *n.* noun
navngive *v.* name
ned *adv.* down
nedad *v.* avale
nedad *adv.* downward
nedadbøjet *adj.* declinous
nedadgående *adj.* downward
nedbryde *v.* decompose
nedbrydning *n.* decomposition
nedefter *adv.* downwards
nedenunder *adj.* downstairs
nedenunder *adv.* underneath
nederdel *n.* skirt
nederlag *n.* defeat
nedgøre *v.* vilify
nedlade *v.* deign
nedladende *adj.* condescending

nedre *adj.* nether
nedrive *v.* demolish
nedrivning *n.* demolition
nedskæring *n.* retrenchment
nedslag *n.* swoop
nedstigning *n.* descent
nedsænke *v.* immerse
nedsænkning *n.* immersion
nedsættende *adj.* derogatory
nedtælling *n.* countdown
nedtrykthed *n.* dejection
nedvurdere *v.* belittle
nedværdige *v.* degrade
nedværdigelse *n.* abasement
nedværdigende *adj.* degrading
nedværdiget *adv.* abase
neg *n.* reap
negation *n.* negation
negativ *adj.* minus
negativ *adj.* negative
negativ *n.* negative
neger *n.* negro
negere *v.* negate
negerinde *n.* negress
negl *n.* nail
negleleje *n.* quick
negotiabel *adj.* negotiable
nej *adv.* no
nekropolis *n.* necropolis
nektar *n.* nectar
nemesis *n.* nemesis
nemlig *adv.* namely
neolitisk *adj.* neolithic
neon *n.* neon
nepotisme *n.* nepotism
Neptun *n.* Neptune
nerve *n.* nerve
nervøs *adj.* nervous
net *n.* net
netdør *n.* screendoor
nethinde *n.* retina
netto *adj.* net
netværk *n.* network

neurolog *n.* neurologist
neurologi *n.* neurology
neurose *n.* neurosis
neutral *adj.* neutral
neutralisere *v.* neutralize
neutron *n.* neutron
nevø *n.* nephew
ni *n.* nine
niche *n.* niche
nidkær *adj.* zealous
nidkærhed *n.* zeal
niece *n.* niece
niende *adj.* ninth
nihilisme *n.* nihilism
nik *n.* nod
nikke *v.* nod
nikkel *n.* nickel
nikotin *n.* nicotine
nimbus *n.* nimbus
nip *adj.* neap
nippe *v.* sip
nitte *n.* rivet
nitte *v.* rivet
nitten *n.* nineteen
nittende *adj.* nineteenth
niv *n.* pinch
niveau *n.* level
nogen *adv.* any
nogen *adj.* some
nogen *pron.* somebody
nogen *n.* somebody
nogen som helst *adj.* any
nogensinde *adv.* ever
noget *n.* aught
noget *pron.* something
noget *adv.* something
noget *adv.* somewhat
noget som helst *pron.* anything
nogle *pron.* some
nok *adj.* enough
nok *adv.* enough
nomade *n.* nomad
nomadisk *adj.* nomadic

nomenklatur *n.* nomenclature
nominel *adj.* nominal
nominere *v.* nominate
nominering *n.* nomination
nonchalance *n.* nonchalance
nonchalant *adj.* nonchalant
nonne *n.* nun
nonnekloster *n.* nunnery
nonneorden *n.* sisterhood
nord *n.* north
nordlig *adv.* northerly
nordlig *adj.* northern
nordpå *adv.* north
Nordpolen *n.* Arctic
norm *n.* norm
normal *adj.* normal
normalisere *v.* normalize
normalisering *n.* normalization
normalitet *n.* normalcy
normalt *adv.* ordinarily
nostalgi *n.* nostalgia
notabilitet *n.* notability
notar *n.* notary
notat *n.* note
notation *n.* notation
note *n.* chit
notere *v.* jot
notesblok *n.* scratchpad
notifikation *n.* notification
notorisk *n.* arrant
november *n.* November
novice *n.* novice
nu *adv.* now
nu *conj.* now
nuance *n.* nuance
nul *pron.* nobody
nul *n.* zero
numerisk *adj.* numerical
nummerere *v.* number
nusse *v.* nuzzle
nuværende *adj.* current
ny *adj.* new
nybegynder *n.* tenderfoot

nyde *v.* enjoy
nydelse *n.* relish
nyhed *n.* novelty
nyheder *n.* news
nyhedsbrev *n.* bulletin
nylig *adj.* recent
nylon *n.* nylon
nymfe *n.* nymph
nymfoman *n.* nymphomaniac
nymfomanisk *adj.* nymphomaniac
nyre *n.* kidney
nys *n.* sneeze
nyse *v.* sneeze
nysgerrig *adj.* nosy
nytte *v.* avail
nytteløshed *n.* futility
næb *n.* beak
næppe *adv.* hardly
nær *adj.* near
nær *adv.* near
nær *prep.* nigh
nær ved *prep.* near
nærende *adj.* nutritious
nærhed *n.* proximity
nærheden *n.* vicinity
nærig *adj.* miserly
nærig *adj.* stingy
næring *n.* nourishment
næringsmiddel *n.* aliment
næringsstof *n.* nutrient
nærliggende *adj.* adjacent
nærme sig *v.* near
nærmere *adj.* further
nærmest *adj.* proximate
nærmeste *adj.* immediate
nærsynet *adj.* myopic
næse *n.* nose
næse- *adj.* nasal
næsebor *n.* nostril
næsehorn *n.* rhinoceros
næste *adj.* next
næstegrus *adj.* prostrate
næsten *adv.* almost

næsvished *n.* impertinence
næve *n.* fist
nævning *n.* juror
nød *n.* distress
nøddeagtig *adj.* nutty
nødlidende *adj.* needy
nødsituation *n.* emergency
nødvendig *adj.* necessary
nødvendiggøre *v.* necessitate
nødvendighed *n.* necessity
nødvendigt *adv.* necessary
nødvendigvis *adv.* necessarily
nøgen *adj.* naked
nøgenbillede *n.* nude
nøgenhed *n.* nudity
nøgle *n.* key
nøgle- *adj.* key
nøglehul *n.* keyhole
nøgleord *n.* keyword
nøgleord *n.* watchword
nøjagtig *adj.* accurate
nøjagtighed *n.* accuracy
nøle *v.* procrastinate
nølen *n.* procrastination
nørd *n.* geek
nørde *v.* geek
Nørdeby *n.* geeksville
nørdet *adj.* geeky
nål *n.* needle

O

o.k. *int.* okay
oase *n.* oasis
oberst *n.* colonel
objekt *n.* object
objektiv *adj.* objective
obligatorisk *adj.* mandatory
observation *n.* observation
observatorie *n.* observatory
observere *v.* observe
obskur *adj.* obscure
obskøn *adj.* obscene
obskønitet *n.* obscenity
obstetriker *n.* obstetrician
obstetrisk *adj.* obstetric
obstruktions- *adj.* obstructive
Occidenten *n.* occident
ocean *n.* ocean
ocean- *adj.* oceanic
oceanolog *n.* oceanologist
oceanologi *n.* oceanology
odder *n.* otter
ode *n.* ode
odontolog *n.* odontologist
odontologi *n.* odontology
offensiv *adj.* offensive
offensiv *n.* offensive
offentlig *adj.* public
offentliggøre *v.* publish
offentligheden *n.* public
offer *n.* victim
offer- *adj.* sacrificial
offergave *n.* oblation
offerlam *n.* agnus
officer *n.* officer
officiel *adj.* official
officielt *adv.* officially
ofre *v.* sacrifice
oftalmologi *n.* ophtalmology
oftalmologisk *adj.* ophtalmologic
oftalmoskop *n.* ophtalmoscope
ofte *adv.* often
og *conj.* and
og så videre *adv.* etcetera
også *adv.* too
ohøj *interj.* ahoy
okkludere *v.* occlude
okklusiv *adj.* occlusive
okkult *n.* occult
okkult *adj.* occult
okra *n.* okra
okse *n.* ox

oksekærre *n.* oxcart
oktav *n.* octave
oktober *n.* October
oktonionik *n.* octonionics
oktyn *n.* octyne
oldfrue *n.* matron
olfaktik *n.* olfactics
olfaktisk *adj.* olfactic
olfaktiv *adj.* olfaltive
olie *n.* oil
oliekemi *n.* oleochemical
oliere *v.* oil
olieret *adj.* oily
olierig *n.* oilrig
oligark *n.* oligarch
oligarki *n.* oligarchy
oligarkisk *adj.* oligarchal
oliven *n.* olive
oliven- *adj.* oleaceous
olm *adj.* baleful
olympiade *n.* olympiad
om *prep.* about
om *conj.* whether
ombinde *v.* gird
omdannelse *n.* transformation
omdiskuteret *adj.* debated
omdømme *n.* reputation
omega *n.* omega
omelet *n.* omelette
omend *conj.* albeit
omfang *n.* extent
omfangsrig *adj.* bulky
omfatte *v.* encompass
omfattende *adj.* comprehensive
omfavne *v.* embrace
omfavnelse *n.* embrace
omforme *v.* transform
omformulere *v.* rearticulate
omgå *v.* circumvent
omgåelse *n.* circumvention
omgående *adv.* forthwith
omgående *adj.* prompt
omgængelig *adj.* neighbourly

omgive *v.* surround
omgivelser *n.* surroundings
omgivende *adj.* ambient
omgøre *v.* undo
omhu *n.* diligence
omhyggelig *adj.* careful
omhyggelig *adj.* diligent
omhyggelig *adj.* painstaking
omkomme *v.* perish
omkostning *n.* cost
omkranse *v.* girdle
omkreds *n.* circumference
omkring *adv.* about
omkring *prep.* around
omnibus *n.* omnibus
omnidirektionalitet *n.* omnidirectionality
omniform *n.* omniformity
omniformet *adj.* omniform
omnikompetence *n.* omnicompetence
omnikompetent *adj.* omnicompetent
omnilingvist *n.* omnilingual
omnilingvistisk *adj.* omnilingual
omnipotens *n.* omnipotence
omnipotent *adj.* omnipotent
omnipræsens *n.* omnipresence
omnipræsent *adj.* omnipresent
omnivor *n.* omnivore
omofagi *n.* omophagia
område *n.* area
omringe *v.* encircle
omskiftelse *n.* vicissitude
omskrive *v.* paraphrase
omskrivning *n.* paraphrase
omsorg *n.* solicitude
omsorgsfuld *adj.* solicitous
omstrejfer *n.* straggler
omstyrtelse *n.* overthrow
omstændighed *n.* circumstance
omstødelse *n.* reversal
omstående *adv.* overleaf

omtale *v.* mention
omtale *n.* publicity
omtanke *n.* prudence
omtrentlig *adj.* approximate
omvæltning *n.* upheaval
omvendt *adj.* reverse
ond *adj.* evil
ondartet *adj.* malignant
ondartethed *n.* malignancy
ondskab *n.* evil
ondskabsfuld *adj.* vicious
ondskabsfuldhed *n.* malice
onkel *n.* uncle
onkogen *n.* oncogene
onkogenetisk *adj.* oncogenic
onkolog *n.* oncologist
onkologi *n.* oncology
onologi *n.* onology
onomanti *n.* onomancy
onomast *n.* onomast
onomastisk *adj.* onomastic
onomatolog *n.* onomatologist
onomatologi *n.* onomatology
onomatop *n.* onomatope
onomatopoietikon *n.* onomatopoeia
onsdag *n.* Wednesday
ontogeni *n.* ontogeny
ontogenisk *adj.* ontogenic
ontolog *n.* ontologist
ontologi *n.* ontology
ontologisk *adj.* ontologic
ontologisk *adj.* ontological
ontologisme *n.* ontologism
op *adv.* up
op ad *prep.* up
opad *adv.* upwards
opadgående *adj.* upward
opal *n.* opal
opbevare *v.* store
opbevaringssted *n.* repository
opblæst *adj.* pompous
opblæsthed *n.* pomposity
opbrud *n.* breakup

opbygge *v.* edify
opbyggelse *n.* edification
opbyggende *adj.* edificant
opbygning *n.* build
opdæmme *v.* stem
opdage *v.* discover
opdagelse *n.* discovery
opdagende *adj.* detective
opdateret *adj.* up-to-date
opdele *v.* partition
opdrage *v.* nurture
opdragelse *n.* nurture
opdyrke *v.* till
opera *n.* opera
operation *n.* operation
operativ *adj.* operative
operatør *n.* operator
operere *v.* operate
operette *n.* operetta
opfatte *v.* perceive
opfattelse *n.* perception
opfattelsesevne *n.* grasp
opfinde *v.* invent
opfindelse *n.* invention
opfinder *n.* inventor
opfindsom *adj.* inventive
opfostre *v.* rear
opfylde *v.* fulfil
opfyldelse *n.* fulfilment
opføre *v.* erect
opførsel *n.* behaviour
opgave *n.* task
opgive *v.* renounce
ophæve *v.* repeal
ophævelse *n.* repeal
ophavsmand *n.* mover
ophidse *v.* agitate
ophidselse *n.* agitation
ophøje *v.* dignify
ophøjet *adj.* lofty
ophold *n.* stay
opholdssted *n.* whereabout
ophør *n.* cessation

ophøre v. cease	**oprøre** v. revolt
opiat n. opiate	**oprører** n. rebel
opiatholdigt adj. opiate	**oprørsk** adj. insurgent
opildne v. incite	**opsætte** v. stage
opium n. opium	**opsang** n. telling-off
opkast n. vomit	**opsendelse** n. launch
opkomling n. upstart	**opsigelig** adj. terminable
opkvikkende adj. tonic	**opskrift** n. recipe
opkvikker n. tonic	**opslag** n. cuff
oplader n. charger	**opslagstavle** n. talkboard
oplæse v. recite	**opsluge** v. engulf
oplæsning n. recital	**opstå** v. arise
opleve v. experience	**opstalde** v. stable
oplevelse n. experience	**opstand** n. uprising
oplive v. animate	**opstandelse** n. commotion
opløft n. uplift	**opstemt** adj. elated
opløfte v. uplift	**opstemthed** n. elation
opløse v. dissolve	**opstigning** n. ascent
opløselig adj. soluble	**opstille** v. rank
opløselighed n. solubility	**opstrenge** v. string
opløsningsmiddel n. solvent	**opsummere** v. sum
oplyse v. enlighten	**opsummere** v. summarize
oplysning n. illumination	**opsving** n. boom
opmærksom adj. attentive	**opsynshaver** n. warden
opmærksomhed n. attention	**opsynsmand** n. caretaker
opmuntre v. cheer	**optage** v. record
opmuntre v. encourage	**optagelse** n. admission
opnå v. gain	**optager** n. recorder
opnåelig adj. obtainable	**optagethed** n. preoccupation
opnåelse n. attainment	**optakt** n. prelude
opportun adj. opportune	**optegnelse** n. record
opportunisme n. opportunism	**optiker** n. optician
opposition n. opposition	**optimal** adj. optimum
opretholde v. maintain	**optimisme** n. optimism
opretholdelse n. maintenance	**optimist** n. optimist
opretstående adj. upright	**optimistisk** adj. optimistic
oprette v. establish	**optimum** n. optimum
oprigtig adj. sincere	**optisk** adj. optic
oprigtighed n. sincerity	**optøjer** n. riot
oprindelig adj. original	**optræde** v. conduct
oprindelse n. origin	**optræden** n. conduct
oprømme v. ream	**optælle** v. enumerate
oprør n. rebellion	**optællende** adj. enumerative

optælling *n.* count
opvågnen *n.* awakening
opvarme *v.* heat
opveje *v.* out-balance
opvisning *n.* pageant
orakel *n.* oracle
orakel- *adj.* oracular
oral *adj.* oral
orange *adj.* orange
oration *n.* oration
orator *n.* orator
oratorisk *adj.* oratorical
orbital *n.* orbital
ord *n.* word
ordbog *n.* dictionary
orden *n.* order
ordentlig *adj.* proper
ordentlighed *n.* tidiness
ordfører *n.* foreman
ordforråd *n.* vocabulary
ordinær *adj.* ordinary
ordinere *v.* prescribe
ordne *v.* order
ordning *n.* scheme
ordret *adj.* verbatim
ordrig *adj.* verbose
ordrigdom *n.* verbosity
ordsprog *n.* proverb
ordstyrer *n.* chairman
organ *n.* organ
organisation *n.* organization
organisere *v.* organize
organisk *adj.* organic
organisme *n.* organism
organografi *n.* organography
organza *n.* organza
orgasme *n.* orgasm
orgasmisk *adj.* orgasmic
orgie *v.* binge
orgie *n.* orgy
orientaler *n.* oriental
orientalsk *adj.* oriental
orientations- *adj.* oriented

orienten *n.* orient
orientere *v.* orient
orientere *v.* orientate
orienterings- *adj.* orientational
origami *n.* origami
original *n.* original
originalitet *n.* originality
orkan *n.* hurricane
orkester *n.* orchestra
orkester- *adj.* orchestral
orlov *n.* leave
orm *n.* worm
ornitolog *n.* ornithologist
ornitologi *n.* ornithology
ornitoskopi *n.* ornithoscopy
orogen *n.* orogen
orogenetisk *adj.* orogenic
orolog *n.* orologist
ortodoks *adj.* orthodox
ortodoksi *n.* orthodoxy
ortograf *n.* orthographer
ortografisk *adj.* orthographic
ortopædi *n.* orthopaedics
ortopædisk *adj.* orthopaedical
oscillation *n.* oscillation
oscillere *v.* oscillate
oscillograf *n.* oscillograph
oscillometrisk *adj.* oscillometric
oscilloskop *n.* oscilloscope
ose *v.* browse
oser *n.* browser
osmobiose *n.* osmobiosis
osmobiotisk *adj.* osmobiotic
osmose *n.* osmosis
ost *n.* cheese
osteagtig *adj.* cheesy
ostemasse *n.* curd
ostension *n.* ostension
otoskop *n.* otoscope
otoskopi *n.* otoscopy
otoskopisk *adj.* otoscopis
otte *n.* eight
otteben *n.* octopede

ottedoble *v.* octuple
ottedoble *n.* octuplicate
ottefoldet *adj.* octuple
ottekant *n.* octagon
ottekantet *adj.* octangular
ottoman *n.* ottoman
outsider *n.* outsider
ouverture *n.* overture
ouzo *n.* ouzo
oval *adj.* oval
oval *n.* oval
ovarie *n.* ovary
ovation *n.* ovation
ovennævnt *prep.* above
ovenover *adv.* above
over *prep.* across
over *adv.* over
over *n.* over
overalt *pron.* everywhere
overanstrenge *v.* overwork
overanstrengelse *n.* overwork
overarbejde *n.* overtime
overbefolket *adj.* crowded
overbelaste *v.* overload
overbelastning *n.* overload
overbevise *v.* convince
overbevisende *adj.* cogent
overbevisning *n.* belief
overbyde *v.* outbid
overdådig *adj.* lavish
overdådighed *n.* pageantry
overdække *v.* roof
overdimensioneret *adj.* outsize
overdosere *v.* overdose
overdosis *n.* overdose
overdrage *v.* bestow
overdreven *adj.* excessive
overdrive *v.* exaggerate
overdrivelse *n.* exaggeration
overenskomst *n.* agreement
overensstemmelse *n.* accordance
overfald *n.* assault
overfalde *v.* assault

overflade *n.* surface
overfladisk *adj.* shallow
overfladiskhed *n.* superficiality
overflod *n.* abundance
overflødig *adj.* superfluous
overflødighed *n.* superfluity
overforbrug *n.* affluenza
overføre *v.* transfer
overførsel *n.* transfer
overfrakke *n.* overcoat
overfylde *v.* glut
overgå *v.* surpass
overgang *n.* transition
overgangsalder *n.* menopause
overgive *v.* surrender
overgivelse *n.* surrender
overgreb *n.* molestation
overhale *v.* overtake
overholde *v.* adhere
overholdelse *n.* observance
overhængende *adj.* imminent
overhøre *v.* overhear
overilet *adj.* rash
overkomme *v.* overcome
overkommelig *adj.* manageable
overkommelighed *n.* affordability
overlæg *n.* premeditation
overlæsse *v.* overburden
overlagt *adj.* deliberate
overlapning *n.* overlap
overlappe *v.* overlap
overlegen *adj.* arrogant
overlegenhed *n.* arrogance
overlegenhed *n.* supremacy
overleve *v.* survive
overlevelse *n.* survival
overlevering *n.* lore
overligger *n.* crossbar
overlyds- *adj.* supersonic
overmale *v.* obduct
overmaling *n.* obduction
overmande *v.* overpower
overmenneskelig *adj.* superhuman

overnaturlig *adj.* supernatural
overøse *v.* douse
overpris *n.* overcharge
overraske *v.* surprise
overraskelse *n.* sudden
overraskelse *n.* surprise
overraskelsesangreb *n.* raid
overrasket *adv.* aback
overrumplende *adv.* unawares
oversætte *v.* translate
oversættelse *n.* translation
oversætter *n.* terp
overse *v.* overlook
overskæg *n.* moustache
overskridelse *v.* overrun
overskrift *n.* heading
overskud *n.* surplus
overskydende *adj.* excess
overskyet *adj.* overcast
overskygge *v.* overshadow
overspille *v.* overact
overstadig *adj.* giddy
overstige *v.* exceed
overstrømmende *adj.* effusive
overstråle *v.* outshine
oversvømme *v.* flood
oversvømmelse *n.* flood
overtagelse *n.* takeover
overtale *v.* persuade
overtalelse *n.* persuasion
overtræde *v.* transgress
overtrædelse *n.* violation
overtræk *n.* overdraft
overtrække *v.* overdraw
overtro *n.* superstition
overtroisk *adj.* superstitious
overtrumfe *v.* trump
overvægt *n.* preponderance
overvælde *v.* overwhelm
overvåge *v.* monitor
overvågende *adj.* monitory
overvågning *n.* surveillance
overveje *v.* consider

overvejelse *n.* contemplation
overvinde *v.* surmount
overvintre *v.* winter
overvurdere *v.* overrate
ovn *n.* oven
ovre *adv.* across
ovulere *v.* ovulate
ovum *n.* ovum
oxid *n.* oxidate
oxidant *n.* oxidant
oxidere *v.* oxidate
oxidering *n.* oxidation
oxosyre *n.* oxyacid
ozon *n.* ozone
ozonificere *v.* ozonate
ozonificering *n.* ozonation
ozonlager *n.* ozone layer

P

pace *v.* pace
pacemaker *n.* pacemaker
pacifisme *n.* pacifism
pacifist *n.* pacifist
paddel *n.* paddle
padle *v.* paddle
paf *adj.* flabbergasted
page *v.* page
pagode *n.* pagoda
pagt *n.* covenant
pakhus *n.* godown
pakkasse *n.* crate
pakke *v.* pack
pakke *n.* package
pakning *n.* gasket
palads *n.* palace
paladsagtig *adj.* palatial
palankin *n.* palanquin
palette *n.* palette
palmin *n.* shortening

palpere v. palpitate
palpering n. palpitation
palæ n. mansion
palæobiologi n. paleobiology
palæobiologisk adj. paleobiological
palæolitikum n. paleolithic
palæolitisk adj. paleolithic
palæontolog n. paleontologist
palæontologi n. paleontology
palæoøkolog n. paleoecologist
palæoøkologi n. paleoecology
pamfletist n. pamphleteer
pande n. brow
pandehår n. fringe
pandelok n. forelock
panderynken n. frown
panegyrik n. panegyric
panel n. panel
panelere v. panel
paneret adj. breaded
panik n. panic
panorama n. panorama
panser n. armour
pant n. mortgage
pantalon n. pantaloon
panteisme n. pantheism
panteist n. pantheist
panter n. panther
panthaver n. mortgagee
pantomime n. pantomime
pantsætter n. mortgagor
pap n. cardboard
papegøje n. parrot
papir n. paper
papirhandler n. stationer
papirvarer n. stationery
par n. pair
parade n. parade
paradere v. parade
paradis n. paradise
paradoks n. paradox
paradoksal adj. paradoxical
parafernalia n. pl. paraphernalia

paragraf n. clause
parallel adj. parallel
parallelisme n. parallelism
parallelogram n. parallelogram
paralysere v. paralyse
paraply n. umbrella
parasit n. parasite
parcel n. lot
parentes n. bracket
parfume n. perfume
parfumere v. perfume
pari n. par
paritet n. parity
park n. park
parkere v. park
parlament n. parliament
parlamentariker n. parliamentarian
parlamentarisk adj. parliamentary
parodi n. skit
parodiere v. parody
parodieret adj. burlesque
parre v. pair
partikel n. particle
partisan n. partisan
partisk adj. partisan
partiskhed n. partiality
partner n. partner
partnerskab n. partnership
paryk n. wig
pas n. passport
passager n. passenger
passagerfly n. airbus
passe v. tend
passende adj. appropriate
passere v. pass
passion n. passion
passioneret adj. passionate
passiv n. liability
passiv adj. passive
pasta n. paste
pastel- adj. pastel
pastelfarve n. pastel
pastoral- adj. pastoral

patent *n.* patent
patent- *adj.* patent
patentere *v.* patent
patetisk *adj.* pathetic
patient *n.* patient
patos *n.* pathos
patriot *n.* patriot
patriotisk *adj.* patriotic
patriotisme *n.* patriotism
patron *n.* cartridge
patrulje *n.* patrol
patruljere *v.* patrol
pattedyr *n.* mammal
pauper *n.* pauper
pause *n.* break
pave *n.* pope
pave- *adj.* papal
pavillon *n.* pavilion
peber *n.* pepper
pebermø *n.* spinster
pebre *v.* pepper
pedal *n.* pedal
pedant *n.* stickler
pedanteri *n.* pedantry
pedantiker *n.* pedantic
pedel *n.* janitor
pege *v.* point
pegefinger *n.* forefinger
pegefri *adj.* pointerless
pekuniær *adj.* pecuniary
pels *n.* fur
pen *n.* pen
pendle *v.* commute
pendul *n.* pendulum
pendultransport *n.* shuttle
penetration *n.* penetration
penetrere *v.* penetrate
penge *n.* money
pengeafpresning *n.* blackmail
pengeafpresser *n.* blackmailer
pengeboks *n.* safebox
pengekiste *n.* coffer
pengepung *n.* purse

pengeseddel *n.* banknote
pengeskab *n.* safe
pengeskabstyv *n.* safecracker
penis *n.* penis
penny *n.* penny
pension *n.* pension
pensionær *n.* pensioner
pensionere *v.* retire
pensionering *n.* retirement
pensum *n.* syllabus
per *prep.* per
perfekt *adj.* perfect
perfektion *n.* perfection
perfektionere *v.* perfect
perforere *v.* perforate
periferi *n.* periphery
periode *n.* period
periode *n.* term
periodisk *adj.* periodical
perle *n.* pearl
perlearbejde *n.* beadwork
perlemor *n.* nacre
perlet *adj.* beady
permanent *adj.* permanent
permutation *n.* permutation
persille *n.* parsley
person *n.* person
personage *n.* personage
personale *n.* staff
personificere *v.* personify
personificeret *adj.* incarnate
personifikation *n.* personification
personlig *adj.* personal
personlighed *n.* personality
perspektiv *n.* perspective
perspiration *n.* perspiration
perturbere *v.* perturb
pervers *adj.* perverse
perversion *n.* perversion
perversitet *n.* perversity
pessimisme *n.* pessimism
pessimist *n.* pessimist
pessimistisk *adj.* pessimistic

pest *n.* pest
pesticid *n.* pesticide
pestilens *n.* pestilence
petitesse *n.* quibble
petroleum *n.* kerosene
phalange *n.* phalange
pianist *n.* pianist
piano *n.* piano
pibe *v.* squeak
piben *n.* squeak
piccolo *n.* bellhop
picnic *n.* picnic
piedestal *n.* pedestal
piercing *n.* piercing
pige *n.* girl
piget *adj.* girlish
pikant *adj.* piquant
pil *n.* arrow
pile *v.* scamper
pilen *n.* scuttle
piletræ *n.* willow
pilfinger *n.* tamper
pilgrim *n.* pilgrim
pilgrimsrejse *n.* pilgrimage
pille *v.* fiddle
pille *n.* pill
pilleglas *n.* phial
pilot *n.* pilot
pilotere *v.* pile
pimpe *v.* bib
pind *n.* stick
pine *n.* anguish
pine *v.* distress
pines *v.* agonize
pink *n.* pink
pink *adj.* pink
pioner *n.* pioneer
pippe *v.* cheep
pirat *n.* pirate
pirateri *n.* seajack
piratkopiere *v.* pirate
piratoverfald *n.* seajacking
pirrelig *adj.* petulant

pirrelighed *n.* petulance
pis! *int.* bollocks
pisk *n.* whip
piske *v.* whisk
piskeris *n.* whisk
piskesnor *n.* whipcord
pistol *n.* pistol
pittoresk *adj.* picturesque
pive *v.* whine
piven *n.* whine
pivot *n.* pivot
pivotere *v.* pivot
pixel *n.* pixel
pixelere *v.* pixelate
pizza *n.* pizza
pizzeria *n.* pizzeria
pjece *n.* pamphlet
pjuske *v.* ruffle
pjusket *adj.* scragged
placebo *n.* placebo
placebo- *adj.* placebic
placere *v.* place
placering *n.* placement
plade *n.* slab
plads *n.* site
pladsangst *n.* agoraphobia
plage *n.* nuisance
plage *v.* plague
plageri *n.* nagging
plakat *n.* poster
plakattavle *n.* billboard
plan *n.* plan
plan *adj.* plane
planet *n.* planet
planetarisk *adj.* planetary
planke *n.* plank
planlægge *v.* plan
planlægger *n.* schematist
plantage *n.* plantation
plante *n.* plant
plante *v.* plant
plantepind *n.* dibble
plantesaft *n.* sap

planteske *n.* trowel	**plys** *n.* plush
plantesygdom *n.* blight	**pløje** *v.* plough
plapre *v.* yap	**pløk** *n.* peg
plapren *n.* babble	**pneudralik** *n.* pneudraulics
plask *n.* splash	**pneuma** *n.* pneuma
plaske *v.* dabble	**pneumatik** *n.* pneumatic
plaske *v.* splash	**pneumatisk** *adj.* pneumatic
plastik *n.* plastic	**pneumatologi** *n.* pneumatology
plastik- *adj.* plastic	**pneumatologisk** *adj.* pneumatological
plateau *n.* plateau	
platform *n.* platform	**pneumogastrisk** *adj.* pneumogastric
platin *n.* platinum	**pneumologi** *n.* pneumology
platin- *adj.* platinum	**pneumoterapi** *n.* pneumotherapy
platonisk *adj.* platonic	**pochere** *v.* poach
pleje *n.* care	**pocheret** *adj.* poached
pleje *v.* care	**podcast** *n.* podcast
plejende *adj.* ministrant	**podcaste** *v.* podcast
plet *n.* speck	**podcaster** *n.* podcaster
pletfri *adj.* spotless	**podie** *n.* catwalk
plette *v.* tarnish	**podium** *n.* podium
plettet *adj.* spotted	**poesi** *n.* poetry
pligt *n.* duty	**poetisk** *adj.* poetic
pligtforsømmelse *n.* malpractice	**pointblok** *n.* scorepad
pligtopfyldende *adj.* dutiful	**pointbog** *n.* scorebook
plot *n.* plot	**pointboks** *n.* scorebox
plotte *v.* plot	**pointe** *n.* pun
plov *n.* plough	**pointillisme** *n.* pointillism
plovfure *n.* furrow	**pointillistisk** *n.* pointillist
plovjern *n.* colter	**pointscorer** *n.* scorer
plovmand *n.* ploughman	**pointtæller** *n.* scorekeeper
plovås *n.* sharebeam	**pointtælling** *n.* scorekeeping
pludselig *adj.* snap	**pointtavle** *n.* scoreboard
pludseligt *adv.* suddenly	**pokal** *n.* goblet
plukke *n.* pluck	**polar-** *adj.* polar
plus *n.* plus	**polarisere** *v.* polarize
plutokrat *adj.* plutocrat	**polariserende** *adj.* polarazing
plutonisk *adj.* plutonic	**polaritet** *n.* polarity
plutonium *n.* plutonium	**polarlys** *n.* aurora
pluvial- *adj.* pluvial	**polaroidkamera** *n.* polaroid
pluvialtid *n.* pluvial	**polemik** *n.* controversy
pluviometer *n.* pluviometer	**polemik** *n.* polemic
plyndre *v.* maraud	**polemisk** *adj.* polemic
plyndring *n.* plunder	**polenta** *n.* polenta

politi *n.* police	**polymorf** *adj.* polymorphic
politibetjent *n.* constable	**polymorfisme** *n.* polymorphism
politibåd *n.* policeboat	**polymorfose** *n.* polymorphosis
politifri *adj.* policeless	**polynukleat** *adj.* polynucleate
politik *n.* policy	**polypropylen** *n.* polypropylene
politiker *n.* politician	**polyprotein** *n.* polyprotein
politimand *n.* policeman	**polysemi** *n.* polysemia
politisk *adj.* political	**polyteisme** *n.* polytheism
politologi *n.* politics	**polyteist** *n.* polytheist
pollen *n.* pollen	**polyteistisk** *adj.* polytheistic
polo *n.* polo	**polyteknisk** *adj.* polytechnic
polsk *v.* polish	**pomp** *n.* pomp
polsk *n.* polish	**pontifikat** *n.* papacy
polstre *v.* pad	**pony** *n.* pony
polstring *n.* padding	**poplin** *n.* poplin
polyacetylen *n.* polyacetylene	**poppel** *n.* poplar
polyander *n.* polyander	**popularisere** *v.* popularize
polyandri *n.* polyandrianism	**popularitet** *n.* popularity
polyandri *n.* polyandry	**populær** *adj.* popular
polybuten *n.* polybutene	**porcelæn** *n.* porcelain
polybutylen *n.* polybutylene	**pore** *n.* pore
polycarbonat *n.* polycarbonate	**porre** *n.* leek
polycentrisk *adj.* polycentric	**port** *n.* gate
polycentrisme *n.* polycentrism	**portal** *n.* portal
polyen *n.* polyene	**portfolio** *n.* portfolio
polyfarmaceutisk *adj.* polypharmacal	**porticus** *n.* portico
polyform *n.* polyform	**portion** *n.* portion
polygam *adj.* polygamous	**portner** *n.* gatekeeper
polygami *n.* polygamy	**portner** *n.* porter
polyglot *n.* polyglot	**portnerbolig** *n.* gatehouse
polyglot *adj.* polyglot	**porto** *n.* postage
polykrati *n.* polycracy	**portræt** *n.* portrait
polykrom *adj.* polychrome	**portrætmaleri** *n.* portraiture
polymerisere *v.* polymerize	**portstolpe** *n.* gatepost
polymert stof *n.* polymer	**portør** *n.* orderly
polymetallisk *adj.* polymetallic	**pose** *n.* bag
polymethin *n.* polymethine	**posere** *v.* pose
polymethylen *n.* polymethylene	**position** *n.* position
polymikrobisk *adj.* polymicrobial	**positionere** *v.* position
polymiotisk *adj.* polymiotic	**positiv** *adj.* positive
polymolekulær *adj.* polymolecular	**positur** *n.* pose
polymorf *n.* polymorph	**post** *n.* mail
	post mortem *n.* post-mortem

post mortem- *adj.* post-mortem	**prinsesse** *n.* princess
post- *adj.* postal	**printer** *n.* printer
post-it *n.* sticky	**prior** *n.* prior
posthum *adj.* posthumous	**priorinde** *n.* prioress
postkontor *n.* post-office	**prioritet** *n.* priority
postmand *n.* postman	**pris** *n.* price
postmester *n.* postmaster	**prise** *v.* praise
potaske *n.* potash	**prissætte** *v.* price
pote *n.* paw	**prisværdig** *adj.* laudable
potentiale *n.* potential	**prisværdigt** *adj.* commendable
potentiel *adj.* potential	**prisvindende** *adj.* laureate
potte *n.* pot	**prisvinder** *n.* laureate
pottemager *n.* potter	**privat** *adj.* private
pragmatisk *adj.* pragmatic	**privilegie** *n.* privilege
pragmatisme *n.* pragmatism	**privilegium** *n.* prerogative
pragt *n.* splendour	**problem** *n.* problem
praksis *n.* practice	**problematisk** *adj.* problematic
praktikant *n.* trainee	**procedure** *n.* procedure
praktisere *v.* practise	**procent** *adv.* per cent
praktisk *adj.* practical	**procentdel** *n.* percentage
prale *v.* boast	**proces** *n.* process
pralende *adj.* ostentatious	**procespart** *n.* litigant
praleri *n.* ostentation	**procession** *n.* procession
pralhals *n.* windbag	**producent** *n.* manufacturer
pram *n.* barge	**producere** *v.* produce
prangende *adj.* gaudy	**produkt** *n.* product
prangenhed *n.* flamboyance	**produkter** *n.* produce
premiere *n.* premiere	**produktion** *n.* production
presse *v.* press	**produktiv** *adj.* productive
presse *n.* press	**produktivitet** *n.* productivity
prestige *n.* prestige	**profan** *adj.* sacrilegious
prestigefyldt *adj.* prestigious	**profession** *n.* profession
prik *n.* dot	**professionel** *adj.* professional
prikke *v.* dot	**professor** *n.* professor
prikke *v.* poke	**profet** *n.* prophet
primært *adv.* primarily	**profetere** *v.* prophesy
primitiv *adj.* primitive	**profeti** *n.* prophecy
primtal *n.* prime	**profetisk** *adj.* prophetic
princip *n.* principle	**profil** *n.* profile
principal *n.* principal	**profitmager** *n.* profiteer
principielt *adv.* prima facie	**prognose** *n.* forecast
principløs *adj.* unprincipled	**program** *n.* programme
prins *n.* prince	**programmere** *v.* programme

progressiv *adj.* progressive
prohibitiv *adj.* prohibitive
projekt *n.* project
projektere *v.* project
projektil *n.* projectile
projektil- *adj.* projectile
projektion *n.* projection
projektor *n.* projector
proklamere *v.* proclaim
proklamering *n.* proclamation
proktor *n.* proctor
prolog *n.* prologue
prominent *adj.* prominent
pronomen *n.* pronoun
prop *n.* plug
propaganda *n.* propaganda
propagandist *n.* propagandist
proportion *n.* proportion
proportional *adj.* proportionate
proportionere *v.* proportion
proppe *v.* stuff
prosa *n.* prose
prosaisk *adj.* prosaic
prosodi *n.* prosody
prospekt *n.* prospect
prostituere *v.* prostitute
prostitueret *n.* prostitute
prostitution *n.* prostitution
protagonist *n.* protagonist
protein *n.* protein
protektion *n.* patronage
protektor *n.* patron
protest *n.* protest
protestere *v.* protest
prototype *n.* prototype
proviant *n.* provision
proviant *n. pl.* victuals
provinsialisme *n.* provincialism
provinsiel *adj.* provincial
provisorisk *adj.* provisional
provokation *n.* provocation
provokere *v.* provoke
provokerende *adj.* provocative

prutte *v.* fart
pryde *v.* adorn
prygl *n.* caning
prygle *v.* flog
præambel *n.* preamble
præcedens *n.* precedent
præcis *adj.* precise
præcision *n.* precision
prædikant *n.* preacher
prædikat *n.* predicate
prædike *v.* preach
prædiken *n.* sermon
prædikestol *adj.* pulpit
præeksistens *n.* preexistence
præfekt *n.* prefect
præference *n.* preference
præference- *adj.* preferential
præfiks *n.* prefix
præge *v.* imprint
prægtig *adj.* sumptuous
præhistorisk *adj.* prehistoric
prælat *n.* prelate
præparere *v.* prime
præposition *n.* preposition
præsentation *n.* presentation
præsident *n.* president
præsident- *adj.* presidential
præsidere *v.* preside
præst *n.* priest
præstation *n.* achievement
præstekald *n.* benefice
præsteskab *n.* priesthood
præstevie *v.* ordain
præsteviet *adj.* ordained
præstinde *n.* priestess
prætention *n.* pretension
prætentioner *n.* pretence
prætentiøs *adj.* pretentious
prævention *n.* prevention
præventions- *adj.* contraceptive
præventiv *adj.* preventive
prøve *v.* sample
prøve *n.* trial

prøveløslade v. parole
prøveløsladelse n. parole
prøvelse n. ordeal
prøvetid n. probation
prøveudtager n. sampler
pseudonym n. pseudonym
psyke n. psyche
psykiater n. psychiatrist
psykiatri n. psychiatry
psykolog n. psychologist
psykologi n. psychology
psykologisk adj. psychological
psykopat n. psychopath
psykose n. psychosis
psykoterapi n. psychotherapy
pubertet n. puberty
publikum n. audience
pude n. pillow
pudre v. powder
puds n. plaster
pudse v. plaster
pudseri n. preen
puffe v. nudge
puls n. pulse
pulsere v. pulsate
pulsering n. pulsation
pulver n. powder
pumpe n. pump
pumpe v. pump
pund n. pound
pung n. pouch
pungdyr n. marsupial
punktere v. puncture
punktering n. puncture
punktlig adj. punctual
punktualitet n. punctuality
puppe n. chrysalis
purgation n. purgation
purist n. purist
puritaner n. puritan
puritansk adj. puritanical
pust n. whiff
puste v. puff

put n. put
putte v. put
pygmæ n. pygmy
pylon n. pile
pynt n. garnish
pynte v. deck
pyorrhea n. pyorrhoea
pyramide n. pyramid
pyroman n. pyromantic
pyroman- adj. pyromantic
pyt n. puddle
pytonslange n. python
pædagog n. pedagogue
pædagogik n. pedagogy
pædofil n. paedophile
pædofili n. paedophilia
pædofilsk adj. paedophiliac
pædolog n. paedologist
pædologi n. paedology
pæl n. stake
pæleobiolog n. paleobiologist
pænt adv. nicely
pæon n. peon
pære n. bulb
pølse n. sausage
på prep. on
på adj. on
på adv. on
påbegyndelse n. inception
påberåbe sig v. invoke
pådrage v. incur
påfugl n. peacock
påfuglehøne n. peahen
påkaldelse n. invocation
påklæde v. attire
påklædning n. attire
påkrævet adj. prerequisite
pålidelig adj. reliable
pålidelighed n. reliance
pålydende n. denomination
pålægge v. adjure
pålægning n. imposition
påminde v. remind

påmindelse *n.* reminder
pårørende *n.* relative
påske *n.* easter
påskelilje *n.* daffodil
påskud *n.* pretext
påstå *v.* claim
påståelig *adj.* opinionated
påstået *adj.* alleged
påståethed *n.* ostensibility
påstand *n.* claim
påtage *v.* undertake
påtrængende *adj.* urgent
påtvinge *v.* impose
påvirke *v.* effect

Q

quiz *n.* quiz
quorum *n.* quorum

R

rabat *n.* rebate
rabbiner *n.* rabbi
rable *v.* rave
race *n.* breed
race- *adj.* racial
racisme *n.* racialism
racisme *n.* racism
racistisk *adj.* racist
radere *v.* etch
raderet *adj.* etched
radering *adj.* etching
radikal *adj.* radical
radio *n.* radio
radio *n.* wireless
radioaktiv *adj.* radioactive

radiografi *n.* radiography
radiogram *n.* radiogram
radioimmunologi *n.* radiommunology
radiologi *n.* radiology
radion *n.* radion
radiopejling *n.* radiolocation
radiotelefon *n.* radiophone
radiotelegrafi *n.* radiotelegraphy
radise *n.* radish
radium *n.* radium
radius *n.* radius
radmager *adj.* scraggy
raffinaderi *n.* refinery
raffinement *n.* sophistication
raffinere *v.* refine
raffinering *n.* refinement
rafle *v.* dice
ragelse *n.* junk
raket *n.* rocket
raketingeniør *n.* rocket scientist
raketkonstruktør *n.* rocketeer
raketmand *n.* rocketman
raketstyr *n.* bazooka
rakitis *n.* rickets
ramaskrig *adj.* outcry
ramme *v.* affect
ramme *n.* frame
rammende *adv.* appositely
rammer *n.* scope
rampelys *n.* limelight
ranch *n.* ranch
rand *n.* brim
randomisere *v.* randomise
rang *n.* rank
rangere *v.* shunt
ranglet *adj.* gawky
rank *adj.* erect
ransagningskendelse *n.* search warrant
rapir *n.* rapier
rapmundet *adj.* flip
rappe *v.* quack

rapport *n.* report	reapplikering *n.* reapplication
rapportere *v.* report	reappropriere *v.* reappropriate
rapse *v.* pilfer	reb *n.* rope
rase *v.* rage	recept *n.* prescription
rasende *adj.* furious	recession *n.* recession
rasere *v.* ravage	redaktions- *adj.* editorial
raseri *n.* fury	redaktør *n.* editor
rask *adj.* well	redde *v.* save
rasle *v.* clatter	rede *v.* comb
raslen *n.* clatter	rede *n.* nest
rasp *n.* rasp	reder *n.* shipowner
raspe *v.* rasp	redigere *v.* edit
raspende *adj.* raspy	redning *n.* rescue
rastafari *n.* rasta	redskab *n.* utensil
rastløs *adj.* restless	reducere *v.* reduce
ratificere *v.* ratify	reducering *n.* reduction
ration *n.* ration	redundans *n.* redundance
rationale *n.* rationale	redundant *adj.* redundant
rationalisere *v.* rationalize	reel *adj.* straightforward
rationalitet *n.* rationality	referat *n.* summary
rationel *adj.* rational	reference *n.* reference
ravage *n.* havoc	refleks *n.* reflex
ravn *n.* raven	refleks- *adj.* reflex
reagere *v.* react	refleksion *n.* reflection
reaktion *n.* reaction	refleksmæssig *adj.* reflexive
reaktionær *adj.* reactionary	reflektere *v.* reflect
reaktionær *n.* reactionist	reflekterende *adj.* reflective
reaktiv *adj.* reactive	reflektor *n.* reflector
reaktivere *v.* reactivate	reform *n.* reform
reaktivering *n.* reactivation	reformation *n.* reformation
reaktor *n.* reactor	reformator *n.* reformer
realisere *v.* realize	reformere *v.* reform
realisering *n.* realization	reformerende *adj.* reformatory
realisme *n.* realism	reformskole *n.* reformatory
realist *n.* realist	refræn *n.* refrain
realistisk *adj.* realistic	refrænsang *n.* crooning
reallokere *v.* reallocate	regelbrud *n.* rulebreaking
reallokering *n.* reallocation	regelbryder *n.* rulebraker
reamplificere *v.* reamplify	regelbundet *adj.* rulebound
reamputering *n.* reamputation	regelmæssig *adj.* regular
reannektere *v.* reannex	regelmæssighed *n.* regularity
reannektering *n.* reannexation	regelsamling *n.* rulebook
reapplikere *v.* reapply	regeneration *n.* regeneration

regenerere v. regenerate
regent n. sovereign
regere v. reign
regering n. government
regime n. regime
regiment n. regiment
region n. region
regional- adj. regional
register n. registry
registrator n. registrar
registrere v. register
registrering n. registration
regn n. rain
regne v. rain
regne- adj. arithmetical
regnemaskine n. calculator
regnfrakke n. waterproof
regnfuld adj. rainy
regning n. arithmetic
regning v. bill
regnløs adj. rainless
regntæt adj. waterproof
regres n. recourse
regulator n. regulator
regulere v. regulate
regulering n. regulation
rehabilitere v. rehabilitate
rehabilitering n. rehabilitation
rejse n. journey
rejse v. travel
rejsebeskrivelse n. travelogue
rejsende n. traveller
rejsetid n. traveltime
reklame n. advertisement
reklamefremstød n. promotion
rekognoscere v. scout
rekondensere v. recondense
rekondensering n. recondensation
rekonduktor n. reconductor
rekonfigurering n. reconfiguration
rekonsolidere v. reconsolidate
rekreation n. convalescence
rekreativ adj. recreational

rekreere v. convalesce
rekrut n. recruit
rekruttere v. recruit
rektangel n. rectangle
rektangulær adj. rectangular
rektificere v. rectify
rektificering n. rectification
rektor n. principal
rektum n. rectum
rekviem n. requiem
rekvirere v. requisition
rekvisit n. prop
rekvisition n. requisition
rekyl n. recoil
rekylere v. recoil
relatere v. relate
relation n. relation
relativ adj. relative
relevans n. relevance
relevant adj. relevant
religion n. religion
religiøs adj. religious
relæ n. relay
remission n. remission
remit n. remit
remittere v. remit
ren adj. clean
rendere v. render
rendesten n. gutter
rendezvous n. rendezvous
rengøre v. clean
rengøringshjælp n. domestic
renhed n. purity
renlighed n. cleanliness
renovation n. renovation
renovere v. renovate
rense v. cleanse
renskriver n. transcriber
rensning n. purification
rent adv. clean
renæssance n. renaissance
reparation n. repair
reparere v. repair

reporter *n.* reporter	**retfærdig** *adj.* fair
reprimande *v.* reprimand	**retfærdiggøre** *v.* justify
reprimandere *n.* reprimand	**retfærdiggørelse** *n.* vindication
reproducere *v.* reproduce	**retfærdighed** *n.* justice
reproduktion *n.* reproduction	**retfærdigt** *adv.* fairly
reproduktiv *adj.* reproductive	**retning** *n.* direction
repræsentant *n.* representative	**retorik** *n.* rhetoric
repræsentation *n.* representation	**retorisk** *adj.* rhetorical
repræsentere *v.* represent	**retort** *n.* retort
repræsenterende *adj.* representative	**retouchere** *v.* retouch
	retrospektiv *adj.* retrospective
republik *n.* republic	**rets-** *adj.* judicial
republikaner *n.* republican	**retsforfølgning** *n.* prosecution
republikansk *adj.* republican	**retskaffen** *adj.* righteous
reserve *n.* backup	**retskendelse** *n.* warrant
reserve- *adj.* backup	**retskreds** *n.* jurisdiction
reservedel *n.* spare	**retslig** *adj.* judicial
reservere *v.* reserve	**retssag** *n.* litigation
reservoir *n.* reservoir	**retsvidenskab** *n.* jurisprudence
resonans *n.* resonance	**rette** *v.* correct
resonant *adj.* resonant	**rettelse** *n.* correction
resorbere *v.* reabsorb	**rettidig** *adj.* timely
resorption *n.* reabsorption	**returnere** *v.* return
respekt *n.* regard	**reversibel** *adj.* reversible
respektere *v.* respect	**revidere** *v.* audit
respektfuld *adj.* respectful	**revision** *n.* revision
respektive *adj.* respective	**revisor** *n.* accountant
respektløshed *n.* disrespect	**revne** *v.* burst
respiration *n.* respiration	**revne** *n.* slit
respondent *n.* respondent	**revolution** *n.* revolution
ressource *n.* resource	**revolutionær** *n.* revolutionary
rest *n.* remainder	**revolutionerende** *adj.* revolutionary
restance *n. pl.* arrears	**revolver** *n.* revolver
restaurant *n.* restaurant	**revse** *v.* chastise
rester *n.* remains	**revurdere** *v.* reappraise
resterende *adj.* residual	**revurdering** *n.* reappraisal
resultat *n.* result	**revy** *n.* follies
resultere *v.* result	**ribben** *n.* rib
resumé *n.* abstract	**ribbens-** *adj.* costal
resumere *v.* abstract	**rickshaw** *n.* rickshaw
ret *adv.* aright	**ridder** *n.* knight
ret *n.* due	**ridderlig** *adj.* chivalrous
retentionsret *n.* lien	**ridderlighed** *n.* chivalry

ride *v.* ride	**rod** *n.* root
riffel *n.* rifle	**rode** *v.* muddle
rig *adj.* rich	**roderi** *n.* mess
rigdom *adj.* richness	**rodet** *adj.* shambolic
rigdom *n.* wealth	**roe** *n.* beet
rigdomme *n.* riches	**roer** *n.* oarsman
rige *n.* empire	**rogn** *n.* roe
rigelig *adj.* abundant	**rokke** *v.* wobble
rigeligt *n.* plenty	**rolig** *adj.* tranquil
rigtig *adj.* right	**rolle** *n.* role
rigtigt *adv.* right	**rom** *n.* rum
rim *n.* rhyme	**roman** *n.* novel
rime *v.* rhyme	**romance** *n.* romance
rimeleg *n.* crambo	**romanforfatter** *n.* novelist
rimesse *n.* remittance	**romantisk** *adj.* romantic
ring *n.* ring	**ror** *n.* rudder
ringe *v.* chime	**rorskaft** *n.* rudderpost
ringen *n.* chime	**ros** *n.* commendation
ringle *v.* jingle	**rose** *v.* commend
ringlen *n.* jingle	**rose** *n.* rose
ringmur *n.* bawn	**rosenfarvet** *adj.* roseate
ringorm *n.* ringworm	**rosenkrans** *n.* rosary
ripostere *v.* rejoin	**rosenrød** *adj.* rosy
ris *n.* rice	**rosin** *n.* raisin
risikabel *adj.* risky	**rotation** *n.* spin
risikere *v.* risk	**rotere** *v.* rotate
risiko *n.* risk	**roterende** *adj.* rotary
risle *v.* trickle	**rotte** *n.* rat
rislen *n.* trickle	**royalist** *n.* royalist
rismark *n.* paddy	**rubel** *n.* rouble
rist *n.* grate	**rubicon** *n.* rubicon
rite *n.* rite	**rubin** *n.* ruby
ritual *n.* ritual	**rubrik** *n.* rubric
rituel *adj.* ritual	**rude** *n.* rue
rival *n.* rival	**rudiment** *n.* rudiment
rivaliseren *n.* rivalry	**rudimentær** *adj.* rudimentary
rive *v.* grate	**rug** *n.* rye
rivejern *n.* grater	**ruge** *v.* brood
ro *n.* calm	**ruge-** *adj.* brood
roadster *n.* roadster	**ruhed** *n.* salebrosity
robot *n.* robot	**ruin** *n.* ruin
robust *adj.* robust	**ruinere** *v.* bankrupt
rocker *n.* rocker	**rulle** *v.* roll

rulletrappe *n.* escalator
rulning *n.* roll
rum *n.* compartment
rumle *v.* rumble
rumlen *n.* rumble
rumlig *adj.* spacious
rumme *v.* hold
rummelig *adj.* roomy
rummet *n.* space
rumvæsen *n.* extraterrestrial
runback *n.* runback
rund *adj.* round
runde *n.* round
runde *v.* round
rundrejse *n.* tour
rundstrålende *adj.* omnidirectional
rundt *adv.* round
rune *n.* rune
runge *v.* resound
rupi *n.* rupee
rur *n.* barnacle
rus *n.* intoxication
rusmiddel *n.* intoxicant
rust *n.* rust
ruste *v.* rust
rusten *adj.* rusty
rustik *adj.* rustic
rute *n.* route
rutine *n.* routine
rutinemæssig *adj.* routine
rydde *v.* clear
ryddelig *adj.* tidy
rydning *n.* clearance
ryg- *adj.* dorsal
ryge *v.* smoke
rygrad *n.* spine
rygrads- *adj.* spinal
rygsæk *n.* backpack
rygsækturist *n.* backpacker
rygte *n.* rumour
rygte *v.* rumour
ryk *n.* jerk
rykke *v.* tug

rykvis *adj.* jerky
ryle *n.* oxbird
rynke *n.* wrinkle
rynke *v.* wrinkle
ryste *v.* shake
rystelse *n.* jolt
rysten *n.* tremor
rystende *adj.* shaky
rytme *v.* beat
rytme *n.* rhythm
rytmisk *adj.* rhythmic
rytter *n.* rider
rædsel *n.* horror
række *v.* reach
række *n.* row
rækkevidde *n.* reach
rækværk *n.* railing
rænkesmed *n.* schemer
ræv *n.* fox
rød *adj.* red
rød *n.* red
rødbede *n.* beetroot
rødbrun *adj.* maroon
rødfisk *n.* rockfish
rødlig *adj.* reddish
rødme *v.* blush
rødmen *n.* blush
rødmende *adv.* ablush
rødmet *adj.* blushing
røg *n.* smoke
røgelse *n.* incense
røgelseskar *n.* censer
røget *adj.* smoky
rømme *v.* abscond
rømmejern *n.* reamer
rømning *n.* abscondence
røntgenfotografere *v.* x-ray
røntgenfotografi *n.* x-ray
røntgenskanning *n.* radioscan
rør *n.* pipe
rørformet *adj.* tubular
rørstrømsk *adj.* mawkish
røv *n.* ass

røve v. rob
røver n. robber
røveri n. robbery
rå adj. raw
råb n. yell
råbe v. shout
råd n. council
råde v. advise
rådgive v. counsel
rådgiver n. counsellor
rådne v. rot
rådsmedlem n. councillor
råge n. rook
råolie n. crude oil

S

sabbat n. sabbatical
sabbat- adj. sabbatical
sabel n. sabre
sable v. sabre
sabotage n. sabotage
sabotere v. sabotage
saddel n. saddle
sadisme n. sadism
sadist n. sadist
sadle v. saddle
safe adj. sikker
safir n. sapphire
safran n. saffron
safrangul adj. saffron
saftig adj. juicy
sag n. case
saga n. saga
sagsanlæg n. proceeding
sagsmappe n. file
sagsøge v. sue
sagsøger n. plaintiff
sagsøgeren n. petitioner
sahib n. sahib

sakkarin n. saccharin
sakramente n. sacrament
sakrosankt adj. sacrosanct
saks n. scissors
sal n. hall
salamander n. salamander
salat n. salad
salep n. arrowroot
salgbar adj. marketable
salgspersonale n. salesforce
salme n. psalm
salmiakspiritus n. ammonia
salon n. saloon
salt n. salt
salt adj. salty
salt- adj. saline
salte v. salt
saltholdighed n. salinity
saltlage n. brine
salve n. ointment
salverbar adj. savable
salvie n. sage
samarbejde v. collaborate
samarbejde n. collaboration
samarbejdende adj. cooperative
samaritaner n. samaritan
samba n. samba
sambuca n. sambuca
sameksistens n. coexistence
sameksistere v. coexist
samfund n. society
samfundskundskab n. civics
samitum n. samite
samle v. collect
samleje n. intercourse
samler n. collector
samles v. accumulate
samlet adj. total
samling n. collection
samme adj. same
sammen adv. together
sammenbrud n. breakdown
sammendrag n. digest

sammenfiltre v. tangle
sammenfoldelig adj. folding
sammenhobe v. agglomerate
sammenhobet adj. agglomerate
sammenhobning n. agglomerate
sammenhæfte v. staple
sammenhængende adj. cohesive
sammenkalde v. assemble
sammenkaldelse n. convocation
sammenlægning n. merger
sammenligne v. compare
sammenligning n. comparison
sammenlime v. conglutinate
sammenløb n. confluence
sammenløbende adj. confluent
sammensat adj. compound
sammensmelte v. fuse
sammensno v. convolve
sammensnøre v. constrict
sammenstille v. juxtapose
sammenstillet adj. juxtaposed
sammenstilling n. juxtaposition
sammenstød n. clash
sammensurium n. hotchpotch
sammensvoren n. conspirator
sammensværgelse n. conspiracy
sammensy v. seam
sammensyet adj. seamy
sammensyning n. seam
sammentrækning n. contraction
sammenvoksning n. concrescence
samovar n. samovar
sampling n. sampling
samsonit n. samsonite
samspil n. interplay
samstemmighed n. unison
samtale n. conversation
samtale v. converse
samtaleanlæg n. talkback
samtidig adj. contemporary
samtykke n. consent
samtykke v. consent
samurai n. samurai

samvittighed n. conscience
samvittighedsnag n. compunction
sanatorium n. sanatorium
sand n. sand
sand adj. true
sandal n. sandal
sandbanke n. sandbank
sandboard n. sandboard
sandboarde v. sandboard
sandelig adv. indeed
sandeltræ n. sandalwood
sandet adj. sandy
sandfærdighed n. veracity
sandfarvet adj. sand
sandfisk n. sandfish
sandhed n. truth
sandkasse n. sandbox
sandpapir n. sandpaper
sandslot n. sandcastle
sandstorm n. sandstorm
sandsynlig adj. probable
sandsynlighed n. probability
sandsynligvis adv. probably
sandwich n. sandwich
sang n. song
sanger n. singer
sangfugl n. songster
sangskriver n. lyricist
sangvinsk adj. sanguine
sanitær adj. sanitary
sanktion n. sanction
sanktionere v. sanction
sans n. sense
sanse v. sense
sanselighed n. sentience
sanseløs adj. senseless
sansende adj. sentient
sardonisk adj. sardonic
sarkasme n. sarcasm
sarkastisk adj. sarcastic
sart adj. delicate
sarthed n. delicacy
sat adj. set

satan *n.* satan
satanisk *adj.* satanic
satellit *n.* satellite
satin *n.* satin
satin- *adj.* satin
satire *n.* satire
satireblad *n.* lampoon
satiriker *n.* satirist
satirisere *v.* satirize
satirisk *adj.* satirical
satse *v.* stake
sauna *n.* sauna
sautere *v.* saute
sav *n.* saw
savbunk *n.* sawbuck
save *v.* saw
savebænk *n.* sawbench
savgrav *n.* sawpit
savhest *n.* sawhorse
savl *n.* drool
savle *v.* drool
savne *v.* miss
savrokke *n.* sawfish
savskærer *n.* sawyer
savsmuld *n.* sawdust
savtand *n.* sawtooth
savværk *n.* sawmill
saxofon *n.* saxophone
saxofonist *n.* saxophonist
scenarie *n.* scenario
scene *n.* stage
scepter *n.* sceptre
scooter *n.* scooter
score *v.* score
score *n.* tally
scorekort *n.* scorecard
se *v.* look
sediment *n.* sediment
sedition *n.* sedition
seditiøs *adj.* seditious
seer *n.* seer
segl *n.* sickle
segment *n.* segment

segmentere *v.* segment
segregation *n.* segregation
segregere *v.* segregate
seismisk *adj.* seismic
seismograf *n.* seismograph
seismografi *n.* seismography
seismogram *n.* seismogram
seismolog *n.* seismologist
seismologi *n.* seismology
seismoskop *n.* seismoscope
sej *adj.* tough
sejl *n.* sail
sejlads *n.* sailing
sejlbåd *n.* sailboat
sejlbåd *n.* sailcraft
sejlbådssejlads *n.* sailboating
sejlbådssejler *n.* sailboater
sejle *v.* sail
sejlende *adj.* sailing
sejler *n.* sailor
sejr *n.* victory
sejre *v.* win
sejrende *adj.* victorious
sekret *n.* secretion
sekretær *n.* secretary
sekretariat *n.* secretariat
seks *n.* six
seksten *n.* sixteen
sekstende *adj.* sixteenth
seksualitet *n.* sexuality
seksuel *adj.* sexual
sekt *n.* sect
sekterisk *adj.* sectarian
sektion *n.* section
sektor *n.* sector
sekund *n.* second
sekundær *adj.* secondary
sekundere *v.* second
sekvens *n.* sequence
sele *n.* sling
selektere *v.* select
selektion *n.* selection
selektiv *adj.* selective

seler *n.* braces
seletøj *n.* harness
selfie *n.* selfie
selskab *n.* company
selskabelig *adj.* convivial
selskabelig *adj.* sociable
selskabelighed *n.* sociability
selv *adv.* even
selv *n.* self
selvbedragerisk *adj.* delusional
selvbeherskelse *n.* poise
selvbinder *n.* harvester
selvbiografi *n.* autobiography
selvcentreret *adj.* self-centered
selvdestruere *v.* self-destruct
selvfornægtelse *n.* abnegation
selvkontrol *n.* self-control
selvmord *n.* suicide
selvom *conj.* although
selvsikker *adj.* self-confident
selvskade *n.* self-abuse
selvstændig *adj.* autonomous
selvtilfreds *adj.* complacent
selvudnævnt *adj.* self-appointed
semester *n.* semester
semifinalist *n.* semi-finalist
seminar *n.* seminar
sen *adj.* late
senat *n.* senate
senator *n.* senator
senator- *adj.* senatorial
sende *v.* send
sender *n.* transmitter
sending *n.* consignment
sending *n.* shipment
sendrægtig *adj.* tardy
sendrægtighed *n.* tardiness
sene *n.* tendon
senebetændelse *n.* tendinitis
senere *adj.* after
seng *n.* bed
sengeafsnit *n.* ward
sengelampe *n.* bedlamp

sengetæppe *n.* coverlet
sengetid *n.* bed-time
sengetøj *n.* bedding
senil *adj.* senile
senilitet *n.* senility
senior *n.* senior
senior- *adj.* senior
sennep *n.* mustard
sensation *n.* sensation
sensationel *adj.* sensational
sensualist *n.* sensualist
sensualitet *n.* sensuality
sensuel *adj.* sensual
sensuel *adj.* sensuous
sent *adv.* late
sentimental *adj.* sentimental
separat *v.* separate
separate *adj.* separate
separation *n.* separation
separatist *n.* secessionist
september *n.* September
septisk *adj.* septic
sergent *n.* sergeant
serges *n.* serge
serie *n.* serial
serie *n.* series
serie- *adj.* serial
seriøs *adj.* earnest
serpentin *n.* serpentine
serv *n.* serve
service *n.* crockery
servicere *v.* service
serviet *n.* napkin
servil *adj.* subservient
servilitet *n.* servility
sesam *n.* sesame
sesamin *n.* sesamin
session *n.* session
sessions- *adj.* sessional
sexet *adv.* sexily
sexet *adj.* sexy
sfære *n.* sphere
sfærisk *adj.* spherical

shaman *n.* shaman	**signal** *n.* signal
shampoo *n.* shampoo	**signalere** *v.* signal
shawarma *n.* shawarma	**signalhorn** *n.* bugle
shilling *n.* shilling	**signifikans** *n.* significance
shipping *n.* shipping	**signifikant** *adj.* significant
shoppe *v.* shop	**sigte** *n.* aim
shorts *n. pl.* shorts	**sigte** *v.* sift
si *n.* sieve	**sikker** *adj.* secure
si *v.* sieve	**sikkerhed** *n.* safety
siamesisk *adj.* siamese	**sikkerheds-** *adj.* precautionary
sidde *v.* sit	**sikkerhedspude** *n.* airbag
siddende *adj.* incumbent	**sikkert** *adv.* safely
siddepind *n.* roost	**sikre** *v.* ensure
siddesadel *n.* sidesaddle	**sild** *n.* herring
side *n.* side	**silhuet** *n.* silhouette
side- *adj.* sideway	**silicen** *n.* silicene
sidebånd *n.* sideband	**siliciumdioxid** *n.* silica
sidebar *n.* sidebar	**silikone** *n.* silicon
sidebemærkning *n.* aside	**silke** *n.* silk
sidebox *n.* sidebox	**silkeagtig** *adj.* silken
sidegren *n.* offshoot	**silkeblød** *adj.* silky
sidelæns *adv.* sideway	**silt** *n.* silt
sidelinje *n.* sideline	**simili** *n.* simile
siden *prep.* since	**simpel** *adj.* simple
siden *conj.* since	**simultan-** *adj.* simultaneous
siden *adv.* since	**sind** *n.* mind
sidespor *n.* sidetrack	**singularitet** *n.* singularity
sidespring *n.* digression	**sinke** *v.* retard
sidestille *v.* equate	**sirene** *n.* siren
sidestrøm *n.* sidestream	**sirlig** *adj.* trim
sidetag *n.* sidestroke	**sirup** *n.* syrup
sidevåben *n.* sidearm	**situation** *n.* situation
sidevåben- *adj.* sidearm	**sive** *v.* seep
sidevæg *n.* sidewall	**siven** *n.* ooze
sidevej *n.* sideway	**sjæl** *n.* soul
sidevind *n.* sidewind	**sjælden** *adj.* rare
sidevogn *n.* sidecar	**sjældenhed** *n.* rarity
sidst *adj.* last	**sjældent** *adv.* seldom
sidst *adv.* last	**sjæle** *v.* emote
sidste *adj.* final	**sjælevandring** *n.* transmigration
siesta *n.* siesta	**sjakal** *n.* jackal
sige *v.* say	**sjal** *n.* shawl
sigende *adj.* telling	**sjap** *n.* slush

sjappet *adj.* slushy	**skarphed** *n.* pointedness
sjette *adj.* sixth	**skarpskytte** *n.* marksman
sjofel *adj.* lewd	**skarv** *n.* cormorant
sjov *n.* fun	**skat** *n.* tax
sjover *n.* cad	**skatkammer** *n.* treasury
sjusket *adj.* careless	**skatologi** *n.* coprology
skab *n.* cabinet	**skattepligtig** *adj.* taxable
skabe *v.* create	**ske** *v.* happen
skabelon *n.* template	**ske** *n.* spoon
skabelse *n.* creation	**skede** *n.* vagina
skaber *n.* creator	**skedesekret** *n.* ejaculate
skabning *n.* creature	**skefuld** *n.* spoonful
skade *v.* hurt	**skele** *v.* squint
skade *n.* injury	**skelen** *n.* squint
skadefro *adj.* gleeful	**skelet** *n.* skeleton
skadefryd *n.* glee	**skelne** *v.* distinguish
skadelig *adj.* malign	**skelsættende** *adj.* seminal
skaffe *v.* provide	**skematisk** *adj.* schematic
skaft *n.* shaft	**skematisk** *adv.* schematically
skak *n.* chess	**skepticisme** *n.* scepticism
skakmat *n.* checkmate	**skeptiker** *n.* sceptic
skal *n.* shell	**skeptisk** *adj.* sceptical
skaldet *adj.* bald	**skib** *n.* ship
skalle *v.* flake	**skibbrud** *n.* shipwreck
skalle *n.* roach	**skibbruden** *n.* maroon
skallende *adj.* flaking	**skibs-** *adj.* shipboard
skam *n.* shame	**skibsbygger** *n.* shipbuilder
skambide *v.* savage	**skibsladning** *n.* shipload
skamfere *v.* disfigure	**skibsside** *n.* shipboard
skamfuld *adj.* shameful	**skiderik** *n.* bastard
skamløs *adj.* shameless	**skidt** *n.* muck
skamløshed *n.* temerity	**skifer** *n.* slate
skamløst *adv.* unabashedly	**skift** *n.* shift
skandale *n.* scandal	**skifte** *v.* shift
skandalisere *v.* scandalize	**skik** *n.* custom
skandaløs *adj.* scandalous	**skildre** *v.* portray
skandaløst *adv.* scandalously	**skildring** *n.* portrayal
skanne *v.* scan	**skildvagt** *n.* sentinel
skanning *n.* scan	**skillerum** *n.* partition
skapular *n.* scapular	**skilsmisse** *n.* divorce
skarabæ *n.* scarab	**skilt** *n.* badge
skarp *adj.* sharp	**skind** *n.* hide
skarphed *n.* poignacy	**skinger** *adj.* argute

skingrende *adj.* shrill	**skovområde** *n.* woodland
skinne *n.* rail	**skovskade** *n.* jay
skinne *v.* shine	**skrabe** *v.* scrape
skinneben *n.* shin	**skraber** *n.* scraper
skinnende *adj.* gleaming	**skrald** *n.* garbage
skinnende *adj.* lustrous	**skramme** *n.* nick
skipper *n.* skipper	**skrante** *v.* ail
skisma *n.* schism	**skrapbog** *n.* scrapbook
skitse *n.* sketch	**skrible** *v.* scribble
skitsere *v.* sketch	**skriblen** *n.* scribble
skive *n.* disc	**skridt** *n.* crotch
skizofren *adj.* schizophreniac	**skridt** *n.* step
skizofren *n.* schizophreniac	**skridt** *n.* tread
skizofreni *n.* schizophrenia	**skridte** *v.* stride
skjald *n.* bard	**skriftlig afstemning, foretage** *v.* ballot
skjold *n.* shield	
skjortebluse *n.* blouse	**skriftlig tilladelse** *n.* permit
skjule *v.* conceal	**skriftrulle** *n.* scroll
skjult *adj.* ulterior	**skrifttype** *n.* font
sko *n.* shoe	**skrig** *n.* scream
sko *v.* shoe	**skrige** *v.* scream
skoflikker *n.* cobbler	**skrin** *n.* casket
skolastisk *adj.* scholastic	**skrinlægge** *v.* shelve
skole *n.* school	**skrive** *v.* write
skole *v.* school	**skrivebord** *n.* desk
skolebygning *n.* schoolhouse	**skrivelse** *n.* missive
skolegård *n.* schoolyard	**skrøbelig** *adj.* fragile
skoleinspektør *n.* schoolmaster	**skrog** *n.* wretch
skolekammerat *n.* schoolmate	**skrot** *n.* scrap
skolelærer *n.* schoolteacher	**skrotte** *v.* scrap
skolopender *n.* centipede	**skrotum** *n.* scrotum
skonnert *n.* schooner	**skrue** *n.* screw
skorpe *n.* crust	**skrue** *v.* screw
skorpion *n.* scorpion	**skruenøgle** *n.* wrench
skorsten *n.* chimney	**skruestik** *n.* vice
skotsk *adj.* scotch	**skruetvinge** *n.* clamp
skotte *n.* Scot	**skrupelløs** *adj.* scrupleless
skov *n.* forest	**skrupler** *n.* scruple
skovbrug *n.* forestry	**skrupuløs** *adj.* scrupulous
skovbruger *n.* forester	**skrupuløst** *adv.* scrupulously
skovfoged *n.* ranger	**skrædder** *n.* tailor
skovl *n.* shovel	**skræddersy** *v.* tailor
skovle *v.* shovel	**skræddersyet** *adj.* bespoke

skræk *n.* dread	skure *v.* scrub
skræl *n.* peel	skurk *n.* villain
skrælle *v.* peel	skvæt *n.* dash
skræmme *v.* daunt	sky *n.* cloud
skræmmende *adj.* daunting	sky *v.* shun
skræppe *v.* caw	sky *adj.* timid
skræppen *n.* caw	skyde *v.* shoot
skrål *n.* bray	skydevåben *n.* gun
skråle *v.* bray	skyet *adj.* cloudy
skråne *v.* slope	skygge *n.* shadow
skråning *n.* slope	skygge *v.* stalk
skråstiver *n.* strut	skyggeagtig *adj.* shadowy
skråstreg *adj.* oblique	skyggeside *n.* drawback
skub *n.* push	skyhed *n.* timidity
skubbe *v.* shove	skyl *n.* flush
skud *n.* shot	skyld *n.* blame
skudsikker *adj.* shotproof	skylde *v.* owe
skue *v.* behold	skyldfølelse *n.* guilt
skue *n.* spectacle	skyldig *adj.* guilty
skuespilkunst *n.* acting	skylle *v.* flush
skuespiller *n.* actor	skynde *v.* hurry
skuespillerinde *n.* actress	skyttegrav *n.* trench
skuffe *v.* disappoint	skæbne *n.* destiny
skuffe *n.* drawer	skæg *n.* beard
skulder *n.* shoulder	skægfri *adj.* beardless
skulder- *adj.* scapular	skægget *adj.* bearded
skulderblad *n.* scapula	skæl *n.* dandruff
skuldertaske *n.* satchel	skælde *v.* chide
skuldertræk *n.* shrug	skælve *v.* tremble
skuldre *v.* shoulder	skælven *n.* quiver
skule *v.* scowl	skæmme *v.* mar
skulen *n.* scowl	skænderi *n.* quarrel
skulke *v.* shirk	skændes *v.* quarrel
skulker *n.* shirker	skændsel *n.* infamy
skulle *v.* should	skænk *n.* sideboard
skulptør *n.* sculpturist	skær *n.* glow
skulptur *n.* sculpture	skære *v.* cut
skulpturel *adj.* sculptural	skæringspunkt *n.* intersection
skum *n.* foam	skærm *n.* screen
skumme *v.* foam	skærme *v.* shelter
skummende *adj.* foamy	Skærsilden *n.* purgatory
skumring *n.* dusk	skød *n.* lap
skur *n.* shed	skødbarm *n.* clew

skødesløs *adj.* slipshod	**slentre** *v.* stroll
skøjte *n.* skate	**slentren** *n.* saunter
skøjte *v.* skate	**slentretur** *n.* stroll
skøn *n.* discretion	**sletbar** *adj.* deletable
skønhed *n.* beauty	**sletning** *n.* rasure
skønhedsfejl *n.* blemish	**slette** *v.* delete
skønne *v.* size	**slette** *n.* plain
skørt *adv.* mad	**slibe** *v.* sharpen
skørtejæger *n.* womaniser	**slibende** *adj.* abrasive
skønt *conj.* though	**sliber** *n.* sharpener
skør *adj.* brittle	**slid** *n.* toil
skål *n.* toast	**slid** *v.* wear
skåle *v.* toast	**slidstærk** *adj.* durable
skånselsløs *adj.* harsh	**slidt** *adj.* worn
skår *n.* shard	**slik** *n.* candy
sladder *n.* gossip	**slikke** *v.* lick
sladderhank *n.* telltale	**slikken** *n.* lick
sladre *v.* gossip	**slikkepind** *n.* lollipop
sladrehank *n.* talebearer	**slikstykke** *n.* sweet
sladren *n.* talebearing	**slim** *n.* mucus
slag *n.* battle	**slimet** *adj.* mucous
slaglodde *v.* braze	**slimet** *adj.* slimy
slagmark *n.* battlefield	**slips** *n.* tie
slags *n.* kind	**slogan** *n.* slogan
slagsmål *n.* brawl	**sludder** *n.* nonsense .
slagte *v.* slay	**sludre** *v.* blether
slagter *n.* butcher	**sluge** *v.* devour
slagtilfælde *n.* stroke	**slugt** *n.* gorge
slagtning *n.* slaughter	**slukke** *v.* extinguish
slang *n.* slang	**slum** *n.* slum
slange *n.* snake	**slummer** *n.* slumber
slangekrølle *n.* ringlet	**slumre** *v.* slumber
slank *adj.* slim	**slumrende** *adj.* dormant
slanke *v.* slim	**slurk** *n.* sip
slap *adj.* slack	**sluse** *n.* sluice
slaphed *n.* laxity	**slutliste** *v.* shortlist
slasket *adj.* flabby	**slutning** *n.* finish
slave *n.* slave	**slutsten** *n.* keystone
slave *v.* slave	**slutte** *v.* deduce
slavebinde *v.* enslave	**slynge** *v.* catapult
slaveri *n.* slavery	**slyngelstreger** *n.* crookery
slavisk *adj.* slavish	**slyngplante** *n.* creeper
slendrian *n.* saunterer	**slæbe** *v.* drag

slægt *n.* ancestry
slægtning *n.* kin
slægtninge *n.* kith
slægtskab *n.* kinship
slække *v.* slacken
slænge *v.* fling
slør *n.* veil
sløre *v.* blear
sløv *adj.* listless
sløvhed *n.* languor
slå *v.* hit
slåbrok *n.* robe
slåer *n.* batsman
slås *v.* tussle
smadre *v.* smash
smag *n.* taste
smage *v.* taste
smagfuld *adj.* tasteful
smagning *n.* degustation
smaragd *n.* emerald
smart *adj.* smart
smed *n.* smith
smede *v.* forge
smelte *v.* melt
smeltedigel *n.* crevet
smelteovn *n.* furnace
smeltet *adj.* molten
smerte *n.* pain
smerte *v.* pain
smertelig *adj.* painful
smide *v.* toss
smiger *n.* flattery
smigre *v.* flatter
smil *n.* smile
smile *v.* smile
smitsom *adj.* contagious
smog *n.* smog
smugle *v.* smuggle
smugler *n.* smuggler
smuk *adj.* beautiful
smuldre *v.* crumble
smuthul *n.* loop-hole
smykke *v.* bedight

smykker *n.* jewellery
smæk *v.* whack
smække *v.* slam
smæklås *n.* latch
smæld *n.* crack
smøge *n.* alley
smøl *n.* laggard
smøle *v.* dawdle
smør *n.* butter
smøre *v.* smear
smøremiddel *n.* lubricant
smøreri *n.* daub
smøring *n.* lubrication
smørkærne *n.* churn
småborgerlig *adj.* bourgeois
småkoge *v.* simmer
smålig *adj.* petty
småspise *v.* nibble
snack *n.* snack
snage *v.* pry
snak *n.* chat
snakke *v.* chat
snakken *v.* chatter
snakkesalig *adj.* talkative
snakkesalighed *n.* talkativeness
snakkesaligt *adv.* talkatively
snare *n.* snare
snarrådig *adj.* resourceful
snart *adv.* soon
snask *n.* goo
snavs *n.* dirt
snavset *adj.* dirty
sne *n.* snow
sne *v.* snow
snedig *adj.* sly
snedighed *n.* cunning
snedker *n.* joiner
snedækket *adj.* snowy
snegl *n.* snail
snerpe *n.* prude
snerre *v.* snarl
snerren *n.* snarl
snestorm *n.* blizzard

snige *v.* sneak	**sofist** *n.* sophist
snigende *adv.* stealthily	**sofistikeret** *adj.* sophisticated
snigmord *n.* assassination	**sogn** *n.* parish
snigmorder *n.* assassin	**sognepræst** *n.* vicar
snigmyrde *v.* assassinate	**soignere** *v.* groom
snit *n.* cut	**sok** *n.* sock
snitte *v.* whittle	**sokkel** *n.* socket
sno *v.* twist	**sol** *n.* sun
snob *n.* snob	**sol-** *adj.* solar
snobberi *n.* snobbery	**solaveksel** *adj.* promissory
snobbet *v.* snobbish	**solbrændthed** *n.* tan
snoning *n.* twist	**soldat** *n.* soldier
snor *n.* cord	**sole** *v.* sun
snor *n.* girdle	**solid** *adj.* sturdy
snorke *v.* snore	**solidaritet** *n.* solidarity
snorken *n.* snore	**solist** *n.* soloist
snuble *v.* stumble	**solo** *n.* solo
snubletråd *n.* trapline	**solo** *adv.* solo
snude *n.* snout	**solo-** *adj.* solo
snudebille *n.* weevil	**solrig** *adj.* sunny
snumblen *n.* stumble	**solvens** *n.* solvency
snuppe *v.* snatch	**solvent** *adj.* solvent
snuppen *n.* snatch	**som** *pron.* as, which
snurretop *n.* whirligig	**som** *prep.* like
snus *n.* snuff	**sommer** *n.* summer
snusket *adj.* sordid	**sommerfugl** *n.* butterfly
snyd *n.* trickery	**sommerlig** *adj.* aestival
snyde *v.* cheat	**sonde** *n.* probe
snyder *n.* cheater	**sondere** *v.* probe
snæver *adj.* narrow	**sone** *v.* atone
snøft *n.* sniff	**sonet** *n.* sonnet
snøfte *v.* sniff	**soning** *n.* atonement
snøre *v.* lace	**sonisk** *adj.* sonic
so *n.* sow	**sorg** *n.* grief
social *n.* social	**sorgfuld** *n.* mournful
socialisme *n.* socialism	**sort** *adj.* black
socialist *n.* socialist	**sort** *adj.* black
sociologi *n.* sociology	**sort** *n.* sort
sod *n.* soot	**sortere** *v.* sort
sodomi *n.* sodomy	**sortliste** *n.* blacklist
sodomit *n.* sodomite	**sortliste** *v.* blacklist
sofa *n.* sofa	**souvenir** *n.* memento
sofism *n.* sophism	**sove** *v.* sleep

sovende *adv.* asleep
sovende *n.* sleeper
sovesal *n.* dormitory
soveværelse *n.* bedroom
sovs *n.* sauce
sovse *v.* sauce
spade *n.* spade
spalte *n.* fissure
spand *n.* bucket
spanier *n.* Spaniard
spankulere *v.* strut
spankulere *v.* swagger
spankuleren *n.* swagger
spansk *adj.* Spanish
spansk *n.* Spanish
spare *v.* save
spark *n.* kick
sparke *v.* kick
sparsom *adj.* meagre
sparsomhed *n.* scant
sparsommelig *adj.* frugal
sparsommelighed *n.* thrift
spasme *n.* spasm
specialisere *v.* specialize
specialisering *n.* specialization
specialist *n.* specialist
specialitet *n.* speciality
speciel *adj.* special
specificere *v.* specify
specifik *adj.* specific
specifikation *n.* specification
spedalsk *n.* leper
spedalsk *adj.* leprous
spedalskhed *n.* leprosy
speeder *n.* throttle
spejder *n.* scout
spejl *n.* mirror
spejle *v.* mirror
spektakulær *adj.* spectacular
spekulation *n.* speculation
spekulere *v.* speculate
spermacet *n.* cetin
spermacet- *adj.* cetylic

spidde *v.* spike
spids *n.* point
spids *adj.* pointed
spids *n.* tip
spidsmus *n.* shrew
spidsrod *n.* gauntlet
spidst *adv.* pointedly
spil *n.* game
spild *n.* waste
spilde *v.* spill
spildevand *n.* sewage
spille *v.* gamble
spillekort *n.* playcard
spilleliste *n.* setlist
spiller *n.* player
spinat *n.* spinach
spind *n.* web
spinde *v.* purr
spindel *n.* spindle
spindelsvæv *n.* cobweb
spinden *n.* purr
spinder *n.* spinner
spinkel *adj.* tenuous
spinkelt *adv.* tenuously
spion *n.* spy
spionere *v.* spy
spir *n.* steeple
spiral *n.* spiral
spiralformet *adj.* spiral
spire *v.* sprout
spire *n.* sprout
spirende *adj.* nascent
spiring *n.* germination
spiritisme *n.* spiritualism
spiritist *n.* spiritualist
spirituel *adj.* spiritual
spiritus *n.* liquor
spise *v.* dine
spisekammer *n.* pantry
spiselig *adj.* edible
spiserørs- *adj.* esophageal
splejset *adj.* puny
splint *n.* splinter

splintre v. shatter	spydig adj. wry
splitte v. split	spydighed n. taunt
splittelse n. split	spydspids n. spearhead
splittet adj. factious	spyt n. saliva
spole n. reel	spytslikker n. sycophant
spole v. reel	spytslikkeri n. sycophancy
spolere v. spoil	spytte v. spit
sponsor n. sponsor	spyttebakke n. spittoon
sponsorere v. sponsor	spædbarn n. infant
spontan adj. spontaneous	spædbarnssikret adj. babyproof
spontanitet n. spontaneity	spækhugger n. orca
spor n. trace	spænde n. buckle
sporadisk adj. sporadic	spænde v. strap
sporbar adj. traceable	spænde- adj. tensor
spore n. spur	spænding n. voltage
spore v. trace	spændstig adj. supple
sporer n. tracker	spændt adj. tense
sporskiftearbejde n. pointwork	spændvidde n. span
sport n. sport	spærreild n. barrage
sportslig adj. sportive	spøg n. prank
sporvogn n. tram	spøge v. jest
sprængfarlig adj. explosive	spøgelse n. ghost
sprængning n. blowout	spørge v. ask
sprængstof n. explosive	spørgende adj. interrogative
spraydåse adj. aerosol	spørgeord n. interrogative
sprede v. disperse	spørgeskema n. questionnaire
spredt adj. scattered	spørgsmål n. question
spredt adv. scatteringly	spåner n. shavings
spring n. leap	stabil adj. stable
springe v. vault	stabilisere v. stabilize
sprint n. sprint	stabilisering n. stabilization
sprinte v. sprint	stabilitet n. stability
sprog n. language	stadium n. stadium
sprogbrug n. parlance	stage v. pole
sproglig adj. lingual	stagnation n. stagnation
sprød adj. crisp	stagnere v. stagnate
sprødgøre v. crispen	stagnerende adj. stagnant
sprøjt n. spurt	stald n. stable
sprøjte v. spray	stamme v. stammer
sprøjte n. syringe	stamme n. tribe
spurv n. sparrow	stamme- adj. tribal
spyd n. spear	stammer n. stammer
spyde v. spear	stampe v. stump

stamtavle *n.* pedigree
standard *n.* standard
standard *adj.* standard
standardindstilling *n.* default
standardisere *v.* standardize
standardisering *n.* standardization
standhaftig *adj.* steadfast
standhaftighed *n.* steadiness
standpunkt *n.* standpoint
standse *v.* stop
standsning *n.* stop
stang *n.* pole
stank *n.* stench
start *n.* start
starte *v.* start
statelig *adj.* stately
statelighed *n.* stateliness
statik *n.* statics
station *n.* station
stationær *adj.* stationary
statisk *adj.* static
statistik *n.* statistics
statistiker *n.* statistician
statistisk *adj.* statistical
stativ *n.* rack
statsborgerskab *n.* citizenship
statsform *n.* polity
statsmand *n.* statesman
statsminister *n.* premier
statssamfund *n.* commonwealth
statue *n.* statue
statur *n.* stature
status *n.* standing
statut *n.* statute
staude *n.* perennial
stave *v.* spell
stavelse *n.* syllable
stavelses- *adj.* syllabic
sted *n.* place
stedfortræder *n.* deputy
stedsegrøn *adj.* evergreen
steg *n.* roast
stege *v.* fry

stegt *adj.* roast
stejl *adj.* steep
stemme *n.* voice
stemme *v.* vote
stemme- *adj.* vocal
stemmeret *n.* suffrage
stemmeseddel *n.* ballot
stempel *n.* piston
stemple *v.* stamp
sten *n.* stone
stenbrud *n.* quarry
Stenbukken *n.* Capricorn
stencil *n.* stencil
stencilere *v.* stencil
stendysse *n.* dolmen
stene *v.* stone
stenet *adj.* stony
stenmur *n.* rubblework
stenograf *n.* stenographer
stenografi *n.* stenography
steppe *n.* steppe
stereotyp *n.* stereotype
stereotyp *adj.* stereotyped
steril *adj.* sterile
sterilisere *v.* sterilize
sterilisering *n.* sterilization
sterilitet *n.* sterility
sterling *n.* sterling
sterling- *adj.* sterling
stetoskop *n.* stethoscope
steward *n.* steward
sti *n.* path
stift *n.* diocese
stifter *n.* founder
stigbøjle *n.* stirrup
stige *n.* ladder
stige *v.* rise
stigma *n.* stigma
stigning *n.* rise
stik *adv.* due
stik *n.* prick
stikke *v.* sting
stikkelsbær *n.* gooseberry

stil *n.* style	**stoppe** *v.* stop
stilhed *n.* silence	**stor** *adj.* big
stilk *n.* stalk	**storby** *n.* city
stilkløs *adj.* scapeless	**storhedstid** *n.* heyday
stillads *n.* scaffold	**stork** *n.* stork
stillbillede *n.* still	**storm** *n.* gale
stille *adj.* quiet	**storme** *v.* storm
stillehavs- *adj.* pacific	**stormende** *adj.* stormy
stillesiddende *adj.* sedentary	**stormende** *adj.* tempestuous
stillestående *adj.* stale	**stormløb** *n.* onslaught
stilling *n.* position	**storsindet** *adj.* magnanimous
stilstand *n.* standstill	**storsindethed** *n.* magnanimity
stiltiende *adj.* tacit	**storslået** *adj.* magnificent
stime *n.* shoal	**storslåethed** *n.* grandeur
stimulant *n.* stimulant	**straf** *n.* punishment
stimulere *v.* stimulate	**straffe** *v.* penalize
stimulus *n.* stimulus	**straffe-** *adj.* penal
sting *n.* stitch	**straffefange** *n.* convict
stinke *v.* stink	**straffende** *adj.* punitive
stinkende *adj.* rank	**straks** *adv.* instantly
stipendium *n.* scholarship	**stram** *adj.* taut
stipulere *v.* stipulate	**stramme** *v.* tighten
stirre *v.* stare	**stramt** *adv.* tautly
stirren *n.* stare	**strand** *n.* beach
stirrende *adv.* agaze	**strand-** *adj.* beachfront
stiv *adj.* rigid	**strandbo** *n.* shoreweed
stive *v.* starch	**strande** *v.* strand
stivelse *n.* starch	**strandgænger** *n.* beachergoer
stivnakket *adj.* headstrong	**strategi** *n.* strategy
stivne *v.* stiffen	**strategiker** *n.* strategist
stjerne *n.* star	**strategisk** *adj.* strategic
stjerne- *adj.* stellar	**strejfe** *v.* stray
stjerneklar *adj.* starry	**strejfende** *adj.* stray
stjernetåge *n.* nebula	**strejke** *n.* picket
stjernetegn *n.* zodiac	**streng** *adj.* stern
stjæle *v.* steal	**streng** *n.* string
stof *n.* substance	**strenghed** *n.* rigour
stoffer *n.* dope	**stress** *n.* stress
stoiker *n.* stoic	**stresse** *v.* stress
stol *n.* chair	**stribe** *n.* stripe
stole *v.* trust	**strid** *n.* dispute
stolt *adj.* proud	**stridbar** *adj.* belligerent
stolthed *n.* pride	**stridbarhed** *n.* belligerency

strides *v.* feud	**stum** *adj.* mute
stridsvogn *n.* chariot	**stum** *n.* mute
strikke *v.* knit	**stump** *adj.* blunt
strime *n.* weal	**stump** *n.* stub
strimmel *n.* strip	**stumper** *n.* debris
stringent *adj.* stringent	**stunt** *n.* stunt
strofe *n.* stanza	**stuve** *v.* stow
strop *n.* strap	**stykke** *n.* piece
struds *n.* ostrich	**stylteløber** *n.* stilt
struktur *n.* structure	**styre** *v.* steer
strukturel *adj.* structural	**styrekugle** *n.* trackball
stryge *v.* iron	**styrke** *n.* strength
stræbe *v.* aspire	**styrke** *v.* strengthen
stræbe *v.* strive	**styrtdyk** *n.* dive
stræben *n.* aspiration	**styrtdykke** *v.* dive
stræde *n.* strait	**styrte** *v.* crash
strækbar *adj.* tensible	**styrtregn** *n.* downpour
strækbar *adj.* tensile	**stædig** *adj.* stubborn
strækbarhed *n.* tensility	**stædighed** *n.* obstinacy
strække *v.* range	**stærk** *adj.* strong
strække *v.* stretch	**stævne** *n.* rally
strækning *n.* stretch	**stævnemøde** *n.* date
strø *v.* strew	**stævning** *n.* writ
strødåse *n.* duster	**støbe** *v.* mould
strøm *n.* current	**støbejerns-** *adj.* cast-iron
strømafbrydelse *n.* outage	**støber** *n.* caster
strømme *v.* flow	**støberi** *n.* foundry
strømpe *n.* stocking	**stød** *n.* thrust
strømpeholder *n.* garter	**støde** *v.* butt
strå *n.* straw	**stødtand** *n.* tusk
stråle *v.* beam	**størkne** *v.* congeal
stråle *n.* ray	**større** *adj.* major
strålende *adj.* radiant	**størrelse** *n.* size
stråling *n.* refulgence	**støtte** *v.* support
stråtag *n.* thatch	**støtte** *n.* support
stubbe *n.* stubble	**støv** *n.* dust
stud *n.* bullock	**støver** *n.* hound
studentereksamen *n.* baccalaureate	**støvgran** *n.* mote
studere *v.* study	**støvle** *n.* boot
studerende *n.* student	**støvregn** *n.* drizzle
studium *n.* study	**støvregne** *v.* drizzle
studs *adj.* curt	**støvsuge** *v.* vacuum
stuepige *n.* maid	**stå** *v.* stand

ståhej *n.* ado	**suppleringsvalg** *n.* by-election
stål *n.* steel	**sur** *adj.* sour
subjekt *n.* subject	**surfbræt** *n.* sailboard
subjektiv *adj.* subjective	**surfe** *v.* surf
sublim *adj.* sublime	**surhed** *n.* acidity
sublime *n.* sublime	**suse** *v.* whiz
sublimere *v.* sublimate	**suspendere** *v.* suspend
sublimitet *n.* sublimity	**suspension** *n.* suspension
subsidier *n.* subsidy	**sut** *n.* comforter
subsidiere *v.* subsidize	**sutur** *n.* commissure
subsistensløs *adj.* destitute	**suveræn** *adj.* sovereign
substantiel *adj.* pointful	**suverænitet** *n.* sovereignty
substitution *n.* substitution	**svag** *adj.* weak
succes *n.* success	**svaghed** *n.* weakness
sufflør *n.* prompter	**svagsynet** *n.* purblind
suge *v.* suck	**svaje** *v.* sway
sugen *n.* suck	**svamp** *n.* fungus
suggestiv *adj.* suggestive	**svampeformering** *n.* abjunction
suicidal *adj.* suicidal	**svane** *n.* swan
suite *n.* suite	**svar** *n.* answer
suk *n.* sigh	**svare** *v.* reply
sukke *v.* sigh	**sved** *n.* sweat
sukker *n.* sugar	**svede** *v.* sweat
sukkersød *adj.* saccharine	**svejse** *v.* weld
sukkersyge *n.* diabetes	**svejsning** *n.* weld
sukre *v.* sugar	**svejtser** *n.* Swiss
sult *n.* hunger	**svejtsisk** *adj.* Swiss
sulte *v.* starve	**svide** *v.* singe
sulten *adj.* hungry	**svie** *v.* smart
summarisk *adj.* summary	**svien** *n.* smart
summe *v.* hum	**svig** *n.* guile
summen *n.* buzz	**svigerfamilie** *n.* in-laws
sump *n.* marsh	**svin** *n.* pig
sumpet *adj.* marshy	**svindel** *n.* swindle
sumpland *n.* everglade	**svindle** *v.* swindle
sund *adj.* healthy	**svindler** *n.* swindler
superfin *adj.* superfine	**svinefedt** *n.* lard
superlativ *n.* superlative	**svinekød** *n.* pork
supermand *n.* superman	**sving** *n.* swing
suppe *n.* soup	**svinge** *v.* swing
supplement *n.* supplement	**svire** *v.* booze
supplere *v.* supplement	**svirebroder** *n.* reveller
supplerende *adj.* supplementary	**sviren** *n.* revelry

svitse *v.* sear
svitset *adj.* seared
svitsning *n.* sear
svovl *n.* sulphur
svovl- *adj.* sulphuric
svulme *v.* swell
svulmen *n.* swell
svulst *n.* tumour
svække *v.* weaken
svækkelse *n.* decline
svækkes *v.* decline
svækket *adj.* debile
svækling *n.* weakling
sværd *n.* sword
sværge *v.* swear
sværm *n.* swarm
sværme *v.* swarm
sværmeri *n.* fancy
sværte *v.* blacken
svæveplan *n.* glider
svømme *v.* swim
svømmer *n.* swimmer
svømmetur *n.* swim
sweater *n.* pullover
sweater *n.* sweater
sweeper *n.* sweeper
sy *v.* sew
syd *n.* south
syde *v.* sizzle
syden *n.* sizzle
sydlig *adj.* southern
sydning *n.* decrepitation
sydpå *adv.* south
sydpolar *adj.* antarctic
syg *adj.* ill
sygdom *n.* illness
sygdomshistorie *n.* anamnesis
sygeleje *n.* sickbed
sygelig *adj.* sickly
sygeplejerske *n.* nurse
sygne *v.* languish
sylfide *n.* sylph
syltetøj *n.* jam

symbiose *n.* symbiosis
symbiot *n.* symbiote
symbol *n.* token
symbolisere *v.* symbolize
symbolisere *v.* typify
symbolisme *n.* symbolism
symbolsk *adj.* symbolic
symfoni *n.* symphony
symmetri *n.* symmetry
symmetrisk *adj.* symmetrical
sympati *n.* sympathy
sympatisere *v.* sympathize
sympatisk *adj.* sympathetic
symposium *n.* symposium
symptom *n.* symptom
symptomatisk *adj.* symptomatic
syn *n.* sight
synd *n.* sin
synde *v.* sin
syndebuk *n.* scapegoat
synder *n.* sinner
syndig *adj.* sinful
syndsforladelse *n.* absolution
synergi *n.* synergy
synes *v.* seem
synge *v.* sing
synke *v.* swallow
synken *n.* swallow
synlig *adj.* visible
synlighed *n.* visibility
synonym *n.* synonym
synonymt *adj.* synonymous
synopsis *n.* synopsis
syns- *adj.* visual
synsk *adj.* psychic
synspunkt *n.* aspect
synstab *n.* amaurosis
syntaks *n.* syntax
syntese *n.* synthesis
syntetisk *adj.* synthetic
syre *n.* acid
syren *n.* lilac
syreneutraliserende *adj.* antacid

system *n.* system
systematisere *v.* systematize
systematisk *adj.* systematic
sytten *n.* seventeen
syttende *adj.* seventeenth
syv *adj.* seven
syvende *adj.* seventh
syvtal *n.* seven
sæbe *n.* soap
sæbet *adj.* soapy
sæd *n.* semen
sædcelle *n.* sperm
sæde *n.* seat
sædvanlig *adj.* accustomed
sædvanligvis *adv.* usually
sæk *n.* sack
sækkepibe *n.* bagpipe
sækkepibespiller *n.* bagpiper
sæl *n.* seal
sælge *v.* sell
sælger *n.* seller
sælskind *n.* sealskin
sænke *v.* lower
sær *adj.* queer
særdeleshed *n.* particular
særhed *n.* peculiarity
særlig *adj.* particular
særligt *adv.* particularly
særling *n.* wacko
sæson *n.* season
sæson- *adj.* seasonal
sæt *n.* set
sætte *v.* put
sø *n.* lake
sød *adj.* sweet
søde *v.* sweeten
sødme *n.* sweetness
sødygtighed *n.* seakeeping
søfarer *n.* seafarer
søgbarhed *n.* searchability
søge *v.* search
søgelys *n.* searchlight
søgen *n.* quest

søgning *n.* search
søjle *n.* pillar
søjlegang *n.* cloister
søløve *n.* sealion
sølv *n.* silver
sølv- *adj.* silver
sølvbelægge *v.* silver
søm *n.* stud
sømand *n.* mariner
sømme *v.* nail
sømmelighed *n.* decorum
søn *n.* son
søndag *n.* Sunday
sønderrivning *n.* dilaceration
søpindsvin *n.* echinid
sørge *v.* grieve
sørgelig *adj.* dolorous
sørgende *n.* mourner
sørgesang *n.* lament
sørgmodig *adj.* woebegone
sørøveri *n.* piracy
søster *n.* sister
søsterlig *adj.* sisterly
søulk *n.* seadog
søvn *n.* sleep
søvngænger *n.* somnambulist
søvngængeri *n.* somnambulism
søvnig *adj.* somnolent
søvnighed *n.* somnolence
søvnløs *adj.* wakeful
så *adv.* so
så *conj.* so
så *v.* sow
sådan *adj.* such
sådan *pron.* such
sål *n.* sole
således *adv.* thus
sår *n.* wound
sårbar *adj.* vulnerable
såre *v.* wound
sårskorpe *n.* scab

T

tab *n.* loss
tabel *n.* table
tabellarisk *adj.* tabular
tabellere *v.* tabulate
tabellering *n.* tabulation
tablet *n.* tablet
tabloidavis *n.* tabloid
tabu *n.* taboo
tabu- *adj.* taboo
tabuisere *v.* taboo
tabulator *n.* tabulator
taburet *n.* stool
tackle *v.* tackle
tag *n.* roof
tagetes *n.* marigold
tagskæg *n.* eave
tak *int.* shot
tak *n.* thanks
takeaway *n.* takeaway
takeaway- *adj.* takeaway
takeoff *n.* takeoff
takke *v.* thank
taknemmelig *adj.* grateful
taknemmelighed *n.* gratitude
takst *n.* tariff
taktfuld *adj.* tactful
taktik *n.* tactics
taktiker *n.* tactician
taktil *adj.* tactile
taktstok *n.* baton
tal *n.* number
tala *n.* tala
talbot *n.* talbot
tale *v.* speak
tale *n.* speech
talekunst *n.* oratory
talemåde *n.* adage
talent *n.* aptitude
taler *n.* speaker
talesprogspræget *adj.* colloquial
talg *n.* tallow
talisman *n.* talisman
talje *n.* waist
talkum *n.* talc
tallerken *n.* plate
talløs *adj.* numberless
talord *n.* numeral
talrig *adj.* numerous
talsmand *n.* spokesman
tam *adj.* tame
tamarinde *n.* tamarind
tampon *n.* tampon
tand *n.* tooth
tandem *n.* tandem
tandem- *adv.* tandem
tandem- *adj.* tandem
tandhjul *n.* gearwheel
tandhjulssæt *n.* gearset
tandlæge *n.* dentist
tandpine *n.* toothache
tandsten *n.* scale
tang *n.* tongs
tangent *n.* tangent
tango *n.* tango
tank *n.* tank
tanke *n.* thought
tankefuld *adj.* thoughtful
tankeløs *adj.* wanton
tanker *n.* tanker
tante *n.* aunt
tantra *n.* tantra
tantrisk *adj.* tantric
tappe *v.* tap
tapper *adj.* valiant
tapperhed *n.* valour
tapperi *n.* bottler
taramit *n.* taramite
tarantisme *n.* tarantism
tarm *n.* intestine
tarm- *adj.* intestinal
tarvelig *adj.* mean

tastatur *n.* keypad
taste *v.* key
tatovere *v.* tattoo
tatovering *n.* tattoo
taxi *n.* taxicab
taxibus *n.* taxibus
taxichauffør *n.* cabby
taxie *v.* taxi
T-bone *n.* T-bone
te *n.* tea
teaktræ *n.* teak
teambuilding *n.* teambuilding
teaser *n.* teaser
teater *n.* theatre
teater- *adj.* theatrical
tebrev *n.* teabag
tebrygger *n.* teamaker
teenager *n.* teenager
tegn *n.* sign
tegneserie *n.* cartoon
tegneserie *n.* comic
tegneserietegner *n.* cartoonist
tegning *n.* drawing
tegnsætning *n.* punctuation
tehus *n.* teahouse
teisme *n.* theism
teist *n.* theist
tekage *n.* teacake
teknik *n.* technique
teknikalitet *n.* technicality
tekniker *n.* technician
tekniker *n.* techy
teknisk *adj.* technical
teknofil *n.* technophile
teknofob *n.* technophobe
teknolog *n.* technologist
teknologi *n.* technology
teknologinørd *n.* technomad
teknologisk *adj.* technological
teknomani *n.* technomania
teknomusik *n.* technomusic
tekop *n.* teacup
tekst *n.* text

tekst- *adj.* textual
tekstil *n.* textile
tekstil- *adj.* textile
tekstur *n.* texture
tektonisk *adj.* tectonic
telefon *n.* phone
telefonere *v.* phone
telefonkursus *n.* telecourse
telegraf *n.* telegraph
telegrafere *v.* telegraph
telegrafi *n.* telegraphy
telegrafisk *adj.* telegraphic
telegrafist *n.* telegraphist
telegram *n.* telegram
teleguide *n.* teleguide
telejournalistik *n.* telejournalism
telekinese *n.* telekinesis
telekinesisk *adj.* telekinetic
telekommunikation *n.* telecommunications
telekonference *n.* teleconference
telekopimaskine *n.* telecopier
telemarketing *n.* telemarketing
telematisk *adj.* telematic
telemetri *n.* telemetry
teleolog *n.* teleologist
teleologi *n.* teleology
teleologisk *adj.* teleologic
teleoperatør *n.* teleoperator
telepati *n.* telepathy
telepatiker *n.* telepathist
telepatisk *adj.* telepathic
teleport *n.* teleport
teleportation *n.* teleportation
teleportere *v.* teleport
teleprompter *n.* teleprompter
teleshopper *n.* teleshopper
teleshopping *n.* teleshopping
teleskop *n.* telescope
teleskopisk *adj.* telescopic
teleskopisk *n.* telescopy
teletext *n.* teletext
telt *n.* tent

teltproducent *n.* tentmaker
teltstang *n.* tentpole
tema *n.* theme
tematisk *adj.* thematic
temmelig *adv.* pretty
tempel *n.* temple
temperament *n.* temper
temperamentsfuld *adj.* temperamental
temperatur *n.* temperature
temperere *v.* temperate
tempereret *adj.* temperate
tempo *n.* pace
tendens *n.* trend
tennis *n.* tennis
tenor *n.* tenor
tenor- *adj.* tenor
tensor *n.* tensor
teokrati *n.* theocracy
teolog *n.* theologian
teologi *n.* theology
teologisk *adj.* theological
teorem *n.* theorem
teoretiker *n.* theorist
teoretisere *v.* theorize
teoretisk *adj.* theoretical
teori *n.* theory
tepotte *n.* teapot
tequila *n.* tequila
terabase *n.* terabase
terabit *n.* terabit
terabyt *n.* terabyte
terajoule *n.* terajoule
terapi *n.* therapy
terminal *n.* terminal
terminologi *n.* terminology
terminologisk *adj.* terminological
termit *n.* termite
termoflaske *n.* thermos
termokande *n.* flask
termometer *n.* thermometer
terning *n.* dice
terningformet *adj.* cubical

terpen *n.* rote
terpentin *n.* turpentine
terrakotta *n.* terracotta
terrakotta- *adj.* terracotta
terrasse *n.* terrace
terrier *n.* terrier
territorial *adj.* territorial
territorium *n.* territory
terrorisere *v.* terrorize
terrorisme *n.* terrorism
terrorist *n.* terrorist
terræn *n.* terrain
tertianfeber *n.* tertian
tertiansk *adj.* tertian
tertiær *n.* tertiary
tesserakt *n.* tesseract
test *n.* test
testamente *n.* will
testamentere *v.* will
teste *v.* test
testikel *n.* testicle
testosteron *n.* testosterone
tetrafisk *n.* tetra
teæske *n.* teabox
ti *n.* ten
tiår *n.* decennary
tiara *n.* tiara
tid *n.* time
tidender *n. pl.* tidings
tidevand *n.* tide
tidevands- *adj.* tidal
tidlig *adj.* early
tidligere *adv.* formerly
tidligere *adj.* previous
tidligt *adv.* early
tidobbelt *adj.* tenfold
tids- *adj.* temporal
tidsel *n.* thistle
tidsplan *n.* schedule
tidspunkt *n.* moment
tidsskrift *n.* periodical
tie *v.* hush
tiende *adj.* tenth

tiende *n.* tithe
tiger *n.* tiger
tigge *v.* beg
tigger *n.* beggar
tikke *v.* tick
tikken *n.* tick
til *prep.* for
tilbage *adv.* back
tilbagebetale *v.* reimburse
tilbagebetaling *n.* reimbursement
tilbageblik *n.* retrospection
tilbagedatere *v.* post-date
tilbagefald *n.* relapse
tilbageholde *v.* detain
tilbageholdende *adj.* reticent
tilbageholdenhed *n.* reticence
tilbagekalde *v.* revoke
tilbagekaldelse *n.* revocation
tilbagekastning *n.* anaclasis
tilbageslag *n.* setback
tilbagespring *n.* rebound
tilbagetrækning *n.* withdrawal
tilbagevenden *n.* recurrence
tilbagevenden *n.* return
tilbagevendende *adj.* recurrent
tilbede *v.* worship
tilbedelse *n.* adoration
tilbeder *n.* votary
tilbehør *n.* accompaniment
tilbøjelighed *n.* bias
tilbud *n.* offer
tilbyde *v.* offer
tildele *v.* allot
tildeling *n.* allotment
tilfælde *n.* instance
tilfældig *adj.* incidental
tilfangetagelse *n.* capture
tilflugtssted *n.* sanctuary
tilfreds *adj.* content
tilfredshed *n.* satisfaction
tilfredsstille *v.* satisfy
tilfredsstillelse *n.* gratification
tilfredsstillende *adj.* satisfactory

tilføje *v.* add
tilføjelse *n.* addition
tilgang *n.* approach
tilgive *v.* forgive
tilgivelig *adj.* pardonable
tilgængelig *adj.* available
tilgængelighed *n.* accessibility
tilhænger *n.* follower
tilhold *n.* injunction
tilholdssted *n.* haunt
tilhøre *v.* belong
tilhørsforhold *n.* affiliation
tilintetgøre *v.* destroy
tilintetgørelse *n.* annihilation
tilknappet *adv.* aloof
tilknytning *n.* attachment
tilknytte *v.* affiliate
tillade *v.* allow
tilladelig *adj.* admissible
tilladelse *n.* permission
tillid *n.* trust
tillidsfuld *adj.* trustful
tillokkelse *n.* allurement
tillægge *v.* attribute
tillægsafgift *n.* surcharge
tilpasning *n.* adaptation
tilpasse *v.* adapt
tilrane *v.* usurp
tilranelse *n.* usurpation
tilråb *n.* barrack
tilrådelig *adj.* advisable
tilrådelighed *n.* advisability
tilsigtet *adj.* intentional
tilskrive *v.* ascribe
tilskud *n.* grant
tilskuer *n.* spectator
tilskynde *v.* urge
tilslutte *v.* attach
tilsløre *v.* veil
tilsmudse *v.* besmirch
tilsmudsning *n.* deturpation
tilsode *v.* soot
tilstand *n.* state

tilstedeværelse *n.* presence	tjener *n.* waiter
tilstedeværende *adj.* present	tjørn *n.* hawthorn
tilstødende *adj.* contiguous	to *n.* two
tilstrækkelig *adj.* sufficient	toårig *adj.* biennial
tilstrækkelighed *n.* adequacy	tobak *n.* tobacco
tilstrækkeligt *adj.* adequate	tobenet dyr *n.* biped
tilstå *v.* confess	tofoldig *adj.* twofold
tilståelse *n.* confession	tog *n.* train
tilsvarende *adj.* equivalent	toga *n.* toga
tilsvine *v.* soil	tohjørnet *adj.* biangular
tilsyn *n.* oversight	tohundredårsdag *adj.* bicentenary
tilsynsførende *n.* superintendent	toilet *n.* lavatory
tiltagende *adj.* rampant	toksifikation *n.* toxification
tiltale *v.* indict	toksikolog *n.* toxicologist
tiltale *n.* indictment	toksikologi *n.* toxicology
tiltalende *adj.* sightly	toksin *n.* toxin
tiltaler *n.* addresser	tolerance *n.* tolerance
tiltræde *v.* accede	tolerant *adj.* tolerant
tiltræder *n.* acceder	tolerere *v.* tolerate
tiltrække *v.* attract	tolk *n.* interpreter
tiltrækkende *adj.* attractive	tolv *n.* twelve
tiltrækning *n.* attraction	tolvte *adj.* twelfth
tilvækst *n.* increment	tolvtedel *n.* twelfth
time *n.* hour	tom *adj.* empty
timeglas *n.* sandglass	tomat *n.* tomato
tinde *n.* pinnacle	tome *n.* tome
tindre *v.* sparkle	tomme *n.* inch
tindre *v.* twinkle	tommelfinger *n.* thumb
tindren *n.* sparkle	tomrum *n.* void
tindren *n.* twinkle	ton *n.* ton
ting *n.* thing	tone *v.* tinge
tingmøde *n.* moot	tone *n.* tone
tinktur *n.* tincture	tonsur *n.* tonsure
tinte *v.* tincture	top *n.* summit
tirade *n.* tirade	topas *n.* topaz
titanisk *adj.* titanic	topograf *n.* topographer
titel *n.* title	topografi *n.* topography
titulær *adj.* titular	topografisk *adj.* topographical
tjære *n.* tar	topolet *adj.* bipolar
tjek *n.* check	toppe *v.* top
tjekke *v.* check	toppunkt *n.* apex
tjekliste *n.* checklist	topskat *n.* supertax
tjene *v.* serve	torden *n.* thunder

tordne *v.* thunder	**transcendentalisere** *v.*
tordnende *adj.* thunderous	transcendentalize
torn *n.* thorn	**transcendentalt** *adv.*
tornado *n.* tornado	transcendentally
tornet *adj.* thorny	**transcendere** *v.* transcend
torpedere *v.* torpedo	**transcenderende** *adv.*
torpedo *n.* torpedo	transcendingly
torsdag *n.* Thursday	**transduktion** *n.* cotransfer
torsk *n.* cod	**transfiguration** *n.* transfiguration
tortur *n.* torture	**transit** *n.* transit
torturere *v.* torture	**transitiv** *adj.* transitive
tosidet *adj.* bifacial	**transmission** *n.* transmission
tosproget *adj.* bilingual	**transmittere** *v.* transmit
tosse *n.* nutcase	**transpirere** *v.* perspire
tosset *adj.* mad	**transplantat** *n.* graft
total *adj.* overall	**transplantation** *n.* transplantation
total *n.* total	**transplantationspatient** *n.*
totalitær *adj.* totalitarian	transplantee
totalitet *n.* totality	**transplantere** *v.* graft
trackback *n.* trackback	**transport** *n.* transport
tradition *n.* tradition	**transport** *n.* transportation
traditionel *adj.* traditional	**transportere** *v.* transport
trafik *n.* traffic	**transportfirma** *n.* carrier
trafikdæmning *n.* causeway	**transskribere** *v.* transcribe
trafikdrab *n.* roadkill	**transskription** *n.* transcription
tragedie *n.* tragedy	**trapez** *n.* trapeze
tragiker *n.* tragedian	**trapezkunstner** *n.* trapezist
tragisk *adj.* tragic	**trappegelænder** *n.* bannister
trailer *n.* trailer	**traske** *v.* plod
trakea *n.* trachea	**traumatisk** *adj.* traumatic
trakeoskopi *n.* tracheoscopy	**traumatologi** *n.* traumatology
traktat *n.* treaty	**traume** *n.* trauma
traktor *n.* tractor	**trav** *n.* trot
trampe *v.* trample	**trave** *v.* trot
trampe ned *v.* conculcate	**travers** *n.* traverse
trance *n.* trance	**travl** *adj.* busy
tranche *n.* traunch	**trawl** *n.* trawl
tranche- *adj.* traunch	**trawle** *v.* trawl
transaktion *n.* transaction	**trawler** *n.* trawlboat
transceive *v.* transceive	**tredive** *n.* thirty
transceiver *n.* transceiver	**tredivte** *adj.* thirtieth
transcendent *adj.* transcendent	**tredivtedel** *n.* thirtieth
transcendental *adj.* transcendental	**tredje** *adj.* third

tredobbelt *adj.* triple	**troldmand** *n.* wizard
tredoble *v.* triple	**trolove** *v.* betroth
tredobling *n.* triplication	**trolovelse** *n.* betrothal
treenighed *n.* trinity	**trolovet** *adj.* betrothed
treer *n.* third	**tromle** *n.* roller
trefarvet *adj.* tricolour	**tromme** *n.* drum
trefod *n.* tripod	**tromme** *v.* drum
trefold *adv.* thrice	**trommefisk** *n.* drumfish
trekant *n.* triangle	**trommeslag** *n.* drumbeat
trekantet *adj.* triangular	**trompet** *n.* trumpet
tremmeværk *n.* lattice	**trone** *n.* throne
tres *n.* sixty	**trop** *n.* troop
tresidig *adj.* tripartite	**tropisk** *adj.* tropical
tresindstyvendedel *adj.* sixtieth	**troskab** *n.* fidelity
tretal *n.* three	**troværdig** *adj.* credible
trettende *adj.* thirteenth	**trubadur** *n.* rhymester
trettendedel *n.* thirteenth	**true** *v.* threaten
trettental *n.* thirteen	**truet** *adj.* endangered
trick *n.* trick	**trumf** *n.* trump
trikolore *n.* tricolour	**trup** *n.* troupe
trikotage *n.* hosiery	**trussel** *n.* threat
trille *n.* warble	**tryk** *n.* pressure
trimme *v.* trim	**trykfejl** *n.* misprint
trimning *n.* trim	**trykt** *adj.* adscript
trin *n.* rung	**trylle** *v.* conjure
trio *n.* trio	**tryllebinde** *v.* enthral
trisse *n.* pulley	**tryllekunstner** *n.* magician
trist *adj.* sorry	**tryllestav** *n.* wand
triumf *n.* triumph	**træ** *n.* tree
triumf- *adj.* triumphal	**træ-** *adj.* wooden
triumfere *v.* triumph	**træædende** *adj.* xylophagous
triumferende *adj.* jubilant	**træde** *v.* step
trives *v.* thrive	**trædemølle** *n.* treadmill
triviel *adj.* trivial	**trædeplade** *n.* treadplate
tro *v.* believe	**træder** *n.* treader
tro *n.* faith	**træg** *adj.* inert
trods *n.* defiance	**træk** *n.* move
trodse *v.* breast	**trække** *v.* pull
trodsig *adj.* defiant	**trækkraft** *n.* traction
troende *n.* worshipper	**trækning** *n.* draw
trofast *adj.* stalwart	**træl** *n.* thrall
trofæ *n.* trophy	**trældom** *n.* thralldom
trolddom *n.* sorcery	**træliste** *n.* shiplap

træne v. coach	**tusindben** n. multiped
træne v. train	**tusinde** adj. thousandth
træner n. coach	**tusindfryd** n. daisy
træning n. training	**tv- og filmarbejde** n. screenwork
træningsdragt n. tracksuit	**tvang** n. compulsion
træstamme n. trunk	**tvangs-** adj. forcible
træt adj. sleepy	**tvilling** n. twin
trætte v. tire	**tvillinge-** adj. twin
trættende adj. tedious	**Tvillingerne** n. Gemini
trævlethed n. fibrosity	**tvinge** v. force
trøje n. jersey	**tvivl** n. doubt
trøst n. solace	**tvivle** v. doubt
trøste v. comfort	**tvivlende** adj. doubtful
trøstesløs adj. bleak	**tvivlsom** adj. questionable
tråd n. thread	**tvungen** adj. compulsory
trådløs adj. wireless	**tvær** adj. sullen
trådnet n. mesh	**tværbjælke** n. crossbeam
tube n. tube	**tværfløjte** n. flute
tuberkulose n. tuberculosis	**tværsnit** n. crosscut
tud n. nozzle	**ty** v. resort
tude v. ululate	**tydelig** adj. distinct
tuden n. ululation	**tydeliggøre** v. clarify
tudse n. toad	**tydeliggørelse** n. clarification
tue n. hillock	**tyfon** n. typhoon
tumle v. tumble	**tyfus** n. typhoid
tumlen n. tumble	**tyfus** n. typhus
tumler n. tumbler	**tygge** v. chew
tumpe n. dunce	**tyhkud** n. pachyderm
tumult n. ruckus	**tyk** adj. thick
tumultagtig adj. tumultuous	**tykhovedet** adj. obtuse
tunge n. tongue	**tykhudet** adj. pachidermatous
tunnel n. tunnel	**tykning** n. thick
tur n. trip	**tykt** adv. thick
turban n. turban	**tyktarm** n. colon
turbine n. turbine	**tynd** adj. thin
turbulens n. turbulence	**tyngdekraft** n. gravity
turbulent adj. turbulent	**tyngende** adj. burdensome
turde v. dare	**type** n. type
turisme n. tourism	**typisk** adj. typical
turist n. tourist	**typograf** n. compositor
turne n. roadshow	**tyr** n. bull
turnering n. tournament	**tyran** n. tyrant
tusind n. thousand	**tyranni** n. tyranny

tyrefægtning *n.* tauromachy
tyv *n.* thief
tyve *n.* twenty
tyvende *adj.* twentieth
tyvendedel *n.* twentieth
tyveri *n.* theft
tække *v.* thatch
tælle *v.* count
tælle- *adj.* tally
tællelig *adj.* countable
tælleprås *n.* taper
tæller *n.* counter
tæmme *v.* tame
tænde *v.* fire
tændstik *n.* match
tænke *v.* think
tænker *n.* thinker
tæppe *n.* blanket
tærske *v.* thresh
tærskel *n.* threshold
tæt *adj.* proof
tæt *adj.* close
tæthed *n.* density
tætningsmateriale *n.* sealant
tø *v.* thaw
tøffel *n.* slipper
tøfle *v.* shamble
tøj *n.* clothes
tøjle *n.* bridle
tøjle *v.* rein
tøjler *n.* rein
tøjr *n.* tether
tøjre *v.* tether
tøjte *n.* strumpet
tømme *v.* empty
tømmer *n.* timber
tømning *n.* depletion
tømrer *n.* carpenter
tømrerhåndværk *n.* carpentry
tønde *n.* barrel
tør *adj.* dry
tørke *n.* drought
tørklæde *n.* scarf

tørre *v.* wipe
tørreproces *n.* arefaction
tørret *adj.* dried
tørret *adj.* dry
tørst *n.* thirst
tørste *v.* thirst
tørstig *adj.* thirsty
tøs *n.* wench
tøve *v.* hesitate
tøvejr *n.* thaw
tøven *n.* hesitation
tøvende *adj.* hesitant
tå *n.* toe
tåbelig *adj.* stupid
tåbelighed *n.* stupidity
tåbeligt *adj.* boneheaded
tåge *n.* fog
tågebanke *n.* fogbank
tåget *adj.* foggy
tålelig *adj.* tolerable
tålmodig *adj.* patient
tålmodighed *n.* patience
tåre *n.* tear
tårepersende *adj.* lachrymose
tårn *n.* tower

U

uacceptabel *adj.* unacceptable
uadskillelig *adj.* inseparable
uafhængig *adj.* independent
uafhængighed *n.* independence
uakkurat *adj.* unaccurate
uambivalent *n.* unambivalence
uanmeldt *adj.* unannounced
uanset *adj.* irrespective
uanstændig *adj.* indecent
uanstændighed *n.* indecency
uansvarlig *adj.* irresponsible
uantagelig *adj.* inadmissible

uanvendelig *adj.* inapplicable
uartig *adj.* naughty
uartighed *n.* misbehaviour
ubarmhjertig *adj.* merciless
ubehag *n.* malaise
ubehagelig *adj.* disagreeable
ubehersket *adj.* acratic
ubelejlig *adj.* inopportune
ubelejligt *adj.* inconvenient
ubemandet *adj.* unmanned
über- *adj.* uber
über- *adv.* uber
uberegnelig *adj.* fickle
übernørd *n.* ubergeek
überseksuel *adj.* ubersexual
ubesindig *adj.* impetuous
ubesindighed *n.* impetuosity
ubeskæftiget *adj.* idle
ubeskeden *adj.* immodest
ubeskedenhed *n.* immodesty
ubeskrivelig *adj.* indescribable
ubeslutsomhed *n.* indecision
ubestemt *adj.* indefinite
ubestikkelig *adj.* incorruptible
ubestridelig *adj.* indisputable
ubesværet *adj.* effortless
ubetænksom *adj.* inconsiderate
ubetænksomhed *n.* imprudence
ubetydelig *adj.* insignificant
ubetydelighed *n.* insignificance
ubevægelig *adj.* motionless
ubøjelig *adj.* adamant
ubønhørlig *adj.* inexorable
ubåd *n.* submarine
ucellulære *adj.* acellular
ud *adv.* out
ud af *prep.* out
ud over *prep.* beyond
udadtil *adv.* outwardly
udarbejde *v.* elaborate
udbasunere *v.* trumpet
udbene *v.* deflesh
udbløde *v.* soak

udblødning *n.* soak
udbrede *v.* proliferate
udbredelse *n.* prevalence
udbredt *adj.* widespread
udbrud *n.* outbreak
udbryde *v.* exclaim
udbytte *n.* proceeds
uddanne *v.* educate
uddannelse *n.* education
uddrag *n.* excerpt
uddybe *v.* deepen
uddød *adj.* extinct
ude *adj.* out
udefrakommende *adj.* adscititious
udefter *adv.* outward
udelade *v.* ellipse
udeladelse *n.* omission
udeladelsesprikker *n.* eclipsis
udelelig *adj.* indivisible
udelukke *v.* exclude
uden *prep.* without
uden *adv.* without
udendørs *adj.* outdoor
udenfor *adv.* outside
udenjordisk *adj.* extraterrestrial
udenretslig *adj.* extrajudicial
udfald *n.* outcome
udflugt *n.* excursion
udfolde *v.* unfold
udfordre *v.* challenge
udfordring *n.* challenge
udforme *v.* embody
udfrielse *n.* deliverance
udføre *v.* transact
udførelse *n.* performance
udførlig *adj.* elaborate
udførlighed *n.* fullness
udgang *n.* exit
udgangsforbud *n.* curfew
udgave *n.* edition
udgivelse *n.* publication
udgravning *n.* excavation
udgravningsmateriale *n.* spoil

udgøre v. comprise
udholde v. endure
udholdelig adj. endurable
udholdenhed n. endurance
udholdenhed n. perseverance
udhule v. hollow
udhus n. outhouse
udkant n. outskirts
udkast n. draft
udlede v. emit
udledning n. emittance
udleje v. let
udlevere v. issue
udlevering n. issue
udligne v. even
udluftningsrist n. vent
udløb n. expiry
udløbe v. expire
udløse v. trigger
udløsende adj. causative
udmatte v. fatigue
udmattelse n. fatigue
udmattet adj. weary
udmærke v. excel
udnytte v. harness
udnævne v. appoint
udnævnelse n. appointment
udpege v. anoint
udpeget adj. designated
udpine v. impoverish
udplyndre v. plunder
udregne v. compute
udregning n. calculation
udrense v. purge
udrensende adj. purgative
udrette v. accomplish
udrydde v. eradicate
udryddelse n. eradication
udrydder n. eradicator
udråb n. exclamation
udsætte v. defer
udsættelse n. postponement
udsagnsord n. verb

udsalg n. sale
udseende n. appearance
udsende v. broadcast
udsendelse n. broadcast
udsending n. emissary
udsigt n. view
udsigtstårn n. belvedere
udskære v. carve
udskrive v. discharge
udskrivning n. discharge
udskylle v. irrigate
udskylning n. irrigation
udslette v. raze
udslip n. spill
udslynge v. eject
udslæt n. rash
udsmelte v. smelt
udsmykke v. ornament
udsmykning n. ornamentation
udspekuleret adj. cunning
udsprede v. bruit
udspørge v. question
udstationere v. station
udstede v. issue
udstille v. display
udstilling n. show
udstillingseksemplar n. showpiece
udstopning n. taxidermy
udstrækning n. amplitude
udstråle v. radiate
udstråling n. radiance
udstyr n. equipment
udstyre v. outfit
udstøde adj. outcast
udstødt n. outcast
udsvævelse n. debauch
udsvævelser n. profligacy
udsøgt adj. exquisite
udtale v. pronounce
udtale n. pronunciation
udtømt adj. depleted
udtørre v. parch
udtræde v. secede

udtræden *n.* secession
udtryk *n.* expression
udtrykke *v.* express
udtrykkelig *adj.* express
udtryksfuld *adj.* evocative
udtynde *v.* single
udtænke *v.* devise
udtære *v.* emaciate
udtæret *adj.* emaciated
uduelig *adj.* incapable
uduelighed *n.* incapacity
udvalg *n.* committee
udvalgt *adj.* select
udvaske *v.* leach
udveksle *v.* exchange
udveksling *n.* exchange
udvendig *adj.* external
udvide *v.* widen
udvikle *v.* develop
udvikling *n.* development
udvise *v.* expel
udviske *v.* efface
udvælge *v.* assort
udødelig *adj.* immortal
udødeliggøre *v.* immortalize
udødelighed *n.* immortality
udørk *n.* outworld
udøve *v.* wield
udøvelse *n.* pursuance
udøver *n.* practitioner
uendelig *adj.* infinite
uendeligheden *n.* infinity
uenighed *n.* disagreement
uens *adj.* dissimilar
uerfarenhed *n.* inexperience
ufejlbarlig *adj.* infallible
ufleksibel *adj.* inflexible
ufo *n.* ufo
ufolog *n.* ufologist
ufologi *n.* ufology
uforbederlig *adj.* incorrigible
ufordøjelig *adj.* indigestible
ufordragelighed *n.* abrasiveness

ufordrageligt *adv.* abrasively
uforenelig *adj.* irreconcilable
uforfærdet *adj.* dauntless
uforfærdethed *n.* intrepidity
uforgængelig *adj.* imperishable
uforklarlig *adj.* inexplicable
uforkortet *adj.* unabridged
uforlignelig *adj.* inimitable
uforlignelighed *n.* nonpareil
uformel *adj.* informal
ufornøjet *adj.* unamused
uforskammet *adj.* rude
uforskammethed *n.* insolence
uforståeligt *adj.* gibberish
uforstyrrethed *n.* privacy
ufremkommelig *adj.* impassable
ufrugtbar *adj.* barren
ufuldkommen *adj.* imperfect
ufuldkommenhed *n.* imperfection
ufuldstændig *adj.* incomplete
ufølsom *adj.* callous
ufølsomhed *n.* insensibility
uge *n.* week
ugeblad *n.* weekly
ugebladsroman *n.* novelette
ugentlig *adj.* weekly
ugentligt *adv.* weekly
ugerning *n.* misdeed
ugidelig *adj.* indolent
ugle *n.* owl
ugle- *adj.* owly
uglehus *n.* owlery
ugunstig *adj.* adverse
ugyldig *adj.* void
ugæstfri *adj.* inhospitable
uharmonisk *adj.* absonant
uhelbredelig *adj.* incurable
uheld *n.* accident
uheldig *adj.* unfortunate
uhøflig *adj.* impolite
uhørlig *adj.* inaudible
uhyggelig *adj.* uncanny
uhyre *n.* fiend

uhåndgribelig *adj.* intangible
uigendrivelig *adj.* irrefutable
uigennemførlig *adj.* impracticable
uigennemførlighed *n.* impracticability
uigennemsigtig *adj.* opaque
uigennemsigtighed *n.* opacity
uigennemtrængelig *adj.* impenetrable
uindbydende *adj.* unappealing
ujævn *adj.* bumpy
ukendt *adj.* unacquainted
uklar *adj.* vague
uklarhed *n.* obscurity
uklog *adj.* injudicious
ukorrekt *adj.* incorrect
ukritisk *adj.* acritical
ukrudt *n.* weed
ukrænkelig *adj.* inviolable
ukuelig *adj.* indomitable
ukulele *n.* ukelele
ukulelespiller *n.* ukeleleist
ukultiveret *adj.* uncouth
ukunstlet *adj.* artless
ukærlig *adj.* unaffectionate
ulcerøs *adj.* ulcerous
uld *n.* wool
ulden *adj.* woollen
uldvare *n.* woollen
ulegemliggøre *v.* disembody
ulempe *n.* disadvantage
ulig *adj.* unlike
ulighed *n.* disparity
ulogisk *adj.* illogical
ulovlig *adj.* illicit
ulovliggøre *v.* delegalize
ultimativ *adv.* ultimately
ultimatum *n.* ultimatum
ultracasual *adj.* ultracasual
ultrakompakt *adj.* ultracompact
ultrakonservativ *adj.* ultraconservative
ultrakonservativ *n.* ultraconservative
ultralyd *n.* ultrasonics
ultrasikker *adj.* ultrasecure
ultrasonisk *adj.* ultrasonic
ultraviolet *adj.* ultraviolet
ultraviolet *n.* ultraviolet
ulv *n.* wolf
ulydig *adj.* insubordinate
ulykke *n.* crash
ulykkelig *adj.* unhappy
ulæselig *adj.* illegible
ulæselighed *n.* illegibility
umanerlig *adj.* unmannerly
umedgørlig *adj.* unaccommodating
umenneske *n.* brute
umenneskelig *adj.* inhuman
umoden *adj.* immature
umodenhed *n.* immaturity
umoralsk *adj.* immoral
umoralskhed *n.* immorality
umulig *adj.* impossible
umulighed *n.* impossibility
umættelig *adj.* insatiable
umådelig *adj.* immense
umådelighed *n.* immensity
umålelig *adj.* immeasurable
under *prep.* under
under *adv.* under
under- *adj.* under
underarm *n.* forearm
underbygge *v.* substantiate
underbygning *n.* substantiation
underdanig *adj.* submissive
undergang *n.* doom
undergrave *v.* subvert
undergravende *adj.* subversive
underhold *n.* upkeep
underholde *v.* entertain
underholdning *n.* entertainment
underhånds- *adj.* underhand
underjordisk *adj.* subterranean
underkastelse *n.* submission

underkende v. overrule
underkjole n. petticoat
underkop n. saucer
underkue v. subdue
underlegen n. underdog
underlig adj. strange
underliv n. abdomen
underlivs- adj. abdominal
underlødig adj. inferior
underlødighed n. inferiority
underminere v. undermine
underordne v. subordinate
underordnet adj. subordinate
underordnet n. subordinate
underordnet adj. subsidiary
underordning n. subordination
underrette v. notify
underskrift n. signature
underskrive v. sign
underskriver n. signatory
underskud n. deficit
undersøge v. examine
undersøgelse n. examination
undersøisk adj. submarine
understrege v. underline
understrøm n. undercurrent
undersåt n. menial
undertiden adv. sometimes
undertone n. undertone
undertrykke v. suppress
undertrykkelse n. suppression
undertrykkende adj. oppressive
undertrykker n. oppressor
undertvinge v. subjugate
undertvingelse n. subjugation
undertvungen adj. subject
undertøj n. underwear
underverden n. underworld
undervise v. teach
undervisning n. tuition
undfange v. conceive
undfangelse n. conception
undgå v. avoid

undgåelse n. evasion
undlade v. omit
undladelse n. omittance
undskylde v. excuse
undskyldning n. apology
undtage v. except
undtagelse n. exception
undtagen prep. except
undvige v. elude
undvigelse n. elusion
undvigende adj. evasive
ung adj. young
ungdom n. adolescence
ungdommelig adj. youthful
ungdoms- adj. juvenile
unge n. cub
unger n. young
ungkarl n. bachelor
unik adj. unique
union n. union
univers n. universe
universel adj. universal
universitet n. university
universalløsning n. panacea
unokulær adj. monocular
unse n. ounce
unødig adj. undue
unødvendig adj. needless
unøjagtig adj. inaccurate
uophørlig adj. ceaseless
uopløselig n. insoluble
uopmærksom adj. inattentive
uopnåelig adj. unachievable
uoprettelig adj. irrecoverable
uoprigtig adj. insincere
uoprigtighed n. insincerity
uorden n. disorder
uoverstigelig adj. insurmountable
uovervindelig adj. invincible
upartisk adj. impartial
upartiskhed n. impartiality
upassende adj. improper
upersonlig adj. impersonal

upålidelig *adj.* unreliable
upåvirket *adj.* unaffected
ur *n.* clock
uren *adj.* impure
urenhed *n.* impurity
uretfærdig *adj.* unfair
uretfærdighed *n.* injustice
uretmæssig *adj.* wrongful
urimelig *adj.* nonsensical
urin *n.* urine
urin- *adj.* urinary
urinal *n.* urinal
urination *n.* urination
urinere *v.* urinate
urinsyregigt *n.* gout
urne *n.* urn
uro *n.* unrest
urolig *adj.* uneasy
urt *n.* herb
usammenhængende *adj.* incoherent
usammenlignelig *adj.* incomparable
usammensat *adj.* elemental
usandsynlig *adj.* unlikely
uselvisk *adj.* selfless
usikker *adj.* uncertain
usikkerhed *n.* ambivalence
uskyld *n.* innocence
uskyldig *adj.* innocent
uskøn *adj.* ungainly
ussel *adj.* paltry
ussel *adj.* squalid
usselhed *n.* squalor
ustabil *adj.* astatic
ustabilitet *n.* instability
ustruktureret *n.* amorph
usynlig *adj.* invisible
usømmelighed *n.* impropriety
utaknemmelig *adj.* thankless
utaknemmelighed *n.* ingratitude
utallig *adj.* countless
utilbøjelig *adj.* loath
utilfredshed *n.* dissatisfaction
utilgivelig *adj.* indefensible

utilpas *adj.* unwell
utilpasset *adj.* unadjusted
utilstrækkelig *adj.* deficient
utiltalende *adj.* obnoxious
utopi *n.* utopia
utopisk *adj.* utopian
utrolig *adj.* incredible
utroskab *n.* adultery
utvetydig *adj.* unambiguous
utvivlsomt *adj.* doubtless
utydelig *adj.* indistinct
utætte *adj.* drafty
utålelig *adj.* intolerable
utålmodig *adj.* impatient
utålmodighed *n.* impatience
uundgåelig *adj.* inevitable
uundværlig *adj.* indispensable
uvæsentlig *adj.* immaterial
uvidende *adj.* unaware
uvidenhed *n.* ignorance
uvillig *adv.* unwittingly
uvillig *adj.* averse
uvirksom *adj.* inactive
uvirksomhed *n.* inaction
uvurderlig *adj.* invaluable
uægte *adj.* bastard
uægteskabelig *adj.* extramarital
uærlig *adj.* dishonest
uærlighed *n.* dishonesty

V

vabel *n.* blister
vaccination *n.* inoculation
vaccinator *n.* vaccinator
vaccinere *v.* inoculate
vaccinere *n.* vaccine
vade *v.* wade
vagabond *n.* vagabond
vagabond- *adj.* vagabond

vagt *v.* guard
vagt *n.* vigil
vagtel *n.* quail
vagtsom *adj.* vigilant
vagtsomhed *n.* vigilance
vakle *v.* waver
vaklen *n.* stagger
vaklende *adj.* wabbly
vakuum *n.* vacuum
valg *n.* choice
valgfri *adj.* optional
valgmulighed *n.* option
validere *v.* validate
validitet *n.* validity
vallak *n.* gelding
valnød *n.* walnut
valuta *n.* currency
vams *n.* jerkin
vand *n.* water
vande *v.* water
vandet *adj.* watery
vandfald *n.* waterfall
vandhane *n.* tap
vandmanden *n.* aquarius
vandmelon *n.* water-melon
vandre *v.* trek
vandregræshoppe *n.* locust
vandrer *n.* rover
vandretur *n.* trek
vandslange *n.* hose
vandtæt *adj.* waterproof
vane *n.* habit
vanrøgt *n.* neglect
vanskabning *n.* freak
vanskelig *adj.* difficult
vanskelighed *n.* difficulty
vantro *n.* misbelief
vanvid *n.* madness
vanvittig *adj.* insane
vanvittig *n.* maniac
vanære *v.* dishonour
vanære *n.* dishonour
vare *n.* commodity

vare *v.* last
vareforfalskning *n.* adulteration
varehus *n.* warehouse
varer *n.* merchandise
varetægtsfængsle *v.* remand
varetægtsfængsling *n.* remand
varevogn *n.* van
variabel *adj.* variable
variation *n.* variation
varieret *adj.* varied
varieté *n.* burlesque
varig *adj.* lasting
varighed *n.* duration
varm *adj.* warm
varme *v.* warm
varme *n.* warmth
varme- *adj.* thermal
varmhjertet *adj.* tenderhearted
varmtvandsbeholder *n.* boiler
varsel *n.* auspice
varsle *v.* auspicate
vase *n.* vase
vasektomi *n.* vasectomy
vaseline *n.* vaseline
vask *v.* sink
vask *n.* wash
vaskbar *adj.* washable
vaske *v.* wash
vaskekone *n.* laundress
vaskemaskine *n.* washer
vaskerum *n.* laundry
vattæppe *n.* quilt
vederlag *n.* stipend
vedholdende *adj.* tenacious
vedholdenhed *n.* tenacity
vedhæfte *v.* append
vedhæng *n.* appendage
vedkomme *v.* concern
vedrøre *v.* pertain
vedvaren *n.* persistence
vedvarende *adj.* persistent
veganer *n.* vegan
veganisk *adj.* vegan

vegetar *n.* vegetarian
vegetarisk *adj.* vegetarian
vegetation *n.* vegetation
vej *n.* road
veje *v.* weigh
vejfarende *n.* wayfarer
vejkryds *n.* junction
vejleder *v.* supervise
vejleder *n.* supervisor
vejledning *n.* supervision
vejr *n.* weather
vejre *v.* nose
vejspærring *n.* roadblock
vejviser *n.* directory
vejvrede *n.* road rage
vekselsang *n.* antiphony
veksle *v.* alternate
vekslen *n.* variance
vekslende *adj.* alternate
vektor *n.* vector
vektor- *adj.* vectorial
velbevandret *adj.* versed
velbevarende *adj.* retentive
velbjærget *adj.* well-to-do
velformet *adj.* shapely
velformuleret *adj.* articulate
velfærd *n.* welfare
velgerning *n.* boon
velgørenhed *n.* charity
velgørenheds- *adj.* charitable
velgører *n.* benefactor
velhavende *adj.* wealthy
velhaver *n.* affluential
velkendt *adj.* familiar
velkommen *adj.* welcome
velkommen *n.* welcome
vellykket *adj.* successful
vellystning *n.* voluptuary
velopdragen *adj.* mannerly
velordnet *adj.* orderly
velsigne *v.* bless
velsignelse *n.* benediction
velsmagende *adj.* tasty

velsmagenhed *n.* sapidity
velstand *n.* affluence
velstående *adj.* prosperous
veltalenhed *n.* elocution
veltimet *adj.* well-timed
vemodig *adj.* wistful
ven *n.* friend
vende *v.* reverse
vendekreds *n.* tropic
venlig *adj.* kind
venlighed *n.* kindness
venligt *adv.* kindly
venskab *n.* amity
venskabelig *adj.* amicable
venstre *adj.* left
venstrehånd *n.* left
venstreorienteret *n.* leftist
vente *v.* wait
ventetid *n.* wait
ventil *n.* valve
ventilation *n.* ventilation
ventilator *n.* ventilator
ventilere *v.* ventilate
veranda *n.* veranda
verbal *adj.* verbal
verbalsubstantiv *n.* gerund
verbalt *adv.* verbally
verden *n.* world
verdensbarn *n.* worldling
verdensfjern *adj.* quixotic
verdensfjernhed *n.* otherworldliness
verificere *v.* verify
verificering *n.* verification
veritabel *adj.* veritable
vers *n.* verse
versemager *n.* poetaster
verserende *adj.* pending
versificere *v.* versify
versifikation *n.* versification
version *n.* version
vest *n.* waistcoat
vesterlandsk *adj.* western
vestlig *adj.* westerly

vestpå *adv.* west
veteran *n.* veteran
veteran- *adj.* veteran
veto *n.* veto
via *prep.* via
vibration *n.* vibration
vibrere *v.* vibrate
vicekonge *n.* viceroy
vid *adj.* ample
vid *n.* wit
vide *v.* know
videbegærlig *adj.* inquisitive
videbegærlighed *n.* curiosity
viden *n.* knowledge
vidende *adj.* knowledgeable
videnskab *n.* science
videnskabelig *adj.* scientific
video *n.* video
videobånd *n.* videotape
videoblogger *n.* videoblogger
videobog *n.* videobook
videogaming *n.* videogaming
videokassette *n.* videocassette
videooptage *v.* video
videotelefon *n.* videotelephone
videresende *v.* forward
vidje *n.* withe
vidne *v.* testify
vidne *n.* witness
vidneudsagn *n.* testimony
vidunder *n.* wonder
vidunderlig *adj.* marvellous
vidundermedicin *n.* nostrum
vifte *v.* waft
viften *n.* waft
vigtig *adj.* important
vigtighed *n.* importance
vigtigst *adj.* principal
vikle *v.* wind
viktualierum *n.* ambry
vild *n.* savage
vild *adj.* wild
vildfaren *adv.* astray

vildlede *v.* misdirect
vildledende *adj.* deceptive
vildledning *n.* misdirection
vildledt *adj.* deluded
vildnis *n.* thicket
vildskab *n.* savagery
vildsvin *n.* boar
vildt *adv.* savagely
vilje *n.* volition
vilkårlig *adj.* haphazard
villa *n.* villa
villig *adj.* willing
villighed *n.* willingness
villigt *adv.* readily
vimpel *n.* streamer
vimse *v.* fuss
vin *n.* wine
vind *n.* wind
vinde *v.* win
vindebro *n.* drawbridge
vindende *adj.* winsome
vinder *n.* winner
vindfang *n.* porch
vindmølle *n.* windmill
vindmåler *n.* anemometer
vindrue *n.* grape
vindue *n.* window
vinduesrude *n.* pane
vinge *n.* wing
vink *n.* hint
vinke *v.* wave
vinkel *n.* angle
vinstok *n.* vine
vinter *n.* winter
vinterlig *adj.* wintry
violet *n.* violet
violin *n.* violin
violinist *n.* violinist
vippe *v.* tip
viril *adj.* virile
virilitet *n.* virility
virkelig *adj.* real
virkelig *adv.* really

virkelighed *n.* reality
virkningsfuld *adj.* potent
virkningsløs *adj.* inoperative
virksomhed *n.* corporation
virksomheds- *adj.* corporate
virulens *n.* virulence
virulent *adj.* virulent
virus *n.* virus
virvar *n.* welter
vis *adj.* wise
visdom *n.* wisdom
visdomstand *n.* wisdom-tooth
vise *v.* feature
vision *n.* vision
visionær *adj.* visionary
visionær *n.* visionary
viskelæder *n.* eraser
visne *v.* wither
visualisere *v.* visualize
vital *adj.* vital
vitalitet *n.* vitality
vitamin *n.* vitamin
vitrificere *v.* glassify
vittig *adj.* witty
vittighed *n.* witticism
vogn *n.* wagon
vognbane *n.* lane
vogter *n.* keeper
vokal *n.* vowel
voks *n.* wax
voksdækket *adj.* cerated
vokse *v.* grow
voksen *n.* adult
volapyk *n.* gibberish
vold *n.* violence
volde *v.* inflict
voldelig *adj.* violent
voldgift *n.* arbitration
voldgiftsdommer *n.* arbitrator
voldgrav *n.* moat
voldsom *adj.* torrential
voldtage *v.* rape
voldtægt *n.* rape

voliere *n.* aviary
volt *n.* volt
volume *n.* volume
voluminøs *adj.* voluminous
vores *pron.* our
vorte *n.* wart
votering *n.* deliberation
vov *n.* woof
vove *v.* venture
vovehals *n.* daredevil
vovestykke *n.* venture
vovet *adj.* saucy
voyeur *n.* voyeur
voyeurisme *n.* voyeurism
vrag *n.* wreck
vrage *v.* spurn
vragrester *n.* wreckage
vralte *v.* waddle
vrangforestilling *n.* delusion
vred *adj.* angry
vrede *n.* anger
vride *v.* wring
vriden *n.* wriggle
vrikke *n.* wrick
vrimle *v.* teem
vrimmel *n.* ruck
vrinske *v.* neigh
vrinsken *n.* neigh
vrist *n.* wrist
vriste *v.* wrest
vrænge *v.* sneer
vrængen *n.* sneer
vrøvl *n.* ramble
vrøvle *v.* ramble
vugge *n.* cradle
vugge *v.* rock
vuggestue *n.* nursery
vuggevis *n.* lullaby
vulgaritet *n.* vulgarity
vulgær *adj.* vulgar
vulkan *n.* volcano
vulkanisere *v.* retread
vulkansk *adj.* volcanic

vurdere *v.* appraise
vurdering *n.* assessment
væbner *n.* squire
vædde *v.* bet
væddemål *n.* wager
vædder *n.* ram
vædderen *n.* aries
vædderkanin *n.* lop
vædre *v.* ram
væge *n.* wick
vægt *n.* weight
vægtig *adj.* weighty
vægtning *n.* weightage
væk *adv.* away
vække *v.* arouse
vækst *n.* growth
vælde *v.* whelm
vældig *adj.* stupendous
vælge *v.* choose
vælger *n.* voter
vælgere *n.* electorate
vælte *v.* topple
vænne *v.* habituate
værd *adj.* worth
værdi *n.* value
værdifuld *adj.* valuable
værdig *adj.* worthy
værdighed *n.* dignity
værdikupon *n.* voucher
værdiløs *adj.* worthless
værdsætte *v.* appreciate
værdsættelse *n.* appreciation
være *v.* be
værelse *n.* room
værft *n.* shipyard
værge *n.* guardian
værgemål *n.* wardship
værk *n.* handiwork
værktøj *n.* tool
værst *adj.* worst
værste *n.* worst
vært *n.* host
væsen *n.* being

væske *n.* liquid
væv *n.* tissue
væve *v.* weave
væver *n.* weaver
våben *n.* weapon
våbenhvile *n.* ceasefire
våbenskjold *n.* blazon
våbenstilstand *n.* truce
våd *adj.* wet
vådhed *n.* wetness
vådserviet *n.* wipe
vågen *adj.* awake
vågne *v.* wake

X

xenobiologi *n.* xenobiology
xenofil *n.* xenophile
xenofob *n.* xenophobe
xenofobi *n.* xenophobia
xenogenese *n.* xenogenesis
xenomani *n.* xenomania
xenomorf *n.* xenomorph
xylofil *adj.* xylophilous
xylofon *n.* xylophone

Y

yakokse *n.* yak
yde *v.* afford
yderligere *adj.* additional
yderligere *adv.* further
yderpunkt *n.* extreme
yderside *n.* outside
yderst *adj.* utmost
yderste *n.* utmost
ydmyg *adj.* humble

ydmyge *v.* humiliate
ydmygelse *n.* humiliation
ydmyghed *n.* humility
ydre *adj.* outer
yen *n.* Yen
ynde *n.* grace
yndefuld *adj.* gracious
yndig *adj.* adorable
yndlings- *adj.* favourite
yngel *n.* spawn
ynkelig *adj.* wretched
ynkværdig *adj.* pitiful
yoga *n.* yoga
yoghurt *n.* yoghurt
yogi *n.* yogi
ypperlig *adj.* superlative
ytre *v.* utter
ytring *n.* utterance
yver *n.* udder

Z

zebra *n.* zebra
zefyr *n.* zephyr
zenit *n.* zenith
zig *n.* zig
zigge *v.* zig
zigzag- *adj.* zigzag
zigzag- *adv.* zigzag
zigzagge *v.* zigzag
zigzaglinje *n.* zigzag
zink *n.* zinc
zone *n.* zone
zone- *adj.* zonal
zoolog *n.* zoologist
zoologi *n.* zoology
zoologisk *adj.* zoological
zoologisk have *n.* zoo
zoom *n.* zoom
zoome *v.* zoom

Æ

æble *n.* apple
ædelmodig *adj.* bighearted
ædelsten *n.* gem
ædru *adj.* sober
ædruelighed *n.* sobriety
æg *n.* egg
æggeblomme *n.* yolk
æggehvide *n.* albumen
æggeleder- *adj.* ovular
æggende *adj.* lascivious
ægproducerende *adj.* oviferous
ægte *adj.* genuine
ægte *v.* wed
ægtefælle *n.* spouse
ægtefællebidrag *n.* alimony
ægtemand *n.* husband
ægteskab *n.* marriage
ægteskabelig *adj.* marital
ægtestand *n.* wedlock
ækvator *n.* equator
ældgammel *adj.* ancient
ældre *adj.* elderly
ældste *n.* elder
ændre *v.* amend
ændring *n.* amendment
ængstelig *adj.* anxious
ængsteligt *adv.* anxiously
ængstelighed *n.* anxiety
æolisk *adj.* aeolic
æon *n.* eon
æra *n.* era
ærbødig *adj.* reverent
ærbødighed *n.* veneration
ære *n.* honour
ære *v.* revere
ærefrygt *n.* awe
ærefrygtindgydende *adj.* awe-inspiring

ærekrænkelse *n.* defamation
ærekrænkende *adj.* defamatory
æres- *adj.* honorary
ærgre *v.* vex
ærgrelse *n.* vexation
ærinde *n.* errand
ærkebiskop *n.* archbishop
ærkeengel *n.* archangel
ærlig *adj.* candid
ærlighed *n.* honesty
ærme *n.* sleeve
ært *n.* pea
ærværdig *adj.* venerable
æsel *n.* donkey
æselagtig *adj.* asinine
æstetik *n.* aesthetics
æstetisk *adj.* aesthetic
æter *n.* ether
ætsende *adj.* acid
ætsende *adj.* caustic
ætsende *adj.* corrosive
ævl *n.* bollocks
ævlen *n.* blabber

Ø

ø *n.* island
øde *adj.* desolate
ødelægge *v.* ruin
ødelægger *n.* wrecker
ødelagt *adj.* shot
ødeland *n.* spendthrift
ødem *n.* edema
ødemark *n.* wilderness
ødemarken *n.* outback
ødsel *adj.* wasteful
ødselhed *n.* prodigality
øf *n.* oink
øffe *v.* oink
øffer *n.* oinker

øgenavn *n.* nickname
øje *n.* eye
øjebad *n.* eyewash
øjeblik *n.* instant
øjeblikkelig *adj.* instantaneous
øjekast *n.* glance
øjen- *adj.* ophtalmic
øjenbryn *n.* eyebrow
øjenlæge *n.* ophtalmologist
øjenlåg *n.* eyelid
øjenvippe *n.* eyelash
øjeplet *n.* eyespot
øjeæble *n.* eyeball
økolog *n.* ecologist
økologi *n.* ecology
økologisk *adj.* ecological
økonomi *n.* economy
økonomisk *adj.* economical
økosystem *n.* ecosystem
økoterrorisme *n.* ecoterrorism
økse *n.* axe
økumenisk *adj.* ecumenic
øl *n.* beer
øleddike *n.* alegar
ølkrus *n.* tankard
øm *adj.* sore
ømfodet *adj.* footsore
ømhed *n.* tenderness
ømskindet *adj.* touchy
ømt *adv.* tenderly
ønske *n.* desire
ønske *v.* wish
ønske- *adj.* wishful
ønskelig *adj.* desirous
ønskværdig *adj.* desirable
øre *n.* ear
øre-næse-hals- *adj.* aerodigestive
øreformet *adj.* auriform
ørevoks *n.* cerumen
ørken *n.* desert
ørn *n.* eagle
øse *v.* ladle
øseske *n.* ladle

øst *n.* east
østerlandsk *adj.* eastern
østers *n.* oyster
østersfarvet *adj.* oyster
østersfisker *n.* oysterman
østerslarve *n.* oysterling
østlig *adj.* east
østpå *adv.* east
østrogen *n.* estrogen
øve *v.* rehearse
øvelse *n.* exercise
øvre *adj.* upper
øvrighed *n.* magistracy

Å

å *n.* stream
åben *adj.* open
åbenbar *adj.* apparent
åbenbaring *n.* revelation
åbenbart *adv.* obviously
åbenhjertig *adj.* frank
åbent *adv.* openly
åbne *v.* open
åbning *n.* opening
åbnings- *adj.* inaugural
ådselæder *n.* scavenger
åg *n.* yoke
åger *n.* usury
ågerkarl *n.* usurer
ål *n.* eel
ånd *n.* spirit
ånde *v.* breathe
åndedrag *n.* breath
åndelighed *n.* spirituality
åndemaner *n.* necromancer
ånder *n.* manes
åndløs *adj.* insipid
åndløshed *n.* insipidity
åndsfraværelse *n.* daze
åndsfraværende *adj.* mindless
åndsfraværet *adj.* dazed
år *n.* year
årbog *n.* almanac
årbøger *n. pl.* annals
åre *n.* oar
årehinde *n.* choroid
årgang *n.* vintage
århundrede *n.* century
årlig *adj.* annual
årligt *adv.* annually
årsag *n.* cause
årsagssammenhæng *n.* causality
årsdag *n.* anniversary
årsydelse *n.* annuity
årsydelsesmodtager *n.* annuitant
årti *n.* decade
årtusinde *n.* millennium
årvågen *adj.* watchful